产品质量安全知识读本

日用消费品（二）

国家质量监督检验检疫总局产品质量监督司　编

中国质检出版社
中国标准出版社

北　京

图书在版编目（CIP）数据

产品质量安全知识读本．日用消费品．（二）/国家质量监督检验检疫总局产品质量监督司编．—北京：中国标准出版社，2013.10

ISBN 978-7-5066-7325-9

Ⅰ.①质… Ⅱ.①国… Ⅲ.①日用品—消费品—产品质量—基本知识 Ⅳ.①F273.2

中国版本图书馆 CIP 数据核字（2013）第 206417 号

中国质检出版社
中国标准出版社 出版发行

北京市朝阳区和平里西街甲 2 号（100013）
北京市西城区三里河北街 16 号（100045）
网址：www.spc.net.cn
总编室：（010）64275323 发行中心：（010）51780235
读者服务部：（010）68523946
北京博海升彩色印刷有限公司印刷
各地新华书店经销

*

开本 700×1000 1/16 印张 24 字数 400 千字
2013 年 10 月第一版 2013 年 10 月第一次印刷

*

定价 63.00 元

《产品质量安全知识读本》编委会

序言

做质量强国的建设者

质量问题是非常广泛而又现实的问题。从政府到百姓，几乎每天都要与质量打交道。古往今来，质量无时不在，质量无处不在，质量是经济社会发展永恒的主题。

从宏观层面讲，质量的高低，反映一个国家的综合实力，是企业和产业核心竞争力的体现，是国家文明素质的体现。质量强，则国家强。提升产品质量水平，既是经济发展的内在要求，又是科学发展与放心消费的必然选择。

从微观层面看，质量与老百姓的日常生活息息相关，人们的衣、食、住、行，样样离不开质量的保障。质量好，人人受益；质量不好，人人受害，甚至影响社会和谐稳定。

党和政府高度重视质量工作，制定实施了一系列加强质量工作的政策措施。特别是近年来，我国提出建设质量强国的目标，强调要把经济发展的立足点转变到提高质量和效益上来，努力提高产品质量和市场竞争力，促进形成以技术、品牌、质量、服务为核心的出口竞争新优势，正在走出一条中国特色的质量发展之路。

质检部门作为质量宏观管理和行政执法部门，以产品质量提升促经济转型升级是应尽职责。质检部门要以人民质检的忠诚，以高度负责的精神，健全质量工作体系，推动各方落实质量责任，切实加强产品质量监管，严厉打击质量违法行为，努力维护消费者质量利益，不断满足人民群众日益增长的质量需求。

提高质量的目的是为了服务群众，质量工作也必须依靠群众。人民群众是历史的创造者，也是质量工作的参与者、建设者和推动者。面对产品质量安全面临的新形势，必须充分调动人民群众的积极性、主动性和创造性，推动形成人人关心质量、监督质量、促进质量提升的良好氛围。正是基于这样的认识，国家质检总局产品质量监督司组织国家质检中心、省级质检院所的技术专家，共同编写了《产品质量安全知识读本》，目的就是为了普及产品质量知识，增强全民质量意识。

这套读本结合近年来产品质量国家监督抽查工作实际，紧贴老百姓日常生活需要，针对社会关注热点，重点选择日用消费品、建筑和装饰装修材料、农业生产资料、工业生产资料等方面的产品作为编写对象，在简要介绍产品特点、行业状况的基础上，突出介绍与产品质量安全密切相关的标准规定、近年来国家监督抽查情况、产品质量存在的主要问题、消费者选购和使用常识等。该读本内容丰富，图文并茂，通俗易懂，既是广大消费者了解和掌握产品质量安全知识的实用工具书，也可作为质量监督人员的专业教材。

我特别想说的是，在现代商品社会，我们每个人都是消费者。对广大消费者而言，了解和掌握产品质量安全知识，做到理性消费、科学消费，就是对质量工作的支持。一方面，消费者通过对产品质量的亲身体验与感知，做出正确的消费选择，可以对质量好的产品给力支持，鼓劲加油；另一方面，当发现质量问题，遇到质量纠纷，不是忍气吞声息事宁人，而是通过维权渠道，维护自身消费权益，可以最大程度地挤压假冒伪劣产品生存的空间，揭露和曝光漠视质量的不良企业。从这个意义上说，我们每个人既是消费者，又是产品质量的监督者，同时也是质量强国的建设者。

让我们携起手来，共同做质量强国的建设者！

国家质检总局局长 支树平

2013 年 9 月 16 日

目 录

目 录

彩色电视机

如今，彩色电视机已经进入千家万户，普及的程度列各类媒体之首。它作为家庭与整个世界联系的纽带，深深地影响着人们的社会存在和生活行为。质量不合格的彩色电视机常常隐藏着种种危险，可能给消费者带来意外伤害和财产损失。

一、产品简介

电视机是“电视信号接收机”的通称，主要功能是接收电视信号并将其还原为图像和声音。电视机由复杂的电子线路、喇叭和显示屏等组成。

依照显示屏的特点，电视机主要分为显像管（CRT）电视机、背投影电视机以及平板电视机等。彩色电视机的分类描述详见表 1。

目前，不同的电视机可能具有不同的功能，其可以通过天线或电缆电视的信号电缆接收电视台发射的信号，同时也可以通过音频、视频等电缆信号的端子或接口接收来自影碟机、个人电脑、录像机、摄像机、USB 等存储介质以及游戏机等的音频和视频信号。

表 1　电视机的分类

序　号	名　称		实 物 照 片	主要功能及特点	
1	显像管（CRT）电视机	黑白电视机		只能显示黑白图像，较彩色显像管电视机省电	显像管作为显示屏，较平板电视体积大、分量重，不容易吊装，存在电离辐射，但价格便宜
2		彩色电视机		显示彩色图像，一般情况较黑白电视的图像清晰	
3	背投影电视机	背投影电视机		显示屏面积大，体积大。图像的清晰度有限	背投影电视机是一种假借投影和反射原理，将屏幕和投影系统置于一体的电视显像系统。背投影是将投影机安装在机身内的底部，信号经过反射，投射到半透明的屏幕背面显像
4	平板电视机	等离子电视机		运动画面流畅，图像色彩还原真实，较液晶电视能耗大，相对护眼	平板电视机的屏幕尺寸更容易做大；其外部连接端口更多，例如 HDMI、USB 等，更方便多媒体使用；多数情况下支持高清晰度信号显示；较显像管电视机节能、低辐射，外形轻薄易于吊装
5		液晶电视机	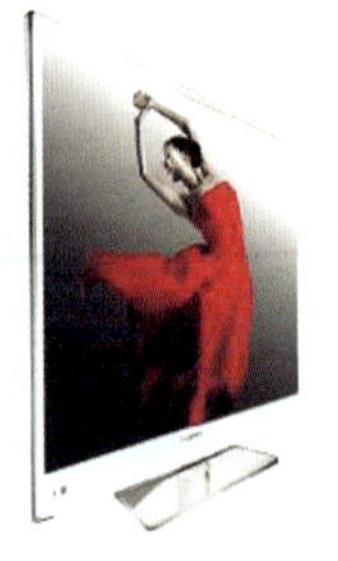	同样尺寸时，较等离子电视显示屏更薄、更轻并且更省电	

从20世纪80年代至今，我国一直对电视机实行强制性安全认证。中国强制性产品认证（CCC认证）制度自2002年5月1日起实施，目前电视机上有效的认证标志是“CCC”（见图1，其中S&E表示安全与电磁兼容认证），未通过CCC认证的电视机不允许销售。

图1 CCC认证标志

自2011年3月1日起，除CCC认证涉及的安全、电磁兼容性能以外，平板电视机上市还必须满足国家强制性能效标准要求。能效标识如图2所示。

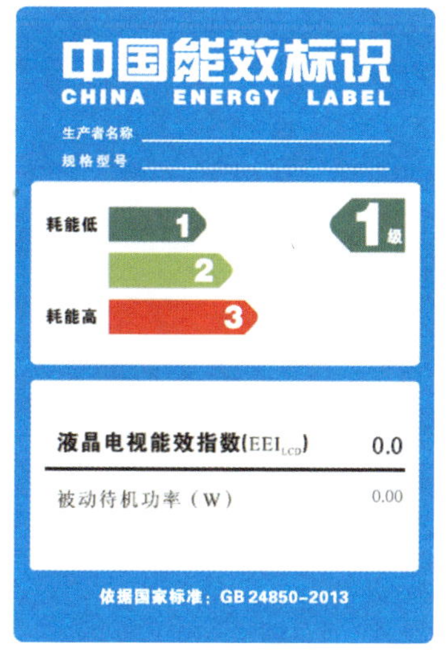

图2 节能认证标志

二、行业概况

截止到2010年，我国彩电年产量已突破亿台；2011年，国内彩电总产量达1.2亿台；2012年，国内彩电总产量达1.28亿台。随着电视产业的升级转型，我国的电视制造业已经完成从传统的CRT电视向平板电视的技术转型。2010年我国平板电视产量达9183万台，占当年全球平板电视总产量的42.7%；2011年，我国平板电视总产量累计达9860万台，占全球平板电视总产量的44.1%；2012年，我国平板电视产量累计达11632万台。在全球制造业，特别是电视制造业普遍不景气的经济背景下，我国的平板电视机制造业仍保持了稳定的发展态势。2001年～2011年我国平板电视机年产量情况见表2。

表 2　2001 年～2012 年我国平板电视机年产量

<table>
<tr><th rowspan="2">年　份</th><th rowspan="2">彩电产量/万台</th><th colspan="2">平板电视产量/万台</th></tr>
<tr><th>液晶</th><th>等离子</th></tr>
<tr><td>2001 年</td><td>3952</td><td colspan="2">79</td></tr>
<tr><td>2002 年</td><td>5200</td><td colspan="2">177</td></tr>
<tr><td>2003 年</td><td>6521</td><td colspan="2">300</td></tr>
<tr><td>2004 年</td><td>7328</td><td colspan="2">381</td></tr>
<tr><td>2005 年</td><td>8283</td><td colspan="2">1259</td></tr>
<tr><td>2006 年</td><td>8372</td><td colspan="2">2093</td></tr>
<tr><td>2007 年</td><td>8779</td><td colspan="2">3301</td></tr>
<tr><td rowspan="2">2008 年</td><td rowspan="2">9187</td><td colspan="2">4388</td></tr>
<tr><td>4090</td><td>298</td></tr>
<tr><td rowspan="2">2009 年</td><td rowspan="2">9899</td><td colspan="2">7079</td></tr>
<tr><td>6780</td><td>299</td></tr>
<tr><td rowspan="2">2010 年</td><td rowspan="2">11493</td><td colspan="2">9183</td></tr>
<tr><td>8908</td><td>275</td></tr>
<tr><td rowspan="2">2011 年</td><td rowspan="2">12437</td><td colspan="2">9860</td></tr>
<tr><td>9525</td><td>335</td></tr>
<tr><td rowspan="2">2012 年</td><td rowspan="2">12823</td><td colspan="2">11632</td></tr>
<tr><td>11418</td><td>214</td></tr>
</table>

1. 生产企业数量和分布

我国的彩电制造企业数量众多，但产能分布非常集中，海信、创维、长虹、TCL、康佳和海尔六大国内品牌生产企业 2012 年共生产液晶电视 6252 万台，占全行业液晶电视 48.7%，相较于 2011 年和 2010 年所占比的 48.5%和 41.7%均有所提升。2010 年，六大国内主要品牌销售量占全国总销量的 73.5%；2011 年，国内主要品牌销售量占总销量的 75.8%；2012 年，国内主要品牌销售量约占总销售量的 80%。

2. 主产区相关情况

我国彩电生产企业集中分布在广东、江苏、山东、福建、四川几省，除长虹外，海信、创维、TCL、康佳和海尔五家企业都分布在沿海省份，其他中小国内企业和外资企业也集中分布在上述几省。近年来，产业布局也有所变化，除总部所在地以外，大型企业也逐渐将制造业向内陆劳动力成本相对较低的省份迁移。

3. 行业特点和发展水平

我国的彩电制造业经过30年的快速发展，取得了重大的成就，成为世界上最主要的彩电生产国。彩色电视机的质量水平与日本、韩国等国家的制造水平相比，基本持平。主要差距为我国存在较多规模小、产能低、质量控制不严的小企业，小企业的产品质量水平相对较差。近年来彩电制造领域关注的重点是高能效产品和智能化产品。

随着背光方式的改变和动态背光控制等新技术的应用，彩电的能效水平大幅度提高，能效指数的平均值由2008年底的0.84上升到2011年6月的1.34。2010年国内主要彩电企业纷纷宣布推出智能电视。自2011年以来，智能电视向云电视升级，3D电视的渗透率逐年提高，并将成为彩电的标配功能，OLED电视、超高清晰度电视等，也从实验室研究阶段，逐渐步入量产阶段。随着三网融合程度的加深，彩电产品已经发展为具备上网等多种智能化应用功能的家庭信息中心。

4. 国内外发展趋势比较

总体来看，国内彩电品牌保持强劲的上升势头，国外品牌在电视整机制造业的市场份额有所下降。2003年，欧洲最大的电视制造企业汤姆逊被国内企业TCL收购；2010年，东芝电视的国内销售渠道交由TCL进行经营；2011年，日立宣布将关停部分等离子制造线，同年，全球最著名的等离子显示板（PDP）制造企业日本松下宣布，关停多家等离子面板厂；日本索尼虽然在液晶电视制造方面占有一定的技术优势，但电视制造连续多年亏损，仅2011年二季度，索尼电视部门亏损额高达270亿日元，经营状况并不乐观。

平板电视制造的核心技术和面板等上游关键器件，仍然掌握在夏普、三星等日韩企业和奇美、友达等中国台湾企业手中。核心器件主要依靠进口，国内品牌主要完成组装生产的产业格局未发生根本性的改变。随着华星光电和京东方8.5代线量产，面板的进口依赖程度有所降低。国内品牌销量巨大但价格偏低的局面仍未改变，以夏普、索尼、三星为代表的日韩企业，虽然销售量远低于国内品牌，但均价较高，主要占领高端市场，产品利润率和附加值明显高于国内品牌。

三、标准解读及关键指标分析

1. 标准总体情况

（1）我国3C认证涉及的电视机认证标准有：

1）安全标准：GB 8898—2011《音频、视频及类似电子设备　安全要求》；

2）电磁兼容标准：

——GB 13837—2012《声音和电视广播接收机及有关设备　无线电骚扰特性　限值和测量方法》；

——GB 17625.1—2012《电磁兼容　限值　谐波电流发射限值（设备每相输入电流≤16A）》。

（2）涉及电视机性能的标准主要有：

——GB 12021.7—2005《彩色电视广播接收机能效限定值及节能评价值》；

——GB 24850—2013《平板电视能效限定值及能效等级》；

——SJ/T 11339—2006《数字电视等离子体显示器通用规范》；

——SJ/T 11343—2006《数字电视液晶显示器通用规范》；

——SJ/T 11348—2006《数字电视平板显示器测量方法》；

——GB/T 17309.1—1998《电视广播接收机测量方法　第1部分：一般考虑　射频和视频电性能测量以及显示性能的测量》；

——SJ/T 11157—1998《电视广播接收机测量方法　第2部分：伴音通道的电性能测量，一般测量方法和单声道测量方法》；

——GB/T 26686—2011《地面数字电视接收机通用规范》；

——GB/T 26685—2011《地面数字电视接收机测量方法》。

2. 安全关键指标分析

产品安全标准GB 8898—2011的实施日期是2012年11月1日，较之前的旧版标准GB 8898—2001有很多变化，新标准更加符合音视频产品的特点以及发展变化的趋势；根据我国产品的具体使用条件，这个标准与对应的国际标准之间也有差异，标准的要求更加符合我国的国情。电视机是该标准适用产品中的重要一类，标准只涉及通用的产品安全最低要求，不可能覆盖产品在极端使用条件下的所有要求。

GB 8898—2011 主要规定了电视机的防电击、防过热、防辐射、防机械危险以及防火的安全要求。

（1）标志和说明书。标志就是粘贴或者印刷在样机表面的标签或警示。其告知消费者安全使用的相关事项，比如供电的电压和频率 220V～50Hz 等。新版标准增加了低海拔（）和非热带（）的标记或说明。带有

（）标记的电视机仅适用于海拔 2000m 及以下地区安全使用，带有（）标记的电视机仅适用于在非热带气候条件下安全使用；要求在电视机表面进行说明或加贴标记；如电视机表面标志中仅有以上标记符号，则需在说明书中对标记符号的含义进行说明。

对固定式产品，比如吊装式或落地安装式电视机，在说明书中给出警告：为防止伤害，必须按安装说明书的规定将设备牢固地固定在地板/墙壁上。

（2）辐射。规定了电视机的电离辐射安全限值，主要是针对显像管电视机。

（3）发热。电视机在正常工作条件下的各个部位、各种材料应当符合温度安全限值。

（4）防电击：

1）结构要求。对电视机的防电击的结构要求，对Ⅰ类和Ⅱ类防电击产品的关键零部件/元器件以及多种绝缘等给出针对性要求，在结构上防止电击危险。

2）正常使用的电击防护。规定产品外部在使用中可能被触摸到的插接端子、把手、开孔、调节钮及插头等所带电压或可能产生的电流被限制在安全值，也包括可以用手打开盖子后能够触摸到的内部零部件。

3）绝缘要求。对绝缘距离、防电击等的规定，包括防雷击、防电网电源过电压、承受可能预见的潮热环境条件以及零部件/元器件故障等的要求。保证产品在其寿命周期内的防电击。

4）天线隔离。要求带有未经隔离的有线网络天线插座的设备，给出说明：“接入本设备的有线网络天线必须与保护接地隔离，否则会引起着火等危险！”这项要求是依照共用天线、电缆电视的特点，以及我国不同的

电视机供电系统及信号分配系统等使用环境，特别给出的防护措施。电视机外接的单独的隔离器件（见图 3）或者内部嵌入的隔离功能均有测量指标要求。这是新版标准中增加的规定。

图 3　外接天线隔离器

（5）机械强度和稳定性：

1）机械强度及固定。产品结构应当能承受其使用时可以预计到的搬运或装卸等操作。包括撞击、振动、冲击、跌落、对热塑性材料的外壳受热之后的变形，还包括操作使用抽屉、旋钮、按键、操作杆、拉杆天线的防护，以及机械固定的可靠性。防止危险带电零部件/元器件的裸露或其绝缘短路导致防电击性能的劣化；防止因形变、断裂、裂缝产生的尖锐边缘伤及人身。

2）稳定性。质量不小于 7kg 的非固定式电视机应在使用中保持稳定，避免其倾倒伤人。带有支撑用脚轮或支架/底座的电视机放置在倾斜 10°的平面、倾斜 1°防滑平面上对产品的规定平面承受向下施加的规定力；承受水平方向施加的规定力等。这项要求比旧版标准更严格。墙壁、天花板安装或支架/脚轮安装的电视机（见图 4），应当按照制造厂商说明书的规定进行安装。

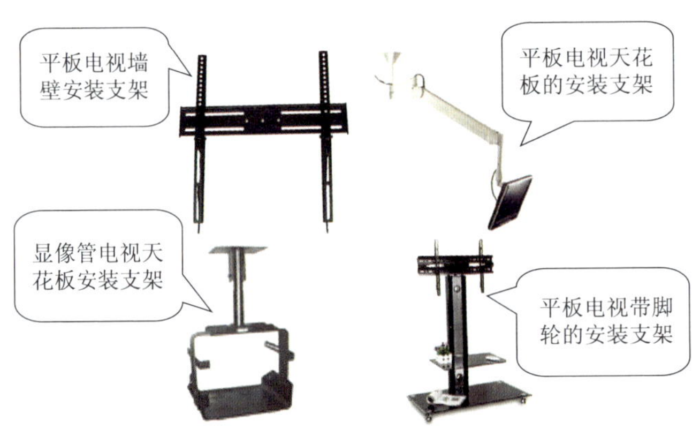

图 4　彩色电视机安装支架

（6）防爆。规定了显像管的防爆性能，适用于平面最大尺寸超过 16cm 的显像管电视机。

（7）防火设计。产品设计应当尽可能防止着火和火焰蔓延，对产品周围没有引起着火的危险。在电路设计上采取措施，避免产生潜在引燃源；邻近潜在引燃源部位选用低可燃性的元器件和材料；采用防火防护外壳限制火焰蔓延。针对的对象包括电气元器件和机械零部件、连线、印制电路板、挡板、外壳等。对电视机内部高压电路部分的要求更高，以防止人员伤害和财产损失。防火设计的检验就是通过标准规定的各项试验要求。

四、常见的主要问题

质监部门高度重视彩色电视机产品的质量安全，2002 年～2012 年，国家质检总局对彩色电视机产品进行了共九次国家监督抽查，覆盖显像管（CRT）电视机、等离子电视机和液晶电视机。虽然质监部门对电视机的质量问题很重视，且抽查力度也很大，但还是可以从抽查中发现个别企业在个别批次的产品生产上，仍有一些问题。

1. 安全结构

安全结构不合格主要体现在两个方面：

（1）印刷电路板上带有危险电压的覆铜导体间的爬电距离和电气间隙不满足标准要求。

（2）带有危险电压的零部件与可触及零部件间的绝缘要求不满足标准要求（见图 5）。

图 5　带有危险电压的导线与可触及零部件间的绝缘

以上两种情况，均可能导致导体间的电流击穿，引发消费者的触电危险，甚至引起产品内部着火危险。

覆铜导体间的爬电距离和电气间隙不合格的主要原因是电路设计人员不熟

知 GB 8898 标准。但带有危险电压的导线与可触及零部件之间的绝缘不合格的原因一方面是设计人员在排版布线以及工艺设计上有缺陷，另一方面是生产装配人员没有严格按照布线的操作规程进行安装，导致有些套管或夹紧装置没有安装、固定在位。

为了保护消费者的使用安全，建议消费者在购买电视机时，应首先查看电视机铭牌上是否有 CCC 标志，其次对外观进行充分的检查，看是否存在安装不当或外壳破损的情况。

2. 防火要求

对于非金属外壳的电视机，如果外壳材料的防火等级选用不当或者外壳注塑前阻燃剂搅拌不均匀，都会引发着火危险，对人身和财产安全产生重大威胁。

为防止因外壳材料阻燃性不合格而引发着火危险，消费者在选择电视机时可以选择对产品工艺一致性控制较好的品牌电视机。

3. 标记

标记经过耐擦试验后，仍应是清楚可辨的，标牌应不可能轻易被揭掉，而且不应出现卷边。

有些标记经过耐擦试验后，出现卷边甚至出现脱落，导致安全信息缺失，这对消费者包括维修人员都会造成影响。以上问题的成因主要是生产企业对于产品细节把控不严，还应加大对标准 GB 8898 的执行力度。

五、选购和使用提示

1. 信 CCC，重能效

虽然彩色电视机的种类繁多，功能样式尺寸差异性很大，但对于普通消费者选购而言，最根本的是要看是否有 CCC 认证标志和能效标识。它们让消费者买得更放心，用得更安心。同时消费者还应关注国家质检总局发布的彩色电视机产品质量抽查结果，选择购买质量好、信誉佳的彩色电视机品牌产品。

2. 查标志，对附件

首先要看产品外壳上标记及说明书上的安全信息和警告用语以及安装说明，还要核对产品的附件，如天线隔离器。如果购买到带有天线隔离器的电视机，使用时应该将隔离器先插入电视机的天线或天线电缆电视的缆线插座，然后将室内电视信号电缆插入天线隔离器的插座（见图 6）。

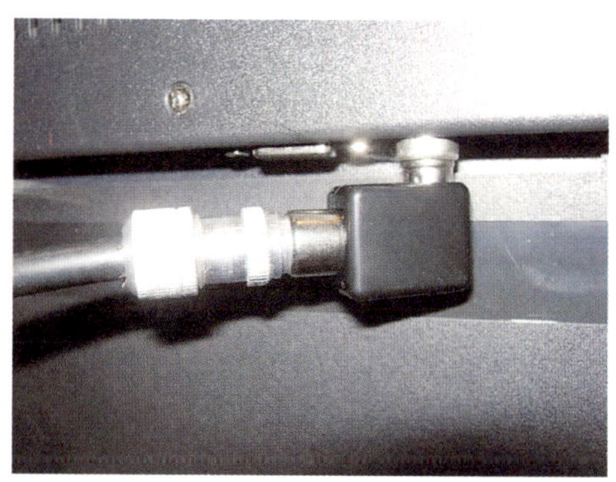

图6　天线隔离器的连接示意图

3. 看外观，亲手试

外观检查要看外壳是否完整，有无破损，屏幕是否完好，边角有无倒圆。挑选非固定式平板电视机时，可用手指对电视样品屏幕向前轻推，看其是否有倾倒的可能，也就是查验其底座或支架的稳定性。台式平板电视机带有底座，一般放置在电视柜或者桌面上使用，电视柜一般高度约为45cm，是儿童容易接触的区域。国外曾经报道有儿童接触后电视机倾倒伤及儿童的例子。电视机制造商应该保证电视机放置在稍有倾斜的平面（与水平夹角10°）上不会倾倒，不会造成人身伤害和财产损失。

4. 观图像，听声音

整机的光学性能直接影响到消费者的观看效果。产品的亮度均匀性不好，会导致画面明暗不均（实际状况是周边亮度较中心亮度低）；清晰度不高，会导致画面模糊；色域覆盖率不高，会导致颜色不够丰富或缺失，色彩失真。液晶电视在播放快速运动图像时，观看画面图像细节，如物体图像边缘是否有拖尾。电视机的声性能主要受制于音箱的尺寸和成本。故选购时要根据消费者的自身需求亲自体验。

（由国家广播电视产品质量监督检验中心刘莹撰稿）

液晶显示器

一、产品简介

液晶显示器是指采用液晶屏作为显示部件的显示器。它是计算机系统及各类信息化网络中必不可少的外部设备，主要用于信息技术设备的显示输出。见图 1。

图 1　液晶显示器

液晶显示器根据液晶分子的排布方式可分为窄视角的 TN-LCD、STN-LCD、DSTN-LCD 和宽视角的 IPS、VA、FFS 等；按色彩分可分为单色液晶和彩色液晶；按分辨率可分为 800×600、1024×768、1366×768、1440×900、1600×900、1920×1080、1680×1050、2560×1440 等；按显示器大小可分为 18.5 英寸、19 英寸、20 英寸、21.5 英寸、22 英寸、23 英寸、23.6 英寸、24 英寸、27 英寸、29 英寸、30 英寸等，目前主流尺寸为 21.5 英寸、22 英寸和 23 英寸；按显示器背光技术可分为发光二极管（LED）、冷阴极荧光灯（CCFL）等。目前主流显示器屏幕规格见表 1。

表 1　主流尺寸液晶显示器屏幕规格对照表

屏幕尺寸	屏幕比例	屏幕分辨率
18.5 英寸	16∶9	1366×768
19 英寸	16∶10	1440×900
20 英寸	16∶9	1600×900
21.5 英寸	16∶9	1920×1080
22 英寸	16∶10	1680×1050
23 英寸	16∶9	1920×1080
23.6 英寸	16∶9	1920×1080
24 英寸	16∶9	1920×1080
24 英寸（高分辨率）	16∶10	1920×1200
27 英寸	16∶9	1920×1080
27 英寸（高分辨率）	16∶9	2560×1440
29 英寸	21∶9	2560×1080
30 英寸	16∶10	2560×1600

液晶显示器与传统的 CRT 显示器（阴极射线管显示器）相比，其机身较薄，可节省大量空间。同时其更省电且不产生高温，产生的辐射也远远低于 CRT 显示器。另外，液晶显示器画面不会闪烁，可以减少对眼睛的伤害，使眼睛不容易疲劳。

液晶显示器需要通过 3C 认证，同时从 2008 年 11 月起，液晶显示器也要求对能效等级进行标注。

二、行业概况

从制造业来看，韩国、日本、中国台湾省形成了全球范围内制造液晶显示器的三大阵营。这三大阵营都在中国大陆以独资或合资的形式生产、制造液晶显示器产品，中国大陆也有许多大大小小的企业在生产自有品牌的液晶显示器，目前约有液晶显示器生产企业40多家，其企业群体主要基于原CRT生产企业，也有一些新兴的液晶显示器生产企业。这些企业主要集中在东南沿海及京津地区。

近年来，液晶显示器行业得到了快速发展，品种不断增加，质量不断提高。下面对液晶显示器的一些新技术、新产品做个简单介绍。

（1）LED（发光二极管）背光技术。该技术的进入使得液晶显示器亮度一致性（亮度均匀性）更高，体积可以做得更薄。与传统的CCFL（冷阴极荧光灯）相比功耗更低，且不含汞元素，更环保，在可视角度和刷新速率等方面，也都更具优势。

（2）广视角显示器（见图2）。在2008年底到2009年初低价广视角显示器被推出后，经过几年的发展，2012年各大厂商推出的显示器新品大部分配备了广视角面板，因此广视角在未来可能成为最主流的技术规格之一。

图2　广角液晶显示器

（3）3D液晶显示器（见图3）。2008年底推出的3D液晶显示器曾在市面上造成了不小的轰动，随着技术发展3D显示距离用户越来越近，3D液晶显示器在2011年成为市场最热门的关键词，各大厂商为了在这一市场中分一杯羹，3D产品出现了井喷式增长。

图3 3D液晶显示器

（4）触摸液晶显示器（见图4）。2012年10月微软的Windows8操作系统上市，该系统对触摸操作进行了深度的优化，这给触摸液晶显示器提供了一个契机。市场上已经有部分品牌推出了自己的触摸显示器产品，各厂商已经开始在触摸液晶显示器市场中发力。

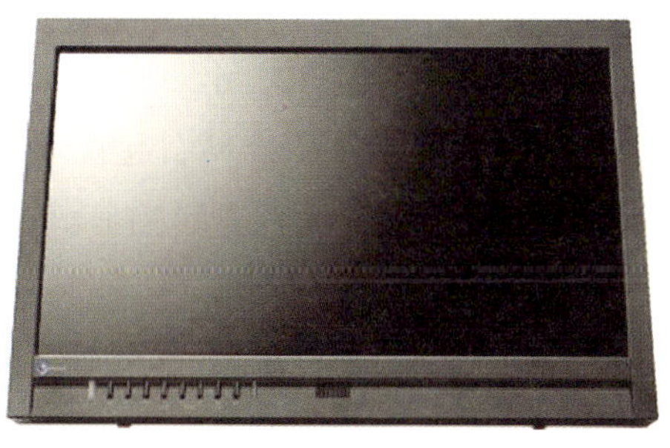

图4 触摸液晶显示器

三、标准解读及关键指标分析

1. 标准总体情况

液晶显示器涉及的标准有以下几个：

——GB 4943.1—2011《信息技术设备 安全 第1部分：通用要求》；

——GB 9254—2008《信息技术设备的无线电骚扰限值和测量方法》；

——GB 17625.1—2012《电磁兼容 限值 谐波电流发射限值（设备每相输入电流≤16A）》；

——GB 21520—2008《计算机显示器能效限定值及能效等级》；

——GB/T 17618—1998《信息技术设备抗扰度限值和测量方法》；

——SJ/T 11292—2003《计算机用液晶显示器通用规范》。

（1）GB 21520—2008 是强制性标准，该标准是对显示器能效的考核，目的是为消费者选购显示器产品时提供必要的信息，以引导和帮助消费者选择高能效节能产品。该标准的考核指标主要分为两部分：一是显示器的能源效率，二是关闭状态的能耗。根据这两个指标，标准把显示器的能效等级分为 3 级，其中 1 级为最高的能效等级。

（2）SJ/T 11292—2003 是推荐性行业标准，该标准对液晶显示器的性能、安全性、电磁兼容性、环境适应性的检验标准及检验方法都有详细的规定，是液晶显示器检验的主要依据。

2. 关键指标分析

（1）性能指标。液晶显示器的主要性能指标有亮度、对比度、响应时间、视角、亮度一致性等。

1）亮度。亮度是指画面的明亮程度，单位是堪德拉每平米（cd/m^2），计算机用液晶显示器标准要求其亮度应≥125cd/m^2。但是亮度很高的显示器并不一定是好的显示器，这是因为亮度过高容易引起视觉疲劳，令人感到不适，另外，可能会造成显示器在表现黑色时不黑，影响显示器细节和色彩表现。

2）对比度。对比度是指在恒定照明条件下，将显示器对比度调至最大，亮度调至最佳，测量屏幕中间部分同一点最亮时（白色）与最暗时（黑色）的亮度的比值。标准要求液晶显示器对比度应≥150。对比度是衡量显示器优劣的重要指标之一。高的对比度可以让画面更加突出、层次丰富、色彩饱满。这里需要说明一下，现在市场上有一种动态对比度的说法，动态对比度和真实的对比度是不同的概念，一般同一台液晶显示器的动态对比度会大于实际对比度。

3）响应时间。响应时间是指液晶显示器各像素点对输入信号反应的速度，即像素由暗转亮或由亮转暗所需要的时间（其原理是在液晶分子内施加电压，使液晶分子扭转与回复）。反应时间越短则使用者在看动态画面时越不会有尾影拖曳的感觉。一般将反应时间分为两个部分：上升时间（Rise time）和下降时间（Fall time），而表示时以两者之和为准。标准规定响应时间应≤55ms。经过这些年的发展，这个值相对比较落后了，现在的液晶显示器响应时间基本都在25ms以内了。

4）视角。视角是指从不同的方向清晰地观察屏幕上所有内容的角度。液晶显示器的视角是由于显示器的光源是经折射和反射输出，有一定的方向性，超出这一范围观看就会产生色彩失真现象。视角越大，观看的角度越好。视角分为水平视角和垂直视角，标准规定水平视角≥100°，垂直视角≥80°。该指标也相对落后些，这些年液晶显示器技术快速发展，显示器的可视角度也越来越大。

5）亮度一致性。亮度一致性也叫亮度均匀性，是衡量整个液晶显示器不同区域的亮度是否一致，其测量方法是液晶显示器显示范围内，最亮与最暗部分亮度的比值，标准要求其值应≤1.5：1。这是由于液晶本身不发光，需借助额外的光源才行，因此背光灯管的数量及排列方式影响着显示器的亮度均匀性。最早的液晶显示器只有上下两个灯管，发展到现在，普及型的最低也是四灯，高端的是六灯。品质较好的显示器，亮度均匀，没有明显的暗区。

（2）安全性指标。液晶显示器安全性指标和大部分信息类产品相同，主要是防触电保护，要求产品在结构上应保证使用者无论在正常工作条件下还是在故障条件下使用产品，均不会触及带有超过规定电压的元器件，以保证人体和大地或其他容易触及的导电部件之间形成回路时，流过人体的电流在规定限值以下。主要指标有接触电流、抗电强度、接地电阻。

1）接触电流。其测试目的是指在正常或故障条件下接触一个或多个可触及件时流过人体的电流不应对人体造成伤害。

2）抗电强度，也称耐压。是对产品承受高压的一个测试，测试目的是确定电子绝缘材料足以抵抗瞬间高电压的测试。

3）接地电阻。测试的目的是保证产品上的所有在单一绝缘失效的情形下会变成带电体，并且可以被使用者接触到的导电性部件被可靠连接到电源输入的接地点。

四、常见的主要问题

近年来国家监督抽查发现的主要不合格项目集中在电磁兼容性（传导干扰、辐射干扰、浪涌、静电等）和性能（亮度、视角、对比度等）两个方面。

1. 电磁兼容性

电磁兼容性测试是考察产品在其电磁环境中符合要求运行，并不对其环境中的任何设备产生无法忍受的电磁干扰的能力。这包括两个方面的要求：一方面是指产品在正常运行过程中对所在环境产生的电磁干扰不能超过一定的限值；另一方面是指产品对所在环境中存在的电磁干扰具有一定程度的抗扰度。简单地说就是产品在工作时发出的电磁辐射既不干扰其他设备，同时也能抵抗其他设备发出的电磁辐射。

如果液晶显示器该指标不合格，可能会干扰其他家电的正常工作，或者当其他家电工作时可能会导致其无法正常工作。分析造成其不合格的原因主要有以下几点。

（1）液晶显示器产品市场竞争日趋激烈，一些小企业想要在市场上占有一席之地就降低成本与他人竞争，因而不能够很好地重视质量控制环节，如采购、设计定型阶段缺乏检测评定，致使电磁兼容性指标难以过关。

（2）一些企业在产品的零部件选型和产品定型及生产过程中也进行了检验与质量把关，但在大批量生产中没有严格控制好产品的一致性，致使生产批量越大，随机抽检产品不合格的风险也越大。由于我国尚不具备对液晶显示器产品关键件的开发、生产能力，大多数企业只是将外购来的成品屏板组装成成品，这就很难从设计的源头考虑产品的电磁兼容性，一旦装配完成的成品出现电磁兼容性问题，解决起来往往被动，成本高，收效低，治标不治本。又由于缺乏对液晶显示器产品标准的深入理解，致使一些企业对零部件选购及组装生产过程的质量控制不够，从而造成一些企业液晶显示器产品电磁兼容性指标难以符合国家强制性标准的要求。

2. 性能

性能指标中的亮度、对比度、视角、响应时间等指标问题。亮度过低、对比度不够、视角过小、响应时间偏大都可能影响显示器的显示效果。抽查中这些指标不合格的主要原因是厂家为了产品好卖，把作为明示标准依据之一的产品说明书中的这些指标进行了虚标或拔高。性能指标中的大部分需要仪器设备测试才能得到，消费者想要自己得到具体的数值难度比较大。国家每年会有相应的监督抽查，抽查结果将会公示，消费者可以选择抽查合格的品牌购买。

五、选购和使用提示

1. 选购提示

消费者购买液晶显示器时，可以参考以下几点。

（1）外观是否良好，有无划痕、汽泡、凹陷（显示屏不平整）。

（2）是否有无坏点承诺。在液晶显示器相关标准中对坏点的个数有限制，但是允许坏点存在。如果消费者希望购买一台没有坏点的液晶显示器，则可以购买具有无坏点承诺厂家的显示器。

（3）根据节能标识选择。随着液晶显示器尺寸越来越大，其已经逐渐成为另一个用电大户，且液晶显示器能效等级已经成为国家强制性标准要求。显示器能效等级分为 3 级，其中 1 级能效最高，因此消费者可以根据产品的节能等级购买适合自己的显示器。

（4）不应一味地迷信亮度值。有的显示器亮度很高，在最低亮度下依然很亮，这样画面可能会缺少层次感。如果一台显示器在最低亮度时能表现纯净的黑色，则可以让画面更加突出，层次丰富。适合长时间阅读工作的亮度值是 $110cd/m^2$ 左右。

（5）是否有漏光。消费者购买时应上下各角度的观察，屏幕边缘（即 LCD 和塑料边框交界的地方）是否有漏光。各个画面是否均匀，即亮度是否均匀，色彩是否均匀。

2. 使用提示

（1）避免长时间工作。液晶显示器的像素是由许许多多的液晶体构成的，过长时间的连续使用，会使晶体老化或烧坏，损害一旦发生，就是永久性的、不可修复的。一般来说，不要使液晶显示器长时间处于开机状态（连续 72h 以上），如果在不用的时候，关掉显示器。

（2）避免“硬碰伤”。液晶显示器比较脆弱，平时使用时应当注意不要被其他器件“碰伤”。在使用清洁剂的时候也要注意，不要把清洁剂直接喷到屏幕上，它有可能流到屏幕里造成短路，正确的做法是用软布粘上清洁剂轻轻地擦拭屏幕，液晶显示器抗“撞击”的能力是很小的，许多晶体和灵敏的电器元件在遭受撞击时会被损坏，所以请勿碰撞尖锐物品。

（3）不要尝试拆卸液晶显示器。液晶显示器即使在关闭了很长时间以后，背景照明组件中的 CFL 换流器依旧可能带有大约 1000V 的高压，这种高压能够导致严重的人身伤害。所以不要企图拆卸或者更改液晶显示器，以免遭遇高压。未经许可的维修和变更会导致显示屏暂时甚至永久不能工作。如有故障建议还是拿到专业维修站进行修理。

（由国家电子计算机质量监督检验中心邢爱晶撰稿）

数码照相机

一、产品简介

数码照相机（Digital Camera）是一种利用电子影像传感器把光学影像转换成电子数据的照相机，有别于传统胶片照相机通过光线引起底片上的化学变化来记录图像。在数码相机中，电子影像传感器用来取代传统相机底片的化学感光功能。被捕捉的图像数据经集成的微处理器通过一定算法编码后，形成图像文件并储存在存储卡上。

依功能、构造与画质的不同，目前较常见的数码照相机分为“不可换镜头数码照相机”和“可换镜头数码照相机”两大类。“不可换镜头数码照相机”又可分为消费型数码相机（俗称傻瓜相机）和小型专业数码相机，“可换镜头数码照相机”可分为数码单反相机和微单（或单电）数码相机。

由于数码相机小巧轻便、即拍即有、使用成本低、相片方便保存、分享与后期编辑等诸多优点，使其在短时间得到迅速普及。大部分数码相机具有录音、摄录动态影像等功能。传统相机已近乎在市场上绝迹。目前，越来越多的设备如个人移动终端、个人数字助理、个人电脑、终端机及平板电脑等也整合进了数码相机功能。

1. 消费型数码相机

特色是小巧轻便，操作简单，价格较低。选择内建的拍摄模式后，通常只要简单的变焦构图，即可按下快门获得照片。由于拍摄参数几乎全部由相机自动判断决定，操作功能不多且图像品质不能手动调整。适合作为记录日常生活、工作的记录工具。见图 1。

图 1　消费型数码相机

2. 小型专业数码相机

通过提高相机硬件配置，将相机内部硬件与镜头镜片组优质化，并加入较多的手动控制功能，可达到逼近数码单反相机的拍摄操作性。相比消费型数码相机，能获得相对较好的图像品质和操作性能。见图 2。

图 2　小型专业数码相机

3. 数码单反相机

单反相机，全称为“单镜头反光照相机”，其功能较丰富，能自由调整快门、光圈，支持手动对焦，自动对焦时允许选择对焦点，切换单拍、连拍等模式等，照片画质较佳，可以更换镜头、UV镜获得不同的拍摄效果。目前除了以靠反光五棱镜组的光学取景器（OVF）外，还有电路传输影像的电子取景器（EVF）可供使用。依电子影像传感器面积，此类相机通常可分为全幅机（36mm×24mm），APS-C尺寸（21mm×14mm至24mm×16mm）。见图3。

图3 数码单反相机

4. 微单（或单电）数码相机

微单（或单电）数码相机是一种镜头可以更换的数码相机，于2010年后逐渐兴起，属于消费型数码相机与数码单反相机之间的交集。与数码单反相机不同之处在于可换镜头相机没有使用反光镜与五棱镜的观景窗系统来做取景用途，因此此类数码相机通常在体积上比数码单反相机略小。此类数码相机与单反相机最大的技术区别在于：由于取消了反光镜结构，使得镜头与图像传感器之间距离缩短，减少了入射光的衰减，更易获得高质量的图像。这种相机在中文和英文中也有众多不同名称，中文名称包括单电相机、微单相机、可换镜头数码相机以及电子式取景可换镜头相机等。见图4。

图4 微单（或单电）数码相机

5. 其他类相机

非以上描述类别数码相机，例如旁轴取景数码相机、数码双反相机、一次成像数码相机等。

二、行业概况

2010年～2011年中国消费市场数码相机需求量增速明显，其中约75%为消费型卡片型相机。2011年中国数码相机消费市场开始进入单反/微单时代，各大厂商纷纷推出入门级数码单反和微单相机，以培育扩展数码单反/微单消费市场。2012年，手机拍照性能提升，开始影响消费型数码照相机的销售，各大厂商继续提升单反/微单相机的性能，同时减少对低端消费型卡片数码照相机的生产与销售。

中国除了是数码照相机消费大国，也是数码照相机生产大国。国内主要的生产基地分布在深圳、东莞、江苏、浙江、山东和天津等沿海地区，以合资或外资形式为主。从产品型号来看，国内生产的数码相机以中低端消费型数码相机为主，单反和微单等高端相机生产所占比重小。受数码照相机核心技术限制，国内的生产形式以装配为主，关键零部件依靠进口。

从目前市场的品牌占有率情况看，数码相机品牌竞争高度集中，佳能、三星、索尼、尼康、奥林巴斯等品牌消费者预期购买率合计达到80%以上。

纵观数码照相机行业，从最初每个数码相机企业每年只发布几款新品，到如今各企业每年近20款新品上市，仅2010年一年数码相机新品就上市150余款，产品功能各异，极大地丰富了市场个性化的拍摄需求。伴随市场竞争加剧，2011年～2012年数码相机产品功能进一步细分，无反光镜、可更换镜头的数码相机逐渐细分出来，并渐成气候。长焦相机市场则朝着两个方向发展：旗舰长焦相机变焦倍数升级，便携长焦相机继续瘦身。从2011年开始，随着众多厂商挺进微单相机阵营之中，形成与入门单反相机的竞争，微单相机逐步成为消费者的关注热点。

三、标准解读和关键指标分析

1. 标准总体情况

目前，我国发布实施的数码照相机标准为JB/T 10362—2010《数码照相机》。对于数码照相机电气安全和配件（如电池、闪光灯）也都发布了相应的标准进行规范。

（1）GB/T 29298—2012《数字（码）照相机通用规范》，JB/T 10362—2010《数码照相机》。该两项标准主要规定了数码照相机的影像质量要求，也规定了取景器、内藏闪光灯、电池等数码照相机主要部件的性能要求，对数码照相机整机的环境适应性、安全性、电磁兼容和耐久性能也作了详细规定。

（2）GB 4943.1—2011《信息技术设备　安全　第1部分：通用要求》。该标准主要规定了信息技术设备的防电击、与能量有关的危险、防着火、与热有关的危险、机械危险、防辐射、防化学危险等安全指标，主要技术内容与国际标准IEC60950－1：2005《信息技术设备的安全　第1部分：通用要求》一致。

（3）GB/T 18287—2000《蜂窝电话用锂离子电池总规范》。该标准规定了蜂窝电话用锂离子电池的定义、要求、测试方法、质量评定程序及标志、包装、运输、贮存的要求，主要技术内容部分采用国际标准IEC61960含碱性或其他非酸性电解质的蓄电池和蓄电池组、便携式二次锂蓄电池和蓄电池组的要求。

（4）GB 9316—2007《摄影用电子闪光灯装置安全要求》。该标准规定了电子闪光灯装置的安全警示标志，正常工作条件下的温升，高温环境下的变形，正常工作条件下的触电危害、绝缘要求，故障条件下的保护、机械强度和各部件安全要求。主要技术内容等同采用国际标准IEC60491：2004《摄影用电子闪光灯装置安全要求》。

(5) GB 9254—2008《信息技术设备的无线电骚扰限值和测量方法》。

(6) GB 17625.1—2012《电磁兼容　限值　谐波电流发射限值(设备每相输入电流≤16A)》。

2. 关键指标分析

(1) 性能指标:

1) 影像质量。指数码照相机所拍摄的影像的清晰度、颜色、白平衡、曝光性能等指标,是决定数码照相机使用性能最重要也是最基本的指标。

2) 取景器性能。指数码照相机取景器在取景拍摄中应符合的技术要求,包括取景视场、液晶取景器亮度、液晶取景器显示等内容。如果取景器性能存在问题,会产生取景偏差、液晶屏过暗导致无法正常观看、显示错误引起的误操作等问题。

3) 闪光灯性能。指闪光灯正常工作状态下的闪光指数、闪光距离、闪光均匀度和闪光灯充电时间等指标。说明书明示的闪光距离内拍的打闪光的照片过亮或过暗、充电时间过长都是闪光灯性能不符合的表现。

(2) 安全指标:

1) 电气要求(接触电流和保护导体电流,抗电强度)。数码照相机在使用时都配套充电器或电源适配器使用:对使用时可能接触的或用手操作的裸露零部件则应使满足一定的电流限值要求,并和供电电源之间通过适当的绝缘隔离。

2) 防火材料。数码相机内部使用的电池,充放电回路以及闪光灯可能产生导致危险的过高温度,必须使用符合要求的阻燃的结构材料,限制易燃材料的用量,或把易燃材料与可能的点燃源屏蔽或隔离。

3) 发热要求。数码相机内部电流在正常充放电过程中或连续工作条件下产生过高温度可能导致引起过热危险。减小这种危险的方法包括:采取措施避免可触及零部件产生高温,如果不可避免接触烫热的零部件应提供警告标识以告诫使用人员。

4) 结构要求。结构设计可能导致危险的原因是:尖锐的棱缘和拐角伤害到人体,直插式充电器的插头尺寸不满足要求引起的触点危险。减小这种危险的方法包括:倒圆尖锐的棱缘和拐角,通过测量直插式充电器的插头尺寸确定是否满足国家标准要求。

5) 电池安全性。数码照相机基本都搭配锂电池或可重复使用的镍镉电池使用,尤其锂电池如果没有采用适当的保护设计,在使用中容易出现各种安全问题，为了确保数码照相机在预定寿命期间能安全可靠地使用，通过在正常工作条件和故障条件下的电池测试确保在制造厂商设定的额定值内不会产生危险。

四、常见的主要问题

随着数码照相机日益普及，数码照相机产品质量一直是几年来的消费者投诉热点，质检部门也高度重视此类产品的质量和安全。分析在国家监督抽查中发现的问题，消费者在选购和使用中应关注以下问题。

1. 影像质量

能引起数码照相机影像质量不过关的原因有很多，例如设计缺陷、装配失误、运输过程中受到过度冲击、过度跌落、严重受潮等影响。常见的问题如表 1所示。

表 1　数码照相机影像质量常见问题

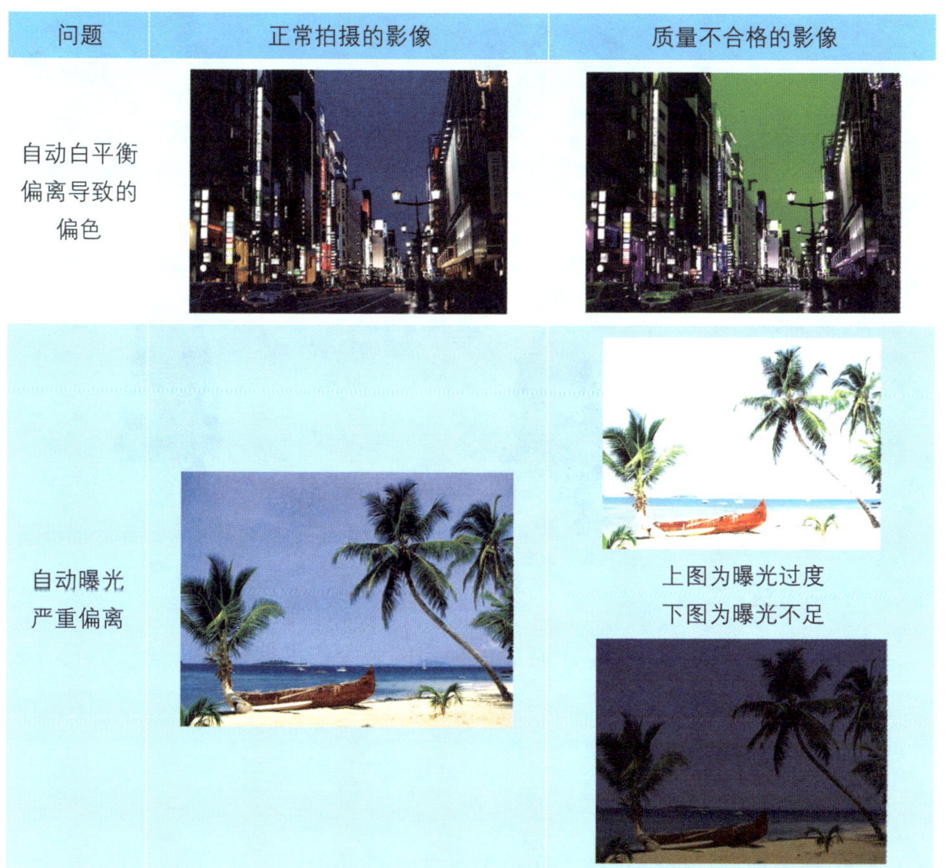

问题	正常拍摄的影像	质量不合格的影像
自动白平衡偏离导致的偏色		
自动曝光严重偏离		上图为曝光过度 下图为曝光不足

消费者在购买前应要求开机试拍，并通过数码照相机显示屏或上传电脑查看，避免购买存在以上问题的数码照相机产品。如在使用中发现照相机有此类问题发生，请检查数码照相机内各种设置是否正确。如正确设置后还无法消除这类现象，请及时去各品牌指定的正规维修网点进行维修。

2. 取景器性能

取景器性能最常见的问题是位置偏离，即取景器所见影像的范围和实际拍摄影像的范围有较大差别，导致拍摄的画面残缺，具体示例见表 2。

表 2　数码照相机取景器性能常见问题

问题	正常拍摄的影像	质量不合格的影像
取景视场偏离	取景范围包含整棵大树	由于取景视场偏离，实际拍摄图片中大树右侧部分被截掉
	女生整个头部都在取景范围内	由于取景视场偏离，实际拍摄图片中女生头顶部分被截掉

产生此类现象的原因是生产制造过程中的装配失误造成的，建议消费者在购买时试拍查看是否存在此现象，或者在实际使用中适当增加取景范围，拍摄后通过后期处理截图获得满意的影像。

3. 抗电强度

此项目是检测产品的绝缘性能，标准要求产品的绝缘应当有足够的机械强度和电气强度以减少与危险电压接触的可能性，若带危险电压的零部件和可触及的导电零部件间的绝缘被击穿时，可能会引起将电网 220V 电压直接接通在正在充电的数码照相机上，轻则损坏数码照相机（或电池），造成经济损失，甚至有可能引发危害人身安全的触电事故。

潮湿处理后的抗电强度试验不合格的原因主要是由于生产企业出厂检验把关不严，导致不合格产品流向市场；另一个原因就是管理不严，生产时使用不符合要求的原材料和零部件。

4. 电池

电池要求不合格，可能导致在使用时或携带过程中产生意外着火，爆炸的危险。

试验不合格的原因主要是由于企业没有设计合适的保护电路和防爆外壳，或是采用劣质材料制造电池导致不合格产品出现。

不合格电池虽然表面上看上去与正规电池区别不大，但缺少应有的保护设计和装置，很容易在高温、振动、过充电等情况下发生爆炸、漏液、起火等危险现象，对使用者造成财产损失甚至人身伤害。

5. 电源插头尺寸

此项目是检测直插式设备的电源插头部分是否符合 GB 1002 的标准要求。只有在插头尺寸完全符合标准的前提下，插头和插座才会有很好的配合。若插头和插座配合不好，就会引起电气接触不良或人员意外触及插头的危险。直插式设备两极尺寸不合格的原因主要是由于生产企业选用的插头组件、插片不符合标准要求。

“抗电强度”、“电池要求”和“直插式设备尺寸不合格”消费者都无法自行采取措施防范。

五、选购和使用提示

1. 如何选购数码照相机

市面上销售的数码相机价格从千元以内到三四万元左右，价格差距巨大、定位多元，所以在决定选购数码照相机前，先要明确以下几点。

（1）购买数码照相机的目的。

如果仅仅是用来作为日常生活、工作的记录工具的，或没有摄影基础且不打算深入进去的，或对图像效果没有很高要求且资金不宽裕等情况下，不推荐购买价格昂贵、外形笨重的数码单反照相机。消费型数码照相机轻薄的身材，便于携带，对于追求轻便省心的用户而言，笨重的数码单反数码照相机反而是累赘。对于喜欢记录一些风景、花草、人文，甚至拍出一些创意，有意愿深入研究摄影技巧的，那么数码单反相机的确是值得考虑的首选。但需要指出的一点是，这并不意味着数码单反照相机就是唯一的选择，因为如今小型专业数码照相机和微单数码照相机同样拥有非常不错的性能，不但延续了轻便、易用的特点，其性能也不比某些入门级单反数码照相机差。

(2) 资金和精力的问题。

有多少钱办多大事。在选购数码照相机前，先要明确自己愿意在数码照相机上消费多少金钱。对于消费能力不高，或不愿意在这上面大把花钱的普通用户而言，购买单反数码照相机需要谨慎考虑。单反数码照相机和微单数码照相机的镜头拥有可更换、可升级的特性，因此购买数码单反相机（或微单相机）可以是一次性投资，也可能是一连串消费的开始。市面上不存在焦端既全面、效果又出色又均衡且价格适中的全能优质民用镜头。所以一定要综合并保证拍摄广度和成像质量，购买多支涵盖不同焦端的名贵镜头也就成为必然，这无疑是一笔不小的开支！

拍照看似简单，按下快门只在一瞬间，但要最终拍出好的摄影作品，如何掌握正确的曝光参数、如何构图、如何用光、如何拍出新意与创意，这些都是得经过长期实践与经验积累才行的，这需要有精力和持续的兴趣。动辄几万的全画幅数码单反照相机虽然也具备全自动拍摄功能，但如果你一直将相机设置于这个状态，无疑是极大的资源浪费。

简单的归纳，数码单反相机适合摄影爱好者、专业人士以及发烧友。虽然目前也有不少数码单反照相机打着低价的旗号，但毕竟数码单反对钱的消耗不是在购买机身上，而是在购机以后的岁月里（日后可能一款吸引你的镜头就要两台机身的价格）。因此，要想玩数码单反相机（或微单相机）还要做好打持久战的准备。

在购买数码照相机前，应明白如何充分利用手中器材，而不会因为拍不出好照片而埋怨器材。

2. 电池的选购

用于数码照相机的锂离子电池组，其设计和制造都具有很高的科技性，通常采用免受过充电、过放电和过电流损害的保护电路，安装了切断过电流的保护元件，其内部构造如图 5 所示。

“假冒伪劣电池”没有配备具有一定品质保证的保护装置或安全零件，大部分为劣质产品。如果使用或给此类电池充电，相机的性能有可能得不到正常发挥，情况严重时还会损伤相机，甚至给人体带来不良影响。特别是近年来飞机出行已经普及，伪劣电池在高空低压环境中受振动或冲击可能发生异常。如图 6 所示，伪劣电池会产生异常发热、破裂、漏液、起火等不安全现象。

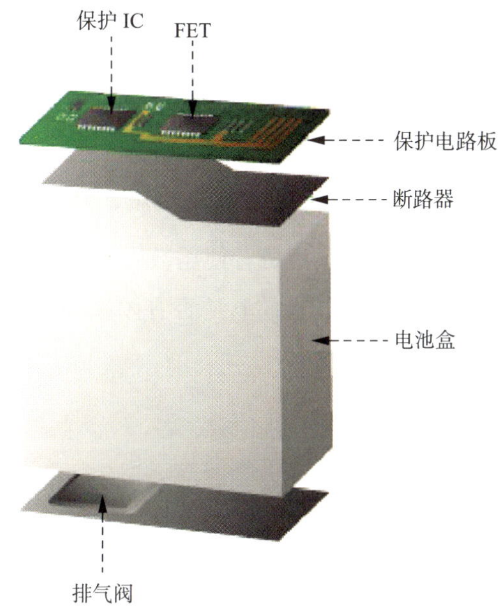

图 5　电池的内部构造示意图

图 6　伪劣电池引发的不安全现象

“假冒伪劣电池”在外观上与正品非常相近，所以要区分正品与仿制品很困难。有些产品可以在其厂商网页上进行查询。如果您担心手中电池的真伪，请到各厂家的售后服务中心进行咨询。建议消费者在可以信赖的专卖店购买电池。

另外，为了符合强制性国家标准 GB 4943.1—2011 的最新规定，必须对仅适用于在海拔 2000m 以下地区使用的设备在其明显位置上标注相关海拔高度安全警告语句，从 2012 年 12 月以后出库的产品中“仅适用于在海拔 2000m 以下电源适配器和充电器”的会有相应的海拔高度安全提示。如果消费者需要携带相机去高海拔地区旅行，就需要在选购和使用时关注一下手中的数码照相机和配件是否符合对海拔高度的使用要求，避免不必要的损失和可能的伤害。

3. 选用符合 3C 认证的原厂原配电源适配器、充电器

为了保证使用安全，强烈建议消费者使用数码照相机原配电源适配器和充电器以及原装电池，并且留意充电装置上是否有国家 3C 认证，可以登录强制认证的网站查询该型号证书的真伪。

4. 日常使用中的维护与保养

（1）避水。数码单反相机的最大敌人莫过于水气的侵蚀，不小心进水或者长时间不用时暴露在潮湿的空气中，都会对其内部的电子元件造成不同程度的腐蚀或氧化。需要在诸如有瀑布的风景区这类空气湿度较大的场合下拍摄的话，要避免淋雨、溅水和落水这类情况的发生。其次，避免暴露在潮湿的空气中，建议在放置数码照相机的盒子或机套内放入干燥剂。

（2）避震。拍摄时要尽量把相机带挂在脖子上，防止由于持机不稳跌落相机的情况。其次，放置相机时要找一个平稳的地方放置数码照相机，防止由于撑托物不稳导致相机滑落，同时注意不要让硬物划伤液晶显示屏或者镜头。

（3）避脏。镜头镜片过脏会影响成像，镜筒内部保护不当也会进灰从而影响 CCD 感光，另外，LCD 污垢较多也会影响视觉效果。风沙、灰尘较大的环境里使用数码照相机时，拍摄完成后要快速装入机套，拍摄中间也要注意不让手指在镜片上留下指纹。

（4）避温差。存放数码单反相机需要避开高温或较冷环境，避免暴露在空气中暴晒。

（5）防止丢失照片文件。应妥善保护好存储卡，如有可能，有一张备用卡最好。存储卡是电子器件，须远离强磁场，不要受潮淋水，防止强力撞击及跌落。

（6）保护镜头。不使用相机的时候要盖上镜头盖，避免进入灰尘和异物划伤。可伸缩镜头的机械传动装置比较脆弱，应尽量避免外力撞击、挤压。

（由上海市质量监督检验技术研究院周骅撰稿）

便携式计算机

一、产品简介

便携式计算机，我们俗称为笔记本电脑，是微型计算机的一种，它以CPU为核心，包括RAM、ROM、I/O接口电路以及实体内配接的外围设备、电源或扩充单元等构成的硬件设备，在此硬件设备的基础上，配置必要的外围设备和系统软件构成微型计算机。

根据国家标准规定，便携式计算机以便携性为显著特点，采用机芯一体化设计，利用平板显示器件显示，可使用电池供电工作，功能及扩展能力与台式机近似。便携式的微型机常常采用哈壳式结构，上部为平板显示器件，下部为主机。

作为当今社会生活中一种必不可少的工具，便携式计算机产品已经遍布于我们的身边，无论我们在公司、家庭、旅途中、学校、咖啡馆里，便携式计算机产品以其优越的便携性能、完备的功能、满足各种需求的性能以及更为出色和个性化的外观设计，已经逐步取代或者正在取代着台式计算机产品，成为我们生活、学习、工作之中的重要的工具之一。

所有便携式计算机产品均属于3C认证产品范围，也就是说，市场销售的便携式计算机产品，都应具有3C认证标识。

二、行业概况

我国目前的便携式计算机产品（包含普通笔记本电脑、超级本以及上网本等）产品生产企业约有100家。同时，随着微型计算机产品几十年的发展革新与优胜劣汰，其产品在国内主要由较少数量的厂家进行占市场大部分比例的生产和销售，可以说，20%左右的笔记本电脑企业的产品占领着80%左右的便携式计算机产品的消费市场，其厂家主要集中于广东、北京、江苏、上海、福建等五个省、直辖市。

总体来讲，知名便携式计算机产品企业的产品质量还是控制得比较好，也比较稳定。尤其是3C认证制度的多年推行，对于提高便携式计算机产品整体质量水平起到了有力的促进和保证作用。

三、标准解读及关键指标分析

1. 标准总体情况

（1）现行的便携式计算机产品标准为：GB/T 9813—2000《微型计算机通用规范》。该标准中涉及安全的项目有四项：接地连续性、对地漏电流、抗电强度、无线电骚扰。由于便携式计算机产品更新快、新技术层出不穷、旧产品淘汰快等特点，故该标准仅对便携式计算机产品进行了一些基本规范，这也是符合便携式计算机产品本身所具有的特性而考虑的。同时，新版的便携式计算机国家标准（GB/T 9813.2《计算机通用规范　第2部分：便携式微型计算机》）也即将发布，新版标准将会更有针对性，要求也会更加细致、完善。

（2）GB 4943.1—2011《信息技术设备　安全　第1部分：通用要求》。该标准主要规定了信息技术设备的防电击、与能量有关的危险、防着火、与热有关的危险、机械危险、防辐射、防化学危险等安全指标，主要技术内容与国际标准IEC 60950-1：2005《信息技术设备的安全　第1部分：通用要求》一致。

（3）GB 9254—2008《信息技术设备的无线电骚扰限值和测量方法》。

（4）GB 17625.1—2012《电磁兼容 限值 谐波电流发射限值（设备每相输入电流≤16A)》。

2. 关键指标分析

（1）主要技术性能：

便携式计算机应配备满足功能需要的基本操作系统。具有中文处理能力和自检能力。硬件应具有可扩展性，特别是可扩充多媒体部件，并易于维修。其CPU频率、总线速度、存储器、输入输出控制器、外围设备控制器、网络特性、配置的系统软件和应用软件的种类、功能及使用范围，应在产品标准中明确规定，产品功能应与说明书相符合。便携式微型机还需标明显示能力和电池的工作时间。

（2）接地连续性：

接地连续性是指设备中的需要接地的部分（如设备金属表面，通常是指机壳）与地之间是否导通。在目前使用便携式计算机产品绝大部分都是使用电池以及电源适配器进行供电，而便携式计算机本身是属于Ⅲ类设备，也就是防电击保护是依靠安全特低电压（SELV）电路供电来实现，且不会产生危险电压的设备。因此，便携式计算机的的电击防护主要针对产品的电源适配器进行检测，而便携式计算机所配备的电源适配器通常既有Ⅰ类设备，又有Ⅱ类设备。

1）Ⅰ类设备。当便携式计算机所配备的电源适配器为Ⅰ类设备时，其电击防护不仅依靠基本绝缘，而且包括一个附加安全防护措施。也就是说，在设备中有一种连接装置，使那些在基本绝缘一旦失效就会带危险电压的导电零部件与建筑物配线中的保护接地导体相连。这样，即使产品的基本防护失效了，当出现危险时，产品中产生的一些危险的电流可以通过保护接地导体流入大地，而不是通过接触设备的人体流入大地。但是这个保护导体的阻值必须要足够小，因此在GB 4943.1—2011中规定产品的接地导体的电阻必须小于0.1Ω。

2）Ⅱ类设备。当便携式计算机所配备的电源适配器为Ⅱ类设备时，此类设备既不依靠保护接地，也不依靠安装条件的保护措施，其电击保护是通过给带电部件加上双重绝缘或加强绝缘的方式，电源插头为两插。此类设备由于不具备接地连结，因此不存在接地连续性。

（3）接触电流：

对地漏电流在目前的标准中称为接触电流（touch current）是指当人体或动物接触一个或多个装置的或设备的可触及零部件时，流过他们身体的电流（参见GB/T 12113—2003《接触电流和保护导体电流的测量方法》）。

接触电流对人体造成的最大的伤害就是电击。电击对人体的危害程度，主要取决于通过人体电流的大小和通电时间长短。电流强度越大，致命危险越大。人触电后能自己摆脱的最大电流称为摆脱电流，交流为 10mA，直流为 50mA。

对于便携式计算机产品，其机器本身无须进行对地漏电流试验，而需要对其所配备的电源适配器进行该项试验。

对于属于Ⅰ类设备的电源适配器，为了防止人体接触微型计算机等设备后造成电击，目前在 GB 4943.1—2011 中规定类似设备的最大接触电流为 3.5mA。

对于Ⅱ类设备的电源适配器，由于此类设备并未进行保护接地，因此在 GB 4943.1—2011 中规定类似设备的接触电流要求要比Ⅰ类设备更为严格，其最大接触电流为 0.25mA。

（4）抗电强度：

抗电强度试验的主要目的是，考核电气设备中带电部件与可触及部件之间的，用做隔离的绝缘材料的性能。该绝缘材料绝缘性能的好坏直接关系到设备的安全特性。如果在设备的正常使用过程中，该材料的绝缘性能下降，将会把设备中处于带电部件与可触及部件之间的安全隔离屏障给击穿，使本应该安全（不带电）的部分带上危险的电压，当人体等接触到时就会引起电击，这个电击可能是致命的。

同样，便携式计算机产品也是针对其配备的电源适配器进行抗电强度试验，在 GB 4943.1—2011 中规定，属于Ⅱ类设备的电源适配器由于不具备保护接地，因此，此类设备应采用加强绝缘，在进行抗电强度试验时，其抗电强度电压也要高于Ⅰ类设备的电源适配器。

（5）无线电骚扰：

辐射骚扰是产品的能量以电磁波形式由源发射到空间的现象，这种骚扰可能引起装置设备或系统性能降低，或者对人身物质产生损害作用。

电源端子传导骚扰是产品的能量以电磁波形式由源通过电源线干扰公共供电网，造成供电系统不纯净，可能影响在此系统工作的其他装置设备的正常工作。电信端口的传导骚扰也类似。

由于电磁骚扰有可能导致其他设备（如电视机、自动化控制系统、导航系统、医疗监护仪等）工作不正常，因此国家制定了电磁兼容性标准 GB 9254—2008，即要求信息技术设备的无线电限值不超过一定的限值，否则就会对人们的生活及周围的设备造成影响。

四、常见的主要问题

便携式计算机产品在2002年、2003年、2004年、2005年、2006年、2010年都进行过产品质量国家监督抽查，抽查合格率较高，波动幅度不大，合格率总体呈稳步提高趋势。抽查质量相对稳定。随着便携式计算机产品在社会各领域的不断普及应用，便携式计算机产品的品种也日益增多，许多生产企业在激烈的市场竞争中崛起或消失。抽查的企业大多是产品占市场份额较高的知名品牌生产商，因此，抽查结果基本反映了该产品的质量状况。

最近一次的国家监督抽查，对便携式计算机产品进行了六大类16个指标的检验，包括：

（1）结构检查（开机功能）；

（2）功能和性能；

（3）电源适应能力；

（4）安全性检验中的接触电流、抗电强度、保护连接导体电阻；

（5）环境适应性中的工作温度下限、储存温度下限；

（6）电磁兼容性中的电源端子传导骚扰、电信端口的传导共模骚扰、辐射骚扰、谐波电流发射、静电放电抗扰度、电快速瞬变脉冲群抗扰度、浪涌（冲击）抗扰度、工频磁场抗扰度。

在抽查检验中没有发现不合格项。

而近期的国家监督抽查反映出的特点是：抽查到的大部分便携式计算机产品生产企业是市场知名度较高的企业；便携式计算机产品的生产企业主要分布华东发达地域；抽查到的便携式计算机产品的主要技术指标的质量水平相对稳定。

五、选购和使用提示

便携式计算机的选购和使用一般涉及以下几方面。

1. CPU

目前常见的便携式计算机产品，主要的CPU制造厂家已经同时将显卡等部件集成于CPU之中，降低制造成本的同时，节约了主板的空间，增加了便携式计算机产品的小型化能力以及便携能力，提高了系统间的运行速度，降低了便携式计算机产品的发热量，同时也达到了节能环保的目的。

同时，随着低电压处理器开始大量运用于超级本等便携式计算机产品之中，CPU 被越来越多地直接焊接于便携式计算机主板之上（见图 1），低功耗、高性能、高便携性、超薄、高集成、一体化等概念，随着 CPU 的不断革新，也被不断推陈出新。

在选择便携式计算机产品时，第一考虑的参考指标往往是 CPU，消费者会以 CPU 来评价一台便携式计算机产品的性能高低，这时，CPU 的工作频率，第 1、2、3 级缓存的多少，核心的数量等，就成为了重要的 CPU 性能指标考察对象，而这些性能指标，往往已经由 CPU 的生产厂家通过对产品的命名进行了分级，我们在选择时可以简单地通过产品的命名来选择自己所需要的产品。

图 1　直接焊接于主板之上的低电压版高性能 CPU

2. 显示器

现常见便携式计算机产品上 LCD 液晶显示器多为 LED 背光系统（见图 2），老式的传统的冷阴极管（CCFL）已经逐步被市场淘汰，与 CCFL 背光源相比，LED 具有低功耗、低发热量、亮度高、寿命长等特点。不过需要注意的是，LED 背光系统的液晶显示器常常被便携式计算机产品的生产厂家、销售商家简称为“LED 显示器”，这给消费者造成了一定的误解。实际上，以目前市场中的便携式计算机产品状况来看，我们所使用便携式计算机产品中还并没有使用LED显示器作为显示系统的产品。目前，LED显示器由于体积等因素，并不适用于便携式计算机产品。

另外，显示尺寸的大小、分辨率的多少、对比度的高低、亮度的高低、可视角度的大小是衡量一台便携式计算机产品LCD性能指标的主要参考因素。而其中，显示尺寸从客观上决定了一台便携式计算机产品的体积大小；分辨率的多少决定了在屏幕上能够显示内容的多少；而对比度的高低、亮度的高度、可视角度的大小相对来说较为客观，但是这三项指标对于LCD使用的舒适性有着至关重要的影响。

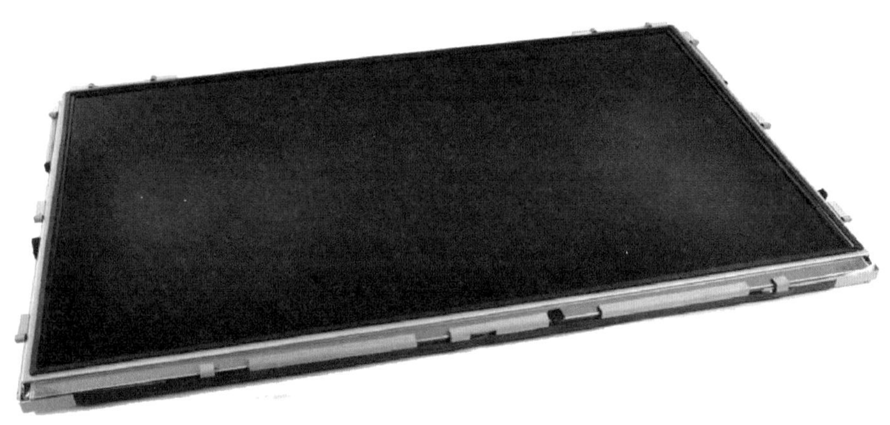

图2　使用LED背光系统的便携式计算机LCD显示器

3. 内存

我们通常认为，内存越大越好。但是我们在选择内存时也不应该盲目过度追求容量，虽然64位操作系统已经面世多年并已经得到了一定的普及，但是我们现在常用的操作系统多数仍然是32位操作系统，对于32位操作系统而言，系统支持的内存最多为2的32次方，就是4GB。而对于64位操作系统而言，8GB甚至16GB的内存都是可以被良好支持的。

同时，我们应该注意到，由于现在的便携式计算机产品很多都使用CPU内部集成显卡或者主板芯片组集成显卡，此时，集成的显卡会调用系统的内存来作为显示内存所用，所以，在实际使用当中，4GB的内存有时会被识别为3.75GB、3.25GB等容量。

在选择内存时，内存的组建方式以及内存的运行速度也会直接影响便携式计算机产品整体性能，例如，同样是 4GB 的内存，由两条 2GB 组成双通道的 4GB 内存就比相同规格单条 4GB 的内存运行速度更快（由两条内存组成的双通道内存系统如图 3 所示），而 DDR3-1600 规格的内存就会比 DDR3-1066 规格的内存运行速度更快。

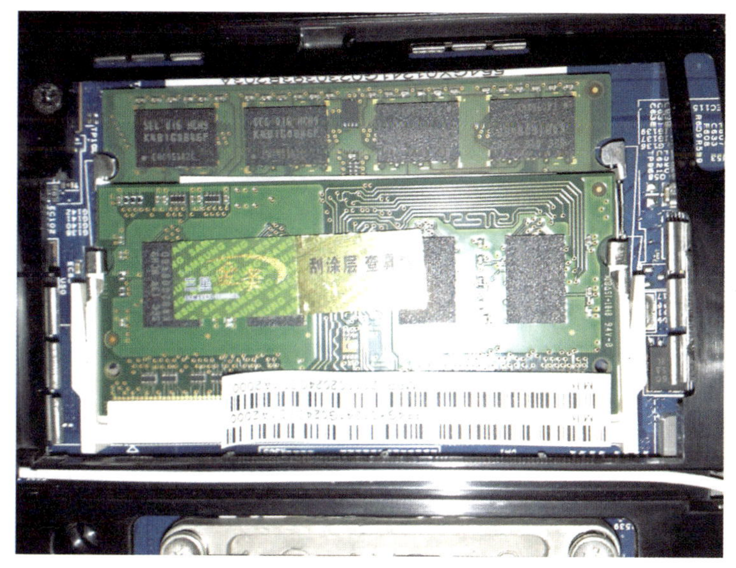

图 3　由两条内存组成的双通道内存系统

4. 硬盘

随着时代的发展，如今硬盘的容量动辄几百 GB 甚至数 TB，而便携式计算机中主要使用的硬盘产品为 2.5 英寸磁碟介质机械硬盘，能够生产这种硬盘的厂家很少，技术也十分成熟，相应的产品质量也较为稳定，硬盘的选择相对于其他硬件指标来说，也比较容易。

近年来，随着对产品性能的不断追求、生产工业日趋成熟、价格日益下降，使用固态电子存储芯片阵列而制成的固态硬盘产品（见图 4）已经逐步走入大家的选择范围，固态硬盘相对于传统的磁碟介质机械硬盘来说，拥有读写速度快、低功耗、无噪音、抗震动、低热量、体积小、工作温度范围大等优势，虽然目前仍然具有容价比偏高、寿命限制的相对缺陷，但是同时具备固态硬盘和传统机械硬盘的产品仍然快速被消费者所接受。

图 4　高速的固态硬盘产品

5. 显卡

显卡芯片对计算机的性能影响很大，不同核心的显卡，其性能相差数十倍，而且集成显卡和独立显卡也有明显的区别。

其他需关注的方面还有外壳、重量、厚度、超级本、外部接口、电池续航时间等。

6. 电池续航时间

便携式计算机的续航时间通常是指使用电池供电时的最大工作时间，这是便携式计算机重要的性能指标，目前的便携式计算机产品通常的续航时间能够达到 2～3h，而某些专门针对续航时间进行强化的便携式计算机产品的续航时间可以达到 4～6h 甚至更长。那么我们该如何挑选续航时间更长的便携式计算机产品呢？我们可以选择电池容量更大的便携式计算机产品；选择装配了先进的低电压处理器以及固态硬盘等低功耗硬件的便携式计算机产品。同时，善于利用电源管理以及培养良好的电脑使用习惯，也是有助于增加便携式计算机的续航时间的。

（由国家电子计算机质量监督检验中心高陆撰稿）

不间断电源

一、产品简介

1. 产品定义

不间断电源（uninterruptible power system，UPS），是能够提供持续、稳定、不间断的电源供应的重要外部设备。从原理上来说，UPS 是一种集数字和模拟电路，自动控制逆变器与免维护贮能装置于一体的电力电子设备，它是由一套交流、直流充电和交直流逆变装置构成。UPS 中的蓄电池在市电正常供电时处于充电状态。一旦市电中断，蓄电池立即将储存的直流电输出给逆变器逆变成交流电供给计算机设备，保持对计算机和其他设备供电的连续性。所需要的备用时间可以根据用户的需求来配置相应安时（AH）的电池来满足。当市电停电时，电源在无断点的状况下对负载继续供电。可保证计算机系统不丢失信息和数据，保证设备在停电时还能正常无误地运行。

2. 产品用途

从用途上来说，随着信息化社会的来临，UPS 广泛地应用于从信息采集、传送、处理、储存到应用的各个环节，应用于邮政、电信、移动、金融证券、医院、电力、军队、石化、工矿企业及各大院校等多个领域，其重要性是随着信息应用重要性的日益提高而增加的。

3. 产品分类

（1）从工作原理上分，UPS 可分为后备式、在线互动式和在线式三种。

1）在线式 UPS。由整流器、逆变器、蓄电池组成的一种电源设备。这种电源无论电网电源中断与否、电网电压及波形符合供电要求与否都能保证向信息技术设备提供符合要求的电源。这种电源设备输出的电压波形是连续的正弦波。在线式 UPS 有多种设计原理，但从延时的角度讲可分为长延时（几小时到几十小时）和短延时（几分钟）两种。长延时 UPS 是为了保证用户单位（如证券公司）在电网停电时也能正常营业；短延时 UPS 是为了用户在停电瞬间有时间处理相关操作如保存数据等。市场上销售的 1000VA 及 1000VA 以上 UPS 大都是在线式 UPS。在线式 UPS 由于其输出质量高（主要包括正弦波波形、输出电压稳定度高、输出频率 50Hz 稳定度高、电网断电到 UPS 供电之间无时间差等等）而常常用于对供电电源有较高要求的场合，例如：医院、实验室、研究机构、金融机构、管理机构、信息处理机构等等。

2）后备式 UPS。由逆变器、蓄电池组成的一种电源设备。这种电源能够在电网电源中断、电压高于上限值或低于下限值时自动取代电网向信息技术设备供电。市场上销售的 500VA 及 500VA 以下 UPS 大都是后备式 UPS。后备式 UPS 一般都是短延时 UPS。后备式 UPS 的后备输出一般是方波或切顶波电压，其输出电压稳定度、输出频率稳定度均劣于在线式 UPS，其电网断电到 UPS 供电之间有时间间隔，等等。后备式 UPS 的成本低价格便宜，对供电电源要求不太高的场合（如个人用户单套 PC）是一个良好的选择。

3）在线互动式 UPS。在线互动式 UPS 的输出质量介于后备式与在线式之间，产量相对较少。

（2）从输入、输出方式上分 UPS 可分为单进单出式、三进单出式和三进三出式三种。

（3）从设计原理分可分为工频机和高频机。

4. 产品特点

UPS 产品能提供稳压、稳频、提供一定的后备时间、能抑制电网的电力谐波干扰、电压瞬间跌落、高压浪涌、电压波形畸变、电磁干扰等电力污染。具有高可靠性、高抗干扰性等特点。

5. 产品认证

用于出口的UPS产品一般需要FCC、TUV、CE等产品认证标识。对于国内销售的UPS产品，由于UPS产品还未被列入3C认证目录（目前正在考虑纳入），所以并无强制的认证要求。而在政府采购中，自愿性的CQC和节能认证UPS产品往往受到鼓励。

二、行业概况

1. 行业现状和产区分布

中国目前的UPS市场十分繁荣，国际知名的品牌基本上都已进入中国，如来自欧洲的梅兰日兰，来自美国的爱克赛、APC等，洋品牌在技术上有一定优势，同时价格也较为昂贵，其主要市场份额集中在中大功率UPS市场（10kVA以上）；自20世纪90年代以来，国内一些优秀品牌在UPS市场异军突起，凭借在技术上的不断追求与本土化的生产服务优势，取得了令人瞩目的成绩，已经成为中小功率UPS市场的主力军。其中施耐德、伊顿和艾默生三家跨国公司均位列世界500强，是综合型的电机、电气电子、网络能源设备制造商，UPS为其主要产品之一。中国大陆地区、中国台湾省主要的UPS制造厂商一般专注于UPS产品的生产，主要包括科风股份、科士达、科华恒盛、志成冠军、易事特等企业。随着本土企业的转型提升，企业内部管理更加科学有序，未来中国UPS市场的竞争环境将会越来越规范化和良性化，而很多产品品质和服务无法保证的不成规模的厂家将会逐步地被市场淘汰。目前，国内有名有实有批量生产UPS整机产品的厂商有近200家，大都集中在广东（深圳、东莞、佛山）和福建两省，江苏、上海、山东、北京、河北、浙江等其他省市也有少量分布。

2. 技术现状与发展趋势

随着竞争的加剧与行业技术门槛的不断提高，中国UPS市场呈现出跨国公司设法保持垄断地位和本土厂商全力争取差异化优势的竞争格局，一方面表现为跨国企业在中国投资设厂或并购，设立自身的生产基地，占据了中高端市场；另一方面表现为本土制造企业优胜劣汰，通过激烈竞争胜出的强者逐步占领中低端市场，成为跨国公司未来强有力的挑战者，整个UPS市场集中度在不断提高。根据业内人士分析指出，目前国内的UPS市场，大有高端和低端产品互相渗透之势。以本土企业为主的 UPS 厂商，经过几年在低端市场的发展和积累，正对中高端市场跃跃欲试。而 APC、伊顿等国际知名品牌，从进入中国之后的高端市场，目前也逐渐在向中低端市场渗透，以求满足各种不同的市场需求。

在激烈的市场竞争中，国内一些优秀品牌异军突起，凭借在技术上的不断追求与本土化的生产服务优势，取得了令人瞩目的成绩，已经成为中小功率 UPS 市场的主力军。广东志成冠军集团公司通过自主创新，攻克并联冗余技术、模块冗余技术、高频化技术、数字化技术、变频技术、光伏并网发电变换技术、多制式技术，形成单项技术产品和技术集成产品，使不间断电源的容量单台达到 300kVA，并联达到 1500kVA，实现了技术的大跨越和产品性能的大大提高。科华公司本着“自主创新，自有品牌”的发展理念，努力攻克关键技术，特别是“无主从自适应多机并联技术”的自主开发与应用，使中国高端 UPS 技术提升到国际先进水平，成功实现了从“中国制造”到“中国创造”的转变。

展望未来三年，中国 UPS 市场的发展趋势如下：

高频机将占据主流，高压直流机逐步进入市场：高频机、工频机和高压直流机是 UPS 技术领域一直谈论不休的课题，而从市场端来看，目前高频机市场份额已超过半数，而且预计未来会越来越高。高压直流 UPS 这一供电系统的运用也已进入到实质研发甚至是小规模试运用阶段。产品的更新换代除了需要专家学者的论证研究，更离不开主力厂商的市场推动。

市场需求分散化趋势明显：尽管金融、电信、政府、制造四大行业仍然占据 UPS 应用市场的主导地位，但未来市场需求分散化趋势十分明显。随着中国步入“十二五”发展阶段，经济快速恢复稳定增长势头；国际产业转移持续加深；中国通信领域 3G 及 4G 网络的建设，三网融合、物联网、流媒体、光纤宽带网络建设的持续深入；高速铁路、新能源、航空航天、电力、生物医药等新兴产业的大力发展都将带动 UPS 在各行各业中的大量运用。随着工业和信息化发展朝农村和西北地区的渗透，西北、西南、东北等相对欠发达地区以及三、四级城市的需求比重也在不断上升。

系统集成商销售的重要性日益突出：随着近几年系统集成的概念兴起，系统集成商逐步成为渠道商中重要的一部分。目前，在北京、上海、广州等大中型城市中面向各个行业的系统集成商数量不断攀升，对于像 UPS 这样主要面向行业用户的产品，随着中大功率产品越来越受到用户的欢迎，通过系统集成商销售的比重将大幅提高。各厂商在选择和培养合作伙伴时，系统集成商的重要性和地位也将日益突出。

三、标准解读及关键指标分析

1. 标准总体情况

UPS作为一种重要的电气设备，已经被应用于广泛的社会领域。为了确保其安全性、可靠性和稳定性，以及行业良好有序地发展，国家先后制定多项标准对其进行指导和规范。其中涉及UPS相关的标准主要有以下几项。

（1）GB 7260《不间断电源设备（UPS）》。该标准修改采用了IEC 62040《不间断电源设备（UPS）》（英文版）。除根据我国国情和便于理解、使用而对IEC 62040作了必要修改，以及对其编辑性错误进行了改正之外，标准的内容基本一致。该标准分为以下几个部分：

——第1-1部分：操作人员触及区使用的UPS的一般规定和安全要求；

——第1-2部分：限制触及区使用的UPS的一般规定和安全要求；

——第2部分：电磁兼容性（EMC）要求；

——第3部分：确定性能的方法和试验要求。

1）GB 7260.1—2008《不间断电源设备　第1-1部分：操作人员触及区使用的UPS的一般规定和安全要求》、GB 7260.4—2008《不间断电源设备　第1-2部分：限制触及区使用的UPS的一般规定和安全要求》主要适用于直流环节具有储能装置的电子式不间断电源设备。旨在保证按制造商规定的方法安装、操作和维修UPS的安全。UPS可是单一UPS单元，也可是内部互连的UPS系统。尽管本部分并未包括所有类型的UPS，但仍可作为其指导性文件。

2）GB 7260.2—2009《不间断电源设备（UPS）　第2部分：电磁兼容性（EMC）要求》规定了EMC要求、试验方法以及最低性能的电平，考虑了UPS的物理尺寸和功率额定值范围涉及的不同的试验条件。选择这些要求是为保证UPS在公共场所或工业场所具有适当的电磁兼容电平。

3）GB 7260.3—2003《不间断电源设备（UPS）　第3部分：确定性能的方法和试验要求》规定了确定不间断电源设备（UPS）性能的方法和试验要求。适用于直流环节有电储能装置的电子间接交流变流系统。该标准涉及的不间断电源设备（UPS）的基本功能是确保交流电源的连续供电。

（2）GB/T 14715—1993《信息技术设备用不间断电源通用技术条件》。该标准规定了信息技术设备用不间断电源通用技术条件，主要内容包括术语、分类、技术要求、试验方法、检验规则、标志、包装、运输、贮存等。该标准适用于信息技术设备用不间断电源，其他场合使用的不间断电源可参照该标准，该标准是制定型号产品标准的依据。

（3）GB 4943.1—2011《信息技术设备　安全　第1部分：通用要求》。该标准的全部技术内容为强制性的。代替 GB 4943—2001。

（4）YD/T 1970.4—2009《通信局（站）电源系统维护技术要求　第4部分：不间断电源（UPS）系统》。该标准规定了不间断电源 UPS 系统的使用条件、维护和现场验收项目、周期、指标要求及检测方法。该标准适用于通信局（站）中 UPS 系统。

（5）DL/T 1074—2007《电力用直流和交流一体化不间断电源设备》。该标准规定了电力用直流和交流一体化不间断电源设备的型号和额定值、技术要求、检验规则和试验方法、标志、包装、运输和储存等的要求。该标准适用于发电厂、变（配）电所和其他电力工程直流和交流一体化不间断电源设备的设计、制造、选择、订货和试验。也适用于电力用交流不间断电源（UPS）、电力用逆变电源（INV）、小型变电站的通信用直流变换电源（DC/DC）的设计、制造、选择、订货和试验。

（6）SJ 20735—1999《舰船电子设备不间断电源通用规范》。该标准规定了舰船电子设备不间断电源的要求、质量保证规定和交货准备等。该标准适用于舰船电子设备用各类不间断电源。该标准是制定不间断电源产品规范的依据。

（7）YD/T 1095—2008《通信用不间断电源（UPS）》。该标准规定了通信用不间断电源（UPS）的技术要求、试验方法、检验规则和标志、包装、运输、贮存。该标准适用于各类通信用静止型不间断电源。

（8）YD/T 2165—2010《通信用模块化不间断电源》。该标准规定了通信用模块化不间断电源的术语和定义、要求、试验方法、检验规则和标志、包装、运输、贮存等。该标准适用于通信用模块化不间断电源。

（9）GB 17625.1—2012《电磁兼容　限值　谐波电流发射限值（设备每相输入电流≤16A）》。该标准为强制性标准，代替 GB 17625.1—2003。

2. 关键指标分析

（1）性能指标。衡量一台UPS不间断电源性能质量好坏，一般看以下三项主要指标。

1）输入功率因数。输入功率因数表示UPS对电网有功功率吸收的能力及对电网影响的程度。提高该项指标不仅可以降低线路损耗、节约电能、消除火灾隐患，还可以减少对市电的谐波污染，提高市电的供电质量，获得较大的经济效益及社会效益。电力部门对用电设备的输入功率因数是有要求的，特别是大功率用电设备，其输入功率因数应在0.95以上，当不满足要求时，就必须配置无源或有源功率因数补偿环节和设备。

2）工作效率。指UPS的整机电能利用率，也就是UPS从外部吸收功率与向负载输出功率两者的比值。这个数值和UPS电源设计线路有密切的关系，高效率的电源可以提高电能的使用效率，在一定程度上可以降低电源的自身功耗和发热量。通常在线式UPS的电源效率一般能够达到90%以上。如果需要增配大中容量的交流不间断供电设备，最好选用电源效率高的在线式UPS。而其他UPS的电源效率在80%左右。

3）带载和过载能力。带载能力通常指输出功率，而过载能力是指在市电异常或负载异常时，UPS的输出稳定程度，用过载电流对额定输出电流之比给出。当负载异常时，对其保护要靠UPS的带载和过载能力。对于正常的过载，UPS要能经受得住考验，对于短路，UPS要有能力及时采取必要的措施。大中型UPS电源正常工作状态下的输出过载能力一般达到125%额定负载时，可工作10min；达到150%额定负载时，可工作30～60s；达到200%额定负载时，可工作200ms。

（2）安全指标。UPS的安全指标主要有以下几项。

1）安全说明书和文件。制造厂商一定要说明在操作、安装、维修、运输或存储UPS时，必须采取的特别预防措施，以避免导致危险，应有操作说明书供用户使用。由用户安装的插接式UPS，也应有安装说明书。

2）电击和能量危险的防护。UPS的设计和结构应符合GB 7260相关章条有关电击防护的要求。UPS的设计应使其足以承受最大短路电流额定值引起的过热和动态应力。UPS应通过断路器、熔断器或二者结合进行短路电流防护。这些防护装置可安装在UPS内，也可外置。所有的UPS设备必须要有良好接地，才能正常保护UPS电源的正常使用。否则可能导致机器的元器件非正常发热而出现故障，严重的甚至有可能使机器本身带电而对人身造成伤害。

3）反向馈电保护。在正常情况和交流输入电压掉电使零部件（如控制电路中的）出现单一故障况下，反向馈电保护装置输入端不应出现电击危险（危险电压、危险能量、危险接触电流）。对固定安装的 UPS，反向馈电保护可配置在 UPS 内或外置在其交流输入线上。如果 UPS 的反向馈电保护隔离装置是外置的，供应商应给出其适当的型号。在紧靠输入端子处应有标签。

4）防火。预定安装在操作人员触及区和限制触及区两种场合的 UPS 应满足 GB 4943.1—2011 中 4.7 的要求。蓄电池阻燃等级应至少为 HB 级。

（3）电磁兼容性。不间断电源在正常工作时可能会向外发射电磁骚扰，同时不间断电源在工作时也会受到外界的各种骚扰，如静电放电、射频辐射电场、电快速瞬变脉冲群、浪涌（冲击）和低频信号的骚扰。应符合 GB 7260.2—2009、GB/T 17618—1998《信息技术设备抗扰度限值和测量方法》（等同采用 GISPR 24：1997）和 GB 17625.1—2012（等同采用IEC 61000-3-2：2009）等标准的要求。

四、常见的主要问题

1. 近年来国家监督抽查发现的主要不合格项目分析

近几年中，国家质检总局分别于 2007 年、2008 年、2010 年、2011 年、2012 年分别组织进行过 UPS 产品的国家监督抽查，不合格频次较高的项目主要有：安全（安全标识、接地电阻、电气间隙和爬电距离）、电磁兼容性（传导骚扰、辐射骚扰、谐波电流）和性能（输出电压、切换时间、备用时间）三个方面。

2. 问题危害与问题产生的原因

（1）安全标识。标记和使用说明是消费者对产品认识的第一来源，如果产品的标志不全、模糊，或使用了让消费者看不懂的文字与符号，就有可能给消费者的使用产生误导，甚至误操作，造成不必要的损失。

问题产生的原因主要是一些生产厂商一是对安全标准的要求不熟知，二是对标识不重视。

（2）接地电阻。接地电阻同样是安全标准中考核产品电击防护能力的重要参数，UPS 产品一般采用基本绝缘和保护接地连接来实现产品的电击防护，接地电阻不合格的一旦保护接地连接失效会给使用人员带来电击危险。

问题产生的原因之一是对厂家标准的要求不了解，选取的接地线线径不符合标准规定；另一个原因是制造商在产品生产过程中的焊接工艺不符合标准要求，直接搭焊造成接触不良甚至脱落，同时完成阶段未对产品的该项参数进行测试。

（3）电气间隙和爬电距离。电气间隙和爬电距离过小的 UPS 产品，有可能导致绝缘失效、电路击穿，从而有可能发生漏电起火、使用者触电等危险，造成人身伤害甚至会有生命危险。

电气间隙和爬电距离问题产生的原因有三个主要原因：

1）标准理解不够，也不予以充分的重视。

2）产品设计人员对安全设计的知识缺乏，在实现电路功能的同时，布线设计没有充分考虑到它的安全性。

3）成本问题在作怪。因为距离小了，可使用更小规格的接插件、元器件、部件，缩小基板面积、机箱尺寸等，省出来的钱可真不少！而这些利益是建立在给客户留下安全隐患的基础上的。

（4）电磁兼容（传导骚扰、辐射骚扰、谐波电流）。

1）电源端子传导骚扰电压：电源端子传导骚扰电压项目不合格，该设备在正常工作时自身产生的骚扰信号会传送到公共电网电源上，在使用该设备时可能影响到周围其他设备的正常使用，从而产生不可预估的危险或财产损失。

2）辐射骚扰：辐射骚扰电压项目不合格，该设备在正常工作时自身产生的骚扰信号会无线发送到周边空间，影响周围其他设备的正常使用，从而产生不可预估的危险或财产损失。

3）谐波电流：谐波电流项目不合格的设备在工作时自身产生的电流畸变信号会降低公共电网电源的质量，影响使用该电网的其他周边设备的正常工作，从而可能产生不可预估的危险或财产损失。

电磁兼容性问题主要不合格原因：设计不当、过度节省原材料成本。

（5）输出电压。输出电压不合格可能会引起 UPS 负载设备不能稳定、正常的工作，甚至损坏设备。问题产生的原因有两种情况：

1）设计不到位，产生该指标偏差。

2）过分夸大输入电压范围，导致在较大的输入电压范围内不能保证输出电压的精度，这种情况往往是人为误导的行为，性质是恶劣的。

(6) 切换时间。切换时间是电池供电与电网供电之间进行切换的速度，是后备式 UPS 重要的性能指标之一，切换时间过大，可能造成负载设备的死机、信息丢失等。问题产生的原因主要是设计方面的。

(7) 备用时间。备用时间指标是 UPS 最重要的基本性能指标之一，由于 UPS 产品常用于为计算机/服务器、存储设备、网络设备通信网络系统或工业控制系统等设备提供不间断的电力供应，故备用时间指标直接决定不间断电力供应时间的长短，是使用者选择 UPS 产品时主要关注的指标。如此项指标不合格，则产品的将不能满足使用者实际需求，将为 UPS 使用者在经济、安全等方面带来严重后果。

电池的数量、容量、质量是备用时间的关键因素，如 1000VA/700W 的 UPS，要让它在额定输出功率条件下放电 5min，则应配置品牌较好的 7AH 电池三块，但有的产品只配两块；有的配三块杂牌电池；有的配三块 5AH 电池等。目的很明确——省钱。

五、选购和使用提示

1. 选购要点

UPS 作为保护性的电源设备，它的性能参数具有重要意义，结合安全与电磁兼容性等要求，在选购时应重点考虑以下几点。

(1) 市电电压输入范围宽，则表明对市电的利用能力强（减少电池放电）。输出电压、频率范围小，则表明对市电调整能力强，输出稳定。

(2) 输出容量：决定 UPS 能带动多大的负载，如 500VA、1kVA、2kVA 等。用户在购买时应根据使用设备的耗能情况决定买多大容量的 UPS。

(3) 备用时间：决定停电时 UPS 能在额定负载条件下正常输出多长时间。有的厂商在说明书中给出此项数据不一定是在额定负载条件下，而是在半载或单台 PC 条件下，这是有很大差别的。

(4) 电磁干扰与安全性：包括 UPS 工作时向空间发出的电波干扰和通过电源线向电网发出的干扰。这两种干扰均有可能影响相邻仪器设备的正常工作。在一些对干扰较敏感的场合尤为重要，如医用仪器、精密测量仪器、信息处理机构等。用户应优选通过电磁兼容认证的 UPS 产品。标有 FCC、TUV、CE 等产品认证标识的产品，其安全性和电磁兼容性更为可信。

(5) 电源效率：输出功率除以输入功率即为电源效率，它决定了 UPS 本身需要消耗多大的电能。后备式UPS的电源效率优于在线式UPS。标有CQC节能认证标识的UPS产品，其电源效率有优势，在进行政府采购时，应对其加分鼓励。

（6）输出电压范围：在线式一般可做到220V（1±5%）；后备式一般可做到220V（1±10%）。用户应弄清楚自己的使用设备对电压有否较高要求。

（7）输出频率范围：一般可做到50Hz±0.5 Hz。但有的后备式UPS也有输出50Hz～100Hz的情况，用户应弄清楚自己的使用设备对频率有否较高要求。输出频率对PC用户来说关系不大，而对于某些对频率较敏感的仪器则至关重要。

（8）输出波形：正弦波或方波。对PC用户来说关系不大，而对于某些对波形较敏感的仪器则至关重要。

（9）切换时间：后备式UPS从停电瞬间到UPS输出电能的时间。一般为几毫秒。

（10）波形失真：在线式UPS输出的正弦波的失真程度。

（11）输入功率因数：越接近于1越好。

（12）输出功率因数：UPS主要的供电对象是开关电源类仪器设备，在输出容量确定的情况下，能允许负载的功率因数更低一点更好，一般能做到0.65则是很不错了。

（13）动态响应：主要指UPS在电网供电和电池供电的切换以及满负载和轻负载的切换过程中，其输出电压不应有太大的波动。

（14）正确选择机型：后备式UPS对负载的保护最差，在线互动式略优之，在线式则几乎可以解决所有的常见电力问题。当然成本也随着性能的增强而上升。因此用户在选购UPS时，应根据负载对电力的要求程度及负载的重要性不同，而选取不同类型的UPS。

（15）选择合适的容量：针对个人用（一台电脑、一台显示器）主要有500VA、700VA、1000VA等容量产品；针对工作室、机房、工作站等场地有1kVA至15kVA等多种容量，对于这种情况，消费者在选购时应针对使用的电脑及设备的台数，依照所有电脑及设备的耗电量计算需要多大容量的UPS，最好购买时向商家询问适合的容量；系统级的UPS，最好由专业的厂商做出解决方案，不要自作主张。

2. 正确使用

正确使用 UPS 电源和 UPS 电源不宜满载或过度轻载，可以说这两个问题成为了我们现在目前所最关心，最主要的问题，对于使用 UPS 电源的人来说，UPS 开、关机步骤必须正确。UPS 内部的功率元件都有一定的额定工作电流，冲击电流过大，会使功率元件寿命缩短甚至烧毁。

UPS 在过度轻载状态下运行也是不可取的。因为 UPS 带载过轻有可能造成停电时电池的深度放电，也会明显降低电池的使用寿命。反而造成 UPS 电池的提前损坏。为保证 UPS 及所带负载正常运行和人身安全，正确使用 UPS 也很重要。虽然每台 UPS 标有额定功率，但一般情况下，建议后备式 UPS 选取额定功率的 60％～70％的负载量；在线式 UPS 选取额定功率的 60％～80％的负载量。

开机时，应先开启 UPS 的市电开关，再逐一打开负载开关。开负载时也是从冲击电流大的负载向冲击电流小的负载逐一开启。首先，UPS 电源在初次使用或久放一段时间后再用时，必须先接入市电利用 UPS 自身的充电电路，对 UPS 蓄电池进行补充充电。待蓄电池容量达到饱和后，方可投入正常使用。绝不能将所有负载同时开启，更不能带载开机。因此，最好不要按照 UPS 标称的额定功率使用它。长期处于满载状态的话，会造成 UPS 逆变器及整流滤波器的过热，影响 UPS 的使用寿命。

3. 维护方法和技巧

（1）UPS 电源在正常使用情况下，主机的维护工作很少，主要是防尘和定期除尘。特别是气候干燥的地区，空气中的灰粒较多，机内的风机会将灰尘带入机内沉积、当遇空气潮湿时会引起主机控制紊乱造成主机工作失常，并发生不准确告警，大量灰尘也会造成器件散热不好。一般每季度应彻底清洁一次。其次就是在除尘时，检查各连接件和插接件有无松动和接触不牢的情况。

（2）由于 UPS 电源电池组电压很高，对人体存在一定的电击危险，所以在装卸导电连接条和输出线时应具有安全保障，采用的工具应绝缘，特别是输出接点更应该有防止触电的设置。因此在装置电池组时，一定要注意电池规格和数量的正确性，不同规格、不同品牌的电池应尽量避免混用，外接充电器也最好不要采用低价劣质产品。

（3）虽说储能电池组目前都采用了免维护电池，但这只是免除了以往的测比、配比、定时添加蒸馏水的工作。但工作状态对电池的影响并没有改变，不正常工作状态对电池造成的影响没有变，这部分的维护检修工作仍是非常重要的，UPS 电源系统的大量维修检修工作主要在电池部分。

（4）储能电池的工作全部是在浮充状态，在这种情况下至少应每年进行一次放电。放电前应先对电池组进行均衡充电，以达全组电池的均衡。要清楚放电前电池组已存在的落后电池。放电过程中如有一只达到放电终止电压时，应停止放电，继续放电先消除落后电池后再放。

（由国家电子计算机外部设备质量监督检验中心陈益云撰稿）

微型计算机

现在的微型计算机不仅是特定专业领域的人群在用，全世界的大多数人们都在用。微型计算机给人们带来太多的方便、太多的好处，人们的生活已经离不开它。微型计算机无时无刻都在渗透到我们的生活中。微型计算机与人们的生活如此密切，对质量安全要求也较高，人们也需对其有所了解。

一、产品简介

微型计算机是以 CPU 为核心，包括 RAM、ROM、I/O 接口电路以及实体内配接的外围设备、电源或扩充单元等构成的硬件设备，在此硬件设备的基础上，配置必要的外围设备和系统软件构成微型计算机（见图 1）。这里所说的微型计算机也就是我们常说的电脑，包括台式机和一体机，主要用于办公或娱乐。

1946 年 2 月 14 日，世界上第一台电脑 ENIAC 在美国宾夕法尼亚大学诞生，经过近 40 年的发展到 20 世纪 80～90 年代，面向家庭的电脑开始迅速地发展并推广（见图 2）。进入 21 世纪后微型计算机的发展更是层出不穷，满足了广大消费者不同的需求（见图 3）。微型计算机对于人们日常生活的重要性不言而喻。

- 微型计算机系统
  - 硬件系统
    - CPU
      - 运算器
      - 控制器
    - 主板
    - 存储器
      - 内存储器
        - 只读存储器（ROM）
        - 随机存储器（RAM）
      - 外存储器（硬盘、光盘、软盘等）
    - 机箱
    - 电源
    - 输入输出设备
      - 输入设备（键盘、鼠标、扫描仪等）
      - 输出设备（显示器、打印机等）
    - ……
  - 软件系统
    - 系统软件
      - 操作系统（DOS、Windows、UNIX、Linux等）
      - 语言处理程序
        - 机器语言
        - 汇编语言
        - 高级语言（C、C++、Fortran、Pascal）
      - 诊断程序
      - ……
    - 应用软件
      - 文字处理软件（Microsoft Word、WPS等）
      - 表格处理软件（Microsoft Excel、金山表格等）
      - 辅助设计软件（AutoCAD、Mastercam等）
      - ……

图 1　微型计算系统结构图

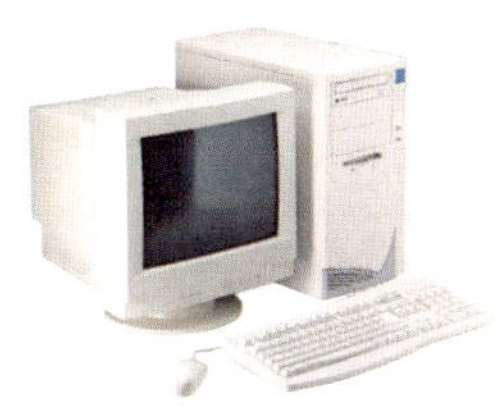

图 2　20 世纪 80～90 年代微型计算机典型外观

图 3　21 世纪微型计算机典型外观

二、行业概况

1. 行业发展状况

我国微型计算机产业的发展起步较晚，从引进前苏联的微型计算机技术开始到目前形成比较完整的微型计算机产业体系，大致经历了四个发展阶段：1956 年～1965 年的萌芽阶段；1966 年～1977 年的曲折发展阶段；1978 年～20 世纪 80 年代末，中国微型计算机产业化进程真正开始；第四阶段是 20 世纪 90 年代微型计算机进入快速发展阶段。自 20 世纪 90 年代以来，微型计算机产业和市场的规模逐年扩大，年平均增长率稳步上升，特别是进入 21 世纪后形成了比较平稳的发展格局，也是我国国民经济发展的重要产业之一。20世纪90年代，随着微型计算机产业的迅速发展，我国一大批具有自主知识产权的国内知名品牌的涌现，对我国计算机硬件工业产生了巨大的推动作用。如联想、方正、同方、长城、浪潮等。发展至今，主要市场份额还是由这几个知名品牌主导。

我国从最初的每千人微型计算机拥有量，在1990年时是0.43台，增加到1997年的6台。到2008年初，中国的网民已超过美国，成为世界上网民最多的国家。而2012年8月我国生产微型计算机2697.7万台，比2011年同期下降7.5%；2012年1月～8月累计生产微型计算机20173万台，较2011年同期累计同比下降0.47%。可见微型计算机的饱和量已经有所体现，企业间的竞争也会日趋激烈。目前的微型计算机产品生产企业有50家左右。从行业上看，20%左右的微型计算机企业的产品占领着80%左右的微型计算机的消费市场。

在激烈的市场竞争环境下，能够长期生存下来并在市场占有一席之地的微型计算机企业也就是不到20家左右。生产方式也有所改变，大都采取OEM或ODM方式，甚至有的知名企业只经营品牌，没有一个属于自己的生产工厂。生产方式的改变，并没有影响微型计算机的整体质量水平。总体来讲，知名微型计算机企业的产品质量还是控制得比较好，也比较稳定。尤其是3C认证制度这么多年的推行，对提高微型计算机整体质量水平起到了有力的促进和保证作用。

2. 行业分布情况

我国微型计算机产品的生产企业主要分布在广东、江苏、北京、上海及重庆等省市。均分布在经济较发达的地区。

三、标准解读及关键指标分析

1. 标准总体情况

（1）微型计算机国家标准，目前现行有效的是GB/T 9813—2000《微型计算机通用规范》，该标准里指的微型计算机包括台式微型机、便携式微型机 、PC-工作站、PC-服务器。该标准中涉及安全的项目有四项：接地连续性、对地漏电流、抗电强度、无线电骚扰。即将发布新的微型计算机国家标准

（GB/T 9813.1《计算机通用规范　第1部分：台式微型计算机》）将更有针对性，重点规范一些消费者关注的项目，特别是增加有毒有害物质、节能特性、噪声等涉及安全和节能减排方面的技术要求。

（2）GB 4943.1—2011《信息技术设备　安全　第1部分：通用要求》。该标准主要规定了信息技术设备的防电击、与能量有关的危险、防着火、与热有关的危险、机械危险、防辐射、防化学危险等安全指标，主要技术内容与国际标准 IEC 60950-1：2005《信息技术设备的安全　第1部分：通用要求》一致。

（3）GB 9254—2008《信息技术设备的无线电骚扰限值和测量方法》。该标准主要规定了信息技术设备适用范围内的无线电骚扰电平并给出统一的要求，确保工作时对其他设备无干扰，自身也不受外部设备的干扰。

（4）GB 17625.1—2012《电磁兼容　限值　谐波电流发射限值（设备每相输入电流≤16A）》。该标准主要规定了接入到公共低压配电系统的每相输入电流不大于16A的电气和电子设备输入电流谐波分量发射的限值，为其他设备的发射留有适当的余地。遵守此限值即可保证谐波骚扰水平不超过 IEC 61000-2-2 所规定的兼容水平。

2. 关键指标分析

（1）接地连续性。接地连续性是指设备中的需要接地的部分（如设备金属表面，通常是指机壳）与地之间是否导通。在目前使用微型计算机产品的电击防护主要是按I类设备的方法进行防护的，也就是说在设备中有一种连接装置，使那些在基本绝缘一旦失效就会带危险电压的导电零部件与建筑物配线中的保护接地导体相连。这样，即使产品的基本防护失效了，当出现危险时，产品中产生的一些危险的电流可以通过保护接地导体流入大地，而不是通过接触设备的人体流入大地。但是这个保护导体的阻值必须要足够小，因此在 GB 4943.1—2011中规定产品的接地导体的电阻必须小于0.1Ω。

（2）接触电流。对地漏电流在目前的标准中称为接触电流是指当人体或动物接触一个或多个装置的或设备的可触及零部件时，流过他们身体的电流（参见 GB/T 12113—2003）。

接触电流对人体造成的最大的伤害就是电击。电击对人体的危害程度，主要取决于通过人体电流的大小和通电时间长短。电流强度越大，致命危险越大。人触电后能自己摆脱的最大电流称为摆脱电流，交流为10mA，直流为

50mA。为了防止人体接触微型计算机等设备后造成电击，目前在GB 4943.1—2011中规定类似设备的最大接触电流为3.5mA。

（3）抗电强度。抗电强度试验的主要目的是，考核电气设备中带电部件与可触及部件之间的，用做隔离的绝缘材料的性能。该绝缘材料绝缘性能的好坏直接关系到设备的安全特性。如果在设备的正常使用过程中，该材料的绝缘性能下降，将会把设备中处于带电部件与可触及部件之间的安全隔离屏障给击穿，使本应该安全（不带电）的部分带上危险的电压，当人体等接触到时就会引起电击，这个电击可能是致命的。

（4）无线电骚扰。辐射骚扰是产品的能量以电磁波形式由源发射到空间的现象，这种骚扰可能引起装置设备或系统性能降低，或者对人身物质产生损害作用。

电源端子传导骚扰是产品的能量以电磁波形式由源通过电源线干扰公共供电网，造成供电系统不纯净，可能影响在此系统工作的其他装置设备的正常工作。电信端口的传导骚扰也类似。

由于电磁骚扰有可能导致其他设备（如电视机、自动化控制系统、导航系统、医疗监护仪等）工作不正常，因此国家制定了电磁兼容性标准GB 9254—2008，即要求信息技术设备的无线电限值不超过一定的限值，否则就会对人们的生活及周围的设备造成影响。

四、常见的主要问题

微型计算机产品在2008年、2011年、2012年都进行过产品质量国家监督抽查。产品的质量总体呈上升趋势，质量也相对较稳定。抽查中反映出的主要问题是电磁兼容性检验项目中的辐射骚扰和电源端子传导骚扰指标不合格。消费者在选购的过程中，可以查看企业产品声明执行的标准是否为GB/T 9813或GB 9254标准等。

五、选购和使用提示

1. 选购的目的

一般学生用户应注重性价比、速度、稳定性；家庭用户应注重使用的舒适度、稳定、速度、外观，商业用的话，主要考虑稳定及功能。

2. 选择品牌微型计算机还是 DIY

一般学生用户选择微型计算机时，可以考虑 DIY，家庭用户和商业用时，建议选择品牌微型计算机，因为品牌微型计算机质量相对较稳定，售后服务也比较及时。

3. 查看微型计算机基本配置

以 windows7 系统为例，其他 Windows 也系统类似。

（1）点击微型计算机左下角的图标，然后在 搜索程序和文件 输入“dxdiag”，并回车。

（2）系统信息一栏可以查看当前电脑的时间、命名、系统、语言、系统制造商、型号、BIOS 信息、CPU（处理器）、内存、虚拟内存（页面文件）、DirectX 版本等（见图 4）。

（3）查看硬盘容量，最简单的方法是打开“我的电脑”（或“计算机”），就会直接看到有几个硬盘，把每个硬盘总数加起来即可（该方法是在每块硬盘都进行分区的基础上，否则就要进入“磁盘管理”界面才能全部看到，右击“计算机”—“管理”—“磁盘管理”）。查看的可用硬盘容量，一般会比厂商声称的容量少几个到几十个 G，因为这跟微型计算机的操作系统、硬盘备份等有关。

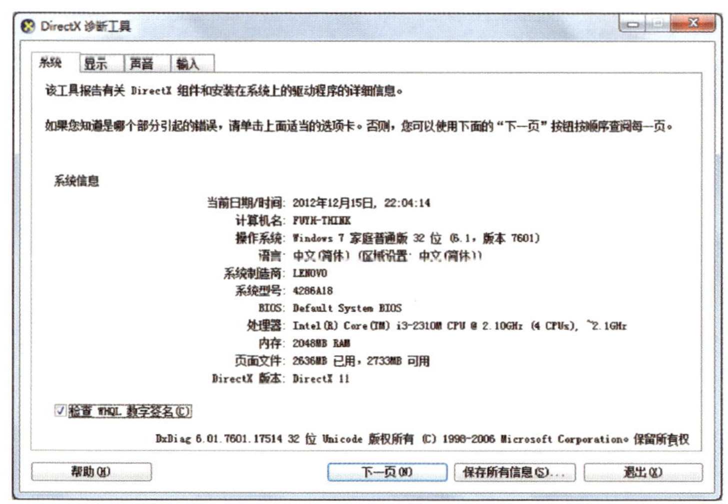

图 4　显示系统信息

4. 保修期

微型计算机是国家三包产品的范畴。三包是零售商业企业对所售商品实行“包修、包换、包退”的简称。指商品进入消费领域后，卖方对买方所购物品负责而采取的在一定限期内的一种信用保证办法。对不是因用户使用、保管不当，而属于产品质量问题而发生的故障提供该项服务。

微型计算机的三包规定是由国家质检总局、联合信息产业部以及国家工商行政管理局等有关部委共同签发，并从 2002 年 9 月 1 日起实行。在我国境内销售的微型计算机产品都要遵守该规定。

主要内容有：

（1）微型计算机销售时应有明确的三包有效期、三包凭证、有效发货票、产品合格证、使用说明书等。

（2）随销售的微型计算机商品一起赠送的微型计算机商品，应当负责“三包”。

（3）微型计算机商品的三包有效期分为整机三包有效期、主要部件三包有效期。三包有效期自开具发货票之日起计算，扣除因修理占用、无零配件待修延误的时间。三包有效期的最后一天为法定休假日的，以休假日的次日为三包有效期的最后一天。

（4）实施三包的微型计算机商品见表 1。

表 1 实施三包的微型计算机商品目录

名 称		三包有效期（年）		主要部件名称	折旧率（日）%	备注
		整机	主要部件			
主机	台式微型机主机	1	2	主板、CPU、内存、硬盘、驱动器、电源、显示卡	0.25	
外设	显示器	1			0.25	含液晶显示器
	光盘刻录机	1			0.25	
	鼠标器	1			0.25	

续表 1

名称		三包有效期（年）		主要部件名称	折旧率（日）%	备注
		整机	主要部件			
外设	键盘	1			0.25	
	硬盘驱动器	1			0.25	
	电源	1			0.25	
	光盘驱动器	1			0.25	
选购	内存条	1				
	主板	1				
	CPU	1				
	声卡	1				
	显示卡	1				
	网卡	1				
	其他功能扩展	1				
软件	软件	三个月				
	预装软件	1				
	随机软件	三个月				含赠送软件

（由国家电子计算机质量监督检验中心符瑜慧撰稿）

与计算机相连的打印机

一、产品简介

与计算机相连的打印机是计算机主要输出设备之一，在日常工作和生活中常用打印机输出计算机中的文字、数据、图像等内容。当漂亮的文稿、严谨的图纸、精美的图片、绚丽的照片从打印机中缓缓地飘出时，提高了工作效率，增加了生活情趣。

1. 打印机分类

打印机的种类很多，市场上常见的打印机分为：针式打印机、喷墨打印机、激光打印机和打印机一体机。

(1) 针式打印机：针式打印机是依靠打印针击打色带在打印介质上形成色点的组合来实现规定字符和图像的。打印头内排列的针数越多打印的质量就越好（见图1）。

(2) 喷墨打印机：喷墨打印机是在打印头上的喷口将墨滴按特定的方式喷到打印介质上形成文字或图像（见图2）。

图 1　针式打印机

图 2　喷墨打印机

（3）激光打印机：激光打印机是将激光扫描技术和电子照相技术相结合的高质量打印输出设备。激光束把文件扫描反映到感光鼓上，感光鼓带电后将墨粉吸附到感光区域，再将墨粉转印到打印介质上，通过加热装置将墨粉熔化固定到打印介质上。文件打印后，感光鼓上电荷被放电，剩下的墨粉被收集起来（见图 3）。

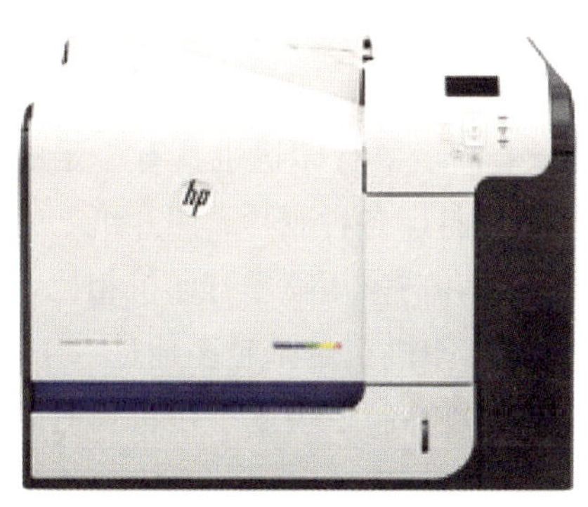

图 3　激光打印机

（4）打印机一体机：打印机一体机是在喷墨打印机或激光打印机上扩展了一些功能，各种一体机具备的功能不同，通常是两种或两种以上的功能集合在一体，如在打印的基础上增加了复印、扫描、传真、甚至网络功能（见图 4）。

图4 打印一体机

2. 各类打印机的特点

（1）针式打印机打印成本低、色带价格低廉使用时间长。但针式打印机噪声高、速度慢、相对于喷墨打印机和激光打印机分辨率较低、打印针易损坏。在使用中针式打印机可根据需要选择多联纸张打印，一般常用的多联纸张有两联、三联、四联等，多联纸张一次性打印完成只有针式打印机可以实现，目前喷墨打印机和激光打印机都无法进行多联纸张打印，基于此特点奠定了针式打印机在应用领域中的特殊地位，在银行、税务、财务、商务等领域广泛应用，更是其他打印机无法替代的。

（2）喷墨打印机有良好的打印效果，小型喷墨打印机具有体积小、价格低、操作简单方便、噪声低等优点被较多地应用于家庭。此外喷墨打印机还具有更为灵活的纸张处理能力，在介质的选择上，喷墨打印机也具有一定的优势：既可以打印信封、信纸等普通介质，还可以打印各种胶片、照片纸、光盘封面、卷纸、T恤转印纸等特殊介质，总体来说，与家用喷墨打印机相比，商用喷墨打印机已有本质改变，目前大型的喷墨打印机正越来越多地进入工厂、照相馆以及广告业。但打印成本较高（墨盒价格较高）、喷墨打印机长时间不用墨水会干、喷墨头容易堵塞。

（3）激光打印机打印速度快、色彩保持耐久，是针式打印机和喷墨打印机无法比拟的，激光打印机分辨率高、工作噪声低，处理能力强。激光打印机的打印密度非常大，墨粉颗粒越小成像质量越高，近似照片的效果，其精美的打印质量、优异的工作效率、极高的打印负荷与针式打印机和喷墨打印机相比具有绝对的优势，在日常工作和生活中越来越受到青睐。激光打印机价格较高、打印耗材价格高、对纸张的要求也很高，通常这类打印机对使用的纸张都有明确的规定，最常用的是 A4、70g/m^2 的标准复印纸。

（4）打印机一体机集多功能于一身，随着功能及技术的发展已经慢慢成为新的桌面办公中心，在众多的打印机一体机中，黑白激光一体机以卓越的打印效果、广泛的应用、简便的操控性赢得诸多用户的喜爱。打印机一体机价格高、耗材价格高，主要用在小型办公场所。

3. 应通过的认证

与计算机相连的打印机产品必须通过 CCC 安全与电磁兼容强制认证合格并获得 CCC 证书后，标明 CCC 安全与电磁兼容认证标志方可出厂销售。标志中 S&E 表示安全和电磁兼容认证。

二、行业概况

目前，全国打印机生产企业主要分布在北京、广东、上海、重庆、江苏、福建、山东、云南等地。喷墨打印机的销量占据主要市场，打印机市场总体持增长趋势。喷墨打印机继续增长，但增长幅度减缓；针式打印机继续相对负增长，但绝对数量依然可观；激光打印机的增长速度与总体增长速度持平。

（1）我国的针式打印机生产从 20 世纪 80 年代开始逐步形成规模化生产，经过飞速的发展和激烈的市场竞争，表现出技术上更趋先进、价格上大幅下降、产品分类更趋专业、市场格局更趋集中的特点，产能与综合水平有了大幅度的提高，实际产量相对集中于几家大企业。大部分企业均制定了相应的企业标准，应当说总体质量呈上升趋势。

（2）喷墨打印机占据着广大中低端市场，市场发展被几大品牌所占领。各生产企业的竞争已经开始转向商用市场，但未放弃低端市场，市场竞争转化为耗材竞争，各企业对耗材进行更新，推出低价格的耗材以满足针对学生、家庭的基本打印需求。

（3）激光打印机经过几十年的快速发展，其打印的高速度和高分辨率仍在不断提升。随着技术的提高，激光打印机在证件的制作、照片、广告、网络办公等方面应用广泛，尤其是在证件的防伪方面，激光打印机有着得天独厚的优势。因工作噪声低的特点，激光打印机除了在商用、办公、设计等领域的应用外，同时也不断地进入家庭，市场占有率逐渐递增。

（4）打印机一体机由于在功能上的集成化，不但在工作速度、分辨率、噪声方面等同单一功能的设备，其外观、体积、操作简便等品质上与多台单一功能设备相比占有绝对优势，因此快速地被应用于简约化的办公环境，也被一些家庭所青睐。市场销售份额在不断上升。

三、标准解读及关键指标分析

1. 标准总体情况

针对针式打印机、喷墨打印机和激光打印机的标准有：

——GB 9314—2011《串行击打式点阵打印机通用规范》；

——GB/T 17974—2000《台式喷墨打印机通用规范》；

——GB/T 17540—1998《台式激光打印机通用规范》；

——GB 25956—2010《打印机、传真机能效限定值及能效等级》；

——HJ 2512—2012《环境标志产品技术要求　打印机、传真机及多功能一体机》；

——GB 4943.1—2011《信息技术设备　安全　第1部分：通用要求》；

——GB 9254—2008《信息技术设备的无线电骚扰限值和测量方法》；

——GB 17625.1—2012《电磁兼容　限值　谐波电流发射限值（设备每相输入电流≤16A)》。

GB 9314—2011、GB/T 17974—2000、GB/T 17540－1998分别针对针式打印机、喷墨打印机以及激光打印机这三类打印机的安全、性能、电磁兼容以及环境等提出要求，是目前我国对打印机产品质量进行监管的主要依据。HJ 2512—2012、GB 25956—2010是为了减少打印机在生产、使用和处置过程中对人体健康和环境的影响，促进节能产品的生产和使用而制定的标准，也是目前政府选购打印机类产品时所要关注的依据之一。

2. 关键指标分析

（1）性能指标。不同类型的打印机涉及的性能指标完全不同。

针式打印机的性能指标主要有打印速度、成行度、成列度、走纸积累误差、打印速度、噪声、拷贝份数、电源适应能力等。

1）打印速度。在一行内打印头从行头出针到行尾收针的过程中单位时间内能打印的字符数或汉字数。

2）成行度、成列度。任意一个打印点在一行上和一列上偏离基准点的距离。

3）打印走纸积累误差。打印机在规定的打印行数内打印机偏离基准行的距离。

上面几个指标主要用于检测打印机的打印精度，打印机走纸是否均匀，打印出来的线条是否能达到横平竖直。现在，随着技术的不断改进，在打印精度的控制方面已完全没有问题。

4）拷贝份数主要是检测针式打印机的击打能力，足够的打印力度才能打印多层纸张，使最下层打印纸上的字体能够清晰可见。

喷墨打印机和激光打印机的性能指标主要是打印特性、电源适应能力、噪声等。

（2）安全指标。打印机的安全指标主要是电击、与能量有关的危险、着火、与热有关的危险、机械危险、辐射、化学危险、电磁兼容性等。

1）电击是由于电流通过人体而造成的，其引起的生理反应取决于电流值的大小和持续时间及其通过人体的路径。电流值取决于施加的电压以及电源的阻抗和人体的阻抗。人体的阻抗依次取决于接触面积、接触区域的湿度及施加的电压和频率。大约0.5mA的电流就能在健康的人体内产生反应，而且这种不知不觉的反应可能会导致间接的伤害。电流再大些，就会产生直接的影响，例如烧伤、肌肉痉挛导致无法摆脱或心室的纤维性颤动。为了防止使用打印机的人员遭到电击，打印机在设计和生产时必须采取防电击的保护措施，使打印机不会出现电击危险。

2）与能量有关的危险、着火、与热有关的危险是指打印机工作过载、元器件失效、绝缘被击穿都可能导致着火危险，打印机在工作时温度过高会引起接触烫伤、绝缘等级下降、引燃可燃液体。为了减少这些危险，企业应在电路设计、零部件、外壳等材料的选用上应严格把关，避免打印机产生高温，以防这些危险出现。

3）机械危险是指打印机尖锐的棱缘和拐角、零部件未牢固地固定、打印机不能稳定地放置而对使用人员造成伤害。

4）辐射是指打印机可能会产生某种形式的辐射对使用人员造成伤害，如激光辐射、电磁辐射等。我国对这些辐射的量值作了强制的规定，尤其对小型用于办公、家用的设备要求更加严格。

5）化学危险是指接触某些化学物品或吸入它们的气体和烟雾可能会造成

伤害。特别要提到的是 HJ 2512—2012。在该标准中针对激光打印机还有一些特殊的指标要求。由于激光打印机打印机里的碳粉的主要成分大多数是由树脂和黏合剂组成。墨粉经高温融化到纸纤维中，树脂被氧化成带有刺激气味的气体“臭氧”。这种气体有一种好处，它可以保护地球，减少太阳辐射的危害，但对人体本身没什么好处，会对人体黏膜造成刺激，容易提高哮喘发生率或是鼻子过敏，甚至引发头晕、呕吐等现象。还有一些代用粉，大多采用炭黑作原料，多含有多环芳烃系列及二甲基硝胺等物质，它们分别为三、四号致癌物质。这些物质在定影加热时发挥出来，通过呼吸将直接被人体吸收，危害操作者的健康。碳粉中含有铅，又容易飘散，很容易吸到肺里，因此对此类打印机专门规定了打印过程中产生的臭氧浓度、粉尘浓度以及苯乙烯浓度的最大限值。

6）接地电阻指电流经过接地导体进入大地并向周围扩散时所遇到的电阻。

（3）电磁兼容指标。

1）电磁兼容性指设备或系统在其电磁环境中能正常工作且不对该环境中的任何事物构成不能承受的电磁骚扰的能力。

2）传导及辐射骚扰表现为电骚扰、磁骚扰、静电骚扰、电磁骚扰。

3）电磁骚扰是指任何可能引起装置、设备或系统性能降低的电磁现象。

4）信息技术设备（包括打印机）分级：GB 9254—2008 将信息技术设备（包括打印机）根据骚扰极限值分为 A 级和 B 级，B 级比 A 级要求更严格。

A 级信息技术设备（包括打印机）是指满足 A 级限值但不满足 B 级限值要求的那类设备。对于这类设备不限制其销售，但应在其有关的使用说明书中包含如下内容：

警告

此为 A 级产品。在生活环境中，该产品可能会造成无线电干扰。在这种情况下，可能需要用户对干扰采取切实可行的措施。

B 级信息技术设备（包括打印机）是指满足 B 级骚扰限值的那类设备。它主要用于生活环境中，可包括：不在固定场所使用的设备，例如由内置电池供电的便携式设备；通过电信网络供电的电信终端设备；个人计算机及相连的辅助设备（包括打印机）。

四、常见的主要问题

从近 10 年来对打印机组织开展的国家监督抽查来看，打印机的产品质量不断提高，尤其在国家对打印机实施 3C 强制认证制度后，抽查的合格率迅速上升，均在 80%以上。

打印机产品在抽查中主要存在以下问题。

1. 打印速度

打印速度不合格的原因是设计版本与说明书版本不配套，造成向用户声称的打印速度指标不能实现，与企业的管理紊乱有关。

2. 接地电阻

接地电阻不合格，一旦出现电击危险会对人身和设备造成伤害。接地电阻不合格的原因是底板屏蔽层的工艺处理不到位，同时生产线上有关检验的检验方法和部位不恰当。

3. 电磁兼容性的传导和辐射骚扰

鉴于打印机属信息技术设备，据此，如果在产品的包装或说明书上没有按照 GB 9254—2008 中规定的要求明示 A 级信息技术设备警告，打印机被视为符合 B 级信息技术设备骚扰限值要求，检验时按照 B 级骚扰极限值判定打印机是否符标准要求。有些企业生产的打印机骚扰限值未达到 B 级要求，只符合 A 级要求，但为了不给产品销售带来负面的影响而不向用户明示 A 级警告，误导用户认为打印机是符合 B 级骚扰限值的产品。这样做的结果是剥夺了消费者的知情权，于理于法都是相违背的。

五、选购和使用提示

1. 选购指南

（1）根据用途、场地、使用环境、使用频率选择打印机的类型。用于财务、税务、银行多联打印的选用针式打印机；用于家庭、小型办公场所、使用频率和打印数量不太多的场合选用价格低廉的喷墨打印机；用于使用频繁、打印数量大、要求速度快的场合选用激光打印机；因场地有限又需要方便使用复印、扫描、传真功能的办公环境选用打印机一体机。

（2）类型选定后，首先看打印机的认证标示，在我国销售的打印机必须通过 CCC 安全与电磁兼容认证，并有 CCC 安全与电磁兼容认证标志，无 CCC 认证标志的不允许上市流通。

（3）检查打印机的边缘、棱角是否光滑，不会对人造成伤害。

（4）对于针式打印机目测打印出的同样字符成行度、成列度即行内、列内应无明显起伏、波浪现象，噪声在可接受的范围内。

（5）喷墨打印机观察打印出的文字、图像墨迹应均匀，彩色喷墨打印机每个喷墨头出水应顺畅。

（6）激光打印机注意打印出的纸张应无墨粉粘附、工作时噪声低。

（7）根据使用的环境选择不同无线电骚扰极限值要求的打印机，如果打印机上无 A 级警告，打印机应符合 B 级骚扰极限值的要求，适合在家庭、小型办公环境、医院等场合。如果选择只需要符合 A 级骚扰极限值要求的打印机，要检查在打印机身上或其有关的使用说明书中应包含 A 级警告。

2. 使用提示

（1）打印机安装使用前，详细阅读操作说明书，了解所用机型的技术指标和使用方法。

（2）打印机应安装在平稳、干净、防潮、无酸碱腐蚀、远离热源的工作环境中。工作环境的温度、湿度要在说明书中规定范围内，所处的位置必须通风良好。

（3）必须使用有良好接地的电源插座，不允许带电插拔打印机与主机之间的电缆线，以免造成打印机接口故障。

（4）针式打印机使用时要经常检查色带，色带起毛后不要再使用，应及时更换色带，以免色带破损会损坏打印针。打印头的位置要根据纸张的厚度及时进行调整。打印头表面温度较高，切勿触摸或移动打印头，以防高温烫伤或损坏打印机。

（5）喷墨打印机因墨水价格不菲，在使用时注意节约墨水。喷墨打印机为用户提供两种打印模式，一种是经济模式，这种模式是以降低打印质量为代价来节约墨水的；另一种是标准模式，这种模式可以确保打印效果。没有特殊要求的话，建议尽量使用经济模式打印。不要频繁启动打印机，因为每启动一次，打印机都要清洗打印头和初始化打印机，对墨水输送系统充墨，要浪费一些墨水。若长期不使用打印机，喷嘴周围的墨水就会在空气中逐渐干涸凝固，而堵塞喷嘴，以后再打印时墨水不会出来，所以应定期启动自动清洗功能，以防喷嘴残留墨水干涸。

（6）激光打印机如果打印在页面上的字迹偏淡，可将碳粉盒取出轻轻左右摇动几次以延长碳粉盒的使用时间，若打印的页面上已显示不出字迹，说明碳粉已经用尽，需要更换碳粉盒了。激光打印机对纸张和碳粉盒的质量要求较高，如果使用了不符合要求的碳粉盒和打印纸，不仅会影响打印效果，严重时还会损坏打印机。建议更换整个碳粉盒而不要单独添加碳粉。

（由国家电子计算机外部设备质量监督检验中心高瑛撰稿）

手持式电子信息器具

一、产品简介

1. 产品定义

手持式电子信息器具是指具有信息处理、存储、输入和输出功能的各种便于掌上操作的信息技术产品。

2. 产品分类与功能

国内的手持式电子信息器具产品丰富，按用途主要分为手持式教育电子产品和手持式商用娱乐产品。

（1）手持式教育电子产品主要包括：

1）以翻译和解释为主的电子词典，包括各种英汉词典、技术字典等，适用对象主要为英语学习人士。

2）以学习为主要功能的学习电脑，也称学习机，支持不同学习形式和多样化科目，例如课堂同步辅导等，基本没有上网功能，杜绝学生沉迷于网络虚拟空间，适用对象主要为中学生。

3）光学识别设备，主要包括点读机和点读笔等，是通过电磁感应定位系统与无线传感点击技术等高科技手段，将文字化的书本教材变成能按学习需要任意发声的有声教材，适用对象主要是少年儿童。

主要手持式教育电子产品见图1。

图1 手持式教育电子产品

（2）手持式商用娱乐产品主要包括：

1）以商务为主的掌上电脑，有记事本、万年历、汇率、股票行情和收发邮件等功能。

2）以阅读为主要功能的电子图书阅读器，可以订阅众多电子期刊、书和文档，从网上自行下载图书，显示整页文本和图形，并通过搜索、注释和超链接等增强阅读体验。

3）集移动商务、移动通信和移动娱乐为一体的平板电脑，具有手写识别和无线网络通信等多样功能。

主要手持式商用娱乐产品见图2。

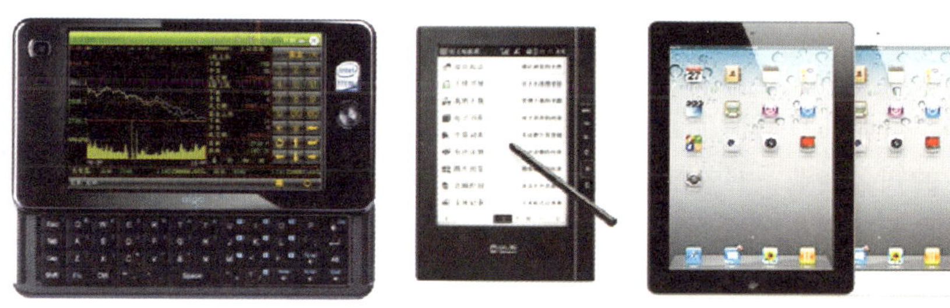

图2 手持式商用娱乐产品

3. 产品特点

手持式电子信息器具已经成为我国和全球电子信息市场最有发展前景的新亮点，由于其轻薄化、便携化的特点，受到消费者的普遍欢迎。目前，信息技术的不断发展，市场竞争的日益激烈，越来越多的手持式电子信息器具在朝着大屏幕、大容量发展的同时，兼顾了电子词典、电子书、数码收音、MP3 播放、游戏、通信等众多功能，随着数字化、娱乐化概念的普及，一机多能的产品将日渐深入人心。

4. 相关管理规定和有用的信息

对于具有外接电源适配器的手持式电子信息器具而言，电源适配器充电器属于 3C 认证产品的范围。

二、行业概况

1. 生产企业分布

手持式电子信息器具产业主要集中在珠三角地区，产量约占据了全国 60％的份额，是该类产品主要生产基地。珠三角地区，以深圳为核心形成了手持式电子信息器具的研发、采购、生产、销售、配套等完整的产业链。除此之外，还有一些企业分布在长三角和京津唐等地区，以摩托罗拉、联想、三星为代表。

2. 主产区相关情况

一直以来，珠三角依靠毗邻港澳台的区位优势，以及劳动力成本较低的优势，形成了特色鲜明的电子信息产业集群，电子信息企业集中，产业链较为完整，具有相当的规模和配套能力。

珠三角作为手持式电子信息器具产业的最大集中地，其行业状况几乎可以代表整个行业的普遍情况。一方面珠三角地区涵盖了众多的手持式电子信息器具行业的知名企业，具有完善的研发、生产、测试和售后服务团队，产品质量较好，极大地推动了新产品的发展和行业的进步；另一方面也聚集了国内最众多的中小型生产企业，该类企业往往自主创新能力不足，导致产品只能走低端路线，产品附加值低。更有部分企业直接购买方案商的方案，长期停留在加工、组装的阶段，对外依存度高，其产品质量不稳定。

3. 行业特点和发展水平

手持式电子信息器具的主要消费群体是学生和青年。中国每年接受教育的学生群体数量不断稳定增加，学生消费群是一个不断流动更新的群体，使这个市场每年都会增加新的消费者，产生新的消费需求，这在某种程度上使该类产品的市场具有永不饱和的特征。同时，随着全球化进程的纵深推进，终身教育市场将会加速启动，学习机、平板电脑、电子书等已然成为白领一族乃至都市普通百姓生活的重要组成部分。

巨大的市场需求促使了手持式电子信息器具行业的蓬勃发展，涌现出一批知名品牌制造商（步步高、好记星、读书郎等），并占有了大量的市场份额，但更多的则是一些中小企业，这些中小企业产品质量较为不稳定，质量问题也相对较多。特别是目前在生产技术上入行门槛很低，使得小企业数量增加，依靠超低的价格和强大的功能，抢占低端的市场份额。而国内各大知名厂商虽然不断推出各种款式、功能的产品来满足不同消费群体的需求，但是技术总是易于模仿的，同时处理器速度、存储容量和电池寿命等所引起的产品差异正在不断缩小，导致产品同质化严重。

因此，通过新技术创新产品功能，通过品质与服务提升品牌价值的重要性也在日益凸显。今后，手持式电子信息器具行业整个产业链实现分工整合成为大势所趋，智能语音操控技术、娱乐性和互动性等体现产品个性化的重要功能将成为新的发展趋势。

4. 国内外发展趋势

一直以来手持式电子信息器具都是在以技术功能的进步来推出行业的整体发展，因此，以用户真实的需求出发开创出新类型的产品，更加注重技术、功能、内容服务等方面的提升，是该行业持续发展的关键，也必将带来行业应用的不断突破。

随着云技术及无线技术的快速发展，未来手持式电子信息器具将向着多元化和联网化发展，更加完善的融合无线数据传输功能和数据处理功能，以便更好地运行移动互联网相关应用和服务，实现与云计算和移动互联网应用完美对接，达到性能相对完善，操作体验良好的使用效果。

三、标准解读及关键指标分析

1. 标准总体情况

目前，手持式电子信息器具涉及的产品标准主要包括：

——GB/T 18220—2012《信息技术　手持式信息处理设备通用规范》；

——GB/T 18287—2002《电子图书阅读器通用规范》；

——GB 4943.1—2011《信息技术设备　安全　第1部分：通用要求》；

——GB 9254—2008《信息技术设备的无线电骚扰限值和测量方法》；

——GB/T 17618—1998《信息技术设备抗扰度限值和测量方法》；

——GB 8898—2011《音频、视频及类似电子设备　安全要求》；

——GB 13837—2012《声音和电视广播接收机及有关设备　无线电骚扰特性　限值和测量方法》；

——GB/T 9383—2008《声音和电视广播接收机及有关设备　抗扰度　限值和测量方法》。

对于产品的中文信息处理特性、安全性、电磁兼容性和环境适应性等给出了相应的要求的标准的制定与完善，对提高手持式电子信息器具的产品质量、促进行业发展起到了重要的作用。比较重要的标准如下。

（1）中文信息处理标准。

中文信息处理项目主要包括字符集和汉字字型两类标准。其中：

1）字符集标准主要包括：

——GB 2312—1980《信息交换用汉字编码字符集　基本集》；

——GB 13000—2010《信息技术　通用多八位编码字符集（UCS）》；

——GB 18030—2005《信息技术　中文编码字符集》。

2）汉字字型标准主要包括：

——GB/T 11460—2009《信息技术　汉字字型要求和检测方法》；

——GB 5199—2010《信息技术　汉字编码字符集（基本集）　15×16点阵字型》；

——SJ 11240—2001《信息技术　汉字编码字符集（基本集）12点阵字型》；

——SJ 11241—2001《信息技术　汉字编码字符集（基本集）14点阵字型》；

——SJ 11295—2003《信息技术　通用多八编码字符集（基本多文种平面）汉字12点阵字型》；

——SJ 11296—2003《信息技术　通用多八位编码字符集（基本多文种平面）汉字14点阵字型》。

（2）安全性标准。

手持式电子信息器具涉及的安全性标准主要为GB 4943.1—2011，该标准修改采用了国际标准 IEC 60950-1：2005《信息技术设备 安全第 1 部分：通用要求》第二版（英文版），与 IEC 60950-1：2005 的技术性差异主要在以下几个方面：电源容差、电源额定值的标示、安全说明、电源插头、适用范围、电气间隙的要求值、湿热处理条件、温度限值、过流保护装置和阴极射线管的机械强度要求等。

部分以音视频播放为主要功能的手持式电子信息器具依据的安全性标准为 GB 8898—2011。

（3）电磁兼容性标准。

手持式电子信息器具涉及的电磁兼容性标准主要包括 GB 9254—2008，该标准等同采用 CISPR22：2006（第 5.2 版）《信息技术设备的无线电骚扰限值和测量方法》；涉及的抗扰度标准主要包括 GB/T 17618—1998；部分以音视频播放为主要功能的手持式电子信息器具依据的电磁兼容性标准为GB 13837—2003 和 GB/T 9383—2008。

2. 关键指标分析

（1）中文信息处理。

汉字是传承和弘扬中华文化的重要载体，是中华民族的基本标识，也是中华文明的显著标志，因此，正确进行中文的显示和处理是手持式电子信息器具必须满足的基本要求。中文信息处理主要测试产品安装字库的字符与字型是否符合国家或行业标准字库的要求。

测试指标包括字符集和汉字字型。

（2）电磁兼容性。

电磁兼容性是指设备或系统在其电磁环境中符合要求运行并不对其环境中的任何设备产生无法忍受的电磁骚扰的能力。因此，电磁兼容性包括两个方面的要求：一方面是指设备在正常运行过程中对所在环境产生的电磁骚扰不能超过一定的限值；另一方面是指器具对所在环境中存在的电磁骚扰具有一定程度的抗扰度。因此，产品电磁兼容性能的好坏不仅影响我们生活的电磁环境，同时也会影响整机的可靠性以及终端用户的使用感受。

电磁兼容性测试指标包括电源端子骚扰电压、辐射骚扰、静电放电抗扰度、射频电磁场辐射抗扰度、电快速瞬变脉冲群抗扰度、浪涌（冲击）抗扰度、射频场感应的传导骚扰抗扰度、工频磁场抗扰度和电压暂降、短时中断和电压变化的抗扰度等。

标准中规定电源端子骚扰电压和辐射骚扰要达到 GB 9254—2008 标准的 B 级要求。电源端子骚扰电压准峰值在 150kHz～500kHz 频率范围内，其骚扰限值为 66 dB～56dB，在 500 kHz～5MHz 频率范围内，其骚扰限值为 56dB，在 5MHz～30MHz 频率范围内，其骚扰限值为 60dB；平均值在 150kHz～500kHz 频率范围内，其骚扰限值为 56dB～46dB，在 500kHz～5MHz 频率范围内，其骚扰限值为 46dB，在 5MHz～30MHz 频率范围内，其骚扰限值为 50dB。

标准中规定在测试距离 10m 条件下，辐射骚扰准峰值在 30MHz～230MHz 频率范围内，其辐射骚扰限值为 30dB；在 230 MHz～1GHz 频率范围内，其辐射骚扰限值为 37dB。

（3）安全性。

安全性能检测主要考察产品是否对人身和产品本身有足够的保护。在正常或可预见的异常工作时是否会产生触电、高温、死机等危险。

安全性指标主要包括接触电流和保护导体电流、抗电强度等。

设备的设计和结构应当保证接触电流或保护导体电流均不可产生电击危险，标准中规定手持式设备的对于Ⅰ类设备保护接地端子的接触电流不大于 0.75mA，未连接到保护接地的部分或Ⅱ类设备接触电流不大于 0.25mA。

通过进行抗电强度试验模拟正常工作时可能承受的过电压来考核设备承受瞬态过电压的能力以及在不同环境和使用条件下绝缘材料的耐压性能。

此项目容易出现的问题包括：抗电强度试验时绝缘材料发生击穿，接触电流超过人体的感知电流限度，引起触电危险。

（4）环境适应性。

环境适应性检测主要检查产品在预期的使用、运输或贮存环境下功能是否正常，以反映产品的环境适应性设计、制造或机构部件是否符合要求。

环境适应性指标主要包括：温度下限试验、温度上限试验和恒定湿热试验。

此项目容易出现的问题是：产品处于预期环境贮存后或工作中，不能正常工作，比如屏幕出现花屏、抖动，无法正常开关机等。

四、常见的主要问题

1. 主要不合格项目

近年来手持式电子器具产品国家监督抽查中发现的主要不合格项目集中在汉字字型、电源端子骚扰电压、辐射骚扰和静电放电抗扰度。

2. 问题危害

汉字字型项目不合格会造成产品中出现大量错字，直接影响消费者的学习和阅读效果。字型项目合格与不合格效果比对图见图 3。

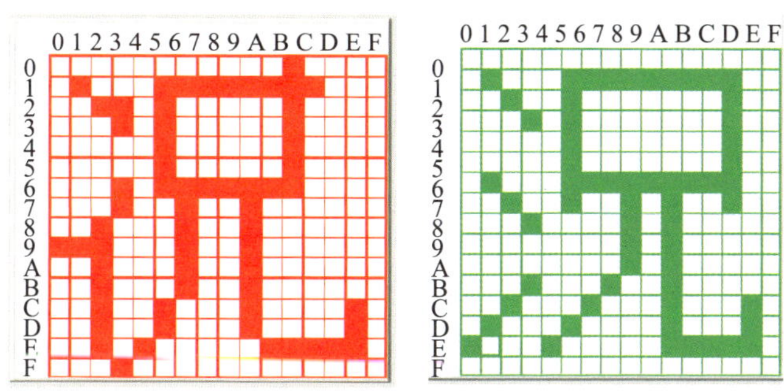

图 3　字型项目合格与不合格效果比对图

电源端子骚扰电压和辐射骚扰项目不合格可能造成设备、系统性能降低，导致其他电子设备工作不正常。

静电放电耦合到主板或其他主要零部件上导致的直接后果就是产品工作不正常，比如屏幕出现乱码、不能正常显示内容、触摸屏不能正常工作、死机，甚至导致产品损坏。

3. 问题产生的原因

汉字字型项目不合格的主要原因是产品安装的点阵字库的点阵格式与国家标准字库中的格式不符。

电源端子骚扰电压项目不合格的主要原因是电源适配器选择不当，此类电源在电路设计上存在一定的缺陷，或偷工减料、未加装电磁兼容抑制器件。

辐射骚扰项目不合格的主要原因是没有充分考虑主板上一些频率点的过分发射，没有采取有效的抑制或屏蔽措施。

静电放电项目不合格的主要原因是产品的金属外壳和按键接地效果不良好，或者与主板的间距太小，没有采取必要的绝缘措施，导致静电容易通过外壳和按键耦合到主板或者其他主要零部件上。

五、选购和使用提示

目前市场上销售的手持式电子信息器具种类繁多，消费者在选择时，应注意以下几个方面。

1. 词典的权威性

以前选择电子辞典时，一些人会将词汇量作为首选，就单词词汇量而言，并不能说明什么，如果为了追求词汇量而收录大量的偏词、少用词，对消费者并没有意义。

现代非常流行的版权词典是很好的选择标准，由国家权威出版社出版的词典科学、准确。目前国内流行的三大词典分别是《牛津词典》、《现代英汉词典》、《朗文词典》。

2. 功能的实用性

消费者无论是选择掌上电脑、数码学习机，还是电子词典，都要清楚自身的需求和所选产品的功能。功能不同，产品的价格也会有很大的差异。有的产品适合于商务人士，因为该类产品集许多功能于一身，如无线上网、GPRS定位、手机功能等。而有些数码产品就是为学生的外语学习提供帮助的，功能就相对简单一些。

以电子词典为例，不管是线装本词典还是电子词典，作用都是一样的——助学，但学习分不同的阶段，如中小学、大学、研究生、专业、业余等，消费者选择时最好根据自己所处的阶段来量身选择。

3. 工艺的优良性

手持式电子信息器具属于随身携带的物品，其小巧玲珑和精良的工艺肯定会带给使用者一份好的心情。大企业生产制造的该类产品，从研发、生产到销售，都有一套严格的管理制度和工作流程，品质控制严格，无论在款式、造型，还是色泽、手感方面都别具特色。因此，消费者在进行产品的选择时，应尽量选择一些主流品牌的产品。

4. 售后服务的可靠性

售后服务是为消费者解决后顾之忧的，当机器出现故障时不能得到及时快捷的服务，既影响心情也耽误学习。售后服务的关键在于是否能真正兑现，或者是有没有兑现的可能。建议消费者从几方面比较：一是看企业实力，国内知名企业比较好；二是看全国的售后网点，遍布全国的售后网点对消费者是非常重要的；三是看售后政策，如是否实行“三包”和全国联保等。

5. 认证的完整性

对于具有电源适配器的手持式电子信息器具而言，电源适配器属于3C认证产品的范围，在产品上，应印有3C字样。

（由国家中文信息处理产品质量监督检验中心张霄霄撰稿）

手　机

一、产品简介

手机是移动电话的通俗叫法，也可称为手提电话，早期俗称大哥大，是可在不同地点并可移动使用的便携式电话终端。

手机的发展历程（典型机型变化见图 1）：

第一个阶段：第一代手机（简称 1G），属于模拟手机，20 世纪 80 年代诞生，俗称“大哥大”，体积大，功能单一，通话质量不高、不能提供数据业务，保密性差，目前基本已被淘汰。

第二个阶段：第二代手机（简称 2G），以 GSM、CDMA 等制式的数字式手机为代表，提供数字化的话音业务及低速数据业务，话音质量、保密性能得到较大的提高，在体积上也真正做到了便携。

第三个阶段：第三代手机（简称 3G），3G 是英文 Third Generation 的缩写，以 TD-SCDMA、WCDMA、CDMA2000 等数字式的手机为代表，通常指将无线通信与国际互联网等多媒体通信结合的新一代移动通信终端。3G 手机在 2G 手机的基础上实现宽带上网、视频通话、手机电视、手机购物、手机定位导航等更多、更好的功能。

第四个阶段：第四代手机（简称 4G），采用了 OFDM 和 MIMO 等新技术，集 3G 与 WLAN 于一体，并能够传输高质量视频图像，采用宽带接入 IP 系统，能够实现 100Mbps 以上的速度下载。无论是在接入的速率、频谱利用率还是在网络的性能上，都有大幅提升，进一步提高用户的体验感受。

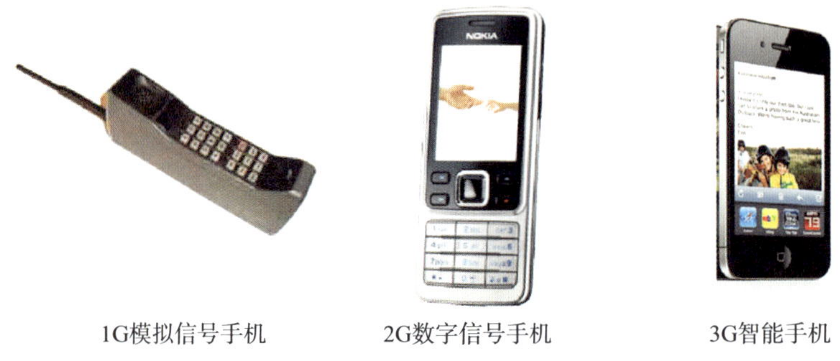

图 1　手机的发展和变化

目前 3G 手机已经进入大规模推广和应用阶段。4G 移动技术也已试点并将悄然迈进人们生活。由于手机制式都是向下兼容，今后在很长的时间内兼容第二代手机制式（GSM 和 CDMA）的手机终端仍将大量存在。

手机必须经过 CCC 认证和中国型号核准（CTA）入网认证才能进入市场。CCC 认证是电子产品要进入国内市场销售必须通过国家强制性认证。CTA 入网认证是手机等通信产品要进入市面销售，需要拿到国家相关部门做备案，通过全部 CTA 相关检测后，才能够拿到入网证。

CTA 入网认证见图 2。

图 2　CTA 入网认证标识

二、行业概况

1. 行业现状

我国是世界上最大的手机加工产业区、制造国和出口国，全球超过 60%

的手机都是在中国加工制造的。以2010年为例，我国手机国际市场占有率为66.4%，其中国产品牌占18.2%，我国手机出口中外资品牌手机占总量的72.6%。

2011年全球手机销售量为15.4亿部，较上年的13.92亿部增长了11.1%。

2011年，中国手机销量达2.8亿部，同比增长12%。2011年中国手机产业继续保持高增长的发展势头，特别是智能手机市场，已经超过美国成为全球最大的智能手机销售市场。2011年10月，3G手机销售量占比达到51.1%，首次超过2G手机，标志着3G时代的全面到来。智能手机已经成为市场增长的强劲动力。

目前中国手机企业数量超过900家，主要分布在广东、福建、山东、北京、天津、江苏、湖北、重庆等地。广东省是中国最大的手机制造基地，2011年手机产量超过6亿部。广东省以深圳为核心形成了手机的研发、采购、生产、销售、配套等完整的产业链，是全球手机最重要的产业基地之一。

虽然中国是最大的手机生产加工、制造、出口国，但国产品牌的手机市场占有率仍不太乐观。目前国外品牌仍占据主导地位，如三星、苹果等仍然在高端手机领域占据统治地位。国产品牌有一定的发展，但手机的核心技术（芯片和系统）仍然控制在国外厂商手中，且国内手机制造商是以中小企业为主，自我研发能力较弱，差距仍然比较明显，主要抢占中低端手机的市场份额。

2. 发展趋势

未来的手机技术发展将主要集中在硬件上的不断升级和软件服务上的推陈出新。硬件方面，未来的手机将具备大尺寸高分辨率的屏幕，拥有千万像素级别的摄像头，更高运行频率的中央处理器等。软件方面，会有更接近生活体验的操作方式，更多集成化的新服务和新应用。未来的新兴功能可能包括如下几方面。

（1）手机电子钱包。手机增添电子支付功能。可以通过手机在公交、地铁、超市等进行电子支付，实现电子钱包功能。该服务在日本等移动通信产业发达的国家已经是成熟的商用，目前国内也开始从部分城市的公交系统开始商用，但大面积普及手机电子钱包功能还需要国家相关部门、手机厂商、网络运营商、银行等之间进一步加强合作。

（2）指纹、眼球等身份识别系统。未来手机能搭载指纹、眼球识别系统。

目前在日本等国家已经有不少手机搭载了该系统，能在一定程度上起到防盗的作用。

（3）燃料电池。未来手机为了达到更长的工作时间可能配备燃料电池。手机的功能配置相比前几年有飞跃性的提升，但手机电池目前仍是一个瓶颈，技术一直没有取得突破，燃料电池技术很可能成为手机领域一个新的增长点。这个领域已有部分日本厂商开发出了手机燃料电池的试验原型，但体积过大，还无法实现商用。

（4）手机将作为一个控制终端。未来的手机不仅是一个应用终端，也将是一个控制终端。将来，我们可以在任何位置使用手机向家中或办公室的电器发布指令，例如，在回家的途中将空调调节到你认为最舒适的温度，关掉走之前忘记关掉的办公室照明等。

三、相关标准及关键功能或指标

1. 手机产品必须符合的标准

由于手机进入国内市场销售需要获得 3C 强制认证和 CTA 入网认证才能销售，且手机的制式比较多，所以涉及的标准也相对比较多。

涉及的主要质量安全标准如：

——GB 4943. 1—2011《信息技术设备　安全　第 1 部分：通用要求》；

——YD 1032—2000《900/1800MHz TDMA 数字蜂窝移动通信系统电磁兼容性限值和测量方法　第一部分：移动台及其辅助设备》；

——GB/T 22450. 1—2008《900/1800MHz TDMA 数字蜂窝移动通信系统电磁兼容性限值和测量方法　第 1 部分：移动台及其辅助设备》；

——GB 19484. 1—2004《800MHz CDMA 数字蜂窝移动通信系统　电磁兼容性要求和测量方法　第一部分：移动台及其辅助设备》；

——YD/T 1592. 1—2012《2GHz TD-SCDMA 数字蜂窝移动通信系统电磁兼容性要求和测量方法　第 1 部分：用户设备及其辅助设备》；

——YD/T 1595. 1—2012《2GHz WCDMA 数字蜂窝移动通信系统电磁兼容性要求和测量方法　第 1 部分：用户设备及其辅助设备》；

——YD/T 1597. 1—2012《2GHz cdma2000 数字蜂窝移动通信系统电磁兼容性要求和测量方法 第 1 部分：用户设备及其辅助设备》；

——YD/T 1214—2006《900/1800MHzTDMA 数字蜂窝移动通信网通用

分组无线业务（GPRS）设备技术要求：移动台》；

——YD/T 1215—2006《900/1800MHzTDMA 数字蜂窝移动通信网通用分组无线业务（GPRS）设备测试方法：移动台》；

——YD/T 1028—1999《800MHz CDMA 数字蜂窝移动通信系统设备总技术规范：移动台部分》；

——YD/T 1050—2000《800MHz CDMA 数字蜂窝移动通信网设备总测试规范：移动台部分》；

——YD/T 1644.1—2007《手持和身体佩戴使用的无线通信设备对人体的电磁照射——人体模型、仪器和规程　第一部分，靠近耳机使用的手持式无线通信设备的 SAR 评估规程（频率范围 300MHz—3GHz）》；

——GB 21288—2007《移动电话电磁辐射局部暴露限值》；

——YD/T 1484—2011《移动台空间射频辐射功率的接收机性能测量方法》；

——YD/T 1547—2009《2GHz WCDMA 数字蜂窝移动通信网　终端设备技术要求（第三阶段）》；

——YD/T 1367—2008《2GHz TD-SCDMA 数字蜂窝移动通信网　终端设备技术要求》；

——YD/T 1368.1—2008《2GHz TD-SCDMA 数字蜂窝移动通信网　终端设备测试方法　第一部分：基本功能、业务和性能测试》。

2. 关键功能或指标

（1）基本业务功能。基本业务功能检测主要检查产品能否满足标准或说明书规定的基本功能，这是产品基本应满足的功能要求。如果基本业务功能出现问题，意味着用户就不可能正常使用手机。根据规范所要求的测试项目在实际的网络上进行拨打验证。检查手机能否达到规范要求的预期结果，以保证手机在实际的网络上能够正常的工作。

（2）常温电性能。常温电性能检测主要检查产品基本需满足的射频性能。由于手机是靠射频信号来实现通话功能，因此射频性能的好坏也直接影响产品的功能和用户的使用感受。射频性能不达标的产品不仅有可能会影响其他同类产品的正常工作，同时也会影响用户的正常使用。

（3）电磁兼容。电磁兼容检测主要检查产品是否会产生无意发射的电磁骚扰和考察是否能在遭受电磁干扰的情况下保持正常工作。产品电磁兼容性能的好坏不仅影响我们生活的电磁环境，同时也会影响整机的可靠性以及终端用户的使用感受。

（4）安全性能。安全性能检测主要考察产品是否对人身有足够的保护。在正常或可预见的异常工作时是否会产生触电、高温、爆炸、着火等危险。

（5）比吸收率 SAR 检测。比吸收率 SAR 检测是考察手机射频辐射对人体可能产生的危害程度。手机属于手持式收发信机（靠近人体头部使用并且具有一体化天线的移动和便携发射设备），其工作时会产生较强的辐射并且正常使用时离人体头部比较近，虽然目前尚无确切的证据表明其产生的电磁辐射是否会对人体产生危害，但从人体射频安全的角度出发，各国都在积极制定电磁辐射指令及标准，对移动通信设备用户可能面临的健康风险进行评估。总体来说，SAR 值越低，该产品对用户可能产生的健康风险就较低。

四、常见的主要问题

近年来国家质检总局组织的手机产品国家监督抽查结果表明，手机的最主要问题是电磁兼容和（充电器、手机所配的锂离子电池）安全指标不合格。

手机属于Ⅲ类设备，供电电源为＋3.7VDC 锂离子电池，充电为＋5VDC 充电器，两者均为安全特低电压电路，符合受限制电源要求。所以作为Ⅲ类设备的手机本身，不会产生电击危险和与能量有关的危险，防火要求较低，无防火防护外壳要求。由于充电器起到隔离危险电网一次电路和手机安全特低电压（SELV）电路的作用，且直接连接到电网电源，对电击防护、防火防护等均有较高要求，易出现影响安全的不合格现象。

手机质量和其辅助设备直接影响到人们的健康和安全。人们长期使用质量差的手机，若其发射功率过大，对人的身体健康造成不可估计的危害，轻则接触部位发热或头疼，重则使身体发生病变等；若其辅助设备如适配器质量差，容易在使用中接触不良、塑料受热变形或绝缘性不好，电路易击穿等，经常会引发触电或火灾，对人们的生命财产安全造成威胁。

对手机及其充电器配件等的监督抽查中所暴露出的质量问题有如下。

1. 静电放电抗扰度

静电放电抗扰度是电磁兼容检测项目中的其中一项。手机是便携式设备，当使用者在寒冷、干燥的气候条件下，或是在有空调或铺有地毯的环境中使用，或者由于摩擦，导致人体很容易带上静电。当人体触摸手机时，手机容易受静电的影响。这项检测就是模拟这种放电现象，因此该项目是和人们的生活密切相关的检验项目。

静电不仅会造成手机的损坏，还有可能引发安全问题。试验中就曾经出现因静电测试而导致充电器损坏的情况。手机产品在其按键、屏幕及外壳缝隙等敏感部位，容易出现静电放电测试不合格情况。不合格现象通常表现为：通信中断、异常关机、死机、无法充电等情况，严重的甚至会导致元器件的损坏。

2. 辐射杂散骚扰

辐射杂散骚扰是指用标准测试信号调制时，除载频、由于正常调制和切换瞬态引起的边带及邻道以外离散频率上的辐射，包括由于调制产生的寄生或者谐波发射。如果辐射杂散不合格，最明显的影响就是在通话过程中可能会干扰其他手机的通话，造成通话质量降低。辐射杂散骚扰不合格常常是由于手机发射功率过强引起的，在此情况下可能会对人体健康造成一定的危害。

3. 传导连续骚扰

传导连续骚扰不合格的产品可能会影响其他共用电网供电的设备正常工作。由于手机使用的充电器基本上采用开关电源工作模式，其工作原理决定了容易产生较大电磁干扰，而且手机作为日常普及的消费类电子产品，一旦传导连续骚扰存在严重问题，将有可能对家庭其他设备的正常工作产生影响。

4. 辐射连续骚扰

辐射连续骚扰超标，可能影响到其周边设备的正常使用，从而导致周边设备无法正常工作甚至造成财产损失。

5. 外观、包装和标识

检查手机包装盒的外观和手机本身的外观是否符合要求，以及手机的所有配件是否齐全。包装、说明书、手机机体以及充电器外观上的描述及标识是否符合国家、行业及商品本身说明的要求。此项目常出现的问题是外包装标识和手机内部标识不一致、入网标志做假，以及没有加贴国家强制认证 CCC 标志等。

6. 元器件

元器件不合格是与手机配套的充电器插销尺寸不符合标准要求。使用插销尺寸不符合标准要求的充电器，就有可能与中国制式的标准插座不匹配，在使用中造成接触不良，引起发热甚至起火，导致不可预估的危害。非中国标准插头示例见图 3，中国标准插头示例见图 4。

图 3　插头非中国标准插头

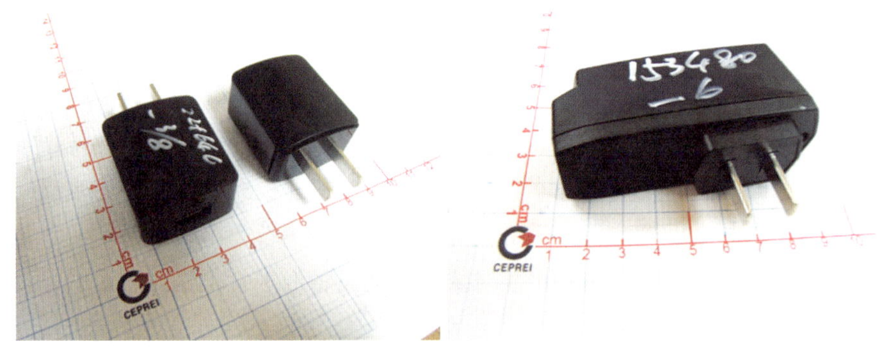

图 4　中国标准插头

7. 结构要求

结构要求中的耐异常热试验也叫球压试验，对固定带电部件的热塑性塑料应能耐异常热，若该项目不合格，则可能在正常使用中，塑料件容易受热而产生变形，造成带电部件移位、接触不良，引起触电或火灾危险。

8. 危险的防护

危险的防护主要是检测电气绝缘、电气间隙、爬电距离和绝缘穿透距离是否符合标准要求，若该项目不合格，将导致绝缘失效、电路击穿，从而有可能导致使用者发生触电危险，引起人身伤害甚至会有生命危险。一次电路和二次电路之间的爬电距离和电气间隙不合格如图 5 所示。

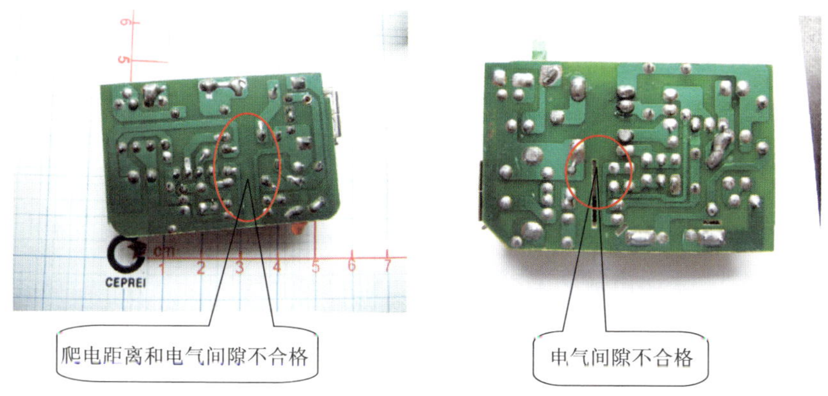

图 5 一次电路和二次电路之间的爬电距离和电气间隙不合格

9. 布线、连接和供电

国家强制性标准（GB 4943.1—2011）规定，导体的端接不能仅用锡焊固定，而抽查该项目不合格的产品均存在内部导线和电源的连接采用搭焊的方式。实际上对于锡焊端接，导线应定位或紧固，而不能仅靠焊锡来保证导线固定在位。若连接方式不可靠则导线可能会脱落而导致电路的短路，或是带有危险电压的导线脱落到次级的可触及件，直接导致使用者发生触电危险。导体的端接仅靠锡焊固定（不合格），如图 6 所示。

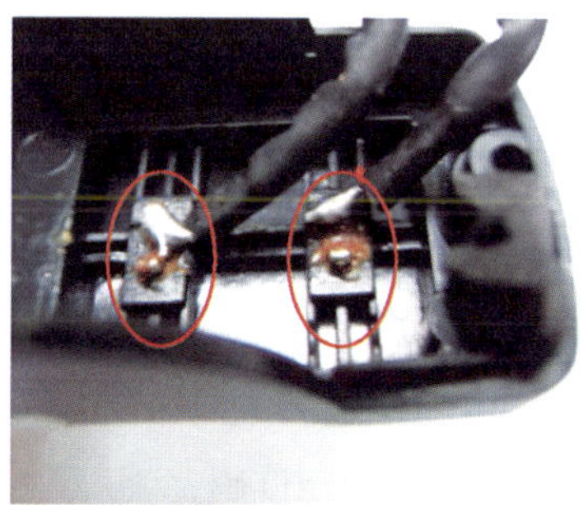

图 6 导体的端接仅靠锡焊固定（不合格）

10. 电气要求和模拟异常条件

主要检测接触电流和抗电强度是否符合标准要求。若该项目不合格，将导致接触电流超标，电路击穿，从而有可能导致使用者发生触电危险，引起人身伤害甚至会有生命危险。

11. 手机所配锂离子电池容量

该指标主要考核手机所配锂离子电池的容量是否能够符合其明示的要求，若该项目不合格，则基本可以认定所配电池的容量存在一定的虚标，对消费者来说是一种掺杂使假的欺诈行为。

12. 手机所配锂离子电池的安全

手机所配锂离子电池的安全主要有以下一些项目组成：

（1）过充电性能：该项目主要考量电池在过度充电的极端情况下能否主动切断往电芯输送的电流，从而保证电芯的安全。

（2）过放电保护：该项目主要考量电池在过度放电情况下能否保证电芯的安全，使其不至于损伤电芯，影响电池使用寿命。

（3）短路保护：该项目主要考量电池两极在误操作情况下，发生短路时，保护电路及时起作用，从而保证电芯的安全。

如果以上这些项目有不合格情况发生，则该电池存在一定的危险性，可能发生起火和爆炸，对消费者造成财产损失和人员损伤。

五、选购和使用提示

1. 如何选购

（1）应尽量去大型正规销售市场购买，选购实施“三包”的品牌手机，并向销售商索取发票、三包凭证等。

（2）选购手机时，应注意检查五个标识：

1）检查手机是否有入网标志；

2）检查是否有 CCC 标志；

3）IMEI 码或 MEID 码；

4）检查是否有保修卡；

5）检查是否有产品说明书。

2. 如何鉴别手机的真伪

（1）IMEI 码或 MEID 码辨别手机的真伪。

通过验证机身上的 IMEI 码或 MEID 码可以辨别手机的真伪。每部手机都有唯一的 IMEI 码或 MEID 码（典型如图 7 所示）。购买时可以验证，按 * #06#就可以显示 IMEI 序号，若是电信版，输入＊＃06＃ 则显示的是 MEID 号，检查与手机背面（一般在安装电池的下方）或包装盒侧面看到 IMEI 码或 MEID 码是否相符，符合则是真货，不符合则是翻新水货。

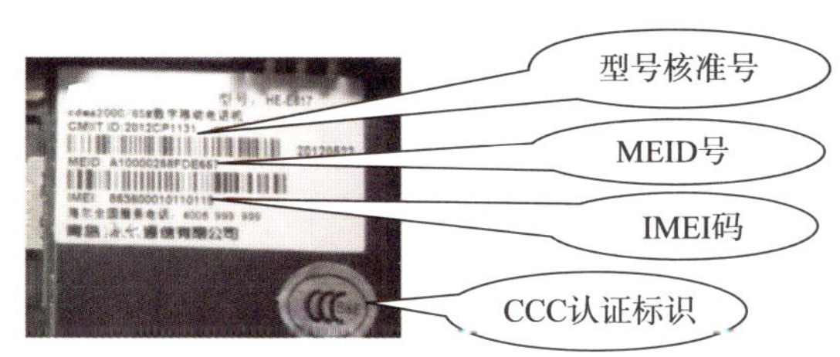

图 7　典型的手机 IMEI 码或 MEID 码

（2）如何通过入网标识鉴别手机的真伪。

消费者还可以通过入网标识对手机的真伪进行验证。

购买的手机上应加贴尺寸为 30mm×12mm 的进网标志（蓝色或绿色）。进网标识上第一行信息（由数字和“－”组成）是该型号手机的进网证号；第二行信息是该部手机的型号；第三行信息是扰码，这个扰码是唯一的。进网标识如图 8 所示。

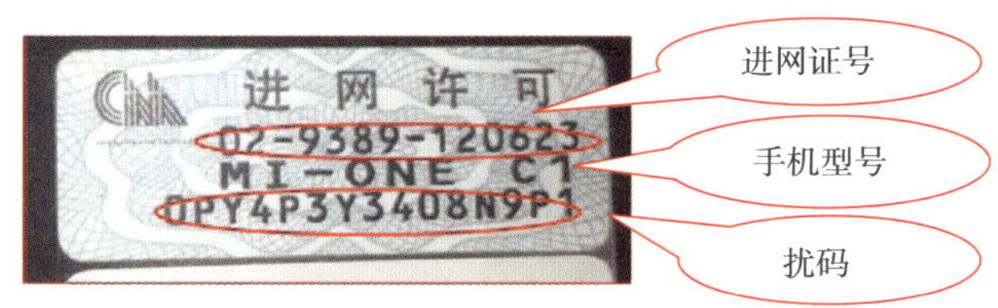

图 8　进网许可标识

1）网站查询

登陆 www. netaa. com. cn 网站，进入“标志验证”栏目按提示输入相关信息即可验证。网站 24 小时免费服务，方便快捷，建议使用此方式查验。还可以进入“手机图片查询”栏目，核对手机在申请办理进网许可证时的样式和外观。

2）人工电话查询

服务内容：查询进网标志信息和手机串号的真伪。本方式不收取任何查询费用，只需要根据通话时间、是否长途等支付通信运营商的通信费用。

服务时间：周一至周五（节假日除外）上午 8：00—11：30 下午 1：00—5：00

查询电话：010—82058767、82050313

3）短信息验证

查询方式：输入信息：RW＃许可证编号＃扰码＃手机串号，其中："RW"为固定代码，不分大小写；"＃"为间隔符，可以用空格代替；输入完毕，发送至10669500，即可等待回复结论；若需要获得信息，只需输入RW，并发送至10669500（帮助信息免费）；收费标准：每回复一条结论信息收发1元。

3. 如何安全使用

（1）避免使用非匹配的充电设备。

绝大部分手机厂商都会要求客户使用指定的充电器进行充电，但个别消费者购买非正规厂家生产的廉价充电器，这些充电器中很多并不能提供很好的充电保护电路，或在充电参数上与消费者使用的手机电池存在较大差异，这些错误使用在一定程度上加大了手机（尤其是电池）的危险性。

（2）避免错误的充电方法。

消费者常常给手机长期充电，如整晚充电，甚至在无人的情况下进行充电。这种情况容易造成电池的过充，不仅降低了手机的使用寿命也增加了手机出现问题的概率。

（3）避免在恶劣的环境下使用。

有的消费者在使用手机时不注意，将手机置于炎热或者寒冷的环境中，这些都容易造成手机的内部故障，大大增加手机电池起火爆炸、手机软件系统瘫痪等风险。2007年，甘肃发生的手机电池爆炸死人事件，很可能就是电池在高温环境下诱发爆炸导致的。

（4）避免采用错误的使用方法。

有些消费者使用非正规配置的手机电池工作；还有一些消费者喜欢长时间通话，甚至为了保持通话，一边给手机充电一边打电话；不少消费者喜欢将手机挂在胸前或放在上衣口袋中；还有个别消费者，当手机电池出现鼓胀、容量严重下降等现象时，仍然继续使用。这些使用方法都是不可取的，会大大增加安全隐患，需要避免采用以上使用方法。

（由信息产业部通用电子产品质量监督检验中心李雪玲撰稿）

GPS 接收设备

一、产品简介

GPS 接收设备是接收全球定位系统卫星信号（GPS）并能够确定地面空间位置的产品。GPS 卫星发送的导航定位信号，是一种可供无数用户共享的信息资源，对于陆地、海洋和空间的广大用户来说，只要拥有能够接收、跟踪、变换和测量 GPS 信号的接收设备，就可以在任何时候用 GPS 信号进行导航定位和测量。

GPS 接收设备功能的强大之处在于，用户可以在任何时候用 GPS 信号进行导航定位测量。GPS 作为一种定位的极佳工具，在工作和生活中有广泛的应用。根据使用目的的不同，用户要求的 GPS 接收设备也各有差异。目前世界上已有上百种 GPS 接收设备。根据接收设备的用途进行分类，可分为导航型、测向型和授时型（见表 1）。

表 1　产品分类

类别	导航型	测向型	授时型
实物照片			

续表 1

类别	导航型	测向型	授时型
用途	主要用于运动载体的导航，它可以实时给出载体的位置和速度	主要用于精密大地测量和精密工程测量	主要利用 GPS 卫星提供的高精度时间标准进行授时，常用于天文台及无线电通信中时间同步
特点	定位精度较低（± 25m），价格便宜，应用广泛	定位精度高，仪器结构复杂，价格较贵	高精度、授时标准

测向型和授时型接收设备通常用于专业用途，使用数量较少。大部分用户所购买和使用的都是导航型接收设备，以用于汽车产品的 GPS 导航型接收设备为例，根据产品的使用方式进行分类，可分为便携式（见图 1）和内嵌式（见图 2）两种。

图 1　便携式汽车 GPS 导航设备

图 2 内嵌式汽车 GPS 导航设备

二、行业概况

1. 行业简介

GPS 导航型接收设备，由于其价格便宜、应用广泛的特点，早已“飞入寻常百姓家”，成为喜欢出行者的基本装备。下面重点介绍 GPS 导航型接收设备的行业情况。

GPS 卫星导航技术于 20 世纪 80 年代末引入中国，随后主要在大地测量（测绘、勘探）、海上渔业和车辆定位监控等领域得到了比较广泛的应用。1996 年～1997 年是 GPS 车辆跟踪系统市场的调整和充实时期。1998 年～2000 年 GPS 车辆导航系统市场出现了快速增长的势头。近两年，中国的 GPS 市场迎来了井喷式发展，以汽车用 GPS 导航系统为例，其消费人群已经由高端车主扩展到普通车主，越来越多的有车族配备了 GPS 导航系统，各大汽配城、汽车用品店以及 4S 店也就成了它们的前沿阵线。

在发达的国家和地区，汽车 GPS 导航系统已经成为一个非常成熟的系统，只要客户需要，就可以在自己的车上安装这套系统。目前有超过 80%的日本新车都装有车载导航，并且附带覆盖全国的电子地图，内容非常丰富。

在中国，GPS 导航被列入新兴产业“十二五”规划，在未来导航技术的研究发展和推广应用将被放在重要的位置，而自主研发是其中重要部分。根据来自联合国统计数据库的数据显示，除新加坡和日本外，其余地区中国出口 GPS 导航的份额最多，随着全球经济复苏，对 GPS 导航的需求量会迅猛增加，中国将会成为世界 GPS 导航的主要生产国之一。

2. 行业发展状况

中国 GPS 导航的市场潜力巨大。近年来，随着全球卫星导航定位产业的发展以及我国自主卫星导航系统北斗系统的建成，卫星导航定位技术与产品已进入我国国民经济的多个领域并发挥了重要作用。在“十二五”期间，卫星导航将在众多领域如航空、海路、铁路、建筑、电信、电力等方面的应用都会有很大的发展空间。我国卫星导航产业已进入高速发展时期，预计 2015 年产值将超过 2250 亿元，成为国民经济重要增长点。而随着市场的高速发展及新品牌的层出不穷，预计中国汽车 GPS 导航系统的销售额将不断飞速发展。随着大大小小制造销售 GPS 导航产品的厂家逐年增加，整个汽车 GPS 导航市场面临着产品同质化、服务雷同、渠道混乱等现象，正规品牌之间的纷争，加之“山寨”品牌的加入，欣欣向荣的发展景象已逐步发生变化，随着竞争日益激烈，企业只能采取降低价格的方法占得更多的市场份额，导致产品质量问题也不断涌现，主要是产品出现死机或重启、定位精度差、干扰手机通信、地图数据不全、道路属性错误较多等。汽车用 GPS 导航产品质量已成为政府高度重视、百姓非常关心、社会特别关注的问题。

三、标准解读及关键指标分析

1. 标准总体情况

由于 GPS 接收设备用途广泛、种类繁多，我国发布了一系列的产品标准和相关标准，适用于 GPS 接收设备的标准主要有：

——GB/T 19392—2003《汽车 GPS 导航系统通用规范》；

——SJ/T 11417—2010《GPS 接口控制文件》；

——SJ/T 11419—2010《导航电子地图元数据》；

——SJ/T 11420—2010《GPS 导航型接收设备通用规范》；

——SJ/T 11422—2010《GPS 测向型接收设备通用规范》；

——SJ/T 11423—2010《GPS 授时型接收设备通用规范》；

——SJ/T 11425—2010《卫星定位接收机数据自主交换格式》；

——SJ/T 11426—2010《GPS 接收机射频模块性能要求及测试方法》；

——SJ/T 11428—2010《GPS 接收机 OEM 板性能要求及测试方法》；

——SJ/T 11429—2010《GPS 广域差分信息接收模块输出数据格式》；

——SJ/T 11430—2010《GPS 接收机基带处理集成电路技术要求及测试方法》；

——SJ/T 11431—2010《GPS 接收机天线性能要求及测试方法》。

其中：

（1）GB/T 19392—2003 主要适用于汽车 GPS 导航系统，该标准对汽车 GPS 导航系统的结构组成、基本功能、软件设计、使用地图以及各项性能指标作出了具体的规定，是目前我国对汽车 GPS 导航系统进行监管的主要依据。

（2）SJ/T 11420—2010 对 GPS 导航型接收设备的性能、安全、环境、可靠性等各方面提出了要求，该标准适用于陆地和水面 GPS 导航型接收设备。

（3）SJ/T 11422—2010 和 SJ/T 11423—2010 分别规定了 GPS 测向型接收设备和 GPS 授时型接收设备的技术要求、测试方法和检验规则以及标志、包装、运输和贮存等内容，是制定该类产品规范和检验产品质量的依据。

2. 关键指标分析

GPS 测向型接收设备和授时型接收设备属于特殊用途产品，局限于特殊用户和特殊使用环境，国内生产和使用的数量极少。大部分用户所购买和使用的都是 GPS 导航型接收设备，例如汽车用 GPS 导航系统、船用 GPS 接收机等等，用户所关心的也往往是这类产品的质量安全。下面我们仅对 GPS 导航型接收设备的部分关键指标进行介绍。

（1）性能指标：

GPS 导航型接收设备性能指标决定了该类设备定位是否准确，定位信息更新是否及时，设备的信号接收情况是否良好。主要性能指标有系统定位精度、位置更新率、灵敏度。

1）定位精度。指设备所确定的车辆位置与实际位置的偏差，定位精度决定了设备提供的定位信息是否准确，是影响 GPS 导航型接收设备性能的重要指标之一。

2）位置更新率。指设备每产生、显示并输出一次新的位置数据刷新的间隔时间。它反映了 GPS 导航型接收设备的接收信号、计算数据以及输出位置信息的平均速度，决定了设备能否及时对车船进行定位。如果位置更新率不合格，可能会导致车辆在高速运行时不能及时确定正确的位置，造成安全隐患。

3）灵敏度。GPS 导航型接收设备的灵敏度这一参数对使用者来说是非常重要的，因为当使用者身在城市峡谷 、隧道、地下停车场等有遮挡的地方，GPS 卫星信号的强度会大大降低，如果设备的灵敏度这一指标较差，就会出现丢失卫星信号、失去位置信息的情况。

（2）安全指标：

1）供电极性接反的保护。便携式 GPS 导航型接收设备通常由电源适配器或电池提供电源，考虑到使用者和使用环境的复杂性，在产品设计时需要考虑电源可能被接反的情况。这就要求设备具有相关的保护电路，可使设备在使用过程中即使被接反了电源，也不会对人员和设备造成危害。除了保护电路，设备也可采用良好的结构设计，避免电源端口接反情况的发生，直接从源头上消除安全隐患。在标准 GB/T 19392—2003 中要求对设备施加反向电压 5min 后，再接上正常电压，设备应能正常工作。在标准 SJ/T 11420—2010 中通过以下方法对设备进行考核：对设备输入一个极性相反的工作电压，反接电压值：额定 12V 时 14V±0.2V，额定 24V 时为 28V±0.2V，保持 1min，然后重新接上额定电压，设备应能正常工作。

2）低压电源的危险短路。GPS 导航型接收设备通常都含有大容量电池，其导线和连接端子在正常使用时虽然是安全的，但如果突然发生短路，会很容易引起严重的电弧和过热，以致对使用者造成危害和着火。因此，设备应在设计和制造上使得发生危险短路的可能性最小。通过该项目的考核，便携式 GPS 导航型接收设备能在一定程度上减少电池爆炸、着火等危险的发生。

四、常见的主要问题

近年来，随着汽车行业的发展，汽车 GPS 导航系统用户逐年增加，销量呈上升趋势，消费者越来越关注该类产品的质量状况。2009 年~2012 年，国家质检总局连续四年组织开展了汽车 GPS 导航系统产品国家监督抽查工作，累计共抽查四次。抽查中发现的主要问题如下。

1. 定位精度

由于汽车 GPS 导航系统产品主要是用来满足消费者的交通出行需求，GPS 的定位精度是制约导航精度的一个关键因素。随着城市路网越来越复杂，定位精度成为衡量汽车 GPS 导航系统质量优劣与否的重要参数之一。定位精度差的产品在路网相对密集的城市地区，GPS 导航就显得较为困难，以致导航仪识别不了“掉头”、“左右车道”、“高架桥”、“立交分道”等，这样的导航是非常严重的缺陷，它会在使用者最需要导航的复杂路段作出错误的引导。

设备的硬件和软件质量问题造成的误差都有可能使定位精度不合格。如果接收天线、芯片等硬件质量不过关，可能会导致定位精度存在误差。而设备的数据处理软件的算法不完善也会对定位结果产生影响。例如，在启动地图程序的同时，使导航仪进行其他数据处理，产生数据误差从而影响 GPS 定位的准确性。

2. 电源端子骚扰电压

便携式 GPS 导航型接收设备一般由电源适配器提供电源，或通过预留的直流供电接口供电。内嵌式 GPS 导航型接收设备通常直接安装在车船上，由车船内部电路提供电源。

分析抽查结果，大部分汽车 GPS 导航系统产品电源端子骚扰电压不合格的原因是 GPS 所采用的电源适配器不合格，甚至有的产品采用的电源适配器未经过国家强制性产品认证。但是，电源端子骚扰电压不合格不能完全归结于电源适配器，GPS 导航系统本身的问题也会导致测试结果不合格，如内部电源转换电路设计、电源板安装位置不合理等。

3. 辐射骚扰

由于汽车 GPS 导航系统属于电子产品，使用时会产生一定量的电磁辐射。电磁辐射的强弱往往取决于系统本身的设计。一般来说，辐射骚扰场强不合格的频点大部分为高频频点，主要是由于系统本身造成。主要原因有三：一是元器件本身不合格；二是整体设计有问题，元件之间不匹配；三是屏蔽措施做得不好，这一点原因最突出。如果汽车 GPS 导航系统辐射超标，过强的电磁辐射有可能通过电磁场影响周围用电设备的正常工作，如收音机、电视机信号的接收等等。如果辐射过大，相当于有一个长时间通话中的手机在身边，对人体健康是一个威胁。

五、选购和使用提示

消费者在选购和使用中应该注意以下几个方面。

1. 硬件

在选择 GPS 导航产品时，硬件的配置非常重要。一般来说专业品牌厂商的硬件配置是比较值得信赖的，正规 GPS 厂家管理比较规范，硬件配置往往要经过层层把关，并要通过相关产品标准的认证。而一些山寨的 GPS 厂商经常随意选用硬件配置，在液晶屏、GPS 芯片、处理器等方面难以保证产品质量，且他们整个 GPS 产品的生产过程无非是将一些硬件进行简单的整合和组装。需要注意的是，便携式 GPS 导航产品所配带的电源适配器属于 3C 强制认证的范围，消费者在选购时还应关注产品采用的电源适配器是否已获得了 3C 认证，在使用过程中更应注意电源适配器应在规定的海拔及气候条件下使用，避免出现安全隐患。

2. 软件

在软件方面最受关注的自然就是 GPS 导航地图数据的准确性和更新的及时性。GPS 导航地图数据制作初期投资巨大，维护更新成本也很高，因此许多不合格的 GPS 生产厂商就会减少地图更新或是盗版使用其他电子地图。消费者如果购买采用“假冒伪劣”的地图的汽车 GPS 导航，既损害了正规导航地图生产企业的根本利益，也为消费者日后使用埋下了隐患，很容易“误入歧途”，找不到原定目标，浪费人力物力。

3. 功能检查

消费者在选购产品时，需要对产品进行相应的检查，可重点关注以下几点：

（1）以外观看性能。外观是产品质量的一个重要方面，触摸屏是否平滑完整，触摸反应是否灵敏，屏幕的大小都是非常重要的。因为有一些导航仪的屏幕可能设计得过小，或者触摸时反应很慢，肯定是会影响消费者的使用心情。

（2）检查地图的更新情况。一般更新一套地图上的某一个信息从资料采集到变成软件再到软件审核到发布一般需要 5～6 个月的时间，也就是说，消费者能用到所谓的“最新”的地图也只能是 5～6 个月前的地图信息，所以导航地图只能是相对的“最新”。各大地图数据厂家也在加快地图更新速度，目前最快地图更新的频率是一年四版。

（3）搜索速度。简单来说，地球上空有数十颗卫星按照各自不同的轨迹运转着，之所以GPS可以准确定位是因为地球上任何一个点的上空，都可以覆盖6～10颗的卫星同时报告你的位置。好的GPS产品初始定位需要5min～8min的时间，而一些天气情况（如雨雪雾等）也会影响搜索定位时间。搜索快慢和导航产品的硬件也就是GPS芯片的质量以及运算速度有很直接的关系，而且即使是同品牌的导航产品也会存在相同状况下搜索速度不一样的情况。

（由信息产业部通用电子产品质量监督检验中心华明静撰稿）

家用空调器

随着人们生活水平的提高以及气候的变暖，房间空气调节器（以下简称“空调器”）产品已经成为多数家庭必备的家用电器。但是，空调器相对于其他家用电器，其产品结构较为复杂，消费者对空调器了解较少，同时，空调器质量缺陷可能给消费者家庭带来的安全危害又很大。因此，有必要普及家用空调器的有关知识。

一、产品简介

1. 产品定义

按照GB/T 7725—2004《房间空气调节器》的规定，空调器是一种向密闭空间、房间或区域直接提供经过处理的空气的设备。其功能是使房间内空气的温度、湿度和空气流速等保持在人体舒适的范围以内。

2. 产品分类

空调器按结构形式可分为整体式与分体式，整体式空调器最常见的就是窗式空调器，分体式空调器包括室内机和室外机，根据室内机的结构和安装方式，又可分为吊顶式、挂壁式、落地式、嵌入式等（见表1）；根据供冷（热）功能的不同，又可分为仅能制冷的单冷型、既能制冷又能制热的热泵型和带有辅助电加热的热泵辅助电热型；空调器还可按压缩机控制方式分为定频型（转速一定）、变频型（转速可控），变频空调器可以根据房间内的温度变化自动调节压缩机频率，房间内温度波动小、舒适性好。

表1 空调器的分类（按结构形式分）

<table>
<tr><th>序号</th><th colspan="2">名称</th><th>实物照片</th><th>特点</th></tr>
<tr><td>1</td><td colspan="2">整体式空调器（窗式空调器）</td><td></td><td>窗式空调器的特点是安装在窗上或墙中使用，体积小、安装使用方便。缺点是噪声大、能效低</td></tr>
<tr><td rowspan="4">2</td><td rowspan="4">分体式空调器</td><td>室外机</td><td></td><td>分体式空调器的产品特点是，室内机结构形式多样，室内机噪声低，产品能效较高。但是，室内机和室外机需要专业人员进行管路及电气连接</td></tr>
<tr><td rowspan="3">室内机</td><td>挂壁式</td><td>挂壁式空调器的特点是，不需要占用房间使用面积，但是仅限于需要较小制冷量或制热量的房间使用</td></tr>
<tr><td>柜式</td><td>柜式空调器的特点是，外形美观，适合较大空间内使用，需要占用一定的房间面积</td></tr>
<tr><td>吊顶式</td><td>吊顶式空调器需要在房屋装修时预留空调器的安装位置</td></tr>
</table>

续表 1

序号	名称		实物照片	特点
2	分体式空调器	室内机	嵌入式	嵌入式空调器需要在房屋装修时预留空调器的安装位置，可以和天花板平齐

二、行业状况

1. 行业分布

我国是世界上最大的空调器生产国和消费国，空调器的社会保有量和新增销量巨大。目前，按品牌统计我国生产房间空气调节器的企业约有 34 家，集中在广东、安徽、山东、浙江、江苏、辽宁、上海和天津等地。空调器生产企业规模以大中型企业为主，大型企业主要集中在广东、上海和山东。

2. 行业发展状况

（1）空调器从诞生至今，从追求舒适的空调环境方面看，经过了三个阶段：

1）防暑御寒阶段：实现供冷和供热，在冬、夏为人们提供温暖、凉爽的环境，但对温度波动的限制要求不高。

2）基本舒适阶段：实现温度、湿度、气流速度均匀，室内空气清新，要求空调设备低噪声运行。

3）非感空调阶段或静态人工环境阶段：要求营造一个无冷、热感，室内各处无明显温差，无噪声，无气味，无明显吹风感的空调环境。

这就决定了我国空调器产品类型的改变：从最初的窗式空调器发展到定频空调器，再到变频空调器的出现。空调器发展至今，变频空调器的市场占比已经从 2006 年不足 10%，到 2011 年变频空调器的市场占比达到了近 40%。

（2）以城镇居民对空调器的拥有量来看，每百户城镇居民的拥有量从 2003 年～2011 年已经翻倍。2011 年每百户城镇居民空调器的拥有量已经达到了 122 台，平均每户城镇居民拥有 1 台空调器，空调器已经成为城镇居民必备的家用电器。

从以上分析可以看出，我国空调器的发展无论从产品类型、产品数量还是居民拥有量都发生了巨大的变化，这一方面是因为空调器技术的发展进步；另一方面是因为近年来我国居民生活水平的提高，人们更加想追求高品质的生活。

（3）从国内市场格局来看，国内空调器市场份额主要集中在格力、美的和海尔三家企业，其总产量占市场份额的近70%。这也决定了空调器产品相对于其他产品来讲，产品质量比较稳定。

三、标准解读及关键指标分析

1. 标准总体情况

空调器产品所使用的国家标准（安全、性能和电磁兼容）及对应的国际标准见表2。

表2　空调器产品现行国家标准及国际标准

标准分类	现行国家标准	对应国际标准	现行国际标准
安全标准	GB 4706.32—2012《家用和类似用途电器的安全　热泵、空调器和除湿机的特殊要求》	IEC 60335-2-40：2005（等同采用）	IEC 60335-2-40：2005
性能标准	GB/T 7725—2004《房间空气调节器》	ISO 5151：1994（非等效）	ISO 5151：2010
	GB 12021.3—2010《房间空气调节器能效限定值及能效等级》	—	—
	GB 21455—2008*《转速可控型房间空气调节器能效限定值及能源效率等级》	—	—
电磁兼容标准	GB 4343.1—2009《家用电器、电动工具和类似器具的电磁兼容要求　第1部分：发射》	CISPR14-1：2005（等同采用）	CISPR 14-1：2009+am2（ed.5）2011
	GB 17625.1—2012《电磁兼容　限值　谐波电流发射限值（设备每相输入电流≤16A）》	IEC 61000-3-2：2009（等同采用）	IEC61000-3-2：2009

* GB 21455—2013 已于2013年6月9日发布，于2013年10月1日正式实施。

空调器的安全、性能（方法）和电磁兼容国家标准分别等同采用或非等效采用相应的国际标准。空调器的性能标准 GB/T 7725—2004 正在修订中，修订后的标准将与最新国际标准的技术内容保持一致。其中，重点介绍以下几项标准的内容。

(1) GB 4706.32—2012 主要规定了家用和类似用途空调器产品的安全要求，包括以下内容：正常使用时可能发生的电气危险、机械危险、发热危险、火灾危险和辐射危险的防护；非正常使用时（如使空调器在超温度范围工作、未按照说明书要求使用控制器，使用时异物遮挡住空调器等）所发生危险的防护；电磁干扰对空调器安全运行的影响方式；使用可燃制冷剂空调器的安全性考核等。

(2) GB/T 7725—2004 主要规定了与空调器使用性能相关的性能指标技术要求和试验方法、检验规则、产品的标志等。性能指标主要包括制冷量、制冷消耗功率、热泵制热量、热泵制热消耗功率、最大运行制冷、最小运行制冷、热泵最大运行制热、热泵最小运行制热、冻结、凝露、凝结水排除能力、自动除霜、噪声等。

(3) GB 12021.3—2010 主要规定了定频空调器的能效限定值、能效等级和节能评价值。定频空调器的能效等级分为 3 级，其中 1 级表示最节能，1 级和 2 级产品是节能产品。定频空调器用能效比 EER 作为能效评价指标。

(4) GB 21455—2008 主要规定了变频空调器的能效限定值、能效等级和节能评价值。变频空调器的能效等级分为 5 级，其中 1 级表示最节能，1 级和 2 级产品是节能产品。变频空调器用制冷季节能效比 SEER 作为能效评价指标。已经发布的 GB 21455—2013 中规定：能效等级分为三个等级，单冷型空调器用制冷季节能效比 SEER 作为能效评价指标，热泵型空调器用全年季节能效比 APF 作为能效评价指标，额定制冷量在 4500W 以下的空调器待机功率不得超过 3W，带有辅助电加热的空调器能够手动开启和关闭辅助电加热器且能够显示辅助电加热器的工作状态，1 级和 2 级带有辅助电加热器的产品室外温度 0℃以下才允许开启辅助电加热器。

2. 关键指标分析

(1) 铭牌中主要指标：

产品铭牌要求粘贴在空调器上，铭牌上明示了空调器的主要参数（见图 1)，以一套分体式空调器为例解释铭牌中的主要参数。

变频分体挂壁式空调器			
整机型号			KFR-32GW/BP3DN1Y-IA(1)A
室内机型号			KFR-32G/BP3DN1Y-IA(1)A
室外机型号			KFR-32W/BP3N1-J190
制冷量			3200W(300W~4000W)
制热量			4400W(200W~4750W)+1050W(PTC)
循环风量			650m^3/h
制冷剂			(见室外机铭牌)
防水等级（室外机）			IPX4
防触电保护类型			I类
质量（室内机/室外机）			10kg /(见室外机铭牌)
噪声	室内侧(静音-高风-超强)		20-37-41dB(A)
	室外侧(低风-高风)		38-51dB(A)
制冷系统允许压力			4.2MPa
热交换器最大工作压力			4.2MPa
额定电压/额定频率			220V~/50Hz
电流	标准工况	制冷	4.1A(0.3A~6.7A)
		制热	6.9A(0.2A~7.6A)
功率		制冷	860W(55W~1400W)
		制热	1450W(40W~1580W)
制冷/制热输入功率(≤1Hz)			40W
GB/T 7725:SEER/HSPF/APF			6.49/2.82/3.30
GB 21455:SEER(1136h)			5.42
最大输入电流			15.0A
最大输入功率			2950W
电辅助加热输入电流			4.8A
电辅助加热输入功率			1050W
室内机出厂编号 室内机制造日期			(见机身条形码)

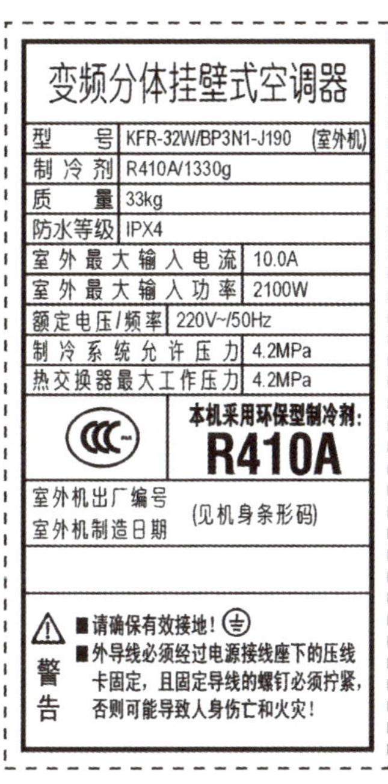

变频分体挂壁式空调器	
型号	KFR-32W/BP3N1-J190 (室外机)
制冷剂	R410A/1330g
质量	33kg
防水等级	IPX4
室外最大输入电流	10.0A
室外最大输入功率	2100W
额定电压/频率	220V~/50Hz
制冷系统允许压力	4.2MPa
热交换器最大工作压力	4.2MPa
	本机采用环保型制冷剂：R410A
室外机出厂编号 室外机制造日期	(见机身条形码)

警告 ■请确保有效接地！
■外导线必须经过电源接线座下的压线卡固定，且固定导线的螺钉必须拧紧，否则可能导致人身伤亡和火灾！

图 1　空调器铭牌示例

1）产品型号。对于分体式空调器，室内机和室外机是成套匹配安装的。在室内机铭牌中会注明整机型号、室内机型号以及与室内机相匹配的室外机型号。

2）制冷量和制热量。如图 1 所示，制冷量“3200W（300W～400W）”、制热量“4400W（200W～4750W）＋1050W（PTC）”各参数表示的含义如下：制冷量 3200W 和制热量 4400W 表示在额定制冷工况和规定条件下空调器的制冷量是3200W，在额定制热工况和规定条件下空调器的制热量是4400W；制冷量（300W～400W）和制热量（200W～4750W）表示变频空调器的能力范围，制冷时，空调器制冷能力可以在最小制冷量300W和最大制冷量400W之间变化，制热时，空调器制热能力可以在最小制热量200W和最大制热量4750W之间变化。1050W（电加热管）表示辅助电加热的制热量是1050W，电加热器的形式是PTC加热器。

3）防水等级。IPX4中“4”表示空调器的防水等级是4级——空调器在经受溅水试验（模拟空调器在室外经受雨淋及水溅空调器上）后仍然是安全的，经外壳流入内部的水滴不会影响空调器的安全。该数字越高表示空调器的防水等级越高。

4）防触电保护类型。Ⅰ类表示空调器除了外壳提供基本防护以外，空调器还通过接地提供附加防护。基本防护是指人的手指通过空调器的外壳的开孔触及不到带电部件。接地防护是指消费者所能触及的空调器金属部件均应通过接地导线与电源线的接地端子连接。Ⅰ类空调器的供电电源应提供接地连接。

5）最大输入电流（功率）和标准工况电流（功率）。最大输入电流（功率）是指空调器在最恶劣的运行条件下的电流，考虑了辅助电加热同时工作。在选择电源线规格时，参照最大输入电流值。标准工况电流（功率）是指在额定制冷/额定制热工况下所测的电流和功率，是体现产品能耗性能参数。

6）制冷剂及充注量。在室外机铭牌（见图1）标注制冷剂类型及充注量，制冷剂的成分及充注量的多少对空调器的安全及性能均有影响。当制冷剂存在泄漏，俗称“缺氟”，空调器的供冷量或供热量将降低，消费者感觉空调器不制冷或不制热，在补充制冷剂时，需要参照铭牌中的标示的制冷剂类型及充注量灌注制冷剂。

（2）主要安全指标：

1）防触电。防止消费者在使用或维护空调器时，由于触及带电部件或基本绝缘失效而发生死、伤事件。空调器通过结构和外壳实现对意外触及带电部件的防护。

2）功率和电流。防止使用者按照空调器规定的电流和功率选择供电电源，空调器规定的电流和功率与空调器实际输入差距较大而发生危险。考核方法是空调器在正常使用中最恶劣条件下运行的功率和电流不超过标准规定值。

3）发热。防止空调器在正常使用时空调器的部件及周围环境的温度过高而引发火灾。考核方法是空调器在正常使用中最恶劣条件下工作，可能产生较高温度的部件（电机、压缩机表面、四通阀、电容器等及周边塑料件）布置热电偶监测温度变化，试验过程中温度不能超过标准规定值。

4）泄漏电流和电气强度。泄漏电流和电气强度考核的是易触及部件的电气绝缘性能，分为工作温度下的泄漏电流和电气强度以及潮态试验后的泄漏电流和电气强度，防止电气绝缘失效引发危险。工作温度下的泄漏电流和电气强度考核的是在空调器正常工作时的电气绝缘性能。潮态试验后的泄漏电流和电气强度考核的是空调器在经受溅水试验（模拟淋雨和溅水）、溢流试验（模拟排水孔堵塞冷凝水溢出）后的电气绝缘性能。带电部件和电气绝缘之间的泄漏电流不应超过标准规定值，电气绝缘施加一定电压后绝缘不能出现击穿。

5）非正常工作。空调器在非正常和误操作的条件下也应该是安全的或者通过保护装置的动作防止危险发生。可能的非正常工作条件有：风扇电机的堵转（模拟使用时风扇因外力而被卡住，电机还在运转）、三相空调器断开其中一相、室内侧或者室外侧换热器被外物堵住、带有电加热的空调器因进气口面积被堵住而使出风温度升温过快、元件的开路或者短路、电源的一相或多相断开后重新连接、电子线路故障、带有电加热的空调器加热器部分被类似毡垫的东西覆盖住等。在经受上述试验后，空调器电源线及周围的温度不能超过标准规定值，同时应能经受住电气强度试验。

6）机械危险。防止使用者触及到风扇等运动部件。

7）机械强度。空调器的外壳应有一定的机械强度，使得在正常使用（包括粗鲁操作）中能够达到保护使用者安全、维护产品功能的目的。在经受一定的冲击试验后，产品的外壳还能满足防触电的要求、电气强度的要求以及电气间隙和爬电距离的要求。

8）元件。经过3C认证的空调器，其电气元件均应有CCC或CQC证书，或者单独进行过试验验证满足相关元件的标准要求。

9）电源连接和外部软线。要保证电源线的连接安全可靠，防止因为电源线连接问题而引发危险。电源线的规格要满足标准要求，在室外机使用的电源线应该是聚氯乙烯护套软线，电源线的线径根据空调器的最大电流确定。Ⅰ类空调器的电源线应有一根黄/绿芯线。

10）接地措施。Ⅰ类空调器要有可靠的接地连接，万一基本绝缘失效而使易触及金属部件带电时，通过接地体的分流可以使流过人体的电流非常小，避免电击危险。接地端子与接地金属部件之间的电阻要小。

11）耐热、耐燃。空调器中所用的非金属材料应是充分耐热的，防止非金属材料在高温状态下或温度急剧变化时熔融或逐渐变软，影响非金属材料的绝缘性能。非金属材料应是在较高温度下变形较小（球压试验的压痕不超过2mm）、不起燃或者起燃后30s之内能够熄灭，防止因为空调器内的元件不符合标准要求而发生起火的现象时，非金属材料引发火焰的进一步蔓延。

（3）能效标识中主要指标：

定频空调器和变频空调器的能效标签如图2所示。目前我国空调器产品的能效标识中仅用制冷时的能效指标反映空调器产品的能效水平。

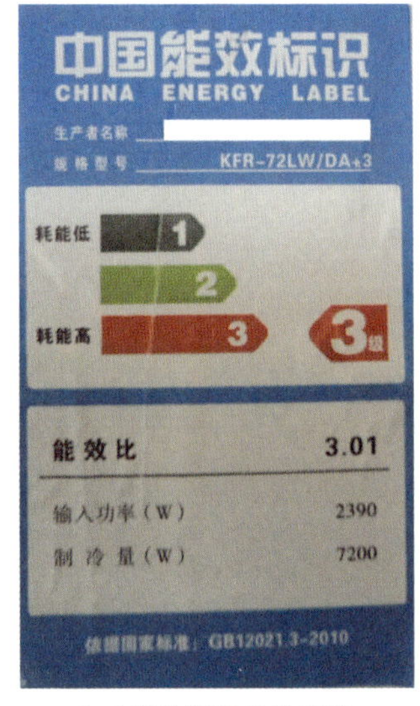

a）定频空调器能效标识

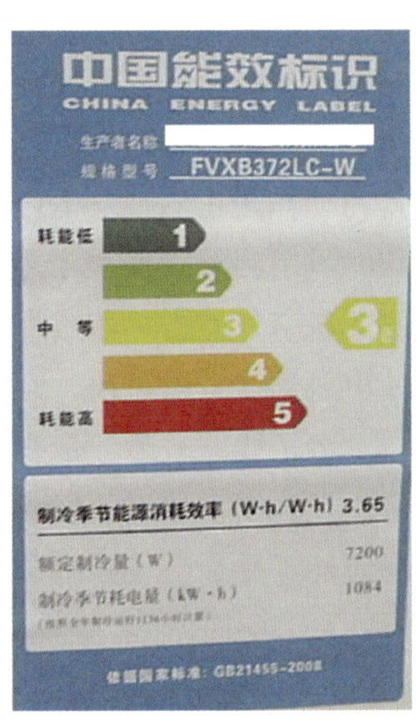

b）变频空调器能效标识

图2 能效标识

1）能效等级。空调器的能效等级用来直观反映空调器的节能水平，1级产品最节能，对于定频空调器，3级产品最耗电，对于变频空调器，5级产品最耗电。

2）制冷量。无论是定频空调器还是变频空调器，能效标识所明示的制冷量（额定制冷量）是指空调器在额定工况和规定条件下进行制冷运行时，从室内移除热量的总和。

3）输入功率。输入功率是定频空调器能效标识所明示的一个指标，该指标是指空调器在额定工况和规定条件下制冷运行时，输入的功率。

4）能效比。能效比是指空调器在额定工况和规定条件下进行制冷运行时，制冷量和输入功率的比值，该比值反映空调器的能效水平，该比值越高说明空调器越节能。定频空调器用能效比评价空调器的能效等级。

5）制冷季节耗电量。在整个制冷季节期间，空调器进行制冷运转时所消耗电量的总和。

6）制冷季节能源消耗效率。在整个制冷季节期间，空调器从室内移除热量的总和与消耗电量的总和之比，该指标综合反映了空调器在制冷季节的能效水平，该比值越高说明空调器越节能。变频空调器用制冷季节能源消耗效率评价空调器的能效等级。由于评价指标不同，因此定频空调的能效比和变频空调的制冷季节能源消耗效率在数值上没有可比性。

GB 21455—2013 将于 2013 年 10 月 1 日正式实施，新版能效标识见图 3。热泵型变频空调器与图 2 中 b）相比，增加了制热相关信息，用全年能源消耗效率代替了制冷季节能源消耗效率。

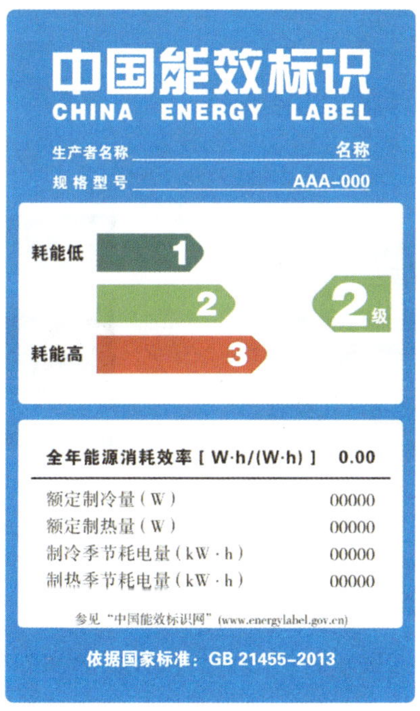

图 3　新版变频空调器能效标识

四、常见的主要问题

从 2003 年至今国家质检总局共组织了八次空调器产品的国家监督抽查工作，不合格项目主要是制冷量和能效等级。2007 年～2011 年空调器产品安全项目的合格率均为 100%。

因为在空调器产品国家监督抽查中所选择的产品类型比较单一，不能覆盖所有的空调器产品，所以空调器产品国家监督抽查的安全项目完全合格并不代表目前国内空调器产品完全没有质量问题，在实际检测工作中空调器产品还存在一定问题，下面举几个有代表性的例子，消费者在选购和使用时需要予以关注。

1. 易触及金属部件无接地

有个别的柜式空调器出风口处金属部件距离出风口比较近，手指能够触及到该金属部件（如图 4 所示），而该金属部件又没有通过接地导线或其他提供连续接地的措施与电源线的接地端子相连接，若用户在使用中意外触及此类无接地保护的金属部件，可能会有触电危险。

图 4　易触及金属部件无接地

2. 接地导线未能先于载流导线绷紧

根据接地连接设置的要求，当松开软线固定装置拉伸电源软线时，电源软线中载流导线应先绷紧，此时接地导线应仍处于松弛状态。该要求是考虑如果电源软线固定不牢靠，其在受到外力时载流导线先于接地导线断开连接，从而保证空调器始终可靠地接地。

在松开软线固定装置后，载流导线和接地导线长度相等（如图 5 所示），在受到外力时未能使载流导线先绷紧，存在接地导线先受力、先于载流导线断开连接无法提供接地连接的危险。

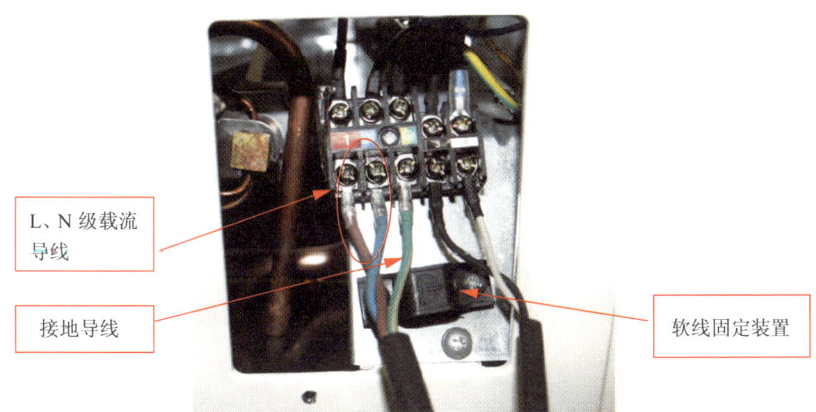

图 5　接地导线未能先于载流导线绷紧

3. 软线入口处未设置衬套

因为在电源软线的入口位置导线容易受到磨损，软性本身的护套绝缘层易受到破坏，所以要求金属外壳的产品软线入口处要设置附加的衬套或套管，即要提供额外的绝缘进行防护。从图 6 所示的空调器室外机电源连接线入口处的结构可看出，器具的软线入口处未设置附加的衬套，该结构不符合标准要求，存在安全隐患。

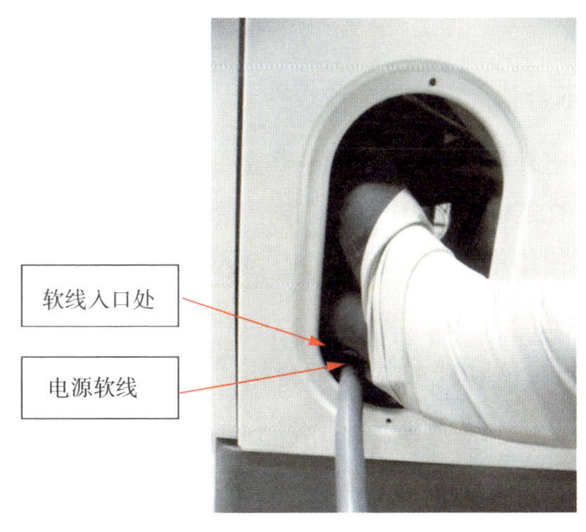

图 6　电源软线入口处无衬套

4. 非金属材料耐热、耐燃性能

一些空调器的非金属材料在进行耐热试验时，发生不合格现象（如图 7 所示），试验后的非金属材料发生严重的变形，破坏了非金属材料的绝缘性能。有的产品非金属材料在进行耐燃试验时发生起燃现象，并且起燃后在 30s 之内不能熄灭，在实际产品中，这种非金属材料将引起火焰的蔓延，进而引起火灾。

空调器产品的室内机外壳多数都是非金属材料制成，部分电器盒盖也是非金属材料制成。目前国内多数热泵型空调器都带有辅助电加热器，消费者在冬季使用空调器并开启辅助电加热器时，电加热器周围的非金属材料所承受的温度会比较高，若非金属的耐热、耐燃性能不符合标准要求，会引起较严重的安全问题。

a）耐热试验前

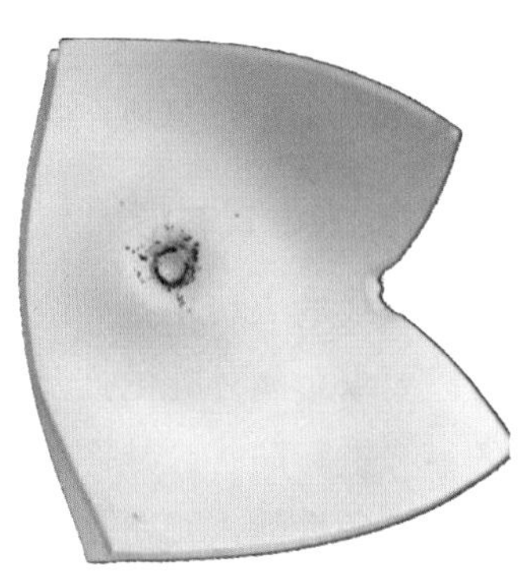

b）耐热试验后

图 7　耐热试验前后样品状态

5. 机械防护不合格

有小部分产品室外风扇罩的格栅是非金属材料制成（如图 8 所示），且材质较薄、易变性。在实施 5N 力时，试验指能够穿过格栅触及到风扇，机械防护不合格。在实际使用中，空调器运行中，人员的手指容易触及到风扇，造成机械伤害。

6. 制冷量、制热量和能效等级不合格

个别企业的空调器产品实测制冷量、制热量等性能指标与明示的性能指标存在较大差距，不符合相关标准的要求，能效指标存在虚标现象。这类不合格产品将影响消费者使用空调器的舒适性，消费者按照房间面积和空调器明示的制冷量、制热量选择空调器，如果空调器实际的制冷量或制热量与明示值相差

风扇罩格栅

图8　室外机风扇罩格栅为非金属材料

较多，超出标准范围，将造成消费者感觉冬季空调器不制热、夏季空调器不制冷，影响消费者的正常使用。同时，能效指标虚标现象将直接损害消费者的利益，影响行业健康发展，影响国家对节能产品的推广。

综合以上分析，个别空调器产品也会存在安全项目的不合格现象，因为我国空调器产品实施强制 3C 认证制度，安全类的不合格项目多数在产品 3C 认证检测过程中予以纠正，所以消费购买空调器时要选择带有 3C 标识的产品，自己也可以通过外观检查看看是否有质量问题，避免购买不合格产品。

五、选购和使用提示

1. 产品选购提示

（1）看标志和说明。看是否有 3C 标识、能效标签。仔细查看铭牌和说明书信息，如了解制造商和生产厂名称及地址、电源线的规格及连接方式、空调器的电流等参数。

（2）选择品牌。家用空调器一般作为耐用消费品，在使用期间出现故障时消费者需要制造商提供售后服务，对其进行检查、维修或更换零部件。知名品牌空调器的制造商有一整套完善的质量管理体系，具有较好的产品质量保证能力，其生产的产品在性能、安全方面都有一定的保障。消费者还可以去大型的家电销售商场购买产品，其能够提供长期、优良的售后服务。

（3）确定类型。家用空调器分窗式、分体挂壁式和分体落地式三大类型。窗式空调器利用房间的窗户或楼宇的空调窗进行安装，具有安装方便、维护简单的好处，但也存在噪声大、适用的环境面积小和安装不够美观的缺点。分体挂壁式和分体落地式空调器是将空调器分成室内、室外两部分，压缩机放置在室外机内，可降低室内环境的噪音，安装美观，适用的环境面积大，可选择的款式型号多样。

（4）确定能力。选购空调器产品时，一般按住房面积每平方米200W的制冷量来计算选择空调器的能力。通常，一个10m^{2}左右的房间，可采用2500W制冷量的挂壁式空调器；30m^{2}以上的客厅或房间，需采用5000W以上制冷量的落地式空调器。消费者在选购时还要考虑到使用空间的实际情况，如空间的格局、开放程度、太阳照射的强度、通风、人员数量等问题，如与其他地方连通在一起，或太阳照射强烈的空间应适当选购较大制冷量的空调器。

（5）选择高能效比。空调器产品的表面粘贴有能源效率标识。在日常使用中，高能效比的意义在于使用更少的电能获得好的制冷或制热效果。高能效比的空调器节能效果非常显著。以一台额定制冷量为3500W的空调器为例，在一个制冷季节里，1级能效的定频空调器比3级能效的定频空调器节电约150kW·h。

（6）选择定频空调器或变频空调器。

变频空调器有如下特点：

1）能够快速制冷、快速制热。变频空调器开始运转时，空调器经过低频低速启动，然后很快转入高频高速运转，其转速可以达到正常转速的2～3倍，因此变频空调器比定频空调器能够更快达到设定温度。

2）低温制热能力好。在冬季，当室外温度低于0℃，尤其是在雨雪天气，定频空调器的制热能力大幅下降，但是变频空调器可以根据室外温度的变化自动改变压缩机转速，在室外温度低的情况下，通过提高压缩机的运转频率，达到提高制热能力的效果。

3）节能省电。变频空调器能够根据环境温度的变化自动调节制冷（热）能力，压缩机自动调节运行频率，减少了频繁启停造成的损失。同时，当环境温度降低或升高（制冷或制热）后，压缩机可以以较低频率运行，与定频空调器相比，运行功率低，耗电小。

但是，在需要空调器长期运行的地区或场所内，变频空调器的节能效果比较明显。并且，与定频空调器相比，变频空调器的价格较贵。

所以，消费者可以根据自己的实际情况，选择定频空调器或者变频空调器。

2. 产品使用提示

空调器属于季节性使用的产品，若日常使用得当，除能发挥空调器最大的功效外，还能减少故障发生率，延长其使用寿命。以下是关于正确使用、维护和保养空调器的几点方法。

（1）找专业人员安装空调器。空调器与冰箱等家用电器不同，其结构比较复杂，安装人员需要有专业技能。现在网络购物已经普及，消费者如果在网上购买空调器，要找空调器厂家的服务人员安装空调器。对于分体式空调器，需要制冷剂管路和电路的连接，如果制冷剂管路连接不好，不仅管路内空气排不净影响制冷（制热）能力，而且会造成制冷剂泄漏。现在已经有空调器企业生产环保型制冷剂的空调器，这类制冷剂对环境无温室效应、对臭氧层无破坏，但是却是可燃的，消费者购买此类空调器应该慎重，应找空调器生产企业的客服进行空调器的安装。

（2）合理放置空调器。要按照说明书的规定，预留空调器的安装空间，同时带有电加热器的空调器室内机周围避免堆放杂物或易燃物品，以免空调器运行时温度较高引起火灾。空调器使用时，尤其是冬季制热时，要将室内机上的防尘罩或者布拿掉，上面不要放置物品，尽量与室内的窗帘远一些，避免引起火灾。

（3）正确调节空调器的设定温度。使用者调节空调器的设定温度时，应根据自身对冷热的感觉、空间内的人数、空间大小等实际情况设定温度。通常在休息、睡觉等较少活动量的状态下，房间温度在25℃左右，人体会感觉到较为舒适。温度设置太低，除会使人感觉到寒冷外，由于室内、外温差较大，散热较快，致使压缩机频繁的开机和停机，将缩短空调器的使用寿命，也消耗较多能源。

（4）定期对空调器进行清洁。定期拆下室内机的过滤网进行清洁，可以有效地提高空调器的除尘效果，改善环境空气品质。定期清洗室外机的散热片，可有效提高其换热效率。

（5）定期让专业人员检查空调器。空调器经过长期的使用后，机组内的电气线路和控制元件都会有不同程度的老化，严重的会对机组和人体造成伤害，定期让专业人员对空调器的电路进行检查，更换老化的元件，补充制冷剂，能防止元件老化对机器和人体产生危害，并能使空调器保持良好的工作状态。

（6）长期不使用空调器应做好保护措施。冬季或外出等长期不使用空调器时，应用防护罩罩着室外机部分，避免其日晒雨淋、灰尘沉积，造成日后清洗和维护的困难。

（7）过渡季节断开电源。在非制冷季节和制热季节的过渡季节长期不使用空调器时应养成拔下电源插头的习惯，避免长期待机耗电。

（8）变频空调器避免频繁开停机。变频空调器会根据环境温度的变化自动调节压缩机运行频率，所以使用变频空调器的消费者不需要频繁地开机和停机，因为开机时启动电流大，这样反而费电。

（9）可燃制冷剂空调器的使用。可燃制冷剂对环境友好、无破坏，是环保型制冷剂。空调中所使用的可燃制冷剂有 R32 和 R290。如果消费者选择了可燃制冷剂空调器，尤其是制冷剂为 R290 的空调器，要根据说明书所推荐的房间面积对应空调器进行选择。空调器要安装在通风的房间内，且房间内不能有持续明火，如燃气灶、电加热器。

（由国家家用电器质量监督检验中心齐云撰稿）

家用电冰箱

家用电冰箱已成为普通家庭生活中不可缺少的家用电器，作为家庭中普及率最高的家用电器之一，消费者应该学会如何科学地选择和使用电冰箱。

一、产品简介

家用电冰箱根据用途划分，可划分为冷藏冷冻箱（BCD）、冷藏箱（BC）、冷冻箱（BD），见图 1；根据使用时的气候类型划分，可划分为亚温带型（SN）、温带型（N）、亚热带型（ST）、热带型（T）；通常根据控制方式的不同还可以划分为机械温控和电子温控两种。

二、行业概况

1. 行业分布

作为全球最大的电冰箱制造基地，我国电冰箱行业企业数量众多。2011 年底我国冰箱行业企业已超过 100 家，其中，江浙一带以中小型企业为主，广东以中型企业为主，山东、安徽以大型企业为主。

2011 年 1 月～12 月，全国家用电冰箱的产量达 8699 万台，同比增长 20.33%。从各省市的产量来看，2011 年 1 月～12 月，安徽省家用电冰箱的产量达 3114 万台，同比增长 49.79%，占全国总产量的 35.80%。紧随其后的是广东、江苏和山东，分别占总产量的 16.20%、13.73%和 8.26%。

图 1　电冰箱分类

2012 年 1 月～7 月冰箱总产量和总销售量分别是 4785.2 万台和4784.7 万台，其中产量与去年同期相比下降 6.1%，销量同比下降 6%。

2. 行业发展状况

我国电冰箱产业在改革开放以后取得了长足的发展，是我国家电行业中具有代表性且普及范围非常广的家用电器。尤其是在近几年来，作为我国实行家电下乡政策最先涉及的产品之一，城乡家庭已十分普及。我国目前是电冰箱产品的世界性生产基地，产品内销量及出口量均处于世界前列。但从企业规模及数量上看，当前我国电冰箱生产企业的品牌集中度越来越高，知名企业及品牌占了绝大多数。电冰箱的生产企业主要集中在广东、安徽、山东，以及江浙一带，其他省区则少有分布。另一个特点是，合资（外资）品牌在国内的也相对集中，以欧美、日本和韩国品牌为主。

经过多年的发展，我国电冰箱的生产技术和产品质量显著提高，其能效等级水平也在不断提高，产品已得到了国内外消费者的普遍认可，产品的品种、系列多种多样，可以满足绝大多数国内外市场需求。

近几年来我国电冰箱市场总体增长趋势大幅放缓，市场的新热点没有形成，大规模扩张的新动力也还没有出现，我国电冰箱行业已步入了调整期。冰箱行业的竞争已经由单纯的价格、质量竞争上升到研发能力、资金实力、人力资源、上下游产业链资源的获取等更全面的综合性竞争。尽管在电冰箱ODM领域已取得明显的工艺制造、订单处理能力等方面的竞争优势，但仍然面临市场竞争的风险。加快产业结构调整和转型升级成为行业发展的关键。

行业的发展趋势呈现以下几个主要特点：

（1）技术不断创新，自主的研发能力逐步提高。国内带制冰、吧台、抗菌除菌、带有物联功能以及多媒体组合式高端冰箱的品牌和型号也日益增多。

（2）节能环保水平接近国际先进水平，由于变频技术和高效压缩机在冰箱上面的应用，产品的绿色设计水平和能耗控制取得了较大幅度的提高；同时，企业也越来越重视产品有害物质含量的控制，并注重产品的可回收性及再生利用率的提高。

（3）按照发展节能环保、健康、智能化产品的总体方向，结合产品升级换代的需求，提供大容量、无霜、高能效、高保鲜、多功能、时尚外观以及智能化的产品都将会是企业新品开发的方向。

三、标准解读及关键指标分析

1. 标准总体情况

目前冰箱标准的构建与其他家用电器类似，主要还是由国际IEC标准转化而来，等同采用IEC标准或者根据我国国民实际使用情况补充相关差异试验，主要的制定原则也是侧重质量安全和性能两个方面，近几年随着行业的发展和国民对生活品质要求的日益提高，冰箱标准体系也增加了绿色环保、抗菌、除菌、净化功能等方面的要求。

国内涉及质量、安全、性能的主要标准如下：

——GB 4706.1—2005《家用和类似用途电器的安全　第1部分：通用要求》；

——GB 4706.13—2008《家用和类似用途电器的安全　制冷器具、冰淇淋机和制冰机的特殊要求》；

——GB 12021.2—2008《家用电冰箱耗电量限定值及能源效率等级》；

——GB 4343.1—2009《家用电器、电动工具和类似器具的电磁兼容要求　第1部分：发射》；

——GB 17625.1—2012《电磁兼容　限值　谐波电流发射限值（设备每相输入电流≤16A)》；

——GB 19606—2004《家用和类似用途电器噪声限值》；

——GB/T 8059.1—1995《家用制冷器具　冷藏箱》；

——GB/T 8059.2—1995《家用制冷器具　冷藏冷冻箱》；

——GB/T 8059.3—1995《家用制冷器具　冷冻箱》；

——GB/T 8059.4—1993《家用制冷器具　无霜冷藏箱、无霜冷藏冷冻箱、无霜冷冻食品储藏箱和无霜食品冷冻箱》；

——GB 21551.4—2010《家用和类似用途电器的抗菌、除菌、净化功能　电冰箱的特殊要求》。

2. 关键指标分析

（1）性能指标：

1）总有效容积。指冰箱各冷藏室、冷却室、冰温室、低温室、冷冻室的有效容积的总和，主要反映的是冰箱储存或冷冻的容量。

2）耗电量。指冰箱在稳定条件及标准规定的情况下运行24h（一天）的耗电量，这一指标反映的是电冰箱的耗电情况。

3）储藏温度。指冰箱在冷冻或者冷藏时能够达到的温度，主要反映的是冰箱储藏物品时能够达到及保持的温度。

4）冷却速度。指标反映的是电冰箱空载情况下各间室瞬时温度达到标准要求所需的时间。

5）噪声。主要反映的是冰箱在正常情况下工作时产生的噪声大小。

（2）安全指标：

1）电气安全要求。主要是防止电冰箱在日常使用中产生电击危险。在国家强制性标准中对家用电冰箱防触电保护、泄漏电流、耐潮湿、接地电阻、电子电路安全性控制的评估等电气安全方面均有详细的要求和规定。

2）机械安全要求。主要是防止电冰箱在日常使用中可能产生机械类伤害而提出的要求。在国家强制性标准中，对家用电冰箱使用中可能产生的运动部件造成的人员损伤，以及由于其稳定性、机械危险、内部结构、螺钉和连接等机械安全方面可能产生的危险均有详细的要求和规定。

3）发热安全要求。主要是防止电冰箱在日常使用中因各种原因产生的烫伤、火灾等提出的要求。在国家强制性标准中，对家用电冰箱输入功率和电流、整机及元器件发热、非正常工作的意外以及耐热耐燃等方面均有详细的要求和规定。

（3）能效指标：

按照 GB 12021.2 的要求，电冰箱类产品均必须满足国家对电冰箱类产品的耗电量限定值的要求正式进入消费市场。能效指标分为“耗电量限定值”和“能源效率等级”两部分，其中：

“耗电量限定值”——是电冰箱类产品进入市场的“准入要求”；

“能源效率等级”—— 以国家规定的产品能效等级标签形式为依据，分为若干个等级（1、2、3、4、5 等），其中，1 级能效等级最高，5 级能效等级最低。

四、常见的主要问题

1. 近年来国家监督抽查总体情况

为了保证电器消费品的质量，国家每年均会安排对电冰箱等家用电器的监督抽查。近些年国家监督抽查的结果见图 2 所示，从总体的抽查结果来看，2006 年以后抽查产品的数量及覆盖面呈明显上升的趋势，基本覆盖了国内的电冰箱生产企业，产品抽查合格率也比较稳定，都达到了 90%以上，这也基本反映了目前我国电冰箱产品生产质量现状。

2010 年国家开始抽查针对家电下乡中标型号的产品，加大了中、小企业的监督抽查力度，产品合格率略有降低。

2. 抽查产品质量问题分析

根据近些年专业质检部门对电冰箱类产品的抽查结果统计，发现的主要问题如下。

（1）产品耗电量不合格。

电冰箱在日常使用中耗电量的大小，直接关系到消费者使用电冰箱的日常成本。国家标准规定：冷藏冷冻箱和冷藏箱的耗电量限值是额定耗电量的 115%，冷冻箱的耗电量限值是额定耗电量的 110%，当实测的电冰箱耗电量高于其明示值规定限值，所测产品耗电量则将被判定为不合格。

根据往年的抽查统计结果来看，在发现不合格产品的同时，无论是大型企业还是中、小型企业耗电量的检测结果处于临界状态的比例比较高，分析其原因主要有如下几个方面：

1）企业在能效标称的“额定耗电量”时常有“虚标”情况，这是企业为追求更多利润和好的销售量，将其耗电量有意标低，出现名不副实的情况，目的是为了诱导消费者；此种情况也可能是在生产中有偷工减料行为或者生产质量过程控制管理欠缺，导致批量生产的产品与之前送检认证检验的样机差异较大，抽查时批量生产样机达不到额定标称值而导致不合格。此种情况多数发生在只追求短期利益的小型企业。

2）企业在标称额定耗电量时留有的余量较小，临近标准限定值进行标称，当实际生产时，工艺参数质量控制稍有偏差（如发泡层厚度、换热器面积等）或者测试方法与检测抽查机构稍有不同时就会造成实际的检测结果高于限定值而导致不合格。此种不合格情况多发生在大、中型企业中。

（2）产品能源效率等级不合格。

能源效率等级是个综合指标，是通过测量产品的总有效容积和耗电量后经过计算得到的，根据 GB 12021. 2—2008 的要求（见表 1），电冰箱的能效指数应根据标准中的划分等级来对产品进行等级判定及检测。“能源效率等级”能够反映具体电冰箱产品的节能水平。达到 1 级为最节能的产品。

表 1　电冰箱能效等级的能效指数

能效等级	能效指数 η	
	冷藏冷冻箱	其他类型（类型 1、2、3、4、6、7）
1	$\eta \leqslant 40\%$	$\eta \leqslant 50\%$
2	$40\% < \eta \leqslant 50\%$	$50\% < \eta \leqslant 60\%$
3	$50\% < \eta \leqslant 60\%$	$60\% < \eta \leqslant 70\%$
4	$60\% < \eta \leqslant 70\%$	$70\% < \eta \leqslant 80\%$
5	$70\% < \eta \leqslant 80\%$	$80\% < \eta \leqslant 90\%$

由于能源效率等级的能效指数是由总有效容积和耗电量的测试值经过计算后得出的，所以其不合格的原因也与上述两个测试内容直接相关。但与耗电量的检测结果不同的是，能源效率等级检测结果中临近限定值的情况较少，合格产品大多数的测试值都低于明示值较多。由此我们也可以看到，从 2009 年 5 月 1 日新版能效标准开始实施至今，大多数电冰箱企业已经顺利完成了产品的升级换代，并且设计研发水平领先于标准换版速度，这说明我国电冰箱产品

的节能技术在不断进步。

3. 跟踪抽查情况分析

在监督抽查不合格的企业中，个别规模较小的企业因研发技术能力不足，无力对不合格项目进行整改，放弃了对电冰箱产品的生产。部分具有一定生产规模、拥有生产研发实力的企业，对抽查中出现的问题，通过改进生产工艺等措施，使产品质量问题得以解决。因此，未出现连续 2 次抽查不合格的企业。国家监督抽查对整个行业的技术水平起到了积极的促进和推动作用，淘汰了规模较小、产品较差的企业，使企业认识到了产品存在的质量问题，并通过及时改进使产品质量水平得以提升。

五、选购和使用提示

1. 选购注意事项

（1）选“CCC”认证名牌产品。

选购电冰箱时，首先要认准产品是否已通过 3C 认证，这表明该产品已经获得了国家认证部门对电冰箱的质量安全认证，因此才允许在产品或包装上印有“CCC”认证标志，该标志一般在冰箱的铭牌或者箱体显著处可以找到。

（2）选有能效标识的产品。

选购电冰箱时，可以查看产品是否有节能认证标识（见图 2）和能效标识（见图 3），一般该标志粘贴在冰箱正面门右上角处。

图 2　节能、环保认证标识

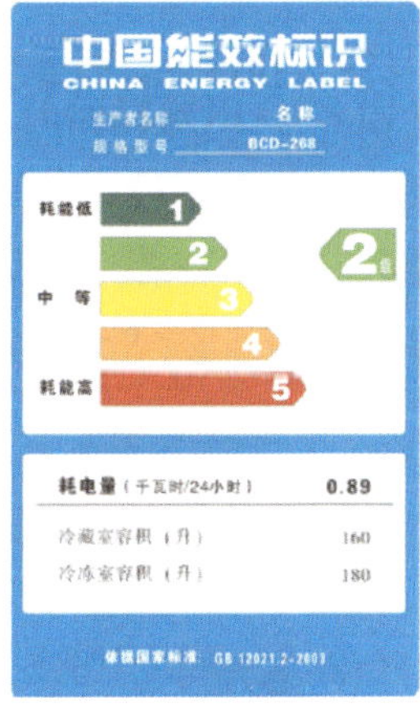

图 3　能效标识

（3）查看产品相关参数。

关于电冰箱产品的重要参数在电冰箱产品铭牌、标识上一般都会有标注，例如铭牌上的额定耗电量、总有效容积、冷冻能力、额定电流、制冷剂类型（或充注量）等。用户在购买前可以根据自己的实际情况综合考虑价位、能效等级、摆放空间的大小（占用位置）、售后服务等因素，以选出性价比较为适宜的产品。

（4）外观壳体工艺检查。

观察整台机体的油漆是否光洁明亮；门、灯罩是否完好无损；功能选择和各个旋钮是否灵活；门封橡胶条是否有弹性、密封严谨，如弹性不足，可能会漏冷导致耗电量增加和门无法关紧。

（5）选择售后服务好的产品。

电冰箱专业厂家生产的并被市场公认的名牌产品，按照国家对家用电器销售实行的“三包”规定，一般都保修 3 年甚至终身维修，近年来也有承诺 10 年保修的。选购时最好应在本地有维修服务部网点，可做到免费安装、登门维修服务。零配件失效后，到厂家能及时更换，并能做到产品免费升级。所以，消费者应该选择售后服务完善的产品。

2. 使用注意事项

（1）电冰箱放置时与墙壁的距离要满足使用说明书中规定的距离，一般是与墙壁保持 10cm 左右，这是为了保证冰箱在工作中的散热，如果与墙壁距离过近可能导致热量无法有效散出而导致危险发生。

（2）电冰箱在搬运过程中不宜横放，尽量保证机身倾斜不能超过 45°，有些冰箱如果横放可能导致压缩机无法正常启动，由于生产工艺改进，现在新研发的一些冰箱已经没有此要求，建议使用者在使用前仔细阅读随机附带的说明书，关注里面的安装、搬运和使用的注意事项。

（3）电冰箱工作时应尽量减少开门次数，减少冷气的外溢，可以更加省电。

（4）注意冰箱的化霜，一般普通机械式的冰箱不具备自动化霜功能，在使用中如果发现冰箱结霜较多，应停机进行手动化霜处理，避免影响冰箱的使用寿命和性能。

（5）电冰箱必须保持清洁、干燥，经常进行除尘、去污、排异味，长期使用的冰箱如果不定期进行清理，很容易滋生对身体有害的细菌，另外不同冰箱在生产时使用的材料有差异，进行电冰箱清洁工作时也会有不同的注意事项，一般在随机附带的说明书中会有说明。

（6）电冰箱长期停用时应将电源插头拔掉，妥善保管；将食品取出，把食品盒、托架等附件洗净晾干后放回原位。

（由国家压缩机制冷设备质量监督检验中心李道平撰稿）

家用洗碗机

一、产品简介

1. 产品介绍

家用洗碗机清洗餐具相对于传统手洗，在洗净、干燥、除菌、省电、节水、省时、省力等方面拥有无可比拟的优势，这些特点都满足了中国消费者对于更高品质生活的要求。因此，有专家预言，国内洗碗机市场即将进入大跨步的发展时期，大范围普及时代即将到来。

洗碗机是使用化学、机械等方法来清洗碗、筷、盘、碟、刀、叉等餐具及部分炊具的机器，减轻了人员劳动强度，提高了工作效率，并增进了清洁卫生。洗碗机代表了一种全新的消费意识和健康的生活理念。

2. 产品分类

(1) 按家用洗碗机洗涤方式分为：喷射式、超声式。

(2) 按家用洗碗机使用和安装方式分为：驻立式（见图 1)、台式（见图 1)、嵌装式。

(3) 按家用洗碗机控制方式分为：普通型、全自动型。

(4) 家用洗碗机额定容量是指制造厂声明一次洗涤所放置餐具的数量（套

数），容量大体分为：3套、6套、9套和12套等（每套约含12件标准餐具）。

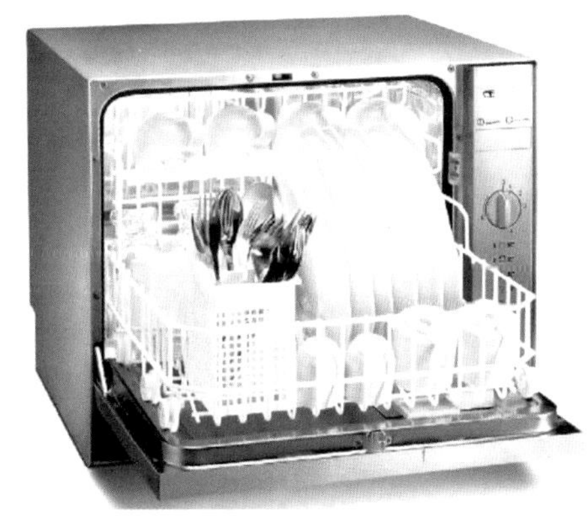

图1 驻立式洗碗机与台式洗碗机

注：每套标准餐具所含物品在GB/T 20290—2006《家用电动洗碗机性能测试方法》中有详细规定，一般包含：餐盘、汤盘（或水果盘）、点心碗（或面包&黄油盘）、茶杯、茶托、玻璃杯、叉子、汤勺（或沙拉勺）、小刀、茶勺、点心勺这些个人餐具；此外，每台洗碗机还应容纳1套公共餐具：椭圆盘、公用碗、水果盘、2个公用勺、公用叉。

3. 家用洗碗机的结构及特点

（1）结构特点：

最初的洗碗机采用的是类似于目前波轮洗衣机的涡流洗涤原理，费水、费电、洗涤效果差。经过不断的技术创新，到目前为止，洗碗机已实现了从结构、原理到控制方式的飞跃，洗碗机技术已达到了相当完美的程度。

喷射式洗碗机主要由箱体、喷臂、过滤网、水箱、加热器、水槽、内水管、餐具提篮、进水阀、洗涤泵和排水泵等部件组成（见图2）。它的上部由不锈钢制成的箱体和门组成，箱中有多组喷臂，每个喷臂上有数个喷水孔，不同的喷水孔可使出水呈不同的角度，以实现全方位清洗的目的，即将洗涤液以三维立体方向喷射到被洗餐具表面。箱中可放置多个餐具提篮，提篮一般放置在喷臂上方。洗碗机的下部设有水箱，内装电热管，水箱上面有过滤网用来挡住和收集食物残渣。其主要清洗过程为：加热器对水快速加热，通过洗涤泵对水加压，当水达到一定的温度（约55～60℃）时，辅以洗涤剂经喷臂的喷水孔喷出，喷臂受喷水的反作用力而回转，不断将水喷射到餐具上，从而降低油脂的黏度和附着力，进而将污物喷洗干净。水会流经过滤网不断循环清洗和冲刷，清洗结束后，由排水泵把污水排出洗碗机，固体废渣残留在过滤网上；最后通过加热来烘干餐具，同时达到高温消毒的作用。此类洗碗机结构简单，洗涤效果较好，售价较低，便于维修，适合一般家庭使用，且市场上最为常见（本文主要介绍此类产品）。

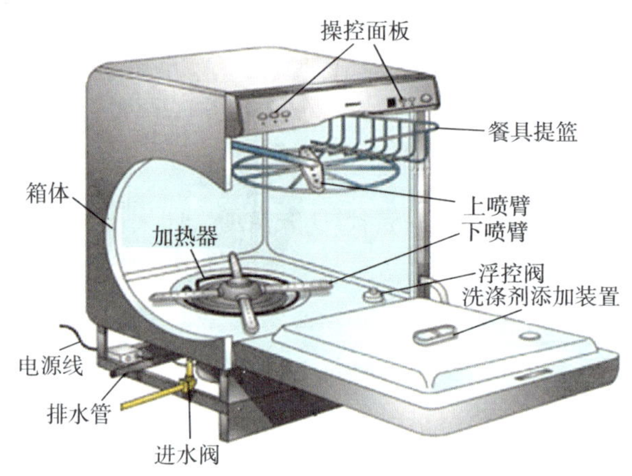

图2　喷射式洗碗机内部结构

超声波洗碗机利用的是超声波清洗的原理：当超声波经过液体介质时，将以极高的频率压迫液体介质振动，使液体分子产生正负交变的冲击波。当声强达到一定数值时，液体中急剧生长微小空化气泡并瞬时强烈闭合，产生强烈的微爆炸和冲击波使被清洗物表面的污物遭到破坏，并从被清洗表面脱落下来。虽然每个空化气泡的作用并不大，但每秒钟有上亿个空化气泡在作用，就具有很好的清洗效果。因为超声波可以穿透固体物质而使整个液体介质振动并产生空化气泡，因此这种清洗方式基本不存在清洗不到的死角。此类清洁方式是未来发展的重要方向，其优点是：结构简单、寿命长、无需添加洗涤剂。

（2）清洁特点：

1）机械作用。喷射式洗碗机在洗涤泵的驱动下，洗涤液呈喷射状态对餐具表面进行直接冲刷，洗涤液喷射至餐具及洗碗机内胆后反弹对餐具进行间接冲刷，喷射后回流的洗涤液对餐具表面也有清洗作用。此类洗碗机清洁效果与喷臂喷出的洗涤液的压力、角度及速度有关。

2）化学作用。通过含有离子交换树脂的软水器，有效去除影响皂化反应的钙、镁离子，改善水质，使洗涤剂充分发挥作用。洗涤过程加入的洗涤剂与餐具中油脂起良好的碱性皂化反应，使油污脱离餐具。当水温达到45℃～50℃时活性物质能最大发挥作用。由于洗碗机特有的洗涤方式和洗涤环境，所以具备良好的灭菌、除菌功能，常规如大肠杆菌、金黄色葡萄球菌等，在60℃的温度环境中保持20min，就可杀灭。乙肝等在高温下不易杀灭的病毒，通过反复冲刷、排水等过程可将其彻底清除。同时，洗涤剂本身对各种细菌有良好的抑制作用。

一、行业概况

1929年德国的米勒（Miele）公司制造出了欧洲第一台电动家用洗碗机，1978年该公司又制造出了世界上第一台微电脑控制型洗碗机。目前，全球洗碗机市场年销量在2200万台左右，95%的销量集中在欧美国家。欧洲家庭洗碗机拥有率已经在50%以上，美国在60%以上。

在我国，20世纪80年代末，台式洗碗机就已问世，但是在20多年的时间里，洗碗机仍没有被中国消费者广泛接受，其市场销量远不及彩电、电冰箱、洗衣机等传统产品。即便是在中国核心城市，洗碗机的家庭普及率还不足1%。相比于欧美市场，我国仅有不足全球3%的份额。市场的冷淡导致国内洗碗机生产企业甚少，很多国外著名品牌也没有在国内建立生产线。洗碗机技术门槛较高，投资较大，所以在中国可以独立研发、生产和销售的厂家只有几个大企业，几乎看不到小品牌的身影。目前国内洗碗机行业整体年产能超过500万台，制造企业超过20家，包括海尔、美的、格兰仕等一线品牌都有洗碗机生产线，但其绝大部分产品都是出口销售。

根据中国消费者协会2011年的一项调查，90%以上的消费者对洗碗机的功能、性质一无所知，并且对洗碗机的洗涤范围、洗净度、耗水量、耗电量和安全性等方面仍存在疑虑。这表明，尽管洗碗机在欧美早已进入普及阶段，但目前在国内仍停留在市场认知阶段。作为西方舶来品的洗碗机，产品和技术已经不存在障碍，为什么市场依然没有出现爆发式增长？这是一个值得行业深思的问题。

从市场层面来看，消费者对于这一产品的消费意识还没有被真正培养起来。市场推广存在阻力的一个核心原因就是：目前中国消费者对洗碗机还有距离感，这和洗衣机30年前进入中国时的情形比较类似。

从产品本身来看，确实也存在很多不足。首先是价格高。目前洗碗机的售价普遍为4000元～6000元，进口品牌的价格更高，只有部分国产品牌的产品价格降至2000元左右。由于建立一个洗碗机生产线需要较高的成本，因此导致其产品降价空间有限，再加上现有洗碗机洗碗时都要使用专用的洗涤剂、漂白剂。对于有软水装置的还需要软化盐，这些无疑都增加了用户的开支。其次，洗碗机整个清洁过程一般要经过预洗、清洗、漂洗（增亮）、烘干的工序，清洁时间较长。对一台适合3～5口之家的台式洗碗机，选择标准洗涤，完成洗碗、烘干至少也要近70min，比传统手洗要慢很多。再次，市场上出售的洗碗机大部分是采用喷射方式对餐具进行清洗，对餐具的形状、大小和放置有一定的要求。国内产品针对中国国情，在结构、性能上都做了一定的改进，但仍不适合我国各地差异巨大的餐具种类及餐饮习惯，造成了消费者实际使用不便。最后，我国居民尤其是80后的一代，居住条件受到很大的限制，洗碗机中的柜式洗碗机需要占据较大空间，而且由于进、排水等问题，导致洗碗机在传统厨房布局中普遍存在安装障碍。

近些年来情况有所改变。2010年国内重点城市洗碗机销售量约为12万台，相比2009年同比增长了21.1%；销售额约为6.05亿元，相比2009年同比增长30.2%，高于销售量增幅，无论是销量还是销售额，近几年增长率基本都在20%以上，增长快速、平稳。从中可看出中国家用洗碗机行业正处在导入期向快速成长期过渡的阶段，因此有国外企业乐观预计，中国洗碗机市场未来几年会实现30%～35%的增长，甚至更高。事实上，洗碗机在欧美市场也是经历了一个相对较长的认知阶段，然后才逐渐普及。1970年，欧洲市场洗碗机的家庭保有量仅为3%，直到2000年，这一数据才上升到35%。

长期以来，消费者对洗碗机存在一些误解，认为洗碗机费水、费电、洗不干净。据德国波恩大学Rainer教授对手工洗碗方式和习惯的研究表明，在洗涤相同餐具，并达到相同洗净度的条件下，洗碗机用电量和用水量分别为传统手洗的40%和16%。而且由于洗碗机可使用高温水清洗餐具，并在最后进行高温烘干，在杀菌与抑菌方面有传统手洗无可比拟的优势。洗碗机的除菌率完全可达到99%以上，可以和消毒柜媲美。随着年轻一代逐渐成为社会主流消费群体，新兴的消费理念和消费模式正在逐步成为主流模式，相信国内消费者已经做好了迎接洗碗机的准备。

三、标准解读及关键指标分析

1. 标准总体情况

为了促进产品质量的提高，保障消费者的安全和健康，同时指导行业发展。我国制定了国家标准，规范了洗碗机产品的安全与性能。

（1）GB 4706.25—2008《家用和类似用途电器的安全　洗碗机的特殊要求》。该标准从电气、机械、热、火灾以及辐射五个方面规范了安全要求。

（2）GB/T 20290—2006《家用电动洗碗机性能测试方法》。该标准规定了洗碗机洗净性能、干燥性能、耗电量、耗水量以及耗时五个性能指标的试验方法。

（3）GB/T 4214.3—2008《家用和类似用途电器噪声测试方法　洗碗机的特殊要求》。该标准规定了洗碗机的噪声要求测试方法。

同时针对洗碗机产品的各项性能指标，行业陆续出台了技术规范与认证规则，其中比较重要的是：

（1）JDYB 007—2011《家用和类似用途洗碗机　性能分等分级》技术规范参考了消费者关注热点和投诉率，同时考虑洗碗机的性能特点和技术发展趋势，确定了清洁指数、干燥指数、年耗电量、年耗水量、噪声和可靠性 6 项性能检测项目，只有六项指标均通过 A 级指标检测，才能被授予 6A 称号。这些指标直观地展示了洗碗机的主要性能。该规范采用标准 GB/T 20290—2006 的测试方法进行试验，简称“家用洗碗机 6A”技术规范。该规范的出台，为我国洗碗机质量水平的提高和达到世界先进水平提供了可靠的科学依据。

（2）GK38－A/0《电器产品性能认证实施规则》（含家用洗碗机产品的 A＋认证规则），该认证是对高性能产品质量的确认和证明。A＋认证可以是一项，也可为多项，满足不同类型和居住条件的消费者使用需求。目前家用洗碗机的 A＋指标有清洁指数、干燥指数、能源效率指数、水效率指数和噪声，共 5 项。A＋等级是参考发达国家等级指标和我国产品的实际情况，将 A 级技术指标提高 5％～20％作为其技术要求。该认证规则采用标准 GB/T 20290—2006 的测试方法进行试验，简称“电器产品 A＋认证”。

（3）JDYB 002—2012《家用电动洗碗机除菌性能测试方法》规定了家用洗碗机抗菌、除菌功能的范围、定义、技术要求、标识和试验方法，适用于器具上或使用说明书中明示具有抗菌、除菌功能的在家庭和类似场合使用的电动洗碗机。该规范测试的菌种为大肠杆菌与金黄色葡萄球菌，明确提出带有除菌功能的家用洗碗机其除菌率应不小于 99.9%。

新标准《家用和类似用途电动洗碗机》

(4) QB 1520—1992《家用电动洗碗机》正在进行修订。将参考最新国际标准，采用与发达国家一致的技术要求和分级指标，同时针对我国目前洗碗机行业的发展现状，增加除菌率等指标。该标准将为出口产品提供技术支持，并更好地指导消费者选购，帮助市场健康发展。

2. 关键指标分析

(1) 安全指标：

1) 防烫伤及火灾危险。家用洗碗机一般含有电热部件，在正常工作中，使用热水清洗餐具，并在清洗结束后使用高温烘干餐具。因此安全标准规定，洗碗机各部位温升不应超过限值，避免出现烫伤与火灾危险。

2) 防触电。家用洗碗机是需要注水的器具，而且其使用环境导致水可能从各个方向溅到器具上。对此，安全标准制定了相应的试验方法，以保证在注水过量、溢水以及外部溅水的情况下，都不会导致操作人员触电。

3) 误操作及各类故障。安全标准针对家用洗碗机在正常使用过程中可能出现的人员误操作与各部件故障进行了模拟，如洗碗机程序在任意位置停止，程序运行的任何阶段断开和再次接通，均不应导致洗碗机的意外运行。进水阀、洗涤泵、门盖等部件即使发生故障，也应确保不会危及操作人员和使用环境。

4) 稳定性。排空（或注满）水，并装上使用说明书指定碗碟的最大荷载；将所有门、盖、滚轮、脚轮置于任意位置，器具均不应翻倒；不装碗碟或水，然后将一个标准要求的重物加到或悬挂在开启的门的中心，或处于装碗抽屉的中心，器具不应翻倒。

5) 结构。家用洗碗机在进行正常使用的清洗和维护保养时，应防止机械危险，例如使用钥匙开关或工具；为了防止热水喷溅，应使得只有在门和盖关闭时，洗碗机才能工作；洗碗机不应发生液体渗漏；指示危险、报警的信号灯、开关或按钮，只能是红色的；人工注水器具必须达到的水位标志，应放在注水时容易看到的位置；器具应承受正常使用时可能承受的水压等要求。

(2) 性能指标：

1) GB/T 20290—2006 性能指标：

洗净性能：测量洗碗机清洁标准污染餐具的能力；干燥性能：测量洗碗机对负载的干燥能力；耗电量、耗水量及耗时：测量洗碗机整个清洁程序的耗电量、耗水量以及消耗时间。

2）JDYB 007—2011 及 GK38－A/0 性能指标：

JDYB 007—2011 试验规范及 GK38－A/0 认证规则，都是按照 GB/T 20290—2006 与 GB/T 4214.3—2008 性能标准规定的方法进行测试。只是根据不同性能的产品规定了不同的限值以确定其性能等级，详见表 1 与表 2。

表 1　JDYB 007—2011 技术规范要求

检测项目	单位	A 级	B 级	C 级	D 级
清洁指数（Pc）	—	＞1.12	1.12≥Pc＞1.00	1.00≥Pc＞0.88	≤0.88
干燥指数（Pd）	—	＞1.08	1.08≥Pd＞0.86	0.86≥Pd＞0.69	≤0.69
能源效率指数（EEI）	%	＜63	63≤EEI＜71	71≤EEI＜80	≥80
水效率指数（WEI）	%	＜62	62≤WEI＜68	68≤WEI＜75	≥75
噪声（L_w）	dB(A)	＜49	49≤L_w＜52	52≤L_w＜55	≥55
无故障运行（Oc）	周期	＞2800	2800≥O_c＞2520	2520≥O_c＞2240	≤2240

表 2　GK38－A/0 电动洗碗机 A+ 认证技术要求

检测项目	单位	A+级
清洁指数（Pc）	—	≥1.15
干燥指数（Pd）	—	≥1.10
能源效率指数（EEI）	%	≤61
水效率指数（WEI）	%	≤62
噪声（L_w）	dB（A）	≤48

四、常见的主要问题

因为在我国家用洗碗机的市场规模还比较小，国家并未针对洗碗机进行过专项市场抽查。下面列举一些在产品认证过程中发现的主要问题：

1. 标识及说明

（1）在国内销售的产品应注意各类标识及说明都要使用我国官方语言，不可将国外市场的产品直接销售（见图 3）。

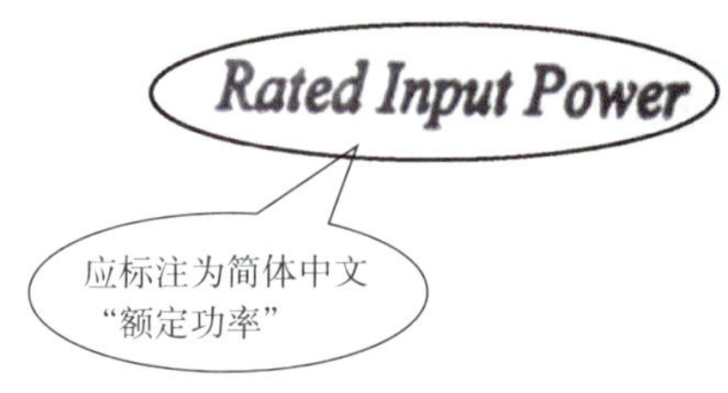

图 3　标识问题举例

（2）相关标识及警示语应保证持久耐用，特别是对于洗碗机这类经常与水接触的厨房电器，应更加注意。

（3）错误使用符号，如将功率单位误写为小写“w”等。

（4）国外一些国家和地区的供电电压为 230V，而我国是 220V，部分企业在国内销售产品的电压也标注为 230V，这是不正确的。

2. 功率与电流

洗碗机大多使用了电加热元件，部分洗碗机的实测功率与额定功率的偏差超过了标准的偏差限值，存在火灾隐患。

3. 触电危险

（1）此类危险一般表现在产品结构不合理，见图 4，正确的结构举例见图 5，或外壳、绝缘材料强度不够，导致依据标准进行相关测试时，试验结果超过标准限值。

（2）部分产品接地措施不够牢靠，或接地结构不合理，因此长期使用可能导致其接地保护失效。

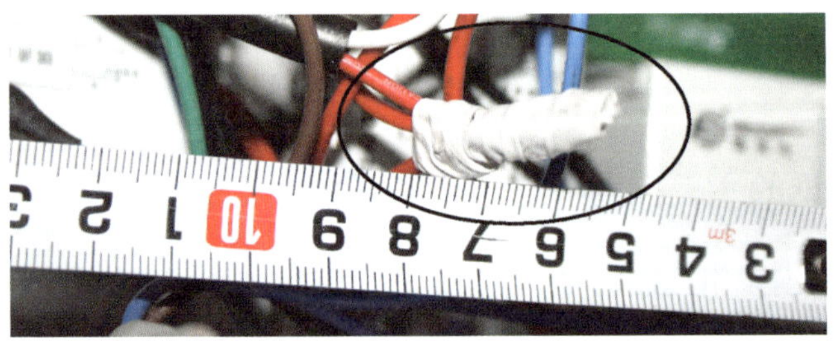

图 4　不合理内部电线连接结构

图5　正确的内部电线连接结构举例

4. 一般结构要求

（1）部分产品存在锐边、尖端等不合理结构（见图6）。这些结构在外部可能对使用人员造成机械伤害；在内部与电线接触，容易损坏器具，甚至导致漏电等危险。

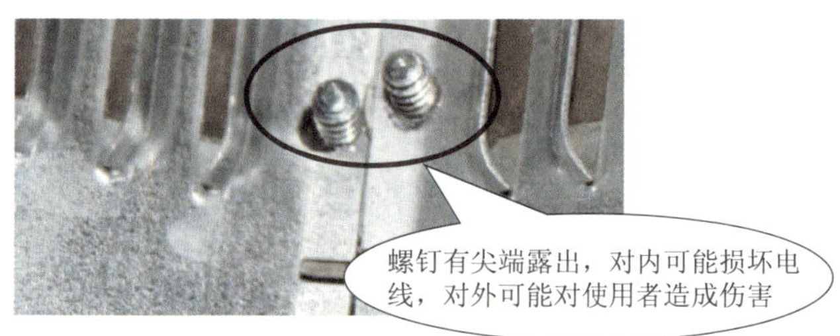

图6　尖锐螺钉

（2）部分产品在国内市场销售但其插头并未更换为国标部件，这样的产品不符合标准要求，而且存在很大的安全隐患。

5. 特殊要求

JDYB 007—2011技术规范（将洗碗机按性能划分为四个等级，即A、B、C、D）与欧美的性能分级（如欧盟2010年颁布的1016/2010号能效标签法规，将洗碗机产品按性能划分为七个等级，即A+++、A++、A+、A、B、C、D）相类似，但等级评判不完全一致，仅供消费者参考。国内销售的产品应按我国行业技术规范标定其性能等级。

五、选购和使用提示

1. 选购提示

家用洗碗机在国内普及率及消费者认知度均较低，因此在选购时须谨慎，除了要到正规的销售渠道去选购，还要注意以下事项：

（1）看品牌。由于洗碗机设计和制造难度大，需有一定实力才能够生产，因此，选购洗碗机应优先选购知名度高的大品牌。

（2）看安全。目前，洗碗机还没有列入 3C 安全认证目录，不能进行 3C 认证。但是，根据我国《中华人民共和国产品质量法》和《中华人民共和国标准化法》的要求，洗碗机须经过国家权威机构检测合格后方可上市销售，测试标准是 GB 4706.25—2008，消费者购买时要注意该产品是否有权威质检部门的质量检验报告，没有通过安全标准检测的产品不要购买。

（3）看额定洗涤容量。对于一般三口之家，额定洗涤容量为 6～8 套可以满足要求；如果家中人口较多，又多喜欢聚会的消费者，应选择额定洗涤容量 12 套或以上容量的洗碗机。消费者也可参考自家所用餐具的情况（餐具尺寸、摆放方式等），选购合适容量的洗碗机产品。

（4）看清洁指数。洗碗机洗净性能是由清洁指数体现的。一般洗碗机清洁指数要大于 0.90，而大于 1.0 的属于高洗净性能产品，清洁指数的检测方法依据 GB/T 20290—2006。清洁指数应以国家权威机构出具的测试报告为准。

（5）看耗电量。一般按每套餐具折算耗电量应该在 0.08kW·h（度）左右，也就是说一台洗涤容量为 12 套的洗碗机，完成一个标准洗涤程序的耗电总量在 0.96kW·h（度）左右，该数值越小越省电。在经济允许的条件下，消费者应尽量选择节能产品。

（6）看耗水量。洗碗机除了能够解放劳动力以外，最大的优势就是省水。一般按每套餐具折算用水量应该在 1.2L 左右，也就是说，一台洗涤容量为 12 套的洗碗机完成一个标准洗涤程序的用水总量在 14.4L 左右，该数值越小越省水。在经济允许的条件下，消费者应尽量选择节水产品。

（7）看安装方式。洗碗机分为驻立式、台式和嵌装式。驻立式机容量较大，和洗衣机一样放在地上使用，无需用特殊安装；台式机放在柜台上使用，洗涤容量小，使用方便，无需特殊安装；嵌装式一般需要安装在柜子里，可以和橱柜成为一个整体（见图 7），需要有与厨房装修风格一样的外壳，嵌装式洗涤容量与驻立式相仿。

图7　完美融入橱柜的嵌入式洗碗机

（8）看可靠性。洗碗机是耐用消费品，可靠性指标尤为重要。可靠性是洗碗机设计和制造水平的综合体现。一般洗碗机设计寿命是8～10年，可满足2500h的使用。洗碗机耐久性指标应以权威机构出具的测试报告为准。

2. 使用提示

中国家用洗碗机的保有量超过200万台，其中只有约15％的洗碗机被有效使用，其他85％的洗碗机都因为操作不当而收不到良好的洗涤效果。因此在使用洗碗机时，应注意以下几个方面。

（1）在使用前应认真阅读使用说明书，一定要按照说明书的要求规范摆放餐具，否则会降低洗净度。因此，使用前操作者应仔细阅读使用说明书，对于首次使用的家庭，说明书应放在洗碗机附近，便于随时查阅。

（2）按要求使用洗涤剂，一般洗碗机需用专用洗涤剂，应放置使用说明书指定的洗涤剂。洗碗机禁止使用洗衣用洗涤剂（粉）。另外，尽量不要使用高泡沫的洗洁精，泡沫会溢出洗碗机，带来清洁麻烦。

（3）一次洗涤的餐具要适量，给喷头留出一定的空间，才能使水喷到餐具的各处。放置餐具时，首先将要洗涤的餐具上的骨头、菜渣、剩余肴料等清理干净后才能放入碗筐内，以免堵塞过滤器，影响洗涤。洗碗机洗涤完毕，要及时清洗过滤器积存的污物，清洁干净后放回机内原处。

（4）塑料制品不要放在底层架子上，否则烘干过程中可能会使塑料熔化。耐温低于90℃的餐具，如漆器餐具、纸制品餐具、泡沫饭盒等不要放入洗碗机内清洗，以免洗涤烘干后变形。使用高温档清洗餐具后，请勿用手触摸加热器，以免烫伤皮肤，通常停机30min，待冷却后再作处理。

（5）洗碗机有一烘干时使用的出风口，使用时注意千万不要将出风口堵住，特别注意抹布、毛巾等物品不要放在出风口附近，以防将出风口堵住。特别是有些使用者利用洗碗机烘干的热量烘干毛巾，在放置毛巾时就更应注意。为了保证进水管、排水管正常进水、排水，防止水管折弯或迂回打结，不要用重物压在水管上。

（6）电源插座应适合洗碗机容量。一般家用洗碗机额定输入功率/电流在1000W/5A以上，随着洗涤容量的增加输入功率/电流会相应增加。因此，选用的插座容量一定要大于洗碗机的额定容量，如果和其他器具共同使用一个插线板，应考虑电器同时使用时的容量。

（7）洗碗机内必须保持清洁干净，为防止洗碗机内部产生异味，每月应作一次清洁。清理过滤网，可以保障洗净性能不降低，还可以降低能耗。

（由国家家用电器质量监督检验中心岳京松撰稿）

食具消毒柜

一、产品简介

1. 产品介绍

随着人民生活水平的提高，健康意识的增强，食品卫生问题日益引起人们的关注。餐具是与食品密切相关的生活用品，因此餐具的卫生状况与人民的健康状况直接相关。目前我国大多数家庭普遍使用木质或类似材质的橱柜存放餐具，在餐具使用前，仅通过温开水冲洗。这类传统的清洁方式根本无法抵御各种细菌的侵袭。以常见的大肠杆菌为例，必须将餐具完全浸入100℃沸水中5min以上，才能达到一定的灭杀效果，此方法费时、费力，不适合一般家庭使用，而对于乙肝这类顽固的病毒，传统方式更是无能为力，需使用高压蒸汽消毒才可能灭杀。食具消毒柜的出现，从根本上解决了这一难题，其使用封闭的存储空间，可对餐具、灶具等进行消毒，可有效阻止细菌的繁殖与传播。

食具消毒柜是利用物理、化学的方法将餐具中微生物杀灭的器具，一般用于消毒、烘干和存放各类餐具。消毒柜物件虽小，但代表了一种全新的消费意识和健康生活理念。

2. 食具消毒柜的分类

依据国家标准GB 17988—2008《食具消毒柜安全和卫生要求》对食具消

毒柜的分类如下：

（1）按食具消毒柜的消毒方式分为：

1）电热消毒柜（代号 R）；

2）臭氧消毒柜（代号 Y）；

3）电热、臭氧、紫外线组合型消毒柜（代号 Z）。

（2）按食具消毒柜的安放方式分为：

1）台地嵌式（代号 T）；

2）挂壁式（代号 G）；

3）台地挂壁两用式（代号 L）。

（3）按食具消毒柜的控制方式分为：

1）普通型（机电控制，代号 P）；

2）电脑型（程序控制，代号 D）。

型号的第四个字母代表了消毒柜的规格，即总有效容积，单位为升（L）。剩下的字母代表了产品的系列代号与变动代号（由企业设置）。

例如，型号为“YTD60B-15”的食具消毒柜可解读为：臭氧消毒方式，台式安放，电脑型，容积为 60L，B 系列，变动代号为 15。常见的食具消毒柜样式见图 1。

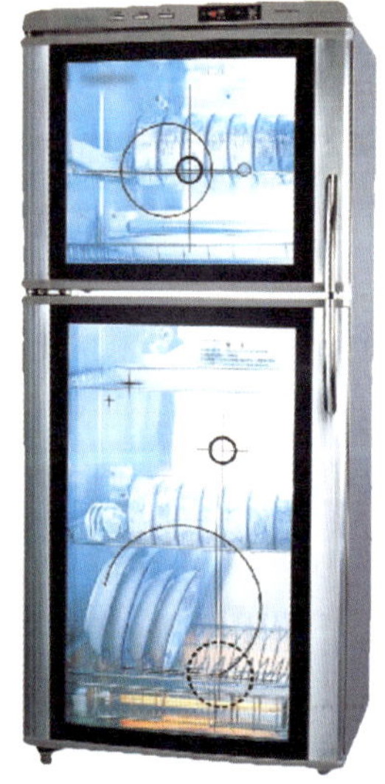

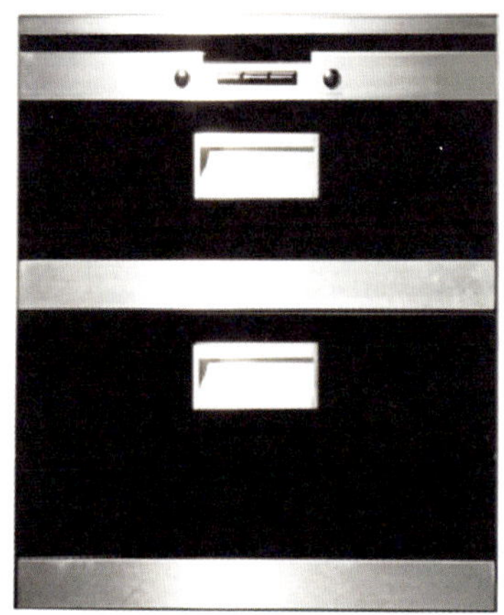

图 1　常见的食具消毒柜

3. 食具消毒柜的结构及特点

（1）结构特点：

食具消毒柜主要是由消毒系统（加热元件、臭氧发生器、紫外线灯等）、电气控制部件、照明系统、干燥系统、碗筷支架、外壳等几部分组成。家用食具消毒柜外壳多为不锈钢或镀锌板。其通常的工作方式为：使用者将需要消毒的餐具按照使用说明书的要求摆放在消毒柜的碗筷支架上，然后将柜门关紧，设定消毒程序或消毒时间。按下启动按钮后，消毒程序开始运行，待程序结束后，可取出餐具使用（根据消毒方式的不同，在消毒程序结束后，有的可能还要经过一段时间的等待，才能打开柜门取出餐具）。

（2）消毒特点：

电热消毒方式通常是 PTC 发热管或类似加热元件，以红外线直接辐射及热空气对流传热的方式进行高温消毒，通常其温度可达到 130℃以上。高温环境对细菌有明显的致死作用。微生物中的蛋白质因受热而发生变性凝固，活性消失，代谢发生障碍，从而导致死亡。试验证明，在 125℃～170℃的高温环境下，大肠杆菌、金黄色葡萄球菌、枯草杆菌的杀灭率可达 99.9％以上，对乙肝病毒也有极强的破坏作用。高温消毒尤其适用于陶瓷、玻璃、金属及各类耐高温材料的餐具。此类消毒方式的缺点是：功耗较大，不能对不耐高温的餐具进行消毒。

臭氧消毒方式一般采用高压无声放电装置产生臭氧分子。臭氧所产生的强氧化作用可以破坏微生物的膜结构，以实现杀菌作用。此类消毒方式特别适用于对塑料、婴儿用品等不耐高温的材料进行消毒。需要注意的是，臭氧可以有效地杀灭细菌，但如果吸入较高浓度的臭氧，对于人体也是有害的。所以使用臭氧食具消毒柜时应特别注意通风，并防止臭氧的泄漏。

紫外线消毒方式采用高效率、高强度和长寿命的 UV 光波管（见图 2）产生紫外光照，紫外线能够破坏微生物机体细胞中的 DNA 与 RNA 的分子结构，造成细胞死亡，达到杀菌消毒的效果。此类产品的特点是杀菌范围广、处理时间短，在一定的辐射强度下一般病原微生物仅需十几秒即可杀灭，整个工作过程功耗很低。但紫外线消毒对餐具没有烘干效果。如果长期储存餐具且环境较潮湿，金属类餐具有可能发生锈蚀，而且也有可能滋生新的细菌。

图 2　紫外线灯食具消毒柜内部的 UV 光波管

由于每种消毒方式都存在优点与不足，所以目前市场上销售的通常是组合型消毒柜。此类消毒柜的工作过程一般是先用臭氧或紫外线灯对餐具进行消毒，然后再通过发热元件进行烘干（烘干温度可调，且低于 100℃），即在实现很好消毒效果的同时保证了餐具不易变形、生锈，且节约能源。

二、行业概况

20 世纪 80 年代末，我国第一台食具消毒柜在广东顺德康宝公司诞生，从而揭开了食具消毒柜发展的新纪元。初期消毒柜主要应用于医院、饭店、餐厅等对卫生条件要求较高的场所。该产品进入家庭是在 20 世纪 90 年代，进入 21 世纪后发展更为迅速，特别是 2003 年的 SARS 流行，唤起了国人对于餐具消毒问题的关注，由此给予食具消毒柜一个良好的发展契机。

由于消毒柜产品生产门槛相对较低，故我国生产企业呈现数量多、分布广的特点。在广东珠江三角一带的消毒柜企业凭借生产规模、营销渠道与产品研发等方面的优势自 20 世纪 90 年代起就成为了消毒柜市场的主导力量。90 年代后期，江浙品牌异军突起并迅速发展，大大丰富了消毒柜的二三级市场。随后，产品多元化的厂家融入，并逐步占据了一定的市场份额。近些年，国外也有部分品牌进驻中国，但此类产品价格往往较高，因此仅在高收入阶层有一定市场。

具不完全统计，目前获得食具消毒柜生产许可证的生产企业有 200 家以上，但其中年产量能达到 100 万台以上的厂家很少。技术门槛低、企业普遍规模小是消毒柜行业整体实力偏弱的重要原因。近几年，消毒柜市场占有率高的品牌相对稳定，销售额逐步提升，随着行业成熟度的提高，通过整合、重组等过程，达到行业资源优化配置，使行业逐步走上良性、规范化的道路。与冰箱、彩电等传统家电相比，消毒柜在家庭中的占有率依然较低，仅为 10%～20%，因此市场空间极为广阔。消毒柜产品地域性差异明显，气候环境较为潮湿的广东、广西是消毒柜普及率最高的地区，尤其是深圳，消毒柜的普及率达到90%以上。但在环境相对干燥的北方则普及率较低，仅为20%左右，在广阔的西北地区普及率更低。

食具消毒柜的产品结构近年来也发生了较大变化，目前的消毒柜的安装方式已经从早先的立式、挂壁式转变为立式、挂壁式、嵌入式三种结构形式相结合。这三种形式的消毒柜，目前在市场上各有一定市场。立式消毒柜，早期数量比较多。壁挂式可以安装在墙上，以前厨房空间都比较小，用壁挂式能更有效利用空间，但后来随着厨房空间的增大，用户对美观的要求逐渐提高，立式、壁挂式消毒柜的市场份额急剧萎缩，嵌入式安装是最近非常流行的一种安装方式，它可与其他厨房器具尤其是燃气灶结合成一个整体，因而受到消费者广泛欢迎，业内也对这种型式普遍看好，市场占有率迅速上升。目前嵌入式产品的销量已占据了消毒柜市场的50%，其销售额更是接近70%。嵌入式产品已成为整个厨电市场的发展趋势。

三、标准解读及关键指标分析

1. 标准总体情况

为了促进产品质量的提高，保障消费者的安全和健康，同时指导行业发展。我国在2000年就发布了相关国家标准。随着产品技术的不断进步，标准也在不断更新。现行标准为GB 17988—2008《食具消毒柜安全和卫生要求》，该标准从电气、机械、耐热、耐燃以及辐射五个方面规范了安全要求，同时针对产品的特点规定了消毒柜物理、化学性能和消毒效果的检测标准，并与卫生部《消毒技术规范》（2002版）达成标准上的统一，使该标准的部门协同性、检测科学性、使用安全性都得以完善。2008版规范在前一版的基础上提高了消毒效果的要求，即“消毒柜最少应有一个室的消毒效果达到星级要求”，同时还严格分清了消毒室与无消毒效果保洁室的区别。标准在提高了产品安全性能和消毒效果的同时也为检测、检验机构提供了清晰、明确、规范、实用、科学的检测依据。该标准也是目前我国对食具消毒柜产品质量安全进行监管的主要依据。

2. 关键指标分析

（1）安全指标：

1）高温、烫伤类危险。标准规定高温消毒柜应标注“在消毒柜工作结束20min（臭氧、紫外线消毒柜10min）后才能把门打开，以免烫伤或臭氧泄漏”，且正常使用中达到较高温升的电热消毒柜柜门上应标有：“高温、小心烫伤！”的标识或警告，同时应在说明书中强调：该消毒柜不适用于塑料等不耐高温的餐具的消毒。

2）臭氧泄漏、紫外线辐射危险。应在说明书中含有如下警告“关好门后，才能使消毒柜工作，否则会有臭氧泄漏”；“如在使用过程中发现臭氧泄漏，应马上停止使用，通知专业人员进行维修”。在使用过程中，如发现可以不经过任何透光物体（如玻璃）就可直接看到紫外线光，应马上停止使用并维修。该类消毒柜的门、铰链等部件应能承受正常使用中的磨损，应按标准的试验条件，可承受10000次开关测试。当消毒柜门打开的最大缝隙达到2cm时，臭氧发生装置与紫外线灯应停止工作。如果臭氧浓度≥40mg/m^3、持续时间≥10min，则消毒柜应在消毒周期运行结束后才能打开。消毒柜在使用过程中其臭氧泄漏量不应超过标准规定值。

3）火灾危险。使用者应根据消毒柜所标注的额定功率（或电流）来选择合适的插座。若实际功率（或电流）过大，就会造成供电线路超负荷发热，可能引起火灾危险。针对这个问题，标准明确规定了消毒柜所标注的额定功率（或电流）的允差范围，以确保器具安全使用。

4）触电、漏电危险。消毒柜以Ⅰ类器具为主，使用带接地的插头。此类消毒柜应插在接地可靠的插座上。为避免在消毒柜的使用过程中发生触电危险，标准中对于产品的相关结构有明确且严格的要求。

5）确保正确使用。应在说明书中告知使用人员消毒柜的容量，每层抽屉的承重及偏差范围。应提示使用人员，需将餐具中的水倒净才可进行消毒，禁止把非餐具放入消毒柜。同时应明确消毒柜哪个室可用来消毒（需标注消毒星级），哪个室仅可用于保洁（无消毒能力），从而确保操作人员正确使用。

6）稳定性。带门的消毒柜，应确保不会因门的打开位置而翻倒；带抽屉的器具，支撑的搁架或抽屉必须有足够的强度和承重能力。

（2）消毒性能指标：

消毒柜的消毒效果分为两个等级，即一星级与二星级。消毒柜的正面位置应标有消毒柜的等级，以提示其消毒效果。消毒柜应最少有一个室达到星级要求，对于达不到星级要求的室，不得使用“消毒星级”标识（见图3），且应说明该室的使用功能。

图 3 “消毒星级”标识

对于以电热为主的消毒柜，对其消毒温度与消毒时间的规定为：一星级消毒室内，消毒温度应≥100℃，消毒时间应≥15min；二星级消毒室内，消毒温度应≥120℃，消毒时间应≥15min。

对于以臭氧为主的消毒柜，对其臭氧浓度与消毒时间的规定为：一星级消毒室内，臭氧浓度应≥20mg/m^3，消毒时间应≥30min；二星级消毒室内，臭氧浓度应≥40mg/m^3，消毒时间应≥60min。

注：消毒效果的相关限值是按照标准要求的方法通过相关试验来确定的。

四、常见的主要问题

据国家有关部门公布的抽查数据，2010 年，国家质检总局组织对食具消毒柜产品进行了国家监督专项抽查，共抽查了 68 家企业生产的 84 种产品，产品合格率为 77.4%；2010 年 3 季度，上海市质量技术监督局对本市生产和销售的食具消毒柜产品质量进行了专项监督抽查，共抽查 26 批次产品，合格的 21 批次，抽样合格率为 80.8%；2011 年广东省食具消毒柜产品专项监督抽查中，共抽查了 30 家企业生产的 30 批次产品，产品的合格率为 73.3%，抽查中发现的主要问题如下。

1. 标识及说明

（1）缺少必要的标识及警示语，或未按标准要求在器具的正面标出相关标识与警示语。

（2）相关标识及警示语无法满足标准所规定的持久耐用的要求。

（3）未使用符号，如缺少接地符号；或错误使用符号，如将质量单位误写为大写“KG”，容积单位误写为小写“l”等。

2. 功率与电流

部分食具消毒柜的实测功率与额定功率的偏差超过了标准的偏差限值。若食具消毒柜的实测功率较大，可能引发火灾危险；如果食具消毒柜的实测功率过低，则会降低对食具的消毒和烘干的效果，影响用户的使用。

3. 触电危险

（1）此类危险一般表现在产品结构不合理，或外壳、绝缘材料强度不够，导致依据标准进行相关测试时，试验结果超过标准限值。

（2）部分产品接地措施不够牢靠，或接地结构不合理，由此可能导致其接地保护失效（正确的接地方式及接地标识举例见图 4）。电源线固定不够牢靠（见图 5），易导致电源线损坏。

图 4　正确的接地方式及接地标识举例

图 5　器具内不正确的电源线固定方式

4. 一般结构要求

（1）部分产品存在锐边、尖端等不合理结构。这些结构在外部可能对使用人员造成机械伤害；在内部与电线接触，容易损坏器具，甚至导致漏电等危险。

（2）部分产品使用的供电线缆额定电流低于器具实际使用中所产生的电流。在正常使用中可能会导致供电线缆过热，存在火灾隐患。

5. 特殊结构要求

（1）GB 17988—2008 规定，对于臭氧浓度≥40mg/m^3、持续时间≥10min的食具消毒柜应装有制动锁开关，当消毒周期完成后才能打开柜门。一些厂家为了让产品达到标称的消毒效果，食具消毒柜内长时间保持高浓度的臭氧，但缺少制动锁开关，易导致用户在使用的过程中误开消毒柜，从而吸入高浓度臭氧，损害身体健康。

（2）食具消毒柜泄漏的臭氧平均浓度不应超过 0.2mg/m^3（按标准要求的方法测量）。因此企业在设计食具消毒柜时，一方面应采用较好的密封措施，另一方面，在满足消毒效果的同时，适当的降低臭氧浓度从而减少泄漏量。

五、选购和使用提示

为了安全与健康，消费者可以从以下几个方面考虑，来选购适合的消毒柜产品。

1. 购买前的准备

（1）准备放置消毒柜的房间通风是否良好，有无窗户。应注意将消毒柜置于通风干燥处。对于使用臭氧与紫外线消毒的消毒柜，良好通风非常必要，可以有效避免臭氧泄漏对人体造成的伤害。客厅与卧室中不宜使用臭氧消毒柜。

（2）确定放置或安装位置。根据家中布局来确定所需购买的消毒柜安装方式（台地嵌式、挂壁式或台地挂壁两用式）。若采用嵌入（见图 6）或挂壁的安装方式，应在购买前确认好空间尺寸，同时应注意其周围器具的使用情况（如烤箱等），按要求预留足够的空间距离，避免器具互相影响。

（3）家庭成员中是否有过敏体质者。如有，则应慎重选用臭氧消毒柜。

（4）家庭使用餐具情况。应确定家中常用餐具的材质，即餐具是塑料、陶瓷还是玻璃材质，是否可以耐高温，并以此来选择合适的消毒柜产品。

（5）家庭成员人数、饮食习惯。由此确定所需购置的消毒柜容积及功能。家庭人数多、饮食比较讲究的家庭应选用尺寸较大的消毒柜。

2. 选购

（1）选择大品牌产品。消费者在购买时，应选择信誉度高的品牌，并在正

图6　嵌入式食品具消毒柜

规商场或网店购买。最好事先通过各种渠道了解所选品牌的质量。

（2）谨防炒作误导。应注意分辨产品的实际效果与广告用语，切忌为概念炒作所迷惑，如节能、环保、智能等。应注意产品的“消毒星级”标识。

（3）确认消毒效果。市场上销售的产品必须通过国家防疫部门检测合格后方可上市。消费者购买时要注意该产品是否有权威卫生部门的卫生检验报告及质检部门的质量检验报告以证明其实际消毒效果。

（4）按所需规格选购。一般三口之家或普通办公室、接待室选用100L以下容积的单门或双门消毒柜；居室面积小时选60L以下较合适；而150L～400L容积的消毒柜，则主要用于酒店、食堂等公共场所的餐具消毒。

（5）选购节能产品。相同容积、功能相近的消毒柜，由于采用的结构、材料、工艺及所用加热元件的效率不同会导致产品的能耗不同。因此在实现消毒效果的同时，应注意购买相对节能的产品。

（6）注意售后服务。因消毒柜产品有一定的地域性差异，故购买时要考虑该厂家在当地是否有完善的售后服务网点及良好的服务信誉。

3. 使用

（1）在使用前应认真阅读使用说明书，必须按说明书要求使用。

（2）应注意室内空气流通，特别是使用臭氧式和紫外线式消毒柜时，必须保证整个房间通风良好。

（3）在消毒柜工作过程中，操作人员应尽量减少开门次数。在使用臭氧消毒柜时，更应避免在工作过程中开门，在消毒柜停止工作后，最好等 20min 再打开柜门，取出餐具。

（4）根据餐具数量和消毒间隔次数选择消毒时间，如果数量少或经常消毒，可选择短时消毒档。

（5）不要使用酒精溶液擦洗塑料件，不用金属丝球擦消毒柜表面。这会使塑料件、消毒柜表面失去光泽，造成损坏。

（6）不要将彩瓷或其他带有彩色釉质的餐具高温消毒，有可能会释放有害物质。

（7）最好将餐具洗净、沥干后再放入消毒柜消毒，并按照说明书的要求摆放，如此可以缩短消毒时间并降低能耗。

（8）应定期清洁消毒柜，并将下部集水盘中的水排干。

（9）臭氧与紫外线消毒柜，应注意其消毒元件是否工作正常，若发现故障或出现泄漏，都应及时维修。

（10）消毒柜损坏一定请专业人员维修，用户不得自行修理。

（由国家家用电器质量监督检验中心岳京松撰稿）

电压力锅

一、产品简介

1. 产品定义

电压力锅是一种用电加热并通过控温、控压产生一定压力来实现快速烹调的密封式电加热器具。

物理概念表明：在密封容器内，温度和压力变化成一定的对应规律，即压力越高，容器内的温度也就越高；电压力锅产品正是利用这一原理，突破食物烹饪温度低于水沸点温度的限制，在高于100℃（沸点）的温度下烹饪，可以使食物更加容易致熟，省时省电；与传统明火高压锅比较，电压力锅发挥了电器产品的独特优势，在全密封烹调的基础上，通过电气控制实现压力控制与压力安全防护，有效解决了高压锅的安全问题；电压力锅结合了高压锅和电饭锅的优点，能满足多方面的烹饪需要，能快速、安全、自动实现多种烹调方式，其节能、营养的特性是现代人追求的方向。

2. 产品分类

按压力控制与压力安全防护结构形式可分为：刚性结构电压力锅和弹性结构电压力锅；

按压力锅控制原理可分为：压力控制型和温度控制型以及两者复合型三种控制方式；

按产品操作控制方式可分为：机械式和微电脑式；

按加热方式可分为：热盘加热、电磁加热（感应加热）；

按内胆内表面材料可分为：不锈钢、铝合金、特种涂层等。

根据国家要求，电压力锅已实施 CCC 强制性产品认证制度，电压力锅产品必须标明 3C 强制认证标志方可出厂销售。

二、行业概况

1. 生产企业数和分布

我国电压力锅产业主要分布在广东、浙江、江苏、山东等地，企业级品牌数量多达数百个，其中广东制造企业数量超过 300 家，产量占到全国市场的 70%以上。

电压力锅属于家电领域的新成员，市场容量增加迅速，2005 年国内电压力锅市场零售量达 52.2 万台，2007 年市场总量达 600 万台，2011 年市场容量达 2500 万台，而据测算，到 2015 年市场容量将达到 4000 万台。

2. 行业特点和发展水平

电压力锅巨大的市场潜力以及相对可观的利润吸引了不少家电厂商的目光，大批企业蜂拥而至。目前市场销量前五名的品牌其市场占有率已达到约 80%的份额，主要品牌的集中度明显，因此，电压力锅正走出群雄纷争的时代，未来的电压力锅市场将由少数几个有实力的大品牌引领。

纵观电压力锅行业发展，可分为三个主要阶段：

2000 年～2006 年，市场投入期，整个行业规模不大，需要部分有实力的企业前期进行市场培育，引导消费市场；

2006 年～2010 年，属于高速成长期，行业规模急剧增大，增长率较高，增长空间好，国家家电产品下乡等政策明确支持后，众多家电企业介入，产能快速扩张，产品价格逐渐走低，竞争加剧；

2011 年～2014 年，触底震荡期，行业竞争日趋白热化，市场规模受经济影响萎缩，产能过剩，同质化倾向明显，价格战日趋激烈，中小企业面临洗牌；

2015年～2016年，稳定增长期，行业格局趋稳，有实力的大品牌产品升级换代需求，市场竞争趋于理性，销售结构逐步改善，推广普及逐渐深入。

3. 国内外发展趋势比较

在国际电压力锅产品市场上，日本、韩国是主要的制造国家，特点是具有较高工业设计效果配合电子化技术方案结合，其产品全部是刚性结构设计。2012年11月，最新颁布的国际标准［IEC 60335-2-15（Ed. 6.0）《家用和类似用途电器的安全液体加热器的特殊要求》］已写入中国自主知识产权的弹性结构电压力锅，在产品防堵性和泄压安全性等方面具有明显的技术优势，这将引领国际电压力锅市场进行一次产品安全升级。除此安全性保障技术外，还需在煮食烹饪上投入更多关注和研究。从未来的趋势看，中国生产的弹性结构电压力锅将成为国际市场的主流产品。电子式压力锅见图1，机械式压力锅见图2。

图1　电子式压力锅

图2　机械式压力锅

三、标准解读及关键指标分析

1. 标准总体情况

（1）电压力锅产业标准体系仍在逐步完善，目前执行的有以下标准。

1）质检抽查类：

——CCGF 213.3《压力锅》；

——CCGF 213.10《接触食品用金属器皿及工具》；

——CCGF 206.15《电压力锅》。

2）安全检测类：

——GB 4706.1—2005《家用和类似用途电器的安全　第1部分：通用要求》；

——GB 4706.19—2008《家用和类似用途电器的安全　液体加热器的特殊要求》；

——GB 13623—2003《铝压力锅安全及性能要求》；

——GB 15066—2004《不锈钢压力锅》。

3）食品接触（卫生）材料类：

——GB 9684《食品安全国家标准　不锈钢制品》；

——GB 11333《铝制食具容器卫生标准》；

——GB 4804《搪瓷食具容器卫生标准》；

——GB 4806.1《食品用橡胶制品卫生标准》；

——GB 11678《食品容器内壁聚四氟乙烯涂料卫生标准》；

——GB 17762《耐热玻璃器具的安全与卫生要求》；

——GB 11676《食品安全国家标准 有机硅防粘涂料》；

——GB 9687《食品包装用聚乙烯成型品卫生标准》。

上述标准，分别规范了电压力锅的不同安全要求和技术要求。

（2）关于产品安全要求介绍如下：

GB 4706.1是国家强制标准，等同采用IEC 60335-1：2004。GB 4706.19也是国家强制标准，等同采用IEC 60335-2-15。这两个标准规定了产品的电气安全、使用安全、标志说明等指标要求，还在结构安全方面，明确了电压力锅产品的破坏强度、合盖安全、开盖安全等指标，是电压力锅产品电性能主要安全标准。

（3）与应用及卫生安全有关的要求介绍如下：

1）GB 9684是强制性标准，规定了不锈钢电压力锅的理化指标，主要防止电压力锅与食品接触时，重金属大量迁移到食品中，从而威胁到消费者的身体健康。

2）GB 11333是强制性标准，规定了可迁移化学元素等质量安全指标。

3）GB 11678是强制性标准，规定了电压力锅内层的理化指标［蒸发残渣、高锰酸钾消耗量、铬（Cr）、氟（F）的限量］的质量安全要求。

4）GB 4806.1是强制性标准，规定了电压力锅密封圈的卫生指标。

2. 关键指标分析

除电压力锅产品的电气安全应符合国家相关的标准规定外，其他关键性指标如下。

（1）压力安全指标：

1）安全防护压力，是指电压力锅在零部件失效、排气通道堵塞或使用误操作等非正常工作状态下，进行安全防护的压力。

2）产品强度（破坏压力），在压力控制异常时，确保产品安全防护得以实施，不出现爆炸等危害。

3）开合盖安全性，电压力锅是微压力容器（与工业上的“压力容器”有明显差别），在产品的盖子没有扣合好或错误扣合时，不应出现造成危险的压力。

4）额定蒸煮压力，是电压力锅在正常工作状态下，产品容器内烹饪食物的最大压力，是决定电压力锅产品使用性能的关键指标，不同食物所需的烹饪压力不同，额定蒸煮压力越大，可选择的余度就越大。

5）密封圈，是电压力锅产品的主要密封部件，此部件应能满足米、肉、汤等的烹饪功能需求，并具有一定的防腐蚀性和耐老化性，经过测试后，密封圈的膨胀率及皱缩率不应大于规定值，并应符合国家相关标准要求。

（2）卫生指标：

1）电压力锅重金属的迁移。电压力锅在长期烧饭工作时，由于在高温高压的作用下，合成材料中的重金属物质可能会产生迁移，虽然这种情况已被科学证实是极微量的，并且控制得当是不会对人体健康产生危害的。重金属的迁移是指电压力锅在与食品接触时，其内胆中的重金属迁移（转移）到食品中。容易迁移出来的重金属有离子三价铬（Cr^{3+}）、六价铬（Cr^{6+}）、铅（Pb）、镍（Ni）、镉（Cd）、砷（As）等有害物质，这些物质在人体中一般不能排出，富集到一定程度，其毒性对人体身体健康伤害较大。其中铅（Pb）中毒可以延迟智力发展、动作不协调、阅读困难、减慢成长速度，影响神经系统；镍（Ni）中毒可引起镍皮炎；镉（Cd）中毒会引起丧失嗅觉、贫血、脱发、皮肤干燥、厌食和高血压；砷（As）中毒易导致恶心、呕吐、妄想、抽搐、昏迷等状况；铬（Cr）中毒对皮肤有刺激作用，会引起皮炎、湿疹等状况。其标准要求见表1、表2。

表1 不锈钢电压力锅理化指标

项　目	指　标	检验方法
铅（以Pb计）/（mg/dm^2），4%（体积分数）乙酸	≤0.01	GB/T 5009.81
铬（以Cr计）/（mg/dm^2），4%（体积分数）乙酸	≤0.4	
镍（以Ni计）/（mg/dm^2），4%（体积分数）乙酸	≤0.1	
镉（以Cd计）/（mg/dm^2），4%（体积分数）乙酸	≤0.005	
砷（以As计）/（mg/dm^2），4%（体积分数）乙酸	≤0.008	

表 2 铝合金制电压力锅、硬质铝电压力锅理化指标

项 目	指 标	检验方法
锌（以 Zn 计）/（mg/L），4%（体积分数）乙酸	≤1	GB/T 5009.72
铅（以 Pb 计）/（mg/L），4%（体积分数）乙酸 精 铝 回收铝	 ≤0.2 ≤5	
镉（以 Cd 计）/（mg/L），4%（体积分数）乙酸	≤0.02	
砷（以 As 计）/（mg/L），4%（体积分数）乙酸	≤0.04	

我国新标准中的铅、铬、镍、镉等重金属迁移限量均一致。此外，我国还根据实际采样分析情况，对砷迁移限量指标也作出了规定。

2）聚四氟乙烯涂层电压力锅的卫生要求。涂层（聚四氟乙烯、陶瓷等）电压力锅的卫生要求包含蒸发残渣、高锰酸钾消耗量、铬（Cr）、氟（F）的限量，其要求如表 3 所示。

表 3 涂层（聚四氟乙烯、陶瓷等）电压力锅的理化指标

项 目	指标 mg/L
蒸发残渣 蒸馏水，煮沸 0.5h，再室温放置 24h 正己烷，室温 24h 4%乙酸，煮沸 0.5h，再室温放置 24h	 ≤30 ≤30 ≤60
高锰酸钾消耗量 蒸馏水，煮沸 0.5h，再室温放置 24h	≤10
铬（Cr） 4%乙酸，煮沸 0.5h，再室温放置 24h	≤0.01
氟（F） 蒸馏水，煮沸 0.5h，再室温放置 24h	≤0.2

3）电压力锅密封圈的卫生要求。电压力锅密封圈的卫生指标要求包含蒸发残渣、高锰酸钾消耗量、锌（Zn）、重金属（以铅计）的限量，其要求如表 4 所示。

表4　电压力锅密封圈的理化指标

项　目	指标 mg/L
蒸发残渣 水浸泡液 正己烷浸泡液	 ≤50 ≤500
高锰酸钾消耗量 水浸泡液	≤40
锌（Zn） 4%乙酸浸泡液	≤100
重金属（以 Pb 计） 4%乙酸浸泡液	≤1.0
残留丙烯腈	≤11

四、常见的主要问题

质检部门高度重视电压力锅产品的质量安全，近年来国家质检总局组织开展了电压力锅产品国家监督抽查工作。抽查、检验中发现的主要问题如下。

1. 重金属迁移量

造成重金属迁移量不合格主要是产品选材不符合要求。国家相关的不锈钢制品（与食品接触）卫生标准 GB 9684—2011 规定：食具容器及食品生产经营工具、设备的主体部分应选用奥氏体型不锈钢、奥氏体·铁素体型不锈钢、铁素体型不锈钢等符合相关国家标准的不锈钢材料制造。部分企业为了追求利润，使用劣质不锈钢材料造成了重金属迁移量超标。

2. 产品包装标识

产品的标识不合格率比较高，普遍存在规格型号及质量等级未按要求进行标注等问题。其次包装上无生产日期或批号、产品执行标准、生产企业地址等信息、生产企业联系电话、产品规格型号标注不完整或未标注、包装上标注的企业地址实际为另一生产企业的地址等现象也比较明显，有些 3C 强制性认证标志也未按要求标注见图 3、图 4。

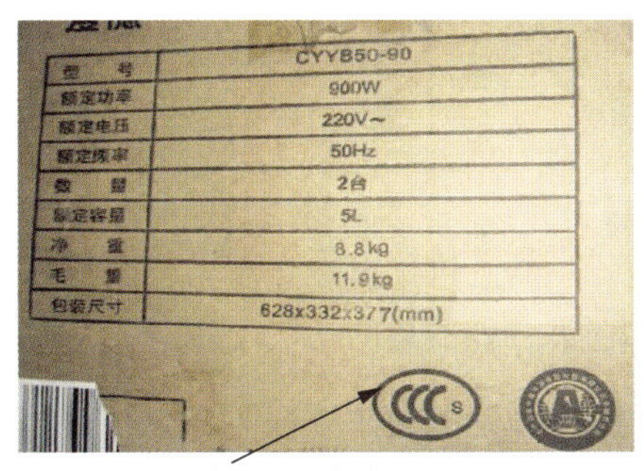

图 3　已标注 3C 强制性认证标志

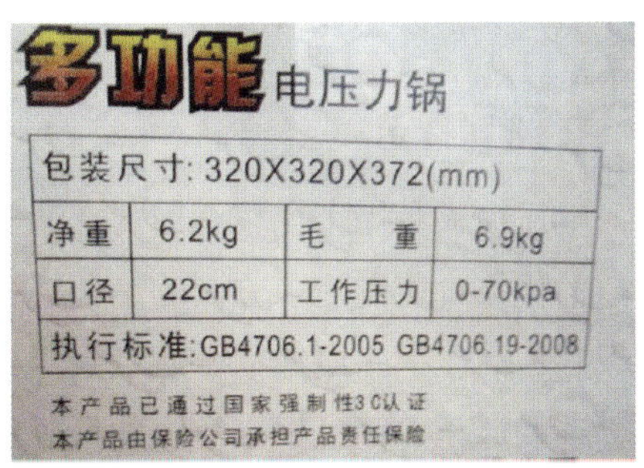

图 4　未标注 3C 强制性认证标志

3. 蒸发残渣、高锰酸钾消耗量

聚四氟乙烯涂层电压力锅的蒸发残渣、高锰酸钾消耗量的不合格见图 5，主要是由于涂料中加入的添加剂、催化剂，还有一些在生产过程中带入的杂质以及工艺的原因导致的，容易给消费者身体健康带来危害。

究其原因分析如下：一是企业为了降低成本，未对每批次原材料进行验货检验。二是工艺尚需进一步改进，使涂层结构更致密、稳定。

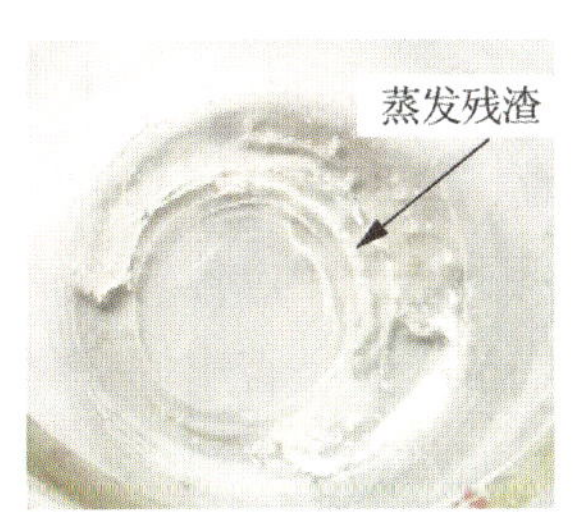

图 5　试验后蒸发残渣不合格

部分密封圈存在高锰酸钾消耗量不合格。高锰酸钾消耗量测试原理是用蒸馏水浸泡所测样品，所有容易溶出的有机小分子物质会溶解在水里，形成混合液。该混合液用强氧化性高锰酸钾溶液进行滴定，有机小分子物质会全部被氧化，而水则不会参与化学反应，通过高锰酸钾消耗量，表示可溶出有机物质的含量。

导致高锰酸钾消耗量超标的原因很多，如溶剂残留、表层油墨、黏合剂、薄膜的添加剂游离析出等，这就要求包装生产企业在生产前加强对原料的检验，生产中加强对工艺的控制，生产后对出厂严格控制。

五、选购和使用提示

1. 选购提示

电压力锅是一个比较实用的烹调器具。它具有传统电饭锅等烹调器具无法比拟的优势，能满足多方面的烹饪需要；它集多种器具的功能于一身，是替代电饭锅、高压锅、电炖锅、焖烧锅等锅类的首选产品。

选购电压力锅可根据个人的喜好而定。机械式电压力锅和微电脑式电压力锅的控制方式不同，前者操作复杂，价格相对便宜；后者方便直观，但价格较高。

选购电压力锅的规格容量应考虑使用人口的数量，2～3 人的家庭宜选 4L 的，3～5 人的家庭宜选 5L 的，6 人以上的家庭宜选 6L 或 8L 的。

产品性能方面要着重检查内锅与电热盘接触是否良好、通电发热是否正常，此外还要检查功能开关、保护开关以及轻触式按钮是否正常。旋动调节器和定时器动作应自如，加热和保温指示灯相应亮灭，定时器倒计时完成后能自动关机等。电源线和电源插头绝缘要良好，无氧化锈蚀等。

电压力锅的安全装置很重要，因为其安全性能的优劣直接影响电压力锅的使用性能。选购时应首先检查锅盖的密封圈有无变形或龟裂，方法是将锅盖嵌到锅体端口，顺时针旋转锅盖手柄至定位位置，锅盖应密封良好。还应查看浮子阀、排气阀、安全阀、防堵罩安装是否牢固可靠，金属外表面光亮无氧化锈蚀等。最后，注水通电试锅，加热到预定温度，排气阀能正常排气，定时器能按照设定的要求自动关机。

使用说明书、相关标识及安全提示详尽齐备与否代表了生产企业的责任心，并能保证消费者正确安全的使用。因此对此项检查也不可疏忽。

最后强调，一定要选购通过 3C 认证的产品。通过认证的电压力锅质量有保证，电气性能合格，售后服务到位。

2. 使用提示

初次使用时要认真阅读电压力锅使用说明书。

产品使用准备时，需使用专用配送的内锅，如内锅底部和发热盘表面有异物时需清除异物后再使用，烹饪食物和水的总量不能超过内锅最大刻度；严禁使用非原装锅盖，锅盖按产品上的指示旋合至合盖位置，再接通电源。

产品工作过程中，手不要靠近排气阀口，因锅盖温度较高，为避免引起烫伤，不要触摸锅盖；各烹饪功能档压力等级不同，烹饪食物的软硬度不同，烹饪、冷却的时间也不同，烹饪结束后，须到压力充分释放后，方可打开容器。

清洁产品应在冷却后进行，并不得将产品浸入水中或水淋，清理排气阀、防堵罩等部件，避免出现堵塞。

当使用过程中出现异常现象时，可按说明书的自检提示进行确认，如需修理时，必须由制造商、维修部或类似部门的专业人员进行，避免引起触电或其他伤害。

（由国家日用金属制品质量监督检验中心（成都）莫玲撰稿）

家用电动洗衣机

家用电动洗衣机已成为家庭中普及率最高的家用电器之一。但使用过程中，如果操作不当，会给消费者带来安全隐患，对常年使用洗衣机的每个家庭来说，安全合理地使用十分重要。

一、产品简介

家用电动洗衣机根据自动化程度划分，可划分为普通型洗衣机、半自动型洗衣机、全自动型洗衣机；根据结构划分，可划分为单桶洗衣机、双桶洗衣机、套桶洗衣机；通常在商场选购时销售人员会以双桶洗衣机、全自动波轮洗衣机、滚筒洗衣机这三种分类来介绍（见图 1）。

双桶洗衣机

全自动波轮洗衣机

滚筒洗衣机

图 1　洗衣机分类

二、行业概况

我国家用电动洗衣机经过30多年的发展，已成为世界洗衣机生产和销售大国，2011年，我国洗衣机的产量达到6600万台，同比增长11.5%，创历史最高纪录。其中波轮式洗衣机约占75 %（在波轮式洗衣机中，套筒全自动型又占到多一半）；滚筒式洗衣机占25 %。2011年，我国洗衣机的出口量2032万台，出口额26.7亿美元，分别比上一年增长15.53%和18.22%，在世界洗衣机市场上，产能和销售份额均已超过50%。我国已成为名副其实的家用洗衣机生产、销售和出口大国。

目前，我国生产的洗衣机品种和规格相当丰富，品种主要有波轮式和滚筒式，波轮式以套筒全自动、双缸半自动为主；滚筒式以洗衣或洗/干一体机为主。规格按洗衣容量（衣物干燥时的质量）计，从3千克到十几千克不等。从发展趋势看，随着城市化和消费水平的提高，滚筒式洗衣机的市场份额仍会继续加大，同时，高端洗衣机产品的市场份额也会增加。

我国洗衣机制造业经过多年的发展，形成了一批具有市场知名度的自主品牌，如海尔、小天鹅、美的、荣事达等。作为全球家用电动洗衣机制造中心，国际上一些知名的家电制造商也纷纷在我国落户：欧美品牌有西门子、博世、惠而浦、伊莱克斯、GE等；日韩品牌有松下、夏普、三洋、东芝、LG、三星等，这些国际知名家电制造商甚至已将研发中心移至我国境内，为洗衣机制造业的长远发展奠定了基础。

在行业整体转型升级的大背景下，生产新一代高效节能型洗衣机已成为行业发展的趋势，包括高效电机驱动技术以及变频驱动洗衣机（直驱式DD洗衣机）等新一代产品已开始批量上市，为洗衣机市场增加了新的活力。

从近五年的产品销售数据来看，波轮全自动洗衣机的比例变化不大，但是双桶洗衣机的比例在逐步减少，而滚筒洗衣机的比例在逐步增加。未来的洗衣机产品将是朝着大容量、超薄、快洗、洗净即停、杀菌抗菌、超高洗净比的方向发展。

行业的发展趋势将呈现以下几个主要特点：

（1）技术创新逐步增加，自主的研发能力逐步提高。

（2）节能环保水平接近国际先进水平，产品的绿色设计水平和资源综合利用水平明显提高。企业越来越重视产品有害物质含量的控制，并注重产品的可回收性及再生利用率的提高。

(3) 按照发展节能环保、健康、智能化产品的总体方向，结合产品升级换代的需求，提供高性能、高能效、集成化、精细化的产品。

三、标准解读及关键指标分析

1. 标准总体情况

目前洗衣机产品的标准主要有两大体系，一个是以欧洲为首的IEC标准，欧洲主要是使用滚筒洗衣机，2010年以前欧洲的IEC标准并没有涵盖波轮式洗衣机的测试方法。另一个是日本标准体系，主要是针对波轮式洗衣机的测试标准。

我国洗衣机产品的安全标准和IEC标准方面整体差异较小。由于生活习惯和经济水平等方面的原因，我国洗衣机产品的性能标准和国际上的主要两大标准体系差异较大，但总的标准原则是一致的。目前，与家用电动洗衣机直接相关的国家标准中涉及的主要内容有：电气安全、产品性能、能效等级等，相关的技术指标已经有了规范，这些标准将会促进和提高洗衣机产品的综合质量水平。国内涉及洗衣机产品质量、安全、性能的主要有以下标准：

——GB 4706.1—2005《家用和类似用途电器的安全　第1部分：通用要求》；

——GB 4706.24—2008《家用和类似用途电器的安全　洗衣机的特殊要求》；

——GB 4706.26—2008《家用和类似用途电器的安全　离心式脱水机的特殊要求》；

——GB/T 4288—2008《家用和类似用途电动洗衣机》；

——GB 12021.4—2004《电动洗衣机能耗限定值及能源效率等级》；

——GB 19606—2004《家用和类似用途电器噪声限值》；

——GB 4343.1—2009《家用电器、电动工具和类似器具的电磁兼容要求　第1部分：发射》；

——GB 17625.1—2012《电磁兼容　限值　谐波电流发射限值（设备每相输入电流≤16A）》。

——GB 21551.5—2010《家用和类似用途电器的抗菌、除菌、净化功能　洗衣机的特殊要求》。

2. 关键指标分析

(1) 性能指标：

1）洗净比。主要反映洗衣机对所洗物品的洗净程度，即能把衣服洗得有多干净的指标，它是通过与标准洗衣机对比的方式进行评价的。

2）耗电量。主要反映的是洗涤过程中的实际耗电量，以“单位洗涤容量用电量”表示，即洗涤单位质量的衣服需要用多少电量。

3）耗水量。主要反映的是洗涤过程中实际的用水量，它也是以“单位洗涤容量的用水量”表示，即洗涤单位质量的衣服需要用多少升水量。

4）漂洗性能。主要反映的是洗衣机在完成一次洗涤后衣服上残留的洗衣粉浓度的指标。

5）噪声。主要反映的是洗衣机在正常情况下工作时产生的噪声大小。

（2）安全指标：

1）电气安全要求。主要是防止洗衣机工作时以及在日常使用条件下可能会产生的电击危险。GB 4706 中对家用洗衣机防触电保护、泄漏电流、耐潮湿、接地电阻、电子电路评估等电气安全方面有详细的要求。

2）机械安全要求。主要针对防止在洗衣机日常使用中可能产生的机械类损伤而提出的要求。GB 4706 中对家用洗衣机中防运动部件产生的损伤以及机械稳定性、机械危险、内部结构、螺钉和连接等机械安全方面均有详细的要求和规定。

3）发热安全要求。主要针对防止在洗衣机日常使用中产生烫伤、火灾等提出的要求，GB 4706 中对家用洗衣机输入功率和电流、发热、非正常工作、耐热耐燃等方面均有详细的要求和规定。

四、常见的主要问题

1. 近年来国家监督抽查总体情况

近三年国家监督抽查的结果看，我国洗衣机产品抽查合格率一直稳定在80％以上，基本反映了目前我国洗衣机产品生产质量现状。

2. 抽查产品质量问题分析

洗衣机产品在近年国家抽查中，均对电气安全项目、电磁辐射项目和产品能效性能项目进行了检测，我国洗衣机产业经过多年的发展，已经基本解决了洗衣机产品电磁辐射安全监测的难题，产品在抽查中出现电磁辐射项目不合格的情况也几乎很少；而且经过不断地技术引进，洗衣机产品的结构设计上也日趋成熟，产品在电气安全项目上出现不合格的情况大为降低。目前，对比最为明显的是，洗衣机产品的能效、性能项目的不合格问题比较突出，一方面是由于部分企业技术实力较弱，科研开发投入较少，在新产品开发中，对产品的性能、能源效率等因素考虑不足；另一方面则是部分企业为了使产品在宣传上占据优势，产品质量指标没有按照产品实际性能进行明示。有虚标过高问题。导致产品出现不符合产品明示的情况。

通过抽查发现，产品存在以下几个具体的质量问题：

（1）电机发热。在规定程序和额定负载下运转，电机温升超过标准规定限值，使绝缘下降，导致泄漏电流过大，存在触电隐患；电机过热甚至引起火灾。

（2）洗净比低。洗净比是衡量洗衣机洗涤能力的强弱，洗净比数值越低，洗涤效果越差。

（3）耗电量大。洗衣机的桶体容量小，但明示值标识的额定容量较大，造成洗涤时电机阻力加大，功率增大，导致耗电量超出要求；实际生产用的电机和能效备案或认证用的电机不一致，能效备案或认证时使用的是功耗较小的电机，但是实际生产用的是功耗较大的电机，从而影响耗电量的测量结果。

五、选购和使用提示

1. 选购提示

（1）选“CCC”认证产品。选购洗衣机时，首先要认准产品是否已通过3C认证，获得认证的产品表明该类洗衣机的安全等基本性能均已获得国家认证部门的认可，这样的洗衣机机体或包装上应有“CCC”认证标志，一般在洗衣机的铭牌或者箱体显著处可以找到。

（2）选有节能节水和能效标识的产品。选购洗衣机时，可以查看产品是否经过了节能节水认证和是否粘贴了能效管理中心颁发的能效标识，目前，节能节水认证已经作为国家的专业认证，尤其是节能产品已经获得国家的政策补贴及优先推广。其认证标志粘贴位置一般在洗衣机正面门右上角处（见图2）。

（3）查看产品相关参数。关于洗衣机产品的重要参数在洗衣机产品铭牌、标识上一般都会有标注，例如铭牌上的额定洗涤容量、功率、外形尺寸、重量和图3所示能效标识上的洗净比、耗电量、用水量等，用户在购买前可以根据自己的实际情况综合考虑价位、能效等级、摆放空间的大小、售后服务等因素，以选出性价比较高的产品。

图 2　节能节水认证标识

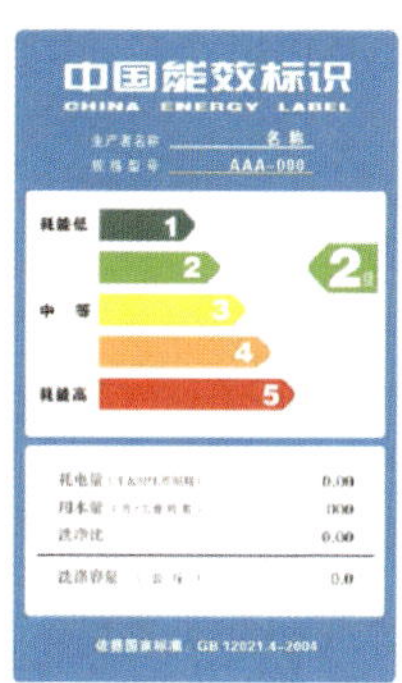

图 3　能效标识

（4）外观壳体工艺检查。观察整台机体的油漆是否光洁亮泽；门窗玻璃是否透明清晰；功能选择和各个旋钮是否灵活；门封橡胶条是否有弹性，如弹性不足，可能会造成水从门缝中渗漏。

（5）选择售后服务好的产品。洗衣机专业厂家生产的并被市场公认的名牌产品，一般保修三年和终身维修，本地应有维修服务部网点，可做到免费安装、登门维修服务。零配件失效后，到厂家能即时更换，并能做到产品免费升级。所以，消费者应该选择售后服务完善的产品。

2. 使用注意事项

（1）初次使用前应详细阅读使用说明书，全面掌握洗衣机的使用方法和注意事项。

（2）在使用洗衣机前，应接好地线，预防漏电触电，保护人身安全。

（3）在洗涤前应查看衣物上的标签，看是否可以水洗、熨烫等，并根据衣物的质地，如棉织、化纤、羊毛等选择相应的洗涤程序。

（4）在运转脱水程序时偶尔会发生脱水不平衡，全自动型洗衣机一般会自行修正 1～2 次，如果修正没有解决会自动停机报警，这时可以手动打开机盖把衣物调整下，如果不是自动型洗衣机，在运转脱水时应尽量把衣物放置得均匀，避免脱水不平衡情况的发生。

（5）每次洗完衣物后，应把机盖打开一些，有利于机内的湿气散发，也能够防止机内的细菌滋生。

（由国家压缩机制冷设备质量监督检验中心彭大卫撰稿）

电热毯

一、产品简介

电热毯产品是一种物美价廉，使用方便的床上取暖用品。电热毯在我国的生产历史已有30多年。我国电力紧张，与空调、电暖器相比较，同样作为取暖器具的电热毯，100W左右的加热功率就能达到比较好的取暖效果。电热毯产品尤其适合北方消费者在天气阴冷的时候，特别是在秋冬和冬春交季之时，作为辅助取暖用具使用。在我国南方，冬季普遍比较潮湿，使用电热毯比空调、电暖器舒服，在我国的中小城市和广大农村，电热毯的需求量极大。

电热毯产品（见图1）一般由发热元件、柔性部件和控制装置三部分构成。

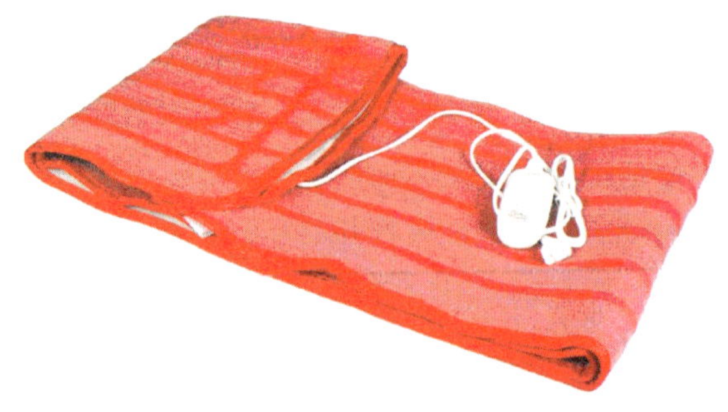

图1　电热毯外观图

电热毯产品的生产工艺非常简单，主要是把电热毯面料、发热元件、电源线及控制装置几部分零部件组合在一起，整机产品的好坏主要取决于零部件质量的好坏。

电热毯从规格尺寸划分可分为单人型电热毯和双人型电热毯两类。

按照控制方式分为调温型电热毯和控温型电热毯两类。

（1）调温型电热毯的特性是：在工作时功率不发生变化，发热与散热保持着一定的热平衡，直至工作温度稳定。调温型电热毯不会整晚工作，这是由调温型电热毯自身特性造成的。调温型电热毯如果正常状态下持续工作，毯面温度会在上升至 60℃左右时达到热平衡，即发热与散热平衡。但此温度过高，使用者无法忍受，都在毯面温度升至使用者感觉合适的温度，人为断开电源，此时电热毯停止工作，并且不会自动接通电源。如果在北方地区，由于气候寒冷，室温较低，被褥温度下降很快，很多消费者都是后半夜再次开启电热毯取暖，影响睡眠质量。调温型电热毯结构简单，控制器只有功率档位区分，不能整晚使用，故价格低廉，属于低档电热毯。

（2）控温型电热毯的特性是：可以由使用者设定温度，电热毯在工作中自动调节功率，使温度保持在设定温度。控温型电热毯一般功能复杂，除了控制温度以外，有些电热毯还带有定时开关机、除螨、夜灯等其他功能。由于温度可以保持在设定温度，控温型电热毯可以整晚使用，有些高档电热毯还可以设定开关机的时间，这适合那些追求睡眠质量的消费者。控温型电热毯价格较高，属于高档电热毯。

电热毯产品在我国属于工业产品生产许可证管理目录范围内的产品，电热毯产品必须获得生产许可证方能在市场上销售；此外，电热毯也属于自愿性认证产品，企业为了提高自身的素质与产品的质量，可以以自愿的行为进行 CQC 认证。

二、行业概况

电热毯产品在我国属于工业产品生产许可证管理目录范围内的产品，全国已获证企业约 300 家，全年总产量应在 6000 万条以上，虽然企业数量很多，年产销量也很大，但全行业全年总产值不过 30 亿元，属于家电产品中的小行业，其中主流品牌不过十家，绝大多数电热毯生产企业都是小型企业。电热毯行业的经济总量在全国家电行业占比很小，但出口比重明显大于其他小家电产品。据统计数据，2011年度电热毯出口总额约2亿元，占全球同行业市场总额的71%，占全国家电出口总值的5%。

电热毯的重点生产区域主要集中在河北、山东、辽宁、上海、广东（主要出口）、四川、湖北等省市，其产量约占全国总产量的90%以上。

电热毯产品的生产工艺非常简单，最基本的生产设备仅仅包括：剪刀、缝纫机、螺丝刀、电工钳等几种工具和器具。特别适合于小型企业，甚至是家庭作坊进行生产。事实上，国内绝大多数的电热毯生产企业也都是小型企业和家庭作坊。

近年来，电热毯行业得到了快速发展，品种不断增加，质量不断提高，较好地适应了广大人民群众的消费需求，但是，电热毯又是直接接触人体，在消费者睡眠的情况下使用的家用电器，一旦发生质量和安全事故，就会给消费者带来生命威胁和财产损失，因此电热毯的质量和安全尤为重要。

三、标准解读及关键指标分析

1. 标准总体情况

目前，我国已经发布实施各类电热毯标准共四项，这些标准的制定与完善，提高了电热毯行业的整体质量水平，对促进行业发展起到了重要的作用。

(1) GB 4706.1—2005《家用和类似用途电器的安全　第1部分：通用要求》为强制性国家标准，等同采用IEC 60335-1：2004。是所有家用电器安全标准的通用要求。该标准提出了对器具在触电、火灾、机械、烫伤、辐射方面可能出现危险时防护的具体要求与相关检测方法通则。

(2) GB 4706.8—2008《家用和类似用途电器的安全　电热毯、电热垫及类似柔性发热器具的特殊要求》是强制性国家标准，等同采用IEC 60335-2-17：2006，是配合通用标准使用的专门针对电热毯等类似器具特殊标准，对于电热毯以及类似器具独有特性进行要求，如对与人体直接接触部位的温升、电热元件的弯曲试验、柔性部件的耐久性试验、柔性部件的耐燃烧试验等。

(3) QB/T 2994—2008《电热毯、电热垫和电热褥垫》为电热毯等柔性器具的行业标准。针对电热毯的外观、尺寸及形状误差、电源线及连接软线长度、电磁辐射、温升及其均匀性以及安全使用年限等内容作出要求。

(4) GB/T 23107—2008《家用和类似用途电热毯性能测试方法》为推荐性国家标准，修改采用IEC 60299：1994，该标准仅为电热毯专门的性能标准，对电热毯产品尺寸、温度均匀性、温度稳定性、洗涤效果作出了规定。

2. 关键指标分析

（1）安全指标：

1）触电：电热毯是与人体直接接触的器具，如果漏电，将会直接威胁生命。标准规定电热毯柔性部件的泄漏电流最大不得超过 2.5mA。

2）火灾：电热毯是使用在床上的一种电器，床单等卧具都是易燃物，如果电热丝老化出现闪弧，或者使用者抽烟将烟灰掉落在床上，都可能会引燃电热毯，造成火灾。电热毯应该遇到轻微火花不燃烧，或者燃烧火焰蔓延的速度要慢，这样就给使用者发现并采取措施争取了时间。

3）机械危险：电热毯是一种柔性器具，发热元件在使用过程中有可能折叠或者褶皱使用，所以标准要求电热毯发热元件能够进行 25000 周期的弯曲试验，要求同时电热元件导体与绝缘外皮都不能损坏。

4）烫伤：电热毯直接与人体接触，如果发热过高将会烫伤皮肤，根据 GB 4706.8—2008 的要求，电热毯在正常使用情况下，控温型电热毯发热元件最高温升不超过 95℃，调温型电热毯热元件最高温升不超过 80K，在非正常工作状态下（例如器具在皱褶情况下工作），控温型电热毯发热元件最高温升不超过 160℃，调温型电热毯热元件最高温升不超过 145K。

5）标志与说明：电热毯产品对产品的铭牌和说明书应符合 GB 4706.1 以及 GB 4706.8 中的要求，例如在标志和说明书都应该有“不得折叠使用或者弄皱使用”，“不得插入针销”等警告语或者警告符号（见图 2）。

a）“不得折叠或弄皱使用”的符号

b）“不得插入针销”的符号

图 2　电热毯产品警告符号

（2）性能指标分析：

1）外观：电热毯表面应该平整、清洁、柔软、针迹整齐均匀、缝合牢固。

如有倒角，则圆弧应均匀对称。控制装置的外壳应该完整、光滑、无缺陷。

2）尺寸：器具尺寸应该符合其标称尺寸，对于长、宽以及对角线，标准都有具体的偏差要求；同时电热毯的电源线长度不得小于1800mm。

3）发热均匀性：由电热丝组成电热毯的发热区域，电热毯发热元件应能升温至人体适宜温度，且温升应该均匀。在正常工作时，电热毯温升不小于17K，表面最高点与最低点之差不大于14℃；对于多温区电热毯，其发热表面最高温区与最低温区平均温度之差不小于5℃，各个发热温区最高温度与最低温度之差不大于14℃ 。

4）洗涤效果：可洗涤电热毯可以按照电热毯标明的洗涤方式进行洗涤，检查其收缩率，并应符合标准要求。

5）电磁辐射：电热毯在正常工作的时候会产生电磁辐射，按照IEC62233：2005的附录C中电磁辐射要求，加权值W不超过1。

6）安全年限：制造商必须明示，电热毯以生产日起开始计算，安全年限为至少6年。

四、常见的主要问题

电热毯产品是在通电状态下产生热量，而电热毯产品在使用过程中又需要与使用者的身体直接接触。一旦产品有质量问题且使用不当，极易出现漏电和燃烧等危险情况。电热毯产品的质量和正确的使用方法是关系到能否确保使用者人身和财产安全的大问题。在历年国家抽查的过程中，发现电热毯经常出现如下的几类问题。

1. 标志或者说明书警告语缺失

电热毯铭牌与说明书应有标准所要求的必要信息。电热毯作为与人体直接接触的器具，又是放置于床上的柔性部件，容易卷折、破损，可能引起人身危险和财产损失，所以正确的使用方法就是必要的。电热毯的安全标准，即GB 4706.8—2008要求其说明书应有如下的要求：

（1）不得折叠使用（可用符号）；

（2）不得弄皱使用（可用符号）；

（3）不得插入销钉（可用符号）；

（4）下铺电热毯或上盖型电热毯；

（5）弄湿时不得使用；

（6）不得让不能自理人员、婴幼儿或对热不敏感的人使用；

（7）“重要说明，注意保存以备后用”（要求字体高度大于 6mm）；

（8）当不用时，按下述方法存放（引用必要说明）；

（9）在存放期间，不要把物品放在器具上致使器具起折痕；

（10）经常检查器具上是否有磨损或损坏的迹象，如果有这类迹象，或是如果此器具已被误使用，则应在下次使用前返回到供应商处；

（11）此器具不是以用在医院为目的的；

（12）存放器具前，在折叠前先让器具冷却下来；

（13）不要在可调床上使用，如果要在可调床上使用，则要检查电热毯或软线是否会被折皱或卡住；

（14）此电热毯不宜被儿童使用，除非家长或监护人已事先对其进行设置，或已对儿童就其使用方法给予充分指导；

（15）电源线损坏应有如何处置的说明；

（16）仔细阅读说明书（可用符号）；

（17）没有特别要求，以上要求的警告语字体应均应大于 2.5mm。

如果缺少以上的警告语，使用者就不能了解电热毯的正确使用方法，会错误操作，或者让不适用使用调温型电热毯的人士使用，这可能会造成起火、烧伤、触电等严重的后果。以上的警告语是一条普通电热毯最低要求的警告，但是在每年的国家抽查过程中仍发现有电热毯产品此项目不合格，究其原因，是企业不重视产品标准中的相关要求造成。

2. 功率偏差超过限值

电热毯输入功率和电流的允许偏差要求在－20％～＋5％之间。如果超过正偏差限值，可能会造成供电电路超过负荷，而引发火灾等危害；如果电热毯输入功率和电流小于负偏差限值，则是对产品规格值的虚假夸大，损坏消费者的利益。功率测试方法简单，测试设备费用也并不高昂，但是每次监督抽查，都会有电热毯出现此类不合格。出现这种不合格原因是企业不重视过程检验与出厂检测，使得不合格产品流向市场。

3. 非正常工作（五层折叠试验）

电热毯产品在折叠等非正常工作的情况下应有温度限制措施。绝大多数电热毯产品都具备安全保护装置，在温度上升到一定值时能自动断电，实现温度保护。但如果没有温度限制措施，或者温度限值设定不正确，在进行非正常工作（例如五层折叠试验）时，发热元件的温升超过标准规定的允许值，温升过高会造成起火危险。现在正规企业生产的电热毯一般采用“双螺旋”发热电热元件（见图 3），外丝载流件为保护作用元件，内丝载流件为发热电阻丝，中间有感温绝缘体隔绝。当电热毯温度升至一定程度，感温绝缘体融化，内丝外丝接触并短路，产生大电流，瞬间保护装置动作，断开电源。

图 3 “双螺旋”发热电热元件结构示意图

4. 机械强度-发热元件弯曲试验

电热毯产品的核心——发热元件的质量是影响电热毯质量的重要影响因素。电热毯在使用过程中，长期受到使用者的挤压，因此发热线的耐弯曲能力决定着产品的使用寿命及使用安全，因为发热线一旦出现断丝，将极易引发火灾，而发热线绝缘被破坏，将会造成使用者触电伤害，因此要求产品的发热线必须要达到标准规定的 25000 次弯曲能力，在弯曲试验结束后，将电热丝浸在浓度约为 1% 的盐水中，进行绝缘电阻的测量，绝缘电阻应大于 1MΩ。

5. 耐热耐燃

这主要考核电热毯产品材料的耐燃性能。电热毯在弄皱异常情况下使用时会造成电热毯热量散发不开，局部温度过高进而引发火灾事故。因此使用的面料应采用经过阻燃剂处理过的化纤、棉织面料，电极火花点燃时间应≥120s或平均值≥80s。如果企业没有对电热毯的毯面材料预作处理，那么普通的布面材料就没有任何阻燃性，遇到火花不但起不到阻燃作用，还会变成易燃物，成为火灾的导火索。

五、选购和使用提示

1. 选购提示

（1）正规渠道购买。消费者在选购电热毯时，首先应该通过正规渠道购买。超市或者商场有自己的准入制度，在进货前都会仔细检查产品的真实信息以及生产企业持有的证书、报告。这样的地方购买的电热毯是比较有质量保障的。尽量不要在没有营业执照的网站或者小集市上购买。一条合格的电热毯，成本应该在30元以上，消费者在选购时慎重选择廉价的电热毯产品。

（2）看外观以及标志。在购买电热毯前应仔细检查产品的包装是否严密，能否清楚地显示产品的名称、规格型号、制造商名称以及地址；检查电热毯外观是否干净整洁，面料应厚重，手感细腻，针脚均匀紧密，接头光洁整齐、开关材质严密结实、控制器灵敏。

（3）检查产品标志、说明书，看是否有前面所说的那些警告语。

（4）通常情况下，合格的电热毯产品标志，应该有以下信息：

1）QS标志；

2）CQC标志（电热毯是自愿性认证，故也可以没有）；

3）制造商名称；

4）执行标准号；

5）产品型号、规格参数；

6）警告语以及安全年限；

7）生产日期（这个信息也可以出现在合格证或者其他标志上）。

电热毯标示示例见图4。

（5）此外检查是否有合格证以及说明书，说明书应该有企业地址、联系方

图4 电热毯标志示例

式，应该有详细的使用方法以及注意事项。

2. 使用提示

（1）使用前，仔细阅读说明书，科学使用电热毯，尤其注意电压、频率要一致，与其他电器共用家庭电源时，应计算是否过载。

（2）电热毯不要与人体直接接触，最好在上面铺一层毛毯或床单。

（3）电热毯不要与热水袋等其他热源同时使用，以避免造成局部过热。

（4）不要在电热毯上放置尖硬物品，更不要将电热毯放在突出金属物或其他尖硬物上使用。

（5）经常检查电热毯，避免折叠、打褶现象。

（6）部分病人应尽量少用或不用电热毯，如：慢性支气管炎、肺气肿、哮喘病的患者，肺结核咯血、胃出血、消化道溃疡、脑血管疾病的患者。

（7）婴儿及生活不能自理者不要单独使用电热毯，应有人陪伴方可使用。

（8）电热毯不能用于医疗。

（9）检查电热毯铭牌是否有可洗涤标志，不可洗电热毯禁用水洗，如出现断丝、短路不热的情况，应到维修点请专业人员修复，切不可随意自行拆修，以防发生危险。

（10）电热毯的毯面、控制器、电源线，一旦出现磨损或异常，应停止使用、废弃或者返回经销商处维修。

（11）电热毯如不长期使用，应按照说明书要求，妥善放置。

（由国家家用电器质量监督检验中心张兆明撰稿）

电风扇

一、产品简介

电风扇简称电扇，是一种利用电动机驱动扇叶旋转，形成空气流动，产生风动效应的家用电器，主要用来清凉、降温、解暑和加速空气流通。

电风扇按用途分类可分为：用作降温散热的家用电风扇（常见类型见表1）和用作室内外空气交换用的换气扇（常见类型见表2），在此基础上还有壁扇、吊扇、转叶扇等。电风扇作为常用的家用电器，属于国家强制性认证（3C认证）范围内的产品，产品贴有3C认证标志才能在市场上销售。

表1 常见家用电风扇

序号	名称	实物照片	特点
1	台扇		放置在工作台上使用，一般带摇头装置，不带高度调节装置，方便移动

续表 1

序号	名称	实物照片	特点
2	落地扇		放置在地面上使用，一般带摇头装置和高度调节装置，方便移动
3	台地扇		兼具台扇和落地扇两者的特点，通过调节高度，可放置在工作台或者地面上使用
4	转页扇		由旋转的导风轮来控制送风方向，送风柔和，占地面积小，便携性强
5	壁扇		安装固定在墙壁上，一般带有摇头功能，不需要占地空间
6	吊扇		安装固定在天花板上使用，风量大，不需要占地空间

续表 1

序号	名称	实物照片	特点
7	顶扇		安装固定在天花板上使用，扇头可围绕安装底座轴线回转360°，向不同方向送风，无需占地空间
8	柱式扇	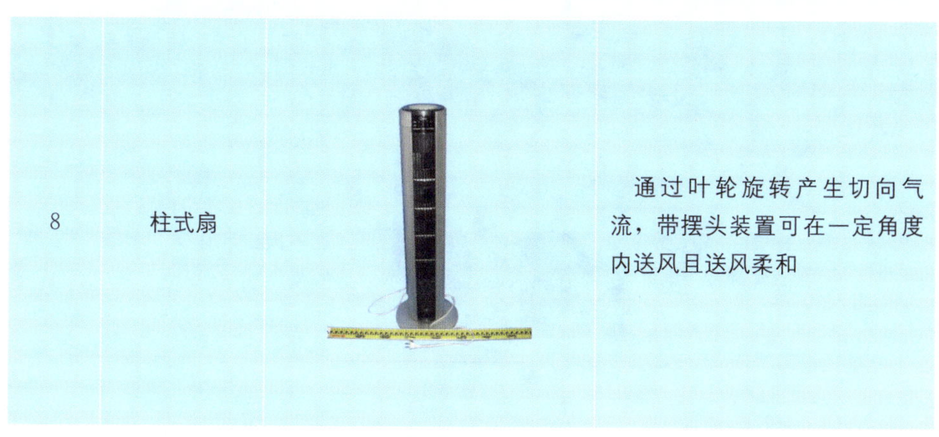	通过叶轮旋转产生切向气流，带摆头装置可在一定角度内送风且送风柔和
9	空调扇	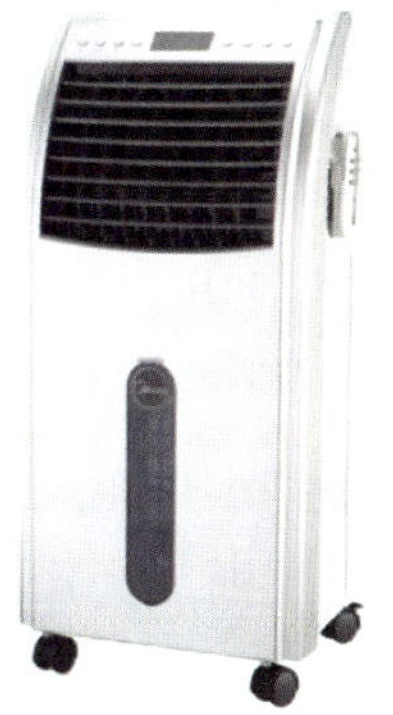	一般以水为介质能兼具加湿和降温的功能，且带有滤网有一定的空气过滤功能，送风柔和

表 2　常见换气扇

序　号	名　称	实物照片	特　点
1	隔墙式换气扇		安装在隔墙孔洞里或孔上，隔墙的两侧都是自由空间，从隔墙的一方到另一方作交换空气用的换气扇
2	自由进/排气型换气扇		在进风口或出风口的任意一侧装有导管，而另一侧为自由空间的换气扇
3	管道式换气扇		进风口和出风口均装有导管的换气扇

二、行业概况

1. 行业分布

我国是世界上最大的电风扇制造国和出口国。早在 20 世纪 80 年代，电风扇已作为家电的“普惠产品”进入千家万户。目前国内电风扇生产企业有数百家，其中大、中型企业居多，也有一些小型企业。2011 年，电风扇产量超过 1.7 亿台。电风扇行业呈现出以广东、浙江为产品主产区，高端产品市场扩大、中低端产品市场保有量大的行业特征。

2. 行业发展状况

电风扇在我国已有五十多年的生产历史，早期的产品以机械式风扇为主，产品形式单一，品种也不多。进入20世纪80年代以后，由于市场需求的增加和产品技术水平的提高，电风扇开始进入高速发展期，出现了许多新产品和新功能。从使用形式上有台扇、壁扇、台地扇、落地扇、吊扇、顶扇、转页扇、柱式扇、装饰型吊扇和换气扇等；从控制方式上有电子式和机械式，近年来还有企业推出温控和声控电风扇；从功能上有自然风和睡眠风等，现在生产的电风扇上还出现了许多新功能，比如负离子氧吧、紫外线灭蚊等，产品的安全和性能方面都得到很大的提高。

近年来随着空调产品的增多，以及原材料价格的上涨，电风扇产量一度出现下滑。但由于能源日趋紧张，而电风扇具有低能耗、使用方便、价格低廉等优点，特别是一些知名厂家不断提高产品质量，丰富产品功能，推出诸如加湿风扇等新产品，得到广大消费者的认可。随着农村市场的进一步开拓，市场仍有一定的增长空间。由于3C认证的不断推广，以及国家和各级地方质量监督部门的重视，电风扇生产企业基本呈现生产规范、质量提高的态势。

电风扇要想避免成为“夕阳行业”，除了提高质量外，还需要考虑外观和功能个性化（如增加驱蚊和音频视频功能），使用人性化（如蓝牙远程遥控和轻触式开停机），节能舒适（如使用直流电机和无级调速）等重要因素。总体上，功能和技术创新，追求节能和舒适，是电风扇行业未来的发展方向。

三、标准解读及关键指标分析

1. 标准总体情况

目前，我国已经发布并正在实施的关于电风扇产品的重要标准如下。

（1）安全标准：

——GB 4706.1—2005《家用和类似用途电器的安全　第1部分：通用要求》；

——GB 4706.27—2008《家用和类似用途电器的安全　第2部分：风扇的特殊要求》。

（2）电磁兼容标准：

——GB 4343.1—2009《家用电器、电动工具和类似器具的电磁兼容要求　第1部分：发射》；

——GB 17625.1—2012《电磁兼容　限值　谐波电流发射限值（设备每相输入电流≤16A）》。

（3）产品性能及检测方法标准：

——GB/T13380—2007《交流电风扇和调速器》；

——GB/T 14806—2003《家用和类似用途的交流换气扇及其调速器》。

（4）噪声限值标准：

——GB 19606—2004《家用和类似用途电器噪声限值》。

（5）能效标准：

——GB 12021.9—2008《交流电风扇能效限定值及能效等级》。

2. 关键指标分析

（1）安全指标：

电风扇产品主要涉及电气、机械、热等方面的安全防护，主要安全指标如下：

1）输入功率和电流。主要对实测的输入功率和电流与产品的额定输入功率与电流的偏差做了要求，使消费者了解产品的最大功率。

2）发热。对产品在正常使用中，器具本身和环境温度所达到的最高温度做出要求，避免烫伤使用者，零部件局部温度过高。

3）非正常工作。主要是指产品的结构应该能消除非正常工作或误操作导致的危险，如电风扇的扇叶被卡死，应该有热保护装置来防止电机过热起火等状况的发生。

4）稳定性和机械危险。主要是指类似于台扇、落地扇等放置在桌面或者地面上使用的产品应该在正常使用过程中不发生倾倒。网罩应该有足够的强度和密度，防止手指进入网罩触及扇叶等运动部件。对于吊扇和换气扇等应按照说明书要求安装在 2.3m 以上等。

（2）性能指标：

1）输出风量。是指电风扇产品在额定电压和频率下，最高档位运转时产生的风量，这是风扇最重要的性能指标之一。标准中对不同扇叶直径的电风扇做了相应输出风量的最低要求，如 400mm 落地扇风量不能小于 $54m^3/min$。

2）调速比。电风扇的调速比是指最低档位的转速与最高档位转速的比值。调速比越小，表示电风扇的风量可调范围越大，消费者使用越舒适。

（3）产品能效指标。该指标是指电风扇产品在额定电压和频率下，最高档位运转时产品实测输出风量与实测电动机输入功率的比值。能效值越大，表示电风扇越节能。

（4）噪声指标。该标准是针对电风扇运转所产生的噪声而制定的。标准中对不同扇叶直径的电风扇做了相应噪声要求，如 1400mm 吊扇的最大噪声值不能超过 70dB（A）。

四、常见的主要问题

由于电风扇产品使用普及率高和保有量大，质检部门对电风扇产品的质量安全极为重视。自 2006 年～2012 年间，国家质检总局累计六次对电风扇产品进行了国家监督抽查，主要涉及台扇、壁扇、落地扇、吊扇、台地扇和转页扇等产品，主要存在如下问题。

1. 对触及带电部件的防护

目前，风扇产品对带电件的防护问题已基本解决，用户使用的安全性有了很大提高，目前还存在的问题是Ⅱ类器具中对基本绝缘的防护不够充分，试验指可触及用基本绝缘防护的电机外壳。电机外壳是按基本绝缘来设计的，由于基本绝缘是施加于带电部件仅有的基本防护，长期使用或意外导致绝缘削弱会造成与带电部件的接触。近年来由于原材料价格上涨的原因，不少企业把以前的Ⅰ类器具改为Ⅱ类器具，但是未注意及时改进产品的防触电保护措施，造成安全隐患。因此企业在设计外壳形式时要充分考虑产品的不同使用状态，提供充足的防护措施。图 1 为防触电不合格示例。

图 1　防触电不合格示例

模拟人手指的试验探棒用不足 20N 力能进入Ⅱ类器具外壳触及电机外壳，有与带电部件接触的危险。

2. 非正常工作

目前的主要问题是风扇在电容器短路和电动机堵转时运行，电机绕组温度超过标准限值，试验后电气强度试验击穿。发生这一问题的主要原因是生产企业偷工减料未在电机内部安装热保护装置或电机热熔断体的安装不合理，当电机绕组温度升高到标准限值之前没有及时动作切断电路，导致温度持续升高使得电机绕组烧毁和绝缘削弱，可能发生起火或与带电部件接触。图 2 为电风扇非正常测试不合格示例。

图 2　电风扇非正常测试不合格示例

3. 稳定性和机械危险

由于风扇上部的重量主要集中在电机和网罩处，而且通过调节俯仰角或者摇头最不利定位可以改变上部重心的位置，风扇在 10°倾斜面上会翻倒，这在使用时会产生危险。重心的平衡主要依靠底座，底座的重量和尺寸要设计合理，以保证不同状态下产品都要有可靠的稳定性。目前电风扇逐渐朝着轻巧时尚的方向发展，部分厂家在设计底座时尺寸较小，重量也较轻，这样风扇在较大仰角的情况下重心偏移，产品容易发生翻倒。

电风扇的机械危险主要发生在试验指可以进入网罩触及危险运动部件，用户使用时可能因为触及运动的扇叶产生危险。风扇的网罩主要作用是提供机械危险的防护，目前国内的风扇产品大多采用放射形的前后网罩，网罩一般由 108～120 根直径为 1.6mm～1.8mm 的金属丝组成，再加上几根加强筋，合格的网罩结构坚固，“试验指”以小于 5N 的力不能进入网罩，而且还必须关注网罩在经过 0.5J 的冲击试验后不变形，以免试验指进入网罩。目前有些厂家为了节约成本，采用了减少金属丝数量和直径，取消加强筋，使用时用户的手指可能进入网罩触及运动的扇叶，造成安全隐患。主要问题出现在图 3 所示部位。

图 3　不合格网罩示例

4. 电源连接及外部软线

主要问题是电源线经受拉力试验以后，电源线在夹紧装置处位移过大（超过 2mm），以及电源线的规格不满足标准要求。电源线的夹紧装置主要作用是使电源线在接线端子处免受拉力和扭矩，并保护电源线的绝缘不受到磨损。部分厂家使用的夹紧装置没有可靠压紧电源线或者压片的强度不够，施加拉力和扭矩时容易变形或松动，使电源线从夹紧装置处滑出产生危险。部分厂家出于节省成本的考虑，在重量超过 3kg 的电风扇上使用轻型聚氯乙烯护套软线（GB/T 5023.1 规定的 52 号线），不符合标准要求。图 4 为电源软线拉力试验后，位移过大的示例。除此以外，还有产品性能和能效问题。

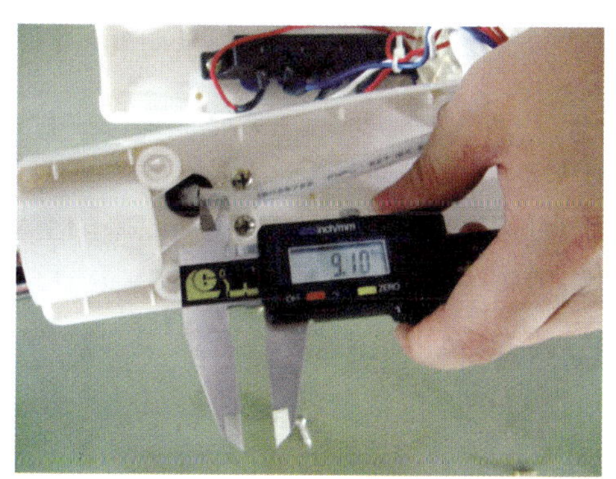

图 4　电源线拉力不合格示例

5. 风量和能效值

风量和能效值是衡量风扇性能的重要指标，也是使用者关注的性能项目。

GB/T 13380—2007 对不同扇叶直径的风扇规定了不同的性能指标，以常见的 400mm 台扇为例，标准要求风量不能小于 54m^3/min。风量的大小主要取决于电机的输出功率和扇叶的形状、网罩的开口等因素。目前 400mm 的风扇扇叶驱动电机的实测输入功率一般为 45W～55W 左右，部分厂家为了节约成本，选用功率较小的电机，实测输入功率低于 40W，扇叶的设计也不合理，无法提供足够的风量。另有部分厂家为了增加销量，虚标能效值，造成实测值低于明示值。

五、选购和使用提示

1. 选购提示

电风扇以其节能、环保、经济、实用、方便等特点深受广大消费者的喜爱，但是电风扇产品种类繁多，功能多样，选购电风扇时可以注意以下几方面。

（1）质量安全。选购电风扇产品，其质量安全是第一位的。选定合适的电风扇种类之后，首先关注的必须是电风扇的安全。通过查看是否贴有 CCC 强制性认证标志，核实电风扇是否满足电气安全和电磁兼容方面的要求，对家用电风扇产品而言还应标注能效值和对应能效等级。

（2）功能适用。根据电风扇的使用环境和消费者的使用需求，结合各类电风扇的功能特点，可选择相应合适电风扇。建筑物层高较大，空间较宽敞的地方，可选用无需占地空间，风量较大且可调的吊扇和壁扇；空间较狭小，地面比较拥挤的地方，可选用无需占地空间且送风范围较大的楼顶扇；普通家庭客厅及卧室可选用便携性强，占地空间小，方便拆卸清洗的台扇、落地扇和转页扇；空气较干燥的室内可选用送风舒适且有加湿效果的空调扇；大型建筑物通风可选用天花板换气扇或管道扇；带外墙立面的房间通风，如浴室和储物间等可选用隔墙式换气扇。除此以外，还需要查看：

1）每台电风扇的随机文件包括使用说明书、产品合格证、电气线路图和装箱单，购买时要按照装箱单清查、核对零部件的数量和质量。

2）电风扇外表面应该光滑且色泽均匀，塑料件不应有明显的斑痕、划痕和凹凸，金属及电镀件表面斑点、锈渍和脱落。网罩和扇叶应不发生变形等。

3）电风扇摇头应灵活顺畅无阻滞感，仰俯角及升降装置调节应灵活且锁紧可靠，各控制按键应能实现其相应功能。

另外，电风扇运转连续运转 2h 以后触摸机头外壳判断其发热是否严重，轻捏网罩观察网罩是否变形等也是检查其质量的重要方法。

（3）产品的节能性：节能已是当今社会生活中的一个关键词，也是电风扇的一个重要指标。因此，还要了解产品的能效标签是消费者选购电风扇需要考虑的重要因素。电风扇的能效值是实际风量与其实测功率的比值。三级能效是市场准入门槛，一级能效为最高。能效值越高，表示产品越节能。

总而言之，应该选择售后服务好的生产者和经营者，一般的情况下，应选购知名品牌的电风扇，这些企业有着素质较高的服务队伍、先进的生产技术和生产能力，不仅能生产较好质量的电风扇产品，还能提供优质的售后服务，解除使用电风扇过程中的后顾之忧。

2. 使用提示

（1）风速不宜过大。尤其是在通风较好的房间，电扇的风速更不可过大，尽量使用中档或慢档，或先开快档，凉下来后多用慢档，就可以减少电风扇的耗电。

（2）不宜对人直吹。尤其是在身体虚弱或大汗淋漓时，最好让电风扇朝一个角落吹，或吹吹停停，或多用摇头功能，对于身体虚弱的人，更宜少用电风扇吹风，但可用电风扇调节室内气流，借以间接降温。

（3）风扇搭配空调一起使用。电风扇耗电量较低，将风扇搭配空调一起使用，空调温度设定在 26℃左右，节能且环保。

（4）注意通风。电风扇在使用时最好放置在门、窗旁边，便于空气流通，提高降温效果，减少耗电量。

（5）定时清洗。按说明书的要求定时清洗网罩、扇叶，清洗时请用中性洗涤剂和软布，以免损坏外壳表面或涂层。

（6）及时保养。风扇电机运行一年以上后，应给电机轴承加机油进行润滑，此时要使用优质机油。

（由国家日用电器质量监督检验中心杨丕达、李秉成撰稿）

吸油烟机

一、产品简介

吸油烟机目前已是家庭厨房中常用的电器，是一种安装在炉灶上部、用来收集已被污染空气的一种厨房电器。它在一定程度改善了厨房的环境，减少油烟对厨房环境和人体健康造成的伤害。吸油烟机通常与橱柜安装在一起、离火源较近且表面集聚油污等易燃物质。因此吸油烟机的质量安全、安装和使用的规范性，直接关系到用户的人身和财产的安全。

吸油烟机的工作原理是利用空气动力学原理，电机运转带动叶轮旋转，在进风口附近形成负压区，从而使油烟气体得到抽吸。主要功能是吸排、分离过滤油烟，净化厨房空气等，一般将有害的厨用油烟通过抽吸排放到室外。

按吸排油烟形式分为：外排式吸油烟机、循环式吸油烟机、两用式吸油烟机；按产品外形结构分为：塔型（欧式）吸油烟机、深型吸油烟机、亚深型吸油烟机、薄型吸油烟机、侧吸式吸油烟机、分体式吸油烟机；按电机数量分类可分为：单电机吸油烟机和双电机吸油烟机。目前我国的吸油烟机主要以单电机、外排式吸油烟机为主；此外，侧吸式吸油烟机是近年来增长迅速的一种新产品。

常见吸油烟机产品的外观如图 1～图 5 所示。

吸油烟机属于国家强制性认证产品。

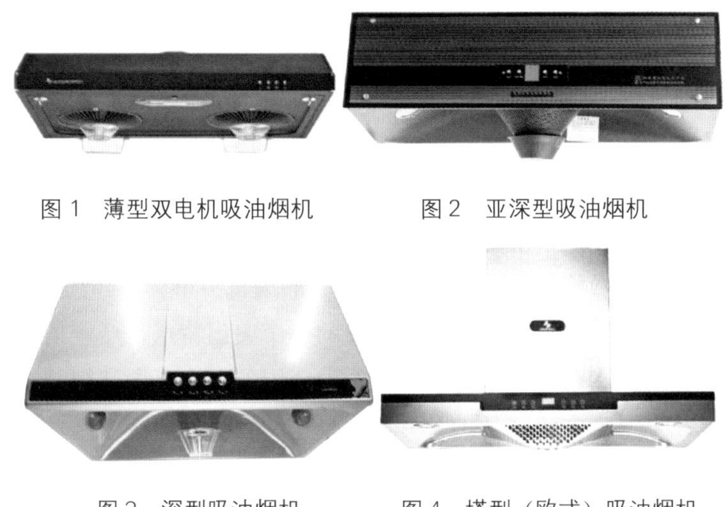

图 1 薄型双电机吸油烟机　　图 2 亚深型吸油烟机

图 3 深型吸油烟机　　图 4 塔型（欧式）吸油烟机

图 5 侧吸型吸油烟机

二、行业概况

我国的吸油烟机产品起步于 20 世纪 80 年代，成长于 90 年代，进入 21 世纪后又取得了升级发展。全国吸油烟机年产量超过 1 千万～2 千万台，生产企业数量约数百家。产业主要分布在广东、浙江、江苏、山东等地。其中以广东佛山、中山为代表的珠江三角洲区域和以浙江宁波、嵊州为代表长江三角洲区域为主要产业基地，其产量占全国吸油烟机产量的90%以上。

近年来，随着对厨房环境和健康意识的提高，吸油烟机已经成为居民不可缺少的厨房电器。据中商情报网监测数据显示：2012年上半年，全国家用吸油烟机的产量达884.46万台，同比增长5.19%。吸油烟机产品也由早期仅关注的吸排油烟功能发展到外观设计新颖、独特、风量大、噪声小的产品。随着全民消费观念的转变、生活品味的提高，欧式和侧吸式吸油烟机比较受新一代消费者的青睐。据中怡康市场研究公司市场监测数据显示，2012年1～9月欧式吸油烟机占市场份额约42%；而侧吸式吸油烟机占市场份额约31%。

同其他家用电器一样，吸油烟机行业的一个突出特点是产业集中度强、品牌集中度高，其中广东的吸油烟机产量约占全国的七成，浙江则约占两成。品牌则以老板、方太为主；其他的如华帝、美的、万和、西门子、帅康、海尔、万家乐、康宝等品牌也占有一定市场。这些品牌有较完善销售网和品牌影响力。

吸油烟机的高端发展能够使企业在同质化较为严重的市场竞争中脱颖而出，开拓了新的市场。一些企业将吸油烟机的设计安装与整体厨房、橱柜结合在一起，凸显了组合优势。随着我国房地产市场的调控，许多城镇均推出小微户型的商品房，一些体积更小、性能更强的吸油烟机新产品迅速赢得市场。还有一些融合灶台、炉具、吸油烟机为一体的新产品也出现在市场上。可以预见，随着居民生活水平的提高，烹饪方式的改变，越来越多的新型产品将不断涌现。

三、标准解读及关键指标分析

1. 标准总体情况

目前，我国已经发布并实施的吸油烟机国家标准主要包括以下安全标准和性能标准。

(1) GB 4706.1—2005《家用和类似用途电器的安全　第1部分：通用要求》是强制性标准，与吸油烟机的特殊要求配合使用，考核正常使用以及可能预计的各种非正常情况下，吸油烟机对机械、电气、热、火灾以及电磁等危险的防护。

(2) GB 4706.28—2008《家用和类似用途电器的安全　吸油烟机的特殊要求》是在GB 4706.1“通用要求”的基础上，针对吸油烟机产品自身的特性，分别对标志和说明、结构、耐热和耐燃等安全技术指标做了附加的规定。

（3）GB/T 17713—2011《吸油烟机》属于国家推荐性的性能标准，规定了吸油烟机的产品分类、安全标准采标依据、产品性能要求、试验方法、检验规则、标志、包装、运输、贮存。

（4）GB 19606—2004《家用和类似用途电器噪声限值》是性能标准，其中规定了吸油烟机产品的噪声限值和测试方法。

（5）GB 29539—2013《吸油烟机能效限定值及能效等级》于 2013 年 6 月 9 日发布，并于 2013 年 10 月 1 日实施。该标准对吸油烟机的能效指标作出了具体规定。

2. 关键指标分析

（1）安全标准涉及的要求是吸油烟机质量要求的基础，具体包括：

1）标志和说明考核器具的标志、安全警示以及说明书是否符合标准规定，能否起到正确引导消费者获取产品信息、使用方法和注意事项的作用。符号使用不正确、说明书缺少必要的说明以及标志不持久耐用是该项目常见的不合格情况，有可能造成消费者在正常使用或维护保养时因信息缺失或标识错误而模棱两可，甚至发生误操作而引发危险。

2）对触及带电部件的防护。标准要求按器具正常使用进行工作时所有的状态，器具的结构和外壳应使其对意外触及带电部件有足够的防护。吸油烟机外壳孔洞过大，B 型试验探棒（模拟人的手指）触及带电部件或内部布线基本绝缘，会导致日常使用时存在很大的触电隐患。使用劣质灯座会使装取灯泡时触及到带电部件造成触电危险。

3）稳定性和机械危险。器具运动部件的放置或封盖，应在正常使用中对人身伤害提供充分的防护，应尽可能兼顾器具的使用和工作。试验探棒应不能触及危险的运动部件。由于进风口的网罩设计不合理，栅格稀疏或者材料强度不够，带档板 B 型试验探棒通过网罩能触及到风轮的运动部件，容易超成清洁维护时的机械伤害。

4）吸油烟机的结构应使其牢固地固定到墙上或其他支撑物体上，支架和类似的装置应由不易蠕变和变形的金属制成。由于无防止吸油烟机从支撑物体上掀翻、掉落装置会造成此项目不合格。使用者在清洁维护时，容易将烟机掀翻而造成掉落的危险等。

5）接地措施。Ⅰ类的吸油烟机应能提供有效的接地保护。接地端子无防松，接地线先绷紧都会造成吸油烟机接地不可靠，在日常使用中存在触电隐患。

6）耐热和耐燃。吸油烟机的非金属材料应是阻燃的、耐高温的，尤其是暴露在灶台上方的灯罩、饰边，以及吸油烟机内部的烟道等，应通过标准规定的耐热耐燃试验。非金属的易燃烧容易造成火灾隐患。

（2）产品性能指标是指吸油烟机应达到的技术要求，具体包括：

1）空气性能（吸排油烟功能）。空气性能直接影响着吸油烟机的吸油烟效果。一般来说，大风量比小风量的吸油烟机的吸油烟效果好。吸油烟机的新版标准（GB/T 17713—2011）对旧版标准（GB/T 17713—1999）中的空气性能参数作了修改，提高了产品风量、风压和全压效率的要求，GB/T 17713—2011 对空气性能的指标如表 1 所示。

表 1　空气性能指标值

指标名称		指标值
风量 /（m^3 /min）	≥	10
风压（规定风量时的静压）/Pa	≥	100
全压效率 /%	≥	15

吸油烟机的风量实测值与明示值的允差不应超过明示值的－10%，且实测值不应低于 GB/T 17713—2011 的限值。

2）噪声限值。吸油烟机噪声实测值与明示值的允差不应超过＋3dB，且最高不应超过标准上限值（见表 2），吸油烟机的噪声太大会影响使用者的身心健康。

表 2　噪声上限值（A 声功率级）

风量 /（m^3 /min）	＜12	≥12
噪声（A 声功率级）/dB	72	73

3）气味降低度。外排式吸油烟机的常态气味降低度应不小于 90%，且瞬时气味降低度应不小于 50%，这是新版标准 GB/T 17713—2011 对气味降低度新增的具体考核指标。

4）油脂分离度。外排式吸油烟机的油脂分离度应不小于 80%，这是新版标准 GB/T 17713—2011 对油脂分离度新增的具体考核指标。

四、常见的主要问题

自 2010 年～2012 年，国家质检总局连续三年组织开展了吸油烟机产品国家监督抽查工作，累计抽查三次，发现的质量主要问题如下：

1. 产品安全方面

（1）产品对触及带电部件的防护：

1）GB 4706.1—2005 中 8.1.1 规定：“在装取位于可拆卸盖罩后面的灯的操作中，应确保对触及带电部件的防护”。由于企业对灯座采购把关不严或出于节省成本的考虑，使用劣质的灯座，导致在装取灯泡时，灯头带电，如图 6 所示。

图 6　装取灯泡时 B 型试验棒能触及到带电部件图例

2）GB 4706.1—2005 中 8.2 规定：“Ⅱ类器具和Ⅱ类结构，其结构和外壳对与基本绝缘以及仅用基本绝缘与带电部件隔开的金属部件意外接触应有足够的防护。只允许触及到那些由双重绝缘或加强绝缘与带电部件隔开的部件”。此现象较多出现于欧式烟机和侧吸式烟机的接线盒处。主要因为接线盒的孔较多、孔口较大，B 型试验棒通过接线盒的开口能触到仅由基本绝缘隔开的内部布线。出现此不合格的原因有三个方面：一是部分企业没有能力对产品进行设计，按照自身产品的特性设计出匹配的接线盒，直接在市场购买配件进行组装；二是企业对标准不理解，未能掌握标准中对触及带电部件防护的要求；三是企业为降低生产成本，使用的接线盒不用工具即可打开，导致可以触及内部布线，如图 7、图 8 所示。

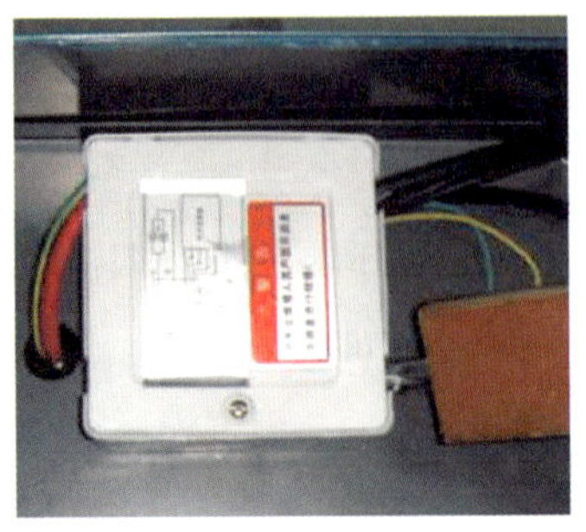

图 7　接线盒外观示例

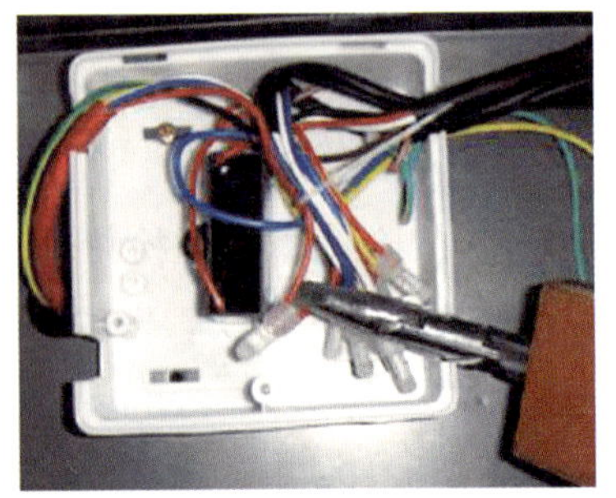

图 8　接线盒内部结构示例

（2）产品非正常工作：考虑到可能发生的电机叶轮堵转的情况，标准规定吸油烟机经电机堵转非正常工作试验后，绕组温升不得超过限定值，电机不得损坏到影响有效绝缘的程度。实际生产中，企业应选配适当规格的热断路器对电机进行保护，并正确安装。在抽查中，发现还是有很多企业的产品质量不合格。究其原因，一是对采购回来的电机质量控制不严；二是企业为了降低成本，存在偷工减料的现象；三是有些厂家的电机接线错误，当电机热保护器动作时未切断主电路，导致绕组温升继续上升超过限值。非正常工作试验后电机烧毁。

（3）产品结构：

1）GB 4706.1—2005 中 22.14 规定："除非是为了使器具具有某种功能而设置必不可少的粗糙或锐利的棱边，在器具上不应有会对用户正常使用或维护保养造成伤害的此类锐边。器具不应有在正常使用或用户维护保养期间，用户易触到的自攻螺钉或其他紧固件暴露在外的尖端"。实际中曾经发生使用者在清洁吸油烟机时因被划伤而从高处跌落的事故。不合格的主要原因是企业管理不规范、不严格按工艺生产、器具的外壳棱边未进行倒角。不合格情况如图 9、图 10 所示。

图 9　电源线夹紧装置的自攻螺钉突出

图 10　器具的外壳棱边无进行倒角

2）部分吸油烟机产品没有防止器具从支撑物体上掀翻、掉落的装置，当用户维护清洁时，上推吸油烟机会使其脱离固定装置，导致吸油烟机砸伤用户，如图 11、图 12 所示。吸油烟机产品出现此项目不合格的概率较多，究其原因：企业对标准的理解和认识不够，安装固定结构设计不合理。

图 11　无防止烟机掀翻的挂钩

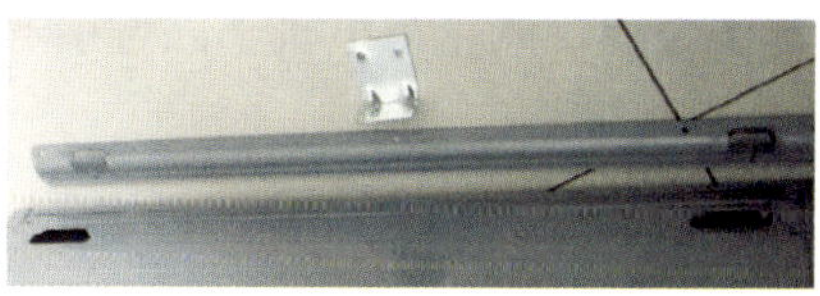

图 12　有防止烟机掀翻的挂钩

（4）产品电气间隙、爬电距离和固体绝缘：有的企业为了产品美观，将开关按键内外表面镀有一层金属，使带电部件与按键表面之间（Ⅱ类结构）爬电距离小于标准要求的 8mm，造成“爬电距离”一项不合格，可能会出现电击危险，如图 13 所示。出现此项不合格的原因主要是：产品设计不合理，仅为美观而忽略了电镀层对产品安全带来的不利影响。

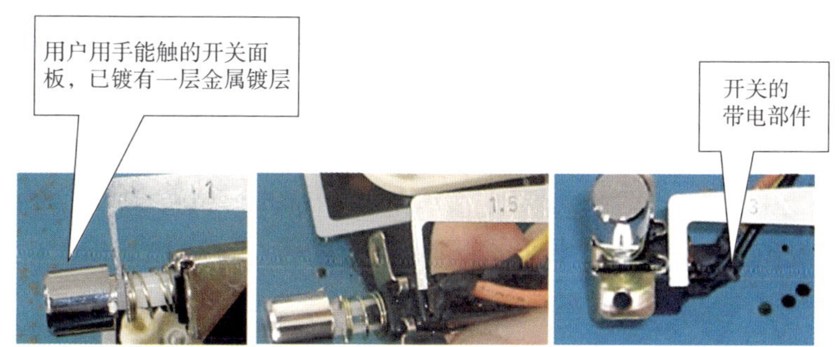

图 13　开关的快慢挡带电部件与开关面板电镀层之间的爬电距离小于 5.5mm

2. 产品性能方面

（1）产品空气性能：不合格主要表现为实测的风量、风压值小于产品铭牌或说明书明示质量要求。出现此项不合格的原因主要是：一是企业为宣传的需要，虚标高风量指标；二是部分中小企业无风量性能检验设备，也无委托有资质的检验机构检验，不了解产品实测风量、风压值；三是对标准理解错误，误以为标准中要求的风压值为吸油烟机的最大风压值。

（2）产品噪声不合格：噪声不合格主要表现为吸油烟机的实测噪声大于产

品铭牌或说明书明示质量要求及大于噪声限值要求。吸油烟机由电机运转带动风轮转动来实现吸排油烟目的，在正常工作中由于电机的转动会产生噪声和振动，噪声过大会影响人体健康，振动过大有使用危险。出现此项不合格的原因主要是：一是企业为宣传的需要，虚标低噪声指标；二是部分中小企业无噪声性能检验设备，也无委托有资质的检验机构检验，不了解产品实测噪声；三是产品设计不合理，风轮与电机不匹配引起振动过大，风道送风不顺畅。

五、选购和使用提示

1. 选购提示

（1）看外观。吸油烟机外观应整洁、无裂缝、无明显划痕；金属件边转角无锐利棱边、毛刺，可以带上薄的棉质手套进行检查；塑料件的外露表面应光洁、色泽均匀、无严重变形；经过喷涂或油漆的金属件应该平整光亮、漆层牢固，其表面应无明显流漆、斑痕等缺陷。

（2）看标志。吸油烟机产品已属于 CCC 认证产品，应查看器具上是否有 CCC 认证的标识。器具上都需标出额定电压、额定功率、电源性质、照明灯泡的最大功率（如果吸油烟机有照明灯泡，在灯座上或灯座附近还应标出使用的灯泡的最大功率）等电气参数，以及型号规格、制造商或承销商的名称或识别标志，如图 14 所示。

除了标示齐全，各参数的计量单位还应使用准确且书写无误。同时，这些标志都需经过必要的处理，用水和汽油分别进行擦拭，应不会出现模糊不清。

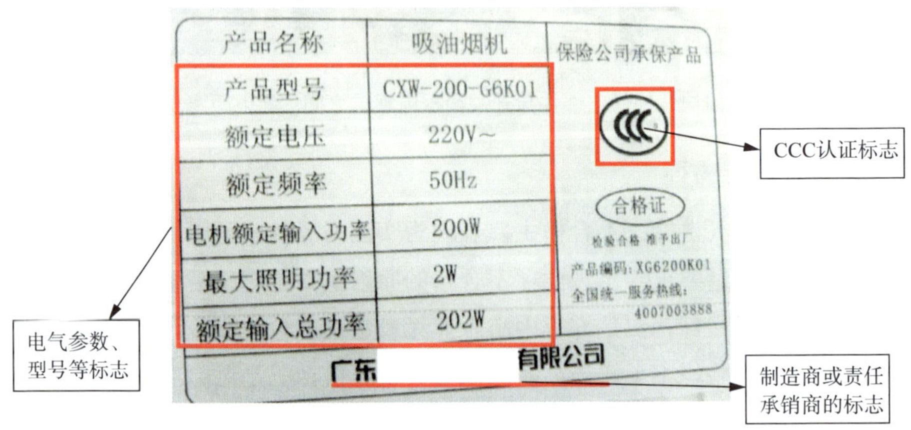

图 14 吸油烟机铭牌示例

另外，在吸油烟机的控制装置和开关上都应用数字或文字标出其作用。

（3）看说明书。吸油烟机的产品说明书中应标有“吸油烟机与炉灶上烹调器具的支撑面的最小距离为 65cm、禁止炉火直接烘烤吸油烟机、关于吸油烟机外壳表面、叶轮和蜗壳内腔（或过滤网罩）清洗的周期和方法的详细说明”等内容。另外，说明书还应包括产品的基本参数、重要的安全说明、维修保养的注意事项、售后服务的方式方法等。

（4）看包装。吸油烟机的包装应有可靠的防潮防尘措施，包装箱应牢固可靠，包装箱应至少有包括产品名称、型号、规格，产品出厂日期或批号，制造厂全名和生产场地地址的标志。

（5）考虑结构。吸油烟机在结构设计上应考虑到易于有效清除积聚起来的油脂和污垢，应尽量做到外壳表面光滑平整。通常吸油烟机需固定在墙上使用，所以除有键、孔槽、钩等外，还要求它应有合适的装置将其固定在墙上，同时这种装置应由不易移动或不易变形的金属制成。

（6）根据实际需求选购：

1）欧式吸油烟机外观美观，制造工艺精细，但它没有较大容量的集烟罩，适合于空间较大、油烟不是很多的现代化厨房。

2）深型吸油烟机造型美观，与其他款式产品相比，普遍具有风量大的优点，大容量集烟罩所具有的结构有利于吸排油烟，适合于油烟较多、空间较大的厨房。

3）薄型吸油烟机外形轻巧美观，占用空间小，适合于小型的厨房。

4）亚深型吸油烟机介于薄型和深型之间，适合于空间和油烟适中的厨房。

5）侧吸式吸油烟机造型美观，制造工艺精细，普遍具有风量大的优点，大容量集烟罩所具有的结构有利于吸排油烟，适合于油烟较多、空间较大的厨房。

6）分体式吸油烟机（噪声的主要来源，包括电机和叶轮）适宜安放在室外，这样可在很大程度上减少厨房内的噪声，是营造厨房安静空间的最佳选择。环保方面，带有过滤网结构的吸油烟机可在油烟排出之前先对油烟进行过滤，这样排出的气体所带的油烟较少，可减少排出的气体对环境的污染。

另外，并不是风量越大越好，要根据实际情况，建议选作风量值为 10 m^3/min～14 m^3/min 的产品。

（7）售后服务。一般情况下，应选购知名品牌产品。知名企业通常具有素质较高的服务队伍、先进的生产技术和生产能力，不仅能生产较好质量的吸油烟机产品，还能提供优质的售后服务，解除使用吸油烟机过程中的后顾之忧。至于那些手工装配型企业，生产技术水平低，管理不善，产品质量和售后服务都难以保证。

2. 使用提示

（1）使用时，一般应在打开燃气灶前 1～2min 启动烟机。启动时最好应用高速挡启动，启动后可根据厨房烟气大小变动高速或低速。

（2）燃气灶应在油烟机正下方，抽烟效果最好。

（3）烟机应在做完饭燃气灶关闭后继续工作 3min 或更长，以便更换房间中被污染的空气。

（4）使用时，距烟机很近的窗户应关严，把门开一条缝，防止形成比较大的空气对流，并能及时补充厨房内空气。

（5）应定期对油烟机进行清洁，长时间未清洁会影响吸油烟效果，积油太多也存在着火灾安全隐患。

（6）鉴于油烟机的使用环境恶劣，电机运转负荷大，建议用户使用 6 年后进行更换，以免由于电机、相关元器件和线路老化而造成安全事故。

（由国家电器产品安全质量监督检验中心赖体强撰稿）

电熨斗

一、产品简介

电熨斗是将电能转化为热能，对纤维纺织物和衣物进行熨烫整理的常见家用电器。

电熨斗产品可谓规格繁多，琳琅满目。按照功能大致可以分为：普通型电熨斗、调温型电熨斗、蒸汽型电熨斗、喷雾型电熨斗、迷你电熨斗。还有多种功能组合的新品种，如自动调温喷汽喷雾电熨斗等。其他常见的类型还有放在支座上才能与电源连接的无绳电熨斗，水箱分离式电熨斗。

普通型电熨斗问世最早，结构简单、价格便宜，制造和维修较方便，但不能自动控制温度，热惯性大，使用经验不足会烫坏衣服。

调温型电熨斗在普通型电熨斗的基础上，加装了温度调节器和指示灯，通过温度调节器的旋钮设定温度。这种电熨斗在通电达到所调节的温度值时，能自动切断电源；在温度下降后，又能恢复通电升温，可获得需要的熨烫温度。使用这种电熨斗不必担心因熨斗温度升高而烫焦衣物。

蒸汽型电熨斗是在调温型电熨斗的基础上增加蒸汽发生装置和蒸汽控制器而成。蒸汽可以是水接触高温的底板时产生，或者由专门的蒸汽发生器产生并通过软管输送到电熨斗中，从底板上的喷汽孔喷出。这种电熨斗不仅能自动调温，还能喷出热的蒸汽来湿润衣物，取得良好的熨烫效果。

喷雾型电熨斗集成了雾化装置，手揿喷雾按钮，喷雾阀内活塞向下压，阀门的圆钢球便将阀底部的孔紧闭，阀内的水便通过活塞杆的导孔由喷雾嘴形成雾状喷出；松开手后，喷雾按钮自动复位，由于阀的作用，储水室内的水将阀底部的圆钢球顶开，通过底孔进入阀内。喷雾型电熨斗适于熨烫厚实衣物时加大湿度用。

迷你电熨斗也称旅行熨斗、小熨斗、DIY 熨斗，是个人 DIY、旅行用和熨烫、烫钻烫图用的一种精致的小巧熨斗，结构尺寸一般小巧玲珑，便于携带。

高功率、轻便、自动调温、喷汽或调温喷汽喷雾、追求造型美观是新一代电熨斗的发展方向。常见电熨斗类型如图 1 所示。

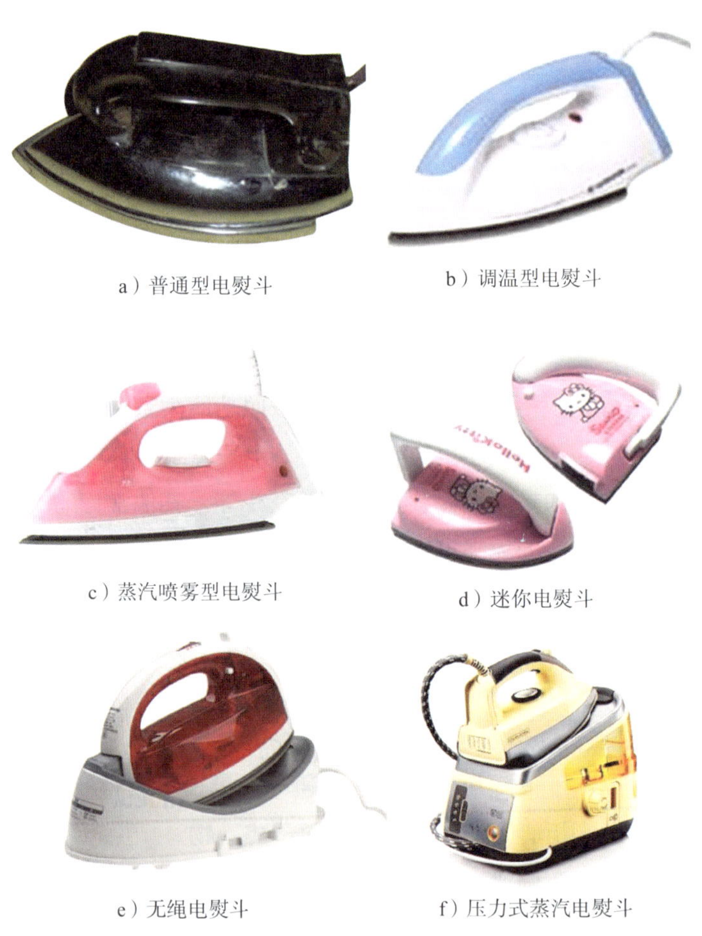

a）普通型电熨斗　　b）调温型电熨斗

c）蒸汽喷雾型电熨斗　　d）迷你电熨斗

e）无绳电熨斗　　f）压力式蒸汽电熨斗

图 1　常见电熨斗类型

二、行业概况

我国电熨斗企业主要分布在江浙地区和广东地区。仅据2010年浙江省家电协会的统计，该地区就集中了全球50%以上的电熨斗产能，其年产电熨斗已经突破5000万台，其中仅周巷镇的电熨斗年产量就接近4000万台。

尽管我国生产的电熨斗畅销世界各地，然而，绝大多数企业都是以OEM贴牌的形式在生产，品牌拓展方面仍然较弱，即使在国内电熨斗市场，外资品牌也几乎占据了半壁江山。其实不少本土品牌在制造过程中所采用的标准都远高于目前的国家标准，也有一些曾经享誉市场品牌产品。目前，以出口为主的本土企业早已在按照国外的标准生产。消费者应认识到本土产品的技术含量、产品质量并不低于国际先进水准，选择适合自己的产品。

三、标准解读及关键指标分析

1. 标准总体情况

目前，我国关于电熨斗的国家标准有三项，分为安全标准和性能标准，其中：

（1）产品安全标准：GB 4706.1—2005《家用和类似用途电器的安全　第1部分：通用要求》和GB 4706.2—2007《家用和类似用途电器的安全　第2部分：电熨斗的特殊要求》，这两项标准是国家强制标准。对电熨斗产品的标识，防触电、发热、绝缘性能、结构、防火等关键质量安全指标进行了规定。

（2）产品性能及测试方法标准：GB/T 18799—2008《家用和类似用途电熨斗性能测试方法》是针对电熨斗设立的产品标准。该标准规定和定义了电熨斗的基本性能特征、术语和定义、型号分类、产品主要的技术要求以及对应的测试方法等。标准对电熨斗的性能特征及其测试方法是“推荐性”的，因此，并未为对这些特征进行定量要求（即没有规定限值或合格判定）。

2. 关键指标分析

（1）安全指标。作为家用电器的电熨斗，其安全性能是第一位的，安全性能主要包括以下内容：

1）标志和说明。按照GB 4706.1—2005和GB 4706.2—2007，电熨斗产品上应该有产品名称、型号、使用的电压、频率、额定功率以及制造商信息。

说明书中应有如何使用产品、注意事项、维护和保养的相关内容。

2）对电击危险的防护。在正常使用时，不会因为碰到电熨斗的外面易触及的部分而被电击。

3）温升。使用时，手柄、温控旋钮、外壳（除熨烫底板）等容易碰到的部位不会有过高的温度而烫伤使用者。

4）防潮试验。按标准规定在恒温恒湿箱中放置 48h，其绝缘性能等均应符合标准要求。

5）机械强度。电熨斗在经受 0.5J 能量的冲击后，外壳不应有明显破损使得内部的带电部件变得易触及。

6）耐热耐燃。因为电熨斗底板温度高，电熨斗上的塑料材料不应该因为正常使用而变软、熔化，其材料也不应是易燃的。

除上述检验项目外，对电熨斗的稳定性、接地线、电源线的截面积、夹紧装置和电源线抗弯曲能力等标准中都有明确要求。

（2）性能指标。电熨斗的性能指标直接或间接影响到电熨斗产品在使用过程中的熨烫效果、操作舒适性以及耐用性。主要性能指标如下：

1）温度测量。温度测量主要是针对电熨斗的底板温度测量。不同类型的纺织物，需要在不同的温度下进行熨烫，温度过高会烫坏衣物，温度太低达不到良好的熨烫效果。温度测量包括了对电熨斗底板最热点、温度分布、最热点温度波动、温度控制力以及电熨斗的预热时间的测量。

2）喷雾功能评测和涉及蒸汽工作的测量。测量单位时间内喷雾量和喷雾范围、蒸汽发生速度和发生量。

3）熨平度评测。用于对电熨斗产品在熨烫不同纺织物的折痕时的熨烫效果进行评价，这种试验方法适合比较不同电熨斗的熨平能力。

4）输入功率和能量消耗的测量。评价电熨斗在工作期间消耗的电能。

5）底板评测。评价电熨斗在熨烫过程中是否顺滑易操作，以及底板是否易划伤，涂层是否牢固。

6）调温稳定性测量。电熨斗长期使用后，温度是否还能控制在预定的值。

四、常见的主要问题

在国家及各级地方质检监督部门对电熨斗的抽查中，出现的涉及产品安全的主要问题如下。

1. 标志和说明

产品的标志说明是重要的产品标志信息。检查中，有些产品标志说明上缺少正确的符号，标志和警示语不正确。例如：法定计量单位不正确等。这样的电熨斗，极易误导消费者，甚至造成因消费者误操作而发生危险。

2. 输入功率偏差

输入功率偏差大于标准的上偏差可能会造成消费者在使用电熨斗时电源过载，极易因电流过大而产生着火的危险；如果输入功率偏差大于标准的下限，又有可能使电熨斗不能达到正常使用效果。

3. 电源连接和外部软线

电熨斗的电源连接和外部软线截面积均小于标准要求及标识不规范。使用截面积不符合标准要求的电源线，通过电源线的电流大，而电源线的横截面积小，长时间工作后会造成电熨斗电源线的温度过高，严重的会损坏电源线外部绝缘保护，导致触电和着火危害。

4. 非正常试验

为确保电熨斗的使用安全，在无人或可能出现误操作情况下，电熨斗也不应产生过高温度，而导致起火、金属底板熔化以及外壳变形到可以碰到带电部件，产生损害安全的外壳变形。

五、选购和使用提示

1. 选购提示

（1）尽量选购正规厂家产品。首先，选购电熨斗应尽量选购正规销售渠道正规厂家的产品。这样的产品质量稳定可靠，售后服务信誉良好。

（2）根据自身需求选购产品。先需要确定自己的需求，选购的产品功能要能满足自己的需求。如水箱分离的电熨斗，或有单独蒸汽发生器的电熨斗，产生蒸汽量大，使用方便，适合大面积蒸汽熨烫，价位也相对要较高；一般蒸汽电熨斗，因为每熨一下都需等底板加热到一定温度后，按一下蒸汽按钮，让水接触到底板产生蒸汽，蒸汽产生量少，仅适合熨开小皱褶，而不适用于大面积的熨烫。蒸汽电熨斗一般功率都较大，至少都在1000W左右，更高的可达1600W～1800W，功率高，熨烫强度更大。家庭一般使用功率在1000W～

1200W的产品就够用了。如果需要旅行时用，可以选择小巧易携带的迷你电熨斗。

（3）注意查看电源连接线。电熨斗应采用橡胶绝缘编织软电线，防止电源线因碰到灼热的底板而绝缘损坏引发触电事故。只有无绳电熨斗的支座和蒸汽电熨斗的分离式水箱或蒸发器的电源线，因为与灼热底板的接触可能性较小，可以采用聚氯乙烯护套（PVC）的电源线。另外，因为电熨斗的功率较大，额定功率1300W以上的电熨斗，电源线标称截面积要在0.75mm^{2}以上，插头的额定值要在10A以上。

（4）检查产品手感及使用方便。轻握手柄，应感到舒适自如。底板前端要有适当的圆角，不能太尖，在织物上熨烫时，应感觉顺滑，阻力小。

（5）检查产品底板镀层外观。底板镀层必须光滑细密，不应有划痕、锈点、起皮、露底现象。塑料外壳应色泽均匀，鲜艳光洁，无气泡、碎裂、麻点和凹痕等缺陷。

（6）检查产品按键。按键、温控装置旋钮的挡位清晰，表意清楚，指示准确。按动开关、按键或者旋动旋钮时，感觉舒适顺畅，无异样感觉。电熨斗各部件装配紧密，底板和罩壳处的衔接处不要有空隙，无不正常歪斜缝隙。拿起电熨斗轻轻摇动，没有松动、撞击或类似的异常响声。

（7）检查产品短路、断路、漏电。竖放电熨斗不应翻倒。将电熨斗通电，应该无短路、断路现象，同时，可用试电笔或手背轻触电熨斗外壳金属部件，如试电笔氖泡无明显闪烁或手背无发麻的感觉，则说明该电熨斗是比较安全的。如果通电几分钟底板就发热，说明电熨斗的电路是完好的。

2. 使用安全提示

（1）使用前仔细阅读说明书。使用新的电熨斗前，务必先仔细阅读一下说明书，了解一下电熨斗使用的电压，使用步骤、方法以及注意事项。

（2）使用后保养。对蒸汽电熨斗，每次使用完毕后，应该将水箱内的水倒干净，然后将电源插上运行一会儿，使水箱和底板内的水分彻底排出，这对于保护熨斗底板、延长使用寿命是非常必要的一个步骤。然后等电熨斗充分冷却以后再进行存放。

（3）使用前了解衣物及对应挡位。对可调温型电熨斗，在熨烫前，先了解衣物的熨烫要求，将电熨斗的控温装置调整到合适的温度或挡位，以免烫坏衣物。

（4）定期维护。尽管有的产品称有除垢功能，但有条件的话还是尽量选择杂质含量少的蒸馏水、凉开水等，以免堵塞蒸汽孔。定期按照说明书中的维护保养说明进行维护。

（5）使用安全。在熨烫过程中，如果需要离开，要把电熨斗放在自带的底座或支架上，并断开电源，切不可将电熨斗底板放在易燃物表面或者衣物上，以免发生火灾。

（由国家日用电器质量监督检验中心胡恒莹、凌宏浩撰稿）

电源适配器

一、产品简介

电源适配器是指用于将交流电网电压转换为固定的、单路低压直流或低压交流输出电压的外部电源，其产品名称可以为：电源适配器、变压器、开关电源或电源供应器等。

随着设计的小型化、使用便携化、外观完美化的不断改进，电源适配器产品作为独立于产品之外的能量输入形式的转换装置越来越广泛地应用于各类电器产品，特别是信息技术设备、电信终端设备和音视频设备，例如：笔记本电脑、平板电脑、移动电话、多媒体播放器、液晶显示器等。

电源适配器按照输出特性可以分为直流输出电源适配器（AC-DC 电源适配器）和交流输出电源适配器（AC-AC 电源适配器）；按照工作原理可分为开关型电源适配器和线性型电源适配器；按照与电网电源连接方式可分为直插式电源适配器和使用电源线连接的适配器；按所配终端产品的类型可分为信息技术设备用电源适配器、音视频设备用电源适配器、电信终端设备用电源适配器等。电源适配器的分类见表 1。

表 1 电源适配器的分类

<table>
<tr><td rowspan="3">按输出特性分类</td><td>分类</td><td>交流输出适配器</td><td>直流输出适配器</td></tr>
<tr><td>实例</td><td>
</td><td>
</td></tr>
<tr><td>描述</td><td>铭牌输出参数处标有符号“AC”、“～”或“交流”字样</td><td>铭牌输出参数处标有“⎓”</td></tr>
<tr><td rowspan="3">按连接电网电源的方式分类</td><td>分类</td><td>直插式电源适配器</td><td>使用电源线连接的适配器</td></tr>
<tr><td>实例</td><td>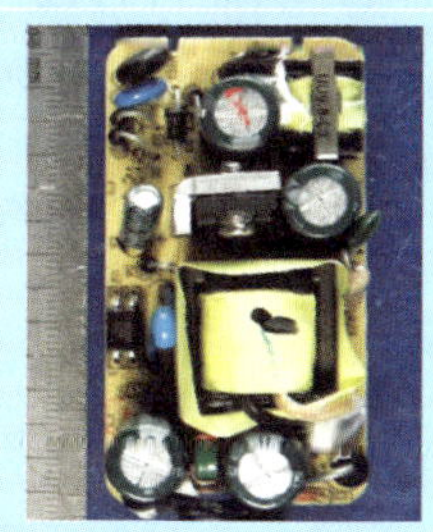</td><td></td></tr>
<tr><td>描述</td><td>预定不使用电源线，产品插头和设备外壳构成一体，可以直接插入插座的电源适配器</td><td>设备使用电源软线，或可拆卸的电源软线与插座连接</td></tr>
<tr><td rowspan="3">按工作原理分类</td><td>分类</td><td>开关型电源适配器</td><td>线性型电源适配器</td></tr>
<tr><td>实例</td><td></td><td></td></tr>
<tr><td>描述</td><td>使用开关电源电路实现电源转换，相比同规格的线性型电源适配器，具有体积小、重量轻的特点</td><td>使用线性变压器实现电源转换</td></tr>
</table>

目前，我国对音视频用和信息技术设备用电源适配器实行强制性产品认证管理制度，这些产品必须标明 CCC 强制性认证标识方可出厂销售。电源适配器自 2003 年 8 月 1 日起已列入国家强制性认证目录范围内。

二、行业概况

中国是电源适配器产品制造大国。目前，持有 CCC 证书的电源适配器生产企业有数百家，主要分布在东部沿海地区，包括广东、福建、江苏、天津等省市。电源适配器产品应用的广泛性和多样性，形成了电源适配器产业布局的分散性，其中也涌现出很多优秀的企业，这些企业生产管理规范，产品质量稳定，有比较强的技术力量和开发能力，有些产品已进入国际市场。但另一方面，电源适配器技术门槛较低，投资相对较少，因此也有大量中小型企业进入该行业。

近年来，随着手机、平板电脑等便携式电子产品市场的不断扩大，国内电源适配器行业无论是在技术水平上还是规模上都得到了快速发展，设计逐步完善，产量不断提高，但其产品质量仍存在较大的提升空间。主要表现在以下几个方面：

（1）由于市场竞争激烈，原材料价格上涨，部分生产厂商为了更多地降低成本，不惜牺牲产品质量，使用劣质或不符合强制性国家标准要求的元器件、配件；

（2）电源适配器属于便携式电子产品，因此一些企业追随市场需求、客户需求，只重视产品的外观，为了将产品做得更轻薄小巧，而忽视了产品安全性能；

（3）部分厂家对产品质量的检测能力有限，从而对自己产品的质量状况并不十分了解，更有少数厂家质量意识淡薄，无法执行相应的质量体系制度，没有按照认证要求进行质量管理，直接导致不合格的产品流入市场。

三、标准解读及关键指标分析

1. 标准总体情况

电源适配器依据的标准主要分为安全、电磁兼容和能效等方面。这些标准的制定对提高电源适配器质量、促进行业发展起到了重要的作用。比较重要的标准介绍如下。

（1）GB 4943. 1—2011《信息技术设备　安全　第 1 部分：通用要求》。该标准适用于电网电源供电的或电池供电的、额定电压不超过 600V 的信息技术设备，包括电气事物设备和与之相关的设备，例如：计算机、平板电脑、打印机和复印机等。标准规定的一系列要求是为了减小相关人员在按制造厂商所规定的方法进行安装、操作和维修时遭受着火、电击、机械伤害、辐射和化学等危险。

（2）GB 8898—2011《音频、视频及类似电子设备　安全要求》。该标准适用于预定用来分别接收、产生、录制或重放音频、视频和有关信息的电子设备，也适用于被设计成专门与上述设备组合使用的设备。例如：电视机、音响、机顶盒等。标准仅涉及上述设备的安全，是为了减小相关人员在按制造厂商所规定的方法进行安装、操作和维修时遭受着火、电击、机械伤害、辐射和化学等危险。

（3）GB 9254—2008《信息技术设备的无线电骚扰限值和测量方法》。该标准适用于信息技术设备，规定了测量信息技术设备所产生的电磁骚扰电平的程序，规定的A级和B级设备骚扰限值适用于9kHz～400GHz。标准对适用范围内的设备的无线电骚扰电平给出统一的要求，规定了骚扰限值、测量方法、运行条件和结果的处理。

（4）GB 13837—2003《声音和电视广播接收机及有关设备　无线电骚扰特性　限值和测量方法》。该标准适用于接收广播和类似传输的声音和电视接收机及有关设备所产生的电磁能，频率范围为9 kHz～400 GHz。标准规定的限值也适用于数字电视接收设备。标准规定了声音和电视接收机及有关设备的无线电骚扰特性的测量方法，并规定了控制这类设备的骚扰限值。

（5）GB 17625.1—2003《电磁兼容　限值　谐波电流发射限值（设备每相输入电流≤16A）》。该标准适用于准备接入到公用低压供电系统的每相输入电流不大于16A的电气和电子设备，规定了注入到公用低压供电系统中的谐波电流的限值和在指定的试验条件下设备输入电流可能产生的谐波分量的限值。

（6）GB 20943—2007《单路输出式交流-直流和交流-交流外部电源能效限定值及节能评价值》。该标准适用于额定输出功率不大于250W的电源，规定了用于将交流电网电压转换为固定的、单路低压直流（不大于36V）或低压交流（不大于36V）输出电压的外部电源能效限定值、节能评价值、目标能效限定值、试验方法和检验规则。

电源适配器搭配不同类型的终端产品使用时，其所适用的标准也有所不同。例如：电源适配器与平板电脑配套使用时，其所配的适配器须满足信息技术类设备的相关标准要求，安全性能需满足GB 4943.1—2011，而电磁兼容性能需满足GB 9254—2008、GB 17625.1—2003。而当电源适配器与便携式播放器搭配使用时，安全性能则需满足GB 8898—2011，而电磁兼容性则需满足GB 13837—2003、GB 17625.1—2003。

2. 关键指标分析

（1）安全指标：

不同类别电源适配器适用不同的安全标准，但其关键的安全指标和考核的项目都是相似的，仅采用的试验方法和考核参数略有不同。重点考核的关键安全指标包括：

1）标记和使用说明。由于电源适配器产品规格多样，使用非常普及，因此产品上必须标明充分的信息，以保证消费者能够选择与终端产品相匹配的产品，并能够正确安全的使用，避免因为误操作而引起意外的危险或损坏。电源适配器应标注的信息包括：产品名称、规格型号、输入参数（包括输入电压、输入电流或输入功率、输入频率）、输出参数（包括输出电压、输出电流或功率、频率等）、厂商信息，如为Ⅱ类设备（使用单项两极不接地插座的电源适配器）需标注Ⅱ类设备符号“回”，电路板上需标注熔断器标识，铭牌上的关键信息应使用简体中文标识，且应具有足够的耐久性，如图 1 所示。

图 1　符合要求的电源适配器铭牌示例

2）插销型式和尺寸。直插式电源适配器型式和尺寸应符合标准要求，符合标准要求的型式及尺寸要求见表 2，实物示例如图 2 所示。

表 2　10A 以下电源插头的型式及尺寸要求

单项两极不带接地插头型式和尺寸要求
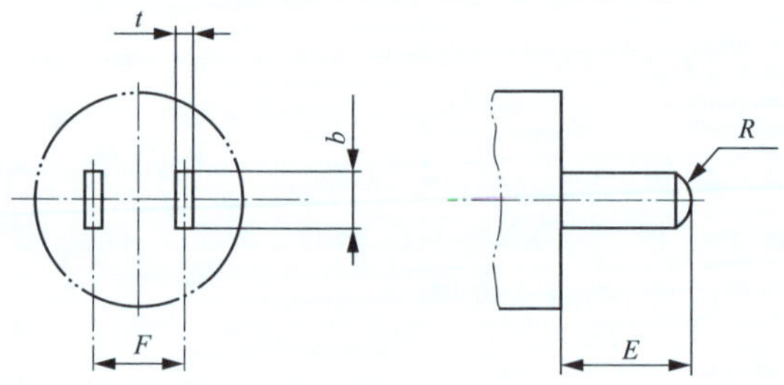

续表 2

单项两极不带接地插头型式和尺寸要求	
位置	要求值（单位：mm）
插销宽度 b	6.4 +0/−0.22
插销厚度 t	1.5 +0/−0.10
插销长度 E	16 ±0.35
插销间距 F	12.7 ±0.135
插销顶部倒圆 R	6.0 ±1
插销与边沿距	≥6.5

单项两极不带接地插头的型式和尺寸要求

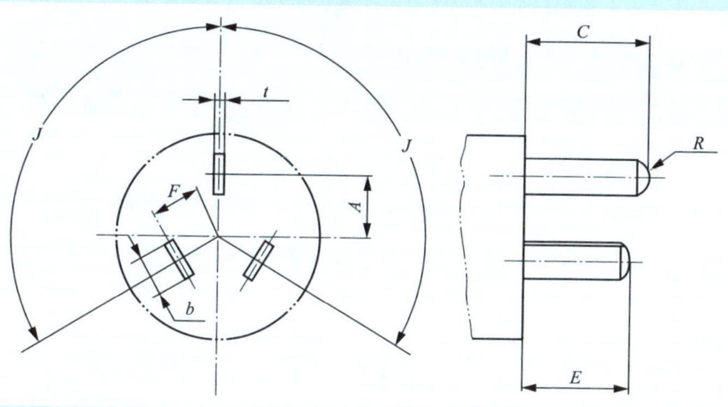

位置	要求值（单位：mm）
插销宽度 b	6.4 +0/−0.22
插销厚度 t	1.5 +0/−0.10
L、N 插销长度 E	16 ±0.35
接地插销长度 C	21±0.42
插销顶部倒圆 R	6.0 ±1
L、N 插销距中心点距离 F	7.9 ±0.11
接地插销距中心点距离 A	10.3 ±0.14
插脚间角度 J	120°±30′
插销与边沿距	≥6.5

图 2　符合标准要求的电源适配器插头示例

3）布线、连接和供电。对于电源适配器内部导体的端接应使得导体和端接装置在正常使用时不能发生位移致使爬电距离和电气间隙低于标准要求（可以使用锡焊、熔焊、压接等方法连接导体，但对于锡焊端接，导线应定位或固紧，而不能单靠锡焊来保证导线固定在位）。

4）抗电强度。国家强制性标准规定，对不使用接地保护的产品，一次电路与机身之间、一次电路与二次电路之间应能承受 3000V 交流电压 60s 无击穿；对于使用接地保护的产品，接地部分与一次电路之间应能承受 1500V 交流电压 60s 无击穿，以防止当电网电源中存在瞬态高电压时对使用者直接造成电击危险。

5）电气间隙、爬电距离和绝缘穿透距离。电源适配器通过插销与电网电源连接，适配器内部与插销直接连接的电路称为一次电路，不与一次电路直接连接，而是由位于设备内的变压器、变换器或等效的隔离装置供电的电路称为二次电路。适配器的二次电路应做适当的设计和保护，使得在正常工作和单一故障条件下电压均不会超过安全值，以保护使用者。

这里有几个电气安全的专业术语：

——电气间隙，是采用一定尺寸空间的空气间隙来保证绝缘不会击穿；

——爬电距离，是指沿着固体绝缘材料的表面的尺寸，以防止产生闪络或击穿；

——固体绝缘，是指使用固体材料，例如满足标准要求的绝缘线、绝缘胶带、外壳等固体材料实现绝缘，以达到防止使用者触电的目的。

按照标准要求，一次电路与二次电路之间，以及一次电路与用户可以触及的零部件之间，应当通过满足尺寸的电气间隙、爬电距离或固体绝缘来实现绝缘。

6）温升。电源适配器在正常工作条件下，外壳温度不应过高，以防止使用者发生烫伤危险；内部关键元器件温度也不应过高，以防止损坏绝缘导致电击危险。

7）耐异常热。电源适配器在使用期间自身会发热，因此标准要求支撑危险带电零部件的热塑性材料应能承受一定的温升而不会发生软化，以防止所支撑的危险带电零部件发生位移，造成使用人员触电或着火危险。GB 8898—2011 中采用维卡试验考察绝缘材料的耐热性能，GB 4943.1—2011 中则采用球压试验考察绝缘材料的耐热性能。

8）防火。电源适配器的外壳应使用满足标准要求的防火防护外壳，以使燃火或火焰的蔓延减少到最低限度，防止发生火灾。

（2）电磁兼容指标：

目前纳入强制性认证的主要电磁兼容考核指标包括：

1）传导骚扰。电源适配器，特别是开关型电源适配器由于内部半导体器件频繁地开启、闭合，会产生一定频率骚扰脉冲电压，传导入电源端子，污染电网，使得连接在同一电网上的其他敏感电子设备可能因此不能正常工作或误动作，进而造成各种安全隐患。

2）辐射骚扰。电源适配器在工作过程中会向周围的空间发射电磁波，其辐射骚扰过高可能导致在其周边工作的电子设备误动作或不能正常工作，造成安全隐患。

四、常见的主要问题

国家及有关质检部门高度重视电源适配器产品的质量安全，自 2003 年至 2012 年，国家质检总局多次开展了对电源适配器产品监督抽查工作，抽查产品覆盖了信息技术类设备用电源适配器、电信终端产品用电源适配器和音视频产品用电源适配器。抽查发现，电源适配器产品主要存在以下问题。

1. 标记和使用说明

部分电源适配器关键信息未标注或标注错误，主要表现为无制造厂商名称或商标或识别标记、无额定电流或功耗、无Ⅱ类设备符号“回”或无熔断器的标志等，部分产品的铭牌上的关键信息未使用简体中文标识，还有一部分标签耐久性差，容易发生字迹模糊、卷边脱落等现象。

产生不合格现象的原因主要是：企业对现行国家强制性标准不熟悉，理解不充分，掌握不够；部分企业特别是一些代工厂商仅以使用要求为重，而忽视国家强制性标准要求；企业为节约成本，使用劣质的标签纸。

2. 插销型式和尺寸

部分直插式电源适配器型式或尺寸与我国国家标准要求不一致，有可能与插座不匹配，造成插拔困难；部分不符合标准要求的插头虽然能够正常使用，但可能在使用中发生接触不良，引起打火、发热甚至起火；部分产品插销到外壳边沿的尺寸过小，可能会导致消费者发生触电危险。见图 3。

图 3　不合格示例：该适配器使用了美国标准插头型式

产生不合格现象的原因主要是：企业设计产品时未严格按照对应国家标准执行，或由于生产工艺问题导致外壳模具尺寸偏差，插销固定的位置错误等问题。

3. 布线、连接和供电

历次质量抽查均有检出导线仅用焊锡固定的电源适配器，如图 4 所示，此类适配器可能会发生内部导线松脱，使得电气间隙和爬电距离低于国家标准要求，导致消费者发生触电危险。

产生不合格现象的原因主要是：部分生产企业对标准不了解从而导致安全设计不合理，或者在生产线上没有严格按生产工艺要求生产。

4. 抗电强度

国家强制性标准规定，对不使用接地保护的产品，一次电路与机身之间、一次电路与二次电路之间应能承受 3000V 交流电压 60s，无击穿；对于使用接

图 4　不合格示例：连接插销与电路板的内部导线仅使用焊锡搭焊在插销

地保护的产品，接地部分与一次电路之间应能承受 1500V 交流电压 60s，无击穿。若该项目不合格，则当电网电源中存在瞬态高电压时，则可能对使用者直接造成电击危险。不合格产品示例如图 5 所示。

不合格现象的主要原因是：企业不熟悉国家强制性标准的具体内容，或为了节约成本采用劣质元器件，例如变压器内部的电气结构不合格。

图 5　不合格示例：抗电强度试验时初次级之间被击穿

5. 爬电距离、电气间隙和绝缘穿透距离

电源适配器内初级电路与次级电路之间的距离过近，如图 6、图 7 所示，

当其在内外部瞬态过电压作用下绝缘可能被击穿而造成使用者触电。

图6 不合格示例：初次级之间电气间隙不满足标准要求

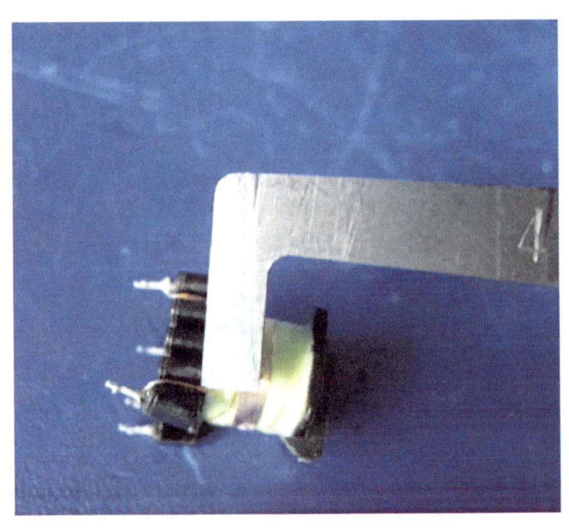

图7 不合格示例：变压器初次级之间电气间隙、爬电距离不满足标准要求

主要原因是：第一，部分企业追求产品轻薄小巧，为压缩电路板和变压器的尺寸，而牺牲了危险电压与可触及件之间的电气间隙和爬电距离；第二，企业生产过程工艺控制不严，导致部分关键防护措施缺失，如漏装绝缘垫片等；第三，部分外购的关键安全元器件未严格管控质量，例如：外购变压器的供应商未严格按规格书进行生产，而整机厂对来料没有进行细致验收，导致电源适配器成品不合格。

6. 温升

电源适配器在正常工作条件下，如果外壳温度过高可能导致使用者发生烫伤危险，而内部关键元器件温度过高则可能损坏绝缘导致电击危险。

主要原因是：企业为降低成本，未根据负载合理选取规格适当的元器件，或散热方案设计不合理，导致产品在使用过程中温度过高。

7. 绝缘材料的耐热

标准要求支撑危险带电零部件的热塑性材料应能耐异常热，否则可能产生异常。

如在发热的情况下软化，可导致所支撑的危险带电零部件之间的爬电距离和电气间隙减少甚至发生短路，造成使用人员触电或着火危险。

导致上述不合格原因有：由于耐异常热性能好的塑性材料成本较高，在利益的驱使下，生产企业偷工减料，用耐异常热性能差的塑性材料支撑危险电压件，从而给消费者留下安全隐患。

8. 传导骚扰

电源适配器，特别是开关型电源适配器由于内部半导体器件频繁地开启、闭合，会产生一定频率骚扰脉冲，传导入电源端子，污染电网，使得连接在同一电网上的其他敏感电子设备可能因此不能正常工作或误动作，造成各种安全隐患。

导致上述不合格原因有：部分生产企业对电磁兼容的认识还不够全面，或无对应的检测能力；为节约成本，也不对外送检，或采购的电磁兼容关键元器件质量不稳定，导致该项目不合格。

9. 辐射骚扰

电源适配器的辐射骚扰过高可能导致在其周边工作的电子设备误动作或不能正常工作，造成安全隐患。

其原因一般为电源内的滤波电路设计、生产工艺、元器件选则上达不到相关要求，电磁辐射通过没有屏蔽作用的塑料外壳或未经有效高频滤波的导线向空间辐射电磁波骚扰，造成不合格。

五、选购和使用提示

目前，市场上电源适配器品种规格繁多，受其自身结构特点的限制，广大消费者在选购电源适配器时很难凭辨别其质量好坏，但可以注意以下几点：

（1）首选已获“CCC”认证的产品。信息技术设备及音视频设备用电源适配器已被列入国家强制性认证目录范围，故购买前应确认产品上带有“CCC”标识，如有可能尽量在相关网站查询其证书的真伪及有效性。

（2）检查电源适配器的标识。合格的产品需包含额定输入电压或额定电压范围、电源性质的符号、额定频率或额定频率范围、额定输入电流、制造厂商名称或商标、产品型号，部分产品还需包含Ⅱ类符号、安全说明等信息，标识字迹应清晰，不易擦除。消费者不要购买全外文标识的电源适配器产品。

（3）选择与整机匹配的电源适配器。选购电源适配器前需了解与之配合使用的整机电器的电参数等基本信息，确认其额定输入电压和输入电流。选购的电源适配器输出电压必须与整机的额定电压一致。

（4）检查电源适配器的插头与接口。电源适配器的插头与接口应光洁无锈蚀，插头符合国家标准的要求。另外，接口与整机的吻合度也很重要，切忌选择接口过松或者接口过紧的电源适配器。接口松动会让整机接收到的电流不稳定，还有可能形成较大的瞬间电流，对整机造成损伤；而接口过紧则不易插拔甚至损坏接口。

（由深圳计量质量检测研究院安创文、刘铁东撰稿）

液体加热器和冷热饮水机

一、产品简介

液体加热器，是各种利用电能对液体进行加热的器具的总称。液体加热器包含的产品种类很广（见图 1），功能多样。例如，有用于加热饮用水的电水壶、电热开水瓶、冷热饮水机，有用于烹饪的电火锅、电炖锅、电蒸锅、电饭锅、电压力锅，还有用于制备饮料的咖啡机、酸奶机等。此外，蒸汽消毒器也属于液体加热器。

液体加热器属于国家强制性认证产品。

液体加热器具有快速、方便、卫生等特点，且价格低廉，品种繁多，功能较全，越来越受到广大消费者的青睐，近年来产品的销量一直呈上升趋势，单个家庭拥有的液体加热器产品的种类也不断增多。

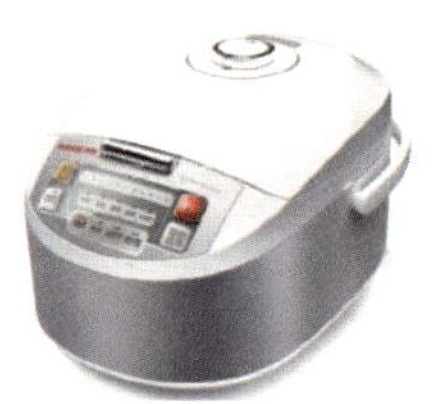

a）电饭锅

b）电火锅

图 1　液体加热器的主要类别

c）电水壶

d）电热开水瓶

e）电炖锅

f）电蒸锅

g）咖啡壶

h）咖啡机

i）酸奶机

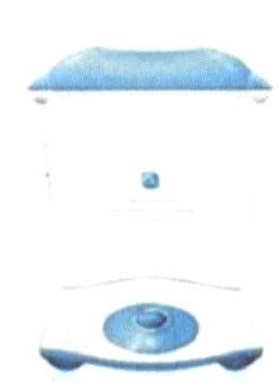

j）蒸汽消毒器

k）饮水机

续图 1

二、行业概况

我国液体加热器的生产企业有1000多家，主要集中在广东、浙江、江苏，另外还零星分布在四川、福建等地区。这些企业当中，有些是年产量超过100万台的大企业，也有为数众多的不成规模的小厂，有些甚至是家庭作坊式的工厂。

液体加热器产品不仅种类很多，品牌集中度也相较高。如，电水壶产品销量排前十名的品牌市场占有率超过80%，仅美的、苏泊尔两家就已占据近50%的市场份额。饮水机产品美的、安吉尔、沁园占据了约70%的市场份额。电饭锅产品的品牌集中度也很高，前十名品牌累计份额高达87.1%。其中，美的独占近四成的市场份额。

从销售渠道上看，在大城市家电商场销售的多是一些知名企业的品牌，小企业多数只能贴牌或者在低端市场销售。纵观目前的液体加热器和饮水机市场，一方面，市场呼唤技术含量高、附加值高的节能、健康、多功能的新产品；如快热饮水机、无需磨豆和咖啡粉的胶囊咖啡机。另一方面，由于我国经济发展不平衡，在很多地区，一些价格低廉、质劣的液体加热器产品还很有市场，这一现象也使得整个液体加热器制造行业的发展良莠不齐。

随着中国经济的增长和居民消费水平的提升，人们的消费观和以前有了更高的要求。液体加热器产品也随之向智能化、易用化、时尚化和节能化四个方面发展，不断地推陈出新，更多新产品的问世受到人们的追捧。例如电饭锅产品的发展趋势是从智能化电脑型电饭锅进一步升级到能做出口感和营养更好的米饭的IH电磁加热电饭锅。IH技术的工作原理是通过电磁线圈接通交变电流，直接对金属内胆进行加热，越过了加热盘的热量传导过程，升温迅速；而且很多高端IH电饭煲引入多级线圈，实现了对整个内胆的环绕加热，实现了绝对的均匀加热；IH电饭煲还能对米饭焖制过程实现精准程序控制，根据米饭各个加热阶段的需要设定不同的加热方案，米饭口感和营养成分都提升到了前所未有的高度。饮水机产品也从单一的桶装水饮水机发展到桶装饮用水、自来水终端制水、管道直饮水三分天下的格局，向着更节能，更安全卫生的方向发展。电水壶产品也出现了适应中国茶文化的集烧水、消毒茶具、保温于一体的茶艺机。而咖啡机产品也推出了无需磨豆和咖啡粉的胶囊咖啡机。

因此，液体加热器的市场前景应该是相当广阔的。

三、标准解读及关键指标分析

1. 标准总体情况

目前，我国已经发布并实施的有关液体加热器的标准主要分为：

（1）产品安全标准：

1）GB 4706.1—2005《家用和类似用途电器的安全　第1部分：通用要求》是强制性安全标准，与产品的特殊要求配合使用，考核正常使用以及预计可能出现的非正常情况下，产品对机械、电气、热、火灾以及电磁等危险的防护。

2）GB 4706.19—2008《家用和类似用途电器的安全　液体加热器的特殊要求》在通用要求的基础上，对标志和说明、发热、非正常工作、结构、接地措施等安全技术指标做了补充的规定。

（2）产品能效及性能、测试方法标准：

1）GB 12021.6—2008《自动电饭锅能效限定值及能效等级》属于性能标准，规定了自动电饭锅的能效限定值、节能评价值、能效等级以及试验方法和检验细则。

2）QB/T 4099—2010《电饭锅及类似器具》、GB/T22089—2008《电水壶性能要求及试验方法》和GB/T22090—2008《冷热饮水机》是推荐性标准，分别规定了电饭锅、电水壶、饮水机产品分类，结构要求，性能要求，试验方法，制造和生产试验，检验规则，标志，包装，运输和贮存，其中GB/T 22089—2008《电水壶性能要求及试验方法》还规定了电水壶的热效率。

2. 关键指标分析

（1）安全指标。液体加热器的安全指标是产品质量的最重要指标，具体有：

1）产品的标志及说明是消费者直接获取产品信息和使用方法的途径，信息的错误或缺失有可能使消费者在使用中或维护中发生危险操作。

2）对触及带电部件的防护。标准要求按器具正常使用放置和进行工作时所有的状态，器具的外壳和结构应使其对意外触及带电部件有足够的防护。如果液体加热器的外壳孔洞过大或者外壳过于薄弱，B型试验探棒（模拟人的手指）能够触及带电部件或内部布线基本绝缘，正常使用中有触电危险。

3）输入功率和电流。标准要求，器具标称的额定功率和实测功率的偏差必须在一定范围内（如液体加热器产品功率大于200W时，功率偏差范围为＋5％～－10％），不能过大或过小。

4）非正常工作。标准要求器具在例如不加水干烧、温控器失效等可以预见的非正常工作过程中，应该有另外的保护装置动作以避免发生危险，若不能起到应有的保护作用，则可能发生起火或者触电等危险。

5）电源连接和内部导线。标准明确规定了液体加热器电源线和外部导线的连接方式、电源线固定装置等的结构要求，电源线线径不合格可能导致电源线过热而发生火灾或者绝缘老化产生漏电的危险。

此外，还有涉及产品安全的其他技术指标，如泄漏电流和电气强度、接地措施、爬电距离和电气间隙等。

（2）性能及能效指标。根据国家发改委、国家质检总局和国家认监委2009年10月联合发布的《实行能源效率标识的产品目录（第五批）》公告及相关产品实施规则的要求，自2010年3月1日起，在中国大陆生产、销售和进口的自动电饭锅必须加施能效标识，低于能效等级5级的相关产品，均不得在中国大陆生产、销售和进口。

其他液体加热器产品暂时还没有纳入能效标识产品目录中。包含内容如下：

1）热效率。该指标主要考核液体加热器工作中加热功能的效率。热效率越高，耗电量越少。

2）保温能耗。该指标主要考核液体加热器工作中保温功能的耗电量。保温能耗越大，保温时耗电量越高。

3）待机能耗。该指标主要考核液体加热器工作中处于待机功能的耗电量。待机能耗越大，待机时候耗电量越高。

四、常见的主要问题

近十年来，国家质检总局每年都要开展液体加热器产品的国家监督抽查工作，覆盖电饭锅、冷热饮水机、电水壶等多种液体加热器产品。抽查发现，液体加热器产品主要存在以下质量问题。

1. 输入功率和电流

产品标识的额定功率是消费者了解和选购产品的重要信息，如果企业对发热元件的实际功率大小缺乏有效的质量控制措施，发热元件的功率偏差未受控，则会造成实测输入功率与标称功率偏差超过规定值。如果输入功率正偏差过大可能会导致消费者电源配备发生故障，输入功率负偏差过小则涉嫌欺骗消费者，也会影响使用功能。

2. 非正常工作

非正常工作不合格也是常见的质量问题。主要体现在模拟非正常工作试验后，器具金属熔融，塑料外壳变形导致试验探棒可以触及带电部件，测试角温升超过限值 150K，甚至导致起火（见图 2）。

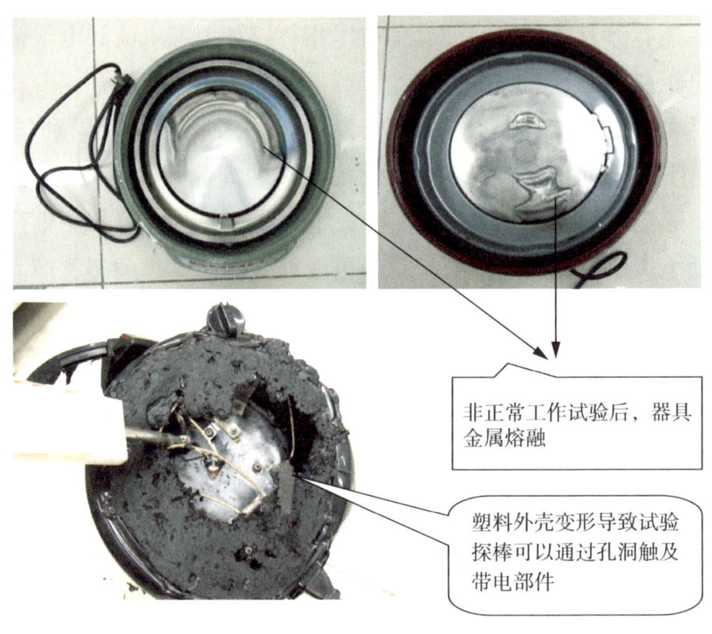

图 2　非正常工作试验示例

3. 螺钉和连接

液体加热器的电气连接和接地连接都需要必要的防松措施和正确的螺钉连接方式，如果企业不了解标准要求，或者出于成本原因，减少了必要的防松配件，或者使用易于收缩或变形的绝缘材料来传递螺钉的接触压力，可能导致连接螺钉松动，接触电阻变大。这将使得连接处过热，影响绝缘性能，造成绝缘过早老化、损坏等危险，甚至可能引起火灾；而对于接地连接，则会造成保护性接地连接不良，用户使用时缺乏可靠的接地保护，增加触电危险。

4. 电源连接和外部软线

有的产品使用了不符合要求的电源线。例如，某不合格产品额定电流为4.5A，按标准规定电源线的标称横截面积不得小于0.75mm^2，而此产品却使用线径为0.5mm^{2}的电源线，不符合标准GB 4706.1—2005和GB 4706.19—2008的25.8要求。其原因主要是企业为了压缩成本，使用了价钱相对便宜的小规格线径的电源线。电源线线径过小，长期承受高于其承载能力的电流，可能造成电源线绝缘老化，用户使用中有触电危险。

5. 对触及带电部件的防护

一些产品对触及带电部件的防护不合格。例如，某电热水壶产品，用标准规定13号探棒（模拟筷子等小物件）能通过其底座的小孔触及耦合器的带电部件，不符合GB 4706.1—2005中第8章的要求。这样的结构可能导致用户发生电击危险，见图3。

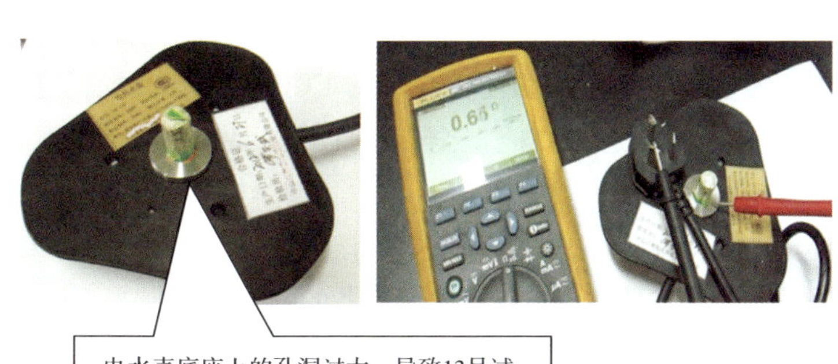

图3　防护不合格的电水壶

造成不合格的原因是企业对标准要求不熟悉，产品结构设计不合理，底部开孔尺寸过大。

五、选购和使用提示

1. 选购指南

（1）安全性。液体加热器由于是用电对液体容器进行加热，涉及使用“电”并且加热对象是水，“使用安全性”应该是首要的。消费者在选购液体加热器产品时应在正规的大型商场或超市中购买大型企业或有品牌的企业生产的产品，这些企业管理规范，生产条件和设备较好，产品质量稳定。此外，要注意一定要选择贴有3C认证标志的产品。

（2）能效水平。电饭锅产品还应该标有能效等级标识。能效等级数字越小，表示耗能越低，越节能。

（3）功能化智能化的选择。目前市场上的电饭锅、电水壶和饮水机等液体加热器产品已向智能化、个性化、环保化、多元化发展，应根据自己的实际需要，合理选择。例如选购电饭锅产品时，如果需要预约煮饭功能等，则可以选择电子式的电饭锅，如果不需要此类功能，则选择机械式的电饭锅，价格更加低廉；再如：3.0L左右的电饭锅，较适合3口之家使用，而规格为4.0L以上的电饭锅，则更适合人数较多的家庭选用。选购饮水机时，如果仅用于泡茶和冲咖啡，购买温热型即可；如果需要冰水才需购买冷热饮水机。在相同制冷时间下，压缩机制冷速度要比半导体（电子）制冷速度快得多，价格也相对要高。

（4）外观检查。在挑选液体加热器等产品时，从外观上检查，应无任何划痕，无毛刺，无变形等，还应关注铭牌上的CCC标志、商标、厂家、型号、额定电压、额定功率等是否一应俱全，器具外壳是否过于薄弱，接缝是否均匀。

（5）应仔细阅读说明书。产品说明书应该至少包括产品的基本参数、重要的安全说明、维修保养的注意事项、售后服务的方式方法等。

2. 使用注意事项

（1）电源插头。液体加热器的电源插头应与插座接触良好，应尽量使用墙壁安装的固定式插座，避免使用现在市场上销售的所谓“多用插座”。因为液体加热器一般功率较大，如果插座不合格，极易导致连接处过热，造成触电、起火等事故。

（2）内胆。液体加热器一般是金属内胆，不要用液体加热器煮说明书规定以外的食物，不要煮酸性或者碱性的食物和液体。也不要购买过于便宜的金属容器液体加热器，因为现在有些企业使用非食品级的不锈钢材料，成本仅为食品级不锈钢的一半左右。对于类似电饭锅这样内胆可以取出的产品，要避免内胆与锅底的碰撞从而使发热盘或内胆变形，如果发生变形，内胆与发热盘就不能很好吻合，影响煮食效果，所以在使用时应轻拿轻放。发热盘与内锅之间也要保持干净，干爽，要经常检查，避免食物（如米粒）掉入从而影响电器正常工作，甚至损坏发热盘。

（3）注水量。使用液体加热器产品，应避免加入过量的液体。手工加水时应留意容器的最大水位标识，如果加入过量的水，可能导致沸水喷出或者溢出，导致烫伤、触电等危险。

（4）清洗。进行清洗时，一定要先断开电源。在清洁过程中，在清洁过程中，切勿使电气部分和水接触，更不可泡在水中清洗，以防短路和漏电。如果电饭锅的内锅需要清洗，要用布擦去底部和外侧的残留水后才能放入外锅内。

（5）除垢清理。电水壶、电热水瓶等产品长期使用后容易长水垢，需要定期除垢。除垢时注意：1）将醋和水按 1∶2 比例混合倒入水壶，然后接通电源，让水壶工作并等待它自动跳断。2）让混合液在水壶中保存 24h 后将混合液倒掉，再装入清水到一定的位置，再工作至自动跳断。3）倒掉这些水就会将水垢和醋精带走，最后用清水清洗壶内部，如有必要请重复以上操作。

另外，使用饮水机时应该注意：首次使用时必须待热水龙头出水后才能接通加热电源开关，以免热罐缺水干烧，损坏电热元件和热罐保温材料。饮水机应放置在干燥、避光、阴凉通风的地方，避开可能有液体喷溅的地方，远离植物和热源（尽量避免靠近凉台或太阳能够照到的地方），以免影响水质或口感；饮水机要经常清洗内胆，通常夏季每月 1～2 次，冬季每月 1 次。一般情况下，饮水机内胆存有近 1000mL 的水，长时间不清洗、消毒，会导致机内的储水胆大量繁殖滋生细菌、病毒。桶装水在开封后就要尽快饮用完，因为一桶水喝的时间越长，水里繁殖的细菌数量也就越多。饮水机要长时间停用时，应关闭电源，把饮水桶取下，将饮水机内的水排尽。

咖啡机的保养除了常规的水垢的清理以外，还包括咖啡豆油垢和咖啡残渣的处理。由于咖啡豆在研磨的过程中会淅出一部分油脂，而这些油脂会附着在咖啡机的磨豆器上，要这些附着的咖啡油也需要定期进行清理。如果长时间不对咖啡油进行清理，在使用咖啡机时就会出现磨豆不碎、打滑等现象，影响到咖啡机的正常使用。对于咖啡残渣，现在很多咖啡机都带有自动清洗功能，这是非常实用的一个功能。在每次使用完咖啡机时，按照说明书中的步骤对咖啡机进行一下程序清洗，就可以起到对咖啡机的保养效果。如果一次无法洗净不妨再次进行清洗或对部分位置进行手工清洗，这样就可以达到比较满意的效果了。

（由国家电器产品安全质量监督检验中心胡芬撰稿）

电热水器

一、产品简介

电热水器有别于燃气热水器、太阳能热水器，是指利用电能对水加热，用于淋浴、洗漱等用途的热水器。电热水器属于国家强制性认证产品。

按是否具有储水功能，电热水器可分为储水式电热水器和快热式电热水器（见图 1、图 2）。

储水式电热水器是加热水并将水储存在容器中，装有控制水温装置的固定式器具。一般加热功率不必太高，对线路要求应与其对应；停电时仍可提供一定量的热水。按工作原理，储水式电热水器可以分为密闭式、出口敞开式、水箱式、开口式、水槽式等，目前市场主流产品为密闭式。密闭式电热水器正常工作时承受供水压力，可多路供水。

快热式电热水器一种当水流过器具时对水加热水的电加热水器具，也称作“过流式”电热水器。它具有加热速率快、效率高、体积小、水温稳定、不易结垢等优点，也可分为封闭式和敞开式等类别。相比较而言，这种电热水器的加热功率比储水式电热水器的要大。

图 1　储水式电热水器

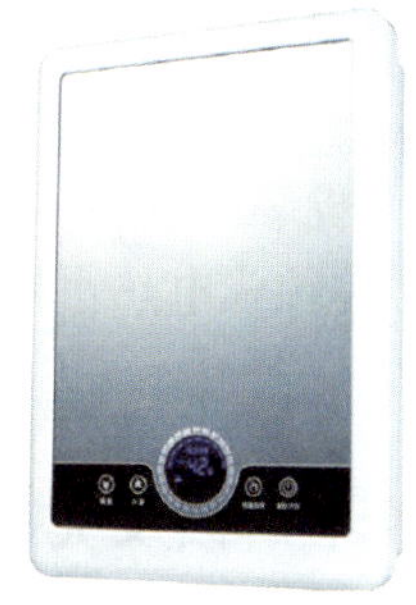

图 2　快热式电热水器

二、行业概况

我国在 20 世纪 80 年代末开始生产电热水器。发展至今，全国年产量已有数千万台，生产企业总数几百家，主要分布在广东、浙江、福建、山东、江苏等地。其中，广东的佛山、中山以及浙江的宁波、温州是最主要的产业集中区。电热水器产品的生产企业，部分是知名大企业，但也有很多企业规模不大，特别是快热式电热水器，由于技术门槛不高，很多企业以组装生产为主。

近年来，随着居民生活水平的提高以及家电下乡政策的推行，电热水器得到越来越多家庭的青睐，逐渐占据了我国热水器市场的主导地位。中怡康时代（CMM）市场监测数据显示，2012 年 1～3 月，电热水器占热水器整体市场零售量的比重超过 60%。国家统计局数据显示，2012 年第一季度，仅储水式电热水器的产量就已累计达到 762.36 万台，比 2011 年同期增长超过 50%。

目前，电热水器行业的品牌集中度相对较高。海尔、A.O. 史密斯长期占据市场销售量及销售额的前两名，加上美的、万家乐、阿里斯顿、惠而浦、万和、帅康、伊莱克斯、西门子，十大品牌的市场占有率已超过 90%。

随着节能低碳时代的来临，传统电热水器的加热方式已不能满足人们的消费需求。储水式电热水器存在体积大、加热时间长、储水量有限、重复加热浪费电能等缺点，而快热式电热水器对线路、进水温度要求较高的弊端也无法忽视，电热水器行业掀起新的技术革新浪潮。一种体积相对储水式小，功率又比快热式要低的速热式电热水器应运而生。通过进一步改进加热系统，对特定部分的水进行集中加热，使加热效果更加聚能，实现瞬间升温的速热效果，速热式电热水器既缩短了加热时间，又降低了线路要求，完美的融合了两类传统电热水器的优势，能充分满足消费者淋浴、洗漱过程中的不同需求，将成为未来几年电热水器行业的发展趋势。

在“十二五”期间涉及的新能源产业规划中，重点提出要加快太阳能、空气能技术的推广和应用。这无疑将加速空气能热水器、太阳能热水器市场的发展。因此，传统式电热水器与新能源形式的结合将是电热水器的又一新的发展方向。

三、标准解读及关键指标分析

1. 标准总体情况

目前，我国已经发布并实施的电热水器国家标准主要有以下产品安全性能标准：

——GB 4706.1—2005《家用和类似用途电器的安全　第 1 部分：通用要求》；

——GB 4706.11—2008《家用和类似用途电器的安全　快热式热水器的特殊要求》；

——GB 4706.12—2006《家用和类似用途电器的安全　储水式热水器的特殊要求》；

——GB 21519—2008《储水式电热水器能效限定值及能效等级》；

——GB/T 26185—2010《快热式热水器》；

——GB/T 20289—2006《储水式电热水器》。

（1）产品安全标准有：GB 4706.1—2005 是强制性标准，与产品的特殊安全要求配合使用，考核正常使用以及预计可能出现的非正常情况下，电热水器对机械、电气、热、火灾以及电磁等危险的防护。

GB 4706.11—2008 和 GB 4706.12—2006 在通用要求的基础上，针对快热式电热水器、储水式电热水器的各自特性，分别对标志和说明、结构、接地措施等安全技术指标做了附加规定。

上述三项安全标准是电热水器具的最主要和常用标准。

（2）产品能效标准：GB 21519—2008 属于产品能效标准，规定了储水式电热水器的能效限定值、节能评价值、能效等级以及试验方法和检验细则。

（3）产品性能及检测方法标准：GB/T 20289—2006 和 GB/T 26185—2010 是储水式电热水器和快热式电热水器的产品标准，这两项标准为推荐性标准，分别规定了快热式电热水器、储水式电热水器的产品分类、结构要求、性能要求、试验方法、制造和生产试验、检验规则、标志、包装、运输、贮存。

2. 关键指标

（1）安全指标。电热水器的安全指标主要以GB 4706系列标准规定的安全指标和要求为主，具体有：

1）标志和说明。“标志和说明”考核电热水器的标志、安全警示以及说明书是否符合标准规定，能否起到正确引导消费者获取产品信息、使用方法和注意事项的作用。符号使用不正确、说明书缺少必要的说明以及标志不持久耐用是该项目常见的不合格情况，有可能造成消费者在正常使用或维护保养时因信息缺失或标识错误而模棱两可，甚至发生误操作而引发危险。

2）对触及带电部件的防护。标准要求按器具正常使用进行工作时所有的状态，器具的结构和外壳应使其对意外触及带电部件有足够的防护。电热水器外壳孔洞过大，B型试验探棒触及带电部件或内部布线基本绝缘，会导致日常使用时存在很大的触电隐患。

3）结构。电热水器应能承受在正常使用中出现的水压，水不应在电热水器内泄漏并且电热水器不应有影响其符合标准的永久性变形。密封不良、容器承压能力差会造成此项目不合格，水泄漏将会影响电热水器的爬电距离、对触及带电部件的防护等。

4）接地措施。Ⅰ类的电热水器应能提供有效的接地保护。接地端子无防松，接地线先绷紧都会造成电热水器接地不可靠，在日常使用中存在触电隐患。

除此以外，还有一些家用电器产品共性要求的电气安全指标。

（2）性能指标。该指标主要表明电热水器的产品性能的优劣。

1）加热效率。快热式电热水器的加热效率应不低于92%。

2）容量。储水式电热水器的实测容量与额定容量的偏差不应高于±10%。容量负偏差高于−10%，将导致储水式电热水器实际提供热水的能力与标称不符。

3）24h固有能耗系数。该指标主要考核储水式电热水器在使用过程中对热水的保温效果。24h固有能耗系数高，不排水时保温能耗大，耗电量高。

4）热水输出率。主要考核储水式电热水器在正常使用中提供一定温度范围内热水的能力是否与其标称的能效等级相符合。热水输出率低，在正常使用中热水器提供的热水量较少，将损害消费者利益。

(3) 能效指标。该指标主要表明不同型号或规格的电热水器产品的能效等级。能效指标分为“能效限定值”和“能效等级值”。“能效限定值”是指电热水器必须达到的能效水平；而“能效等级值”是指，电热水器在“能效限定值”基础上实际达到的等级水平。

四、常见的主要问题

2010年～2012年，国家质检总局连续三年组织开展了储水式电热水器产品国家监督抽查工作，发现的主要问题如下。

1. 接地措施

GB 4706.1—2005中27.3规定：“带电源软线的器具，其接线端子或软线固定装置与接线端子之间导线长度的设置，应使得如果软线从软线固定装置中滑出，载流导线在接地导线之前先绷紧”。接地端子位置设置不合理，地线没有预留足够的长度都将造成电源软线从固定装置中滑出时，地线先于载流导线绷紧，导致产品可能因此而丧失接地保护能力，从而有可能产生触电危险，如图3所示。

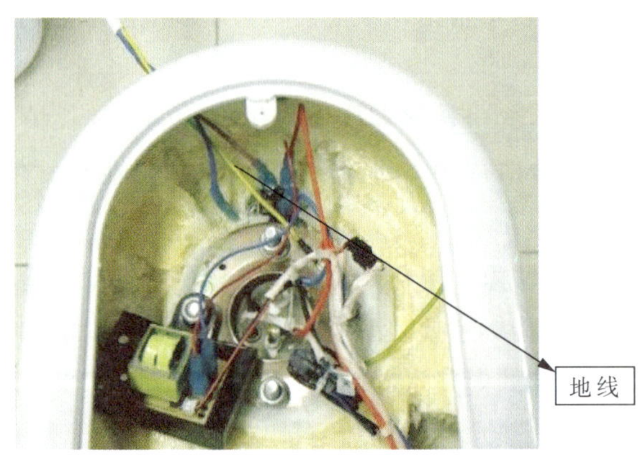

图3 接地措施不合格图例

2. 24h固有能耗系数

不合格情况表现为实测24h固有能耗系数大于产品的标称值。储水式电热水器保温效果差，就会造成热水器的频繁工作，耗电量过大，浪费能源。

保温层厚度过小或密度过低、发泡工艺差、端盖内保温措施不足都可能导致储水式电热水器产品保温能耗过大。另外，企业虚假标示，也是该项目不合格的主要原因之一。因此，电热水器的“24h 固有能耗”应该看做是电热水器的一项重要技术指标。

3. 热水输出率

不合格情况表现为热水输出率低于产品的标称值。热水输出率较低，在正常使用中热水器提供的热水量就较少，这显然影响到消费者的正常使用。

除了企业虚假标示、发热管的形状以及温控器安装的位置外，进水口内嵌进水短管的结构，对产品热水输出率的影响较为重大，尤其是进水短管顶端是否完全密封。

五、选购和使用提示

1. 选购提示

（1）看外观。电热水器整机外观应整洁、无裂缝、无明显划痕；塑料件的外露表面应光洁、色泽均匀、无严重变形；经过喷涂或油漆的金属件应该平整光亮、漆层牢固，其表面应无明显流漆、斑痕等缺陷。另外，各管路接口应工艺平整。

（2）看标志。无论是储水式电热水器还是快热式电热水器，均属于 CCC 认证产品，应查看器具上是否有 CCC 认证标志。热水器上都需标出额定电压、额定功率、防水等级、额定压力、电源性质等电气参数，以及型号规格、制造商或承销商的名称或识别标志。对于储水式电热水器，还应标示热水器的额定容量如图 4 所示。

除了标示齐全，各参数的计量单位还应使用准确且书写无误。同时，这些标志都需经过必要的处理，用水和汽油分别进行擦拭，应不出现模糊不清。

另外，电热水器开关、控制器的不同挡位也应有相应的标示，进出水口也须有文字或者颜色标明（蓝色表示进水口，红色表示出水口）。对于储水式电热水器，在器具上还应有能效等级的标识，能效等级高（1 级为最高），说明同等容量下，储水式电热水器的保温能耗低，提供热水能力强。

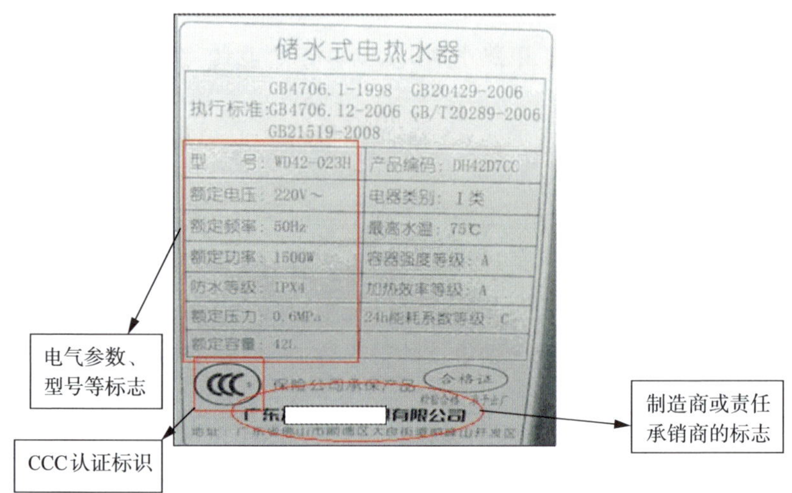

图4 电热水器标志示例

（3）看说明书。电热水器的产品说明书应该至少包括产品的基本参数、重要的安全说明、维修保养的注意事项、售后服务的方式方法等。

（4）看包装。电热水器的包装应有可靠的防潮防尘措施，包装箱应牢固可靠，包装箱应至少有包括产品名称、型号、规格，产品出厂日期或批号，制造厂全名和生产场地地址的标志。

（5）根据实际需求选择。应结合家庭人口和热水用量等因素选择储水式电热水器的容量。一般来说，1个人淋浴使用的话，可选择容量为30L～40L的电热水器，2～3个人连续淋浴使用应选购40L～50L的热水器，3～5人则需选择容量为70L～100L的电热水器。

对于快热式电热水器，不能一味追求大功率，应结合自身家庭的实际用电环境，所铺设电线的载流能力进行选择。

2. 安装需知

应该强调，电热水器的安装很重要，直接影响到使用安全性和可靠性。为此，国家设有专门的电热水器安装规范。

（1）安装位置。电热水器的安装位置应选择有地漏，避开强电、强磁场作用的地方，尽量远离易燃气体发生泄漏或有强烈腐蚀性气体的环境。对于器具上标示防水等级为不低于IPX4的电热水器，可选择安装在距淋浴盆垂直平面0.6m内的区域，对于防水等级为低于IPX4的电热水器，应选择安装在距淋浴盆垂直平面 0.6m 以外的区域，具体可参照 GB 16895.13—2012。同时，为了维修及日常保养的方便，在电热水器周围还应尽量预留足够的空间。

（2）安装面。电热水器的安装面应坚固结实、具有足够的承重能力。其承载能力不得低于电热水器注满水后 4 倍的质量，必要时需采取加固或防护措施。

（3）电路连接。用户的住宅应进行良好接地，相关的建筑标准要求居民住宅的接地电阻不能超过 10Ω。浴室应进行等电位连接，将水龙头、供水管等金属部件与浴室的地面钢筋联接至等电位接地点，以使万一漏电，淋浴用水能与地板保持同一电位，不会形成贯通人体的过量电流。

电热水器应连接到单独的电源插座或接线端子，且其进线侧需安装剩余电流保护装置（漏电开关）和过流保护装置，插座或端子的位置能有效防止水喷溅及触电危险。另外，电源容量及电源配线应与电热水器功率相符。对于Ⅰ类电热水器，应可靠连接地线，严禁将地线接在零线或自来水管上。

（4）水路连接。按照产品使用说明书的要求安装随机附件，如单向安全阀、减压阀等。连接电热水器与自来水管的管路应具有一定的强度和韧性，且耐高温、耐压、耐腐蚀。

3. 使用注意事项

首次使用或排空后重新使用电热水器时，应注水直至出水口有水连续流出后，才能接通电源。长时间不使用电热水器时，应将内胆中的水排空。寒冷季节，如果内胆中的水有可能结冰，则禁止接通电源。对于器具上标示额定压力为 0MPa 的敞开式电热水器，连接热水器出水口的管路中不应装有带关闭位置的阀门、水龙头等。

电热水器的发热元件长久浸泡在水中，由于腐蚀等因素造成发热元件有一定的使用寿命，应按照使用说明书的提示进行发热元件的更换。储水式电热水器的镁棒与水中的矿物质不断发生反应，属于消耗品，一般使用 2 年后需更换。

目前我国的用电环境较为复杂，近年来不时发生消费者在使用电热水器淋浴时触电身亡的案例。在绝大多数案例中，电热水器本身并未损坏出现漏电现象，而是使用的其他电器或者布线绝缘损坏造成地线带电，用电环境存在缺陷导致触电事故。由于在淋浴时，人体全身沾水，总的人体电阻下降到只有 500Ω 左右，加上浴室地面湿润，几十伏的电压即可通过心脏经脚部形成致命的电流。因此，建议使用非金属水管及喷头与电热水器进行水路连接。在淋浴或洗漱过程中，避免直接接触电热水器金属外壳，对于储水式电热水器，可拔下插头再进行淋浴或洗漱。另外，应定期试验漏电开关的试验按钮，确保其正常工作。

（由国家电器产品安全质量监督检验中心陈树东撰稿）

室内加热器

室内加热器（即电热取暖器）是冬季人们在室内常用的取暖工具，产品种类繁多、应用普遍，与民众日常生活密切相关。室内加热器同时又是直接涉及人身和财产安全的消费类电器，因而其产品质量至关重要。只有合理选择、正确使用，才能给消费者带来真正的平安和温暖。

一、产品简介

按照工作原理的不同，室内加热器主要可划分为红外辐射加热型和对流加热型两大类。其主要功能是将输入的电能转换成热能，并通过辐射、对流等传递方式，将热量散发到房间以达到取暖御寒的目的。室内加热器除主要用于室内取暖外，还可用于物品的干燥、加热；其中辐射型加热器也可用于人体的保健理疗等方面（见图1）。

室内加热器产品种类繁多，规格多样，主要有红外石英管取暖器、红外卤素管取暖器、红外反射式取暖器（又称小太阳）、红外线浴霸、电热油汀、PTC暖风机、对流式取暖器、电热膜取暖器及复合式取暖器等品种如图1所示。实际上任何一种取暖器都存在辐射与对流这两种传热作用，其中辐射的主要成分是红外线。如果某种取暖器以辐射传热为主导，可称为“辐射型取暖器”；若以对流传热为主导，则可称为“对流型取暖器”。各种产品的结构特点简述如下。

图 1　几种典型的室内加热器

1. 红外辐射式取暖器

该类产品依靠电热辐射元件及反射装置向空间特定方向发射主波段为 2.5μm～15μm 的红外辐射来实现传热功能。红外辐射（即红外线）是波长位于可见光红光和微波之间的电磁波，具有传递迅速（真空中速度约为每秒 30 万公里）和热效应显著的特点。人体和自然界的多数物质对红外辐射具有较强的吸收特性，能在接受辐射后加剧其分子运动，并立即转化为热能、温度迅速升高，这就是红外线的热效应。

该类产品的特点是：加热迅速、能量集中，能在辐射距离范围内对局部空间进行定向加热；发射的红外辐射直接作用于人体，可让用户享受到阳光般温暖舒适的采暖效果，且对人体有良好的保健理疗作用；由于红外线具有消毒杀菌的作用，可使本来不太流通的室内空气变得清新、无菌；避免或减少对流供暖扬起的灰尘污染，无噪声。

2. 强制通风式取暖器（又称暖风机）

该类产品利用取暖器内的风机将室内的冷空气从进气口吸入，流经电热元件加热升温后再由排气口送出热风，从而达到加热目的。目前强制通风式取暖器的产品形式有壁挂式、台式、立式等，所使用的电热元件主要有普通电热丝和 PTC 元件两种。这类取暖器的优点是加热速度比较快、室温比较均匀舒适；缺点是能耗相对较高，风机转动会产生噪声，空气的快速流动会产生扬尘污染，使用一段时间后空气质量有所下降。

3. 对流式取暖器

这种取暖器外壳上方为排气口，下方为进气口。通电后电热元件周围的空气被加热上升，从排气口流出，而取暖器外部的冷空气则自然地从进气口流入补充。如此反复循环，使室内温度得以提高。该产品的安全性能较高，运行安静；缺点是升温缓慢，室内温度均匀性较差，流动的空气会产生一定程度的扬尘污染。

4. 散热式取暖器（又叫电热油汀）

这种取暖器腔体内充有导热油，外表有大面积的散热片，当接通电源后，内置电热元件周围的导热油被加热，然后通过散热片向空间散发热量，达到取暖目的。由于其散热过程主要包括辐射，因而它属于低温辐射型取暖器。电热油汀一般采用可调式双金属温控器来控制温度。这种取暖器的导热油无需更换，使用寿命长，具有安全、卫生、无尘的优点；缺点是能耗相对较高，热惯性大，升温较缓慢。

5. 电热膜取暖器

包括高温电热膜取暖器和低温电热膜取暖器两种，属于辐射型取暖器。此类产品采用电热膜为发热材料，是近几年发展较快的产品。但由于功率低，多作为辅助加热。电热膜发热元件还可与装饰画复合在一起，制成壁挂式或台式电热画，是一种美观实用的多功能工艺品。

6. 复合式取暖器

采用辐射、对流、强制通风方式中任何两种以上组合方式传递热量，达到加热房间的目的。例如：同时装有红外线灯泡和 PTC 电热组件，兼有换气、吹风、照明等功能的浴室取暖器，就是一种辐射与强制通风方式组合的复合式取暖器。它既能通过红外线灯泡直接辐射人体取暖，同时又可通过 PTC 电热组件送出热风来提高室温，从而达到人体迅速升温和浴室内温度均匀分布的效果。

我国对室内加热器实施强制性产品认证（3C认证）管理制度。产品必须通过认证检查、取得3C认证证书并标明3C强制性认证标识后方可出厂销售。

二、行业状况

在我国，室内加热器自20世纪80年代问世以来，生产和销售持续稳定增长；先后经历了模仿国外产品、自主设计研发到产品出口外销等发展过程，技术日渐成熟。近年来，随着环保要求和生活水平的不断提高，传统的燃煤、燃油供暖设备呈逐步淘汰之势，电热供暖得到进一步推广，分户采暖方式渐成潮流，室内加热器呈现出广阔的发展前景；各种新型产品也不断涌现，产品出现了集取暖、保健、艺术欣赏于一体的发展态势。经过多年努力，出现了一批高市场占有率的知名品牌和企业，其产品无论是外观款式还是性能质量均已达到国外同类产品的先进水平。在东南沿海地区，出现了一大批以出口外销为主导的外向型企业，我国已逐步成为全球室内加热器制造基地。据统计，目前全国室内加热器的年销售额已突破百亿元。

目前，取得室内加热器生产资格（3C证书）的注册企业约有数百家，主要分布在浙江、广东、湖南、江苏、江西、安徽、重庆等地，其中浙江、广东、湖南是主产地；企业类型多为私营企业及有限责任公司；企业规模大小不一，从家庭作坊到大规模集约化生产企业均有，以中小型为主。就产业销售规模而言，浙江省的销售额约占全行业总量的50%，而广东省的销售额约占全行业总量的40%。

三、标准解读及关键指标分析

1. 标准总体情况

目前，国内关于室内加热器的标准主要包括产品标准及安全标准（含电磁兼容）两个方面。

（1）安全标准是室内加热器产品执行的强制性标准，这类产品涉及有两项强制性安全标准：

——GB 4706.1—2005《家用和类似用途电器的安全　第1部分：通用要求》；

——GB 4706.23—2007《家用和类似用途电器的安全　第2部分：室内加

热器的特殊要求》。

这两项标准均等同采用对应的 IEC 国际标准；针对产品可能出现的触电危险、机械危险、过热及起火危险、辐射危险、化学危险、电磁干扰危险、结构危险及元件失效等危险规定了安全要求，以防止由于上述各种危险所造成的人身危害或财产损失。

(2) 涉及室内加热器的产品标准共有六项（行业标准），包括：

——QB/T 4096—2010《家用和类似用途室内加热器的性能　第 1 部分：通用要求》；

——QB/T 4096.21—2011《家用和类似用途室内加热器的性能　第 21 部分：对流式加热器的特殊要求》；

——QB/T 4096.22—2011《家用和类似用途室内加热器的性能　第 22 部分：风扇式加热器的特殊要求》；

——QB/T 4096.23—2011《家用和类似用途室内加热器的性能　第 23 部分：可见灼热辐射式加热器的特殊要求》；

——QB/T 4096.24—2011《家用和类似用途室内加热器的性能　第 24 部分：充液式散热器的特殊要求》；

——GB/T 22769—2008《浴室电加热器具（浴霸）》。

上述标准分别规定了室内加热器产品的通用技术要求、五种具体类型产品的特殊性能要求、试验方法、检验规则及标志、包装、运输、贮存等。

2. 关键指标分析

涉及产品安全的标准指标有：

(1) 标志和说明：标准规定了器具的铭牌、标志、使用说明书应给使用者提供的具体信息，从而指导使用者正确安全地使用器具。

(2) 对触及带电部件的防护：器具的结构和外壳应使其对意外触及带电部件有足够的防护。在防触电试验中，模拟人手的试验探棒及试验指应不能触及带电部件。

(3) 输入功率和电流：在正常工作温度下，器具实际输入功率（电流）对额定输入功率（电流）的偏差应不超过限定值。

(4) 发热：在正常使用中，器具本身和周围环境的温度应不超过限定值，避免由于温度过高对使用者和环境产生危险。

(5) 工作温度下的泄漏电流和电气强度：在工作温度下，器具的泄漏电流应不超过限定值；电气强度应满足规定要求。

(6) 耐潮湿：器具外壳应按器具分类提供相应的防水等级，防止由于水进入壳内对设备造成有害影响。在正常使用中可预见的潮湿条件下，其泄漏电流应不超过限定值，电气强度应满足规定要求。

(7) 非正常工作：器具的结构，应可消除非正常工作或误操作导致的火灾危险、有损安全或电击防护的机械性损坏。在模拟非正常工作的试验期间，器具不应喷射出火焰、熔融金属、达到危险量的有毒或可燃气体，器具表面和周围环境的温升应不超过限定值。试验后，应不能触及带电部件和危险运动部件，绝缘电气强度应不降低到不可接受的程度，保护性电子电路应不失效，器具应不出现危害安全的意外运行。

(8) 稳定性和机械危险：产品应具有足够的稳定性，防止翻倒；除功能需要外，器具的危险运动部件应被合理放置和充分保护，防止伤害使用者和周围环境。

(9) 机械强度：产品外壳应有一定的机械强度，使得在正常使用（包括粗鲁操作）中能够达到保护使用者安全、维持产品功能的目的，经过规定的试验后，不应出现导致不符合本标准要求的损坏。

(10) 结构：产品的结构应符合标准相关规定。包括：与电源连接方式、实现器具防触电防护类别的基本结构、实现外壳防护以及防止有害水影响绝缘的规定、选用材料的限制、外观设计的规定。

(11) 内部布线：产品的内部布线设置应符合标准相关规定，以防止内部布线受到机械和热损伤，并确保防触电性能。

(12) 电源连接和外部软线：器具使用的电源线和外部软线的规格、连接和固定方式等应符合标准相关规定，以确保器具的电源连接安全可靠。

(13) 外部导线用接线端子：应恰当地选择和使用外部导线用接线端子，以保障器具有可靠的电气连接，同时避免误接线、触及带电部件、爬电距离或电气间隙降低等安全隐患。

(14) 接地措施：器具的接地端子（接地装置）应符合标准相关规定；万一绝缘失效可能带电的易触及金属部件，应永久可靠地连接到器具内的接地端子；接地电阻不得大于 0.1Ω。

(15) 螺钉和连接：器具用于紧固装置、电气连接和接地连接的螺钉、螺母和铆钉等应符合标准相关规定，以保证其电气连接和机械连接都具有相应的可靠性。

四、常见的主要问题

国家质检总局自2002年以来逐年对室内加热器产品的安全质量开展了多次的监督抽查。根据抽查的结果，室内加热器产品主要存在以下问题，消费者在选购和使用时需要予以关注。

1. 对触及带电部件的防护

主要是产品的防触电保护措施不当，模拟人手的试验指（探棒）能触及带电部件，不能对使用者意外触及带电部件提供必要的防护（如图2所示）。这样的结构存在极大的安全隐患，容易造成触电事故。

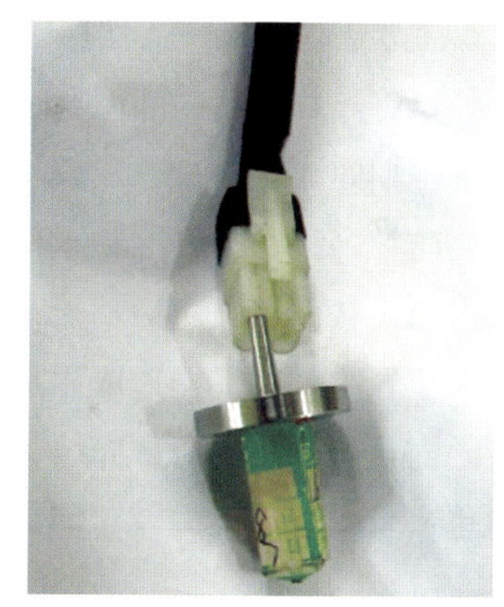

图2 试验指触及带电部件

2. 接地措施项目

主要表现在：一是接地端子（接地螺钉）的夹紧装置未充分牢固，不能防止意外松动，容易导致接地线松脱的情况发生，会使产品失去接地保护，引起触电危险（如图3所示）；二是易触及金属部件没有永久可靠连接到接地端子，在产品的基本绝缘失效时，接地措施不能起到应有的保护作用，从而产生安全隐患；三是与电源软线相连的接线端子等部位的载流导线，在外力作用下，未在接地导线之前先绷紧，电源线在使用过程中如果意外受力，将导致地线先拉断，使产品失去接地保护，引起触电危险（如图4所示）；四是接地电阻超标（大于0.1Ω），使产品丧失有效的接地保护作用。

图3　接地螺钉松动

图4　外力作用下接地导线先绷紧

3. 结构设计

主要表现在一是辐射式加热器的防火保护罩的开口面积少于总面积的50%，将导致产品内部温升过高，带来起火等安全隐患；二是具有在正常使用或维护期间能对用户造成危险的粗糙或锐利的棱边（如图5所示）；三是提供必要防护等级的不可拆卸零件，未可靠固定，不能承受在正常使用中出现的机械应力，从而丧失防护功能；四是产品的旋钮固定位置不唯一，当旋钮固定在错误位置时，有可能造成用户的误操作，带来安全隐患；五是产品的自攻螺钉头外露，可触碰到内部布线；六是由开关断开电源时仅仅依赖电子开关，不能防止一旦电子元件失效可能产生的危险（如图6所示）。

图5　易触及锐边和尖端

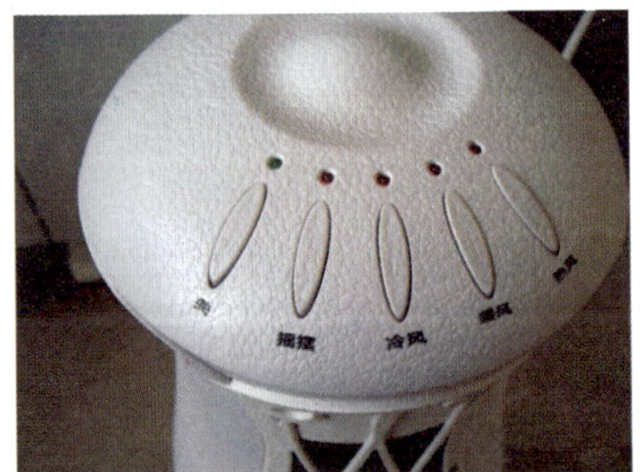

图6　仅采用电子开关

4. 电源连接和外部软线

主要表现在一是导线的横截面积偏低；二是软线固定装置夹紧力不足或没有固定装置，使电源软线未被可靠固定（如图7所示）；不能满足载流能力、机械强度的要求，在使用过程中极易过热或受到损坏。三是作为Ⅰ类器具，其电源软线缺少一根连接在器具的接地端子和插头的接地触点之间的接地线，使器具丧失接地保护功能（如图8所示）。

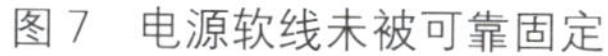

图7 电源软线未被可靠固定

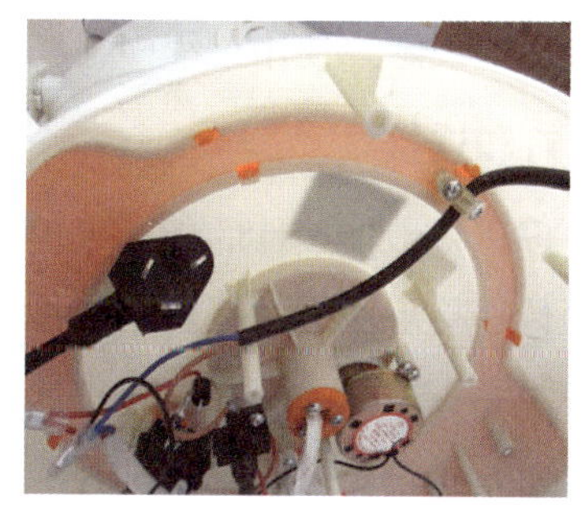

图8 Ⅰ类器具的电源软线无接地线

5. 潮湿状态下的泄漏电流超标

若在潮湿环境中使用产品，将对使用者造成触电伤害。

6. 绝缘电气强度

主要是在工作温度下及潮湿状态下的电气强度试验中出现击穿现象，表明其绝缘系统不可靠，一旦电网有过电压产生，将对使用者造成触电伤害。

7. 输入功率

输入功率过大会使消费者电源配备发生故障，并会破坏器具的热平衡设计，使器具内部的温度过高，降低产品的使用寿命；输入功率过小则影响加热取暖效果。

8. 机械强度

主要是产品的固体绝缘厚度或强度不足，进行标准规定的划痕试验后，未通过电气强度试验，表明其不能防止锋利工具的刺穿。正常使用中固体绝缘一旦出现损坏，将对使用者造成触电伤害。

9. 非正常工作

主要表现在一是便携式可见发光的辐射式加热器的结构设计不合理，辐射的能量过于集中，在标准规定的距离内温升超出标准限值，将使产品在非正常工作或误操作的情况下，可能引起取暖器附近易燃物燃烧，造成火灾等危险。

二是样品试验中释放出过量有毒有害气体，将直接影响用户健康。

10. 发热

主要是产品的温控设置或结构设计不合理，导致发热试验中产品表面部件的温升超过标准规定，使用过程中存在烫伤用户或损坏产品的危险。

11. 螺钉和连接

主要是提供接地连续性的螺钉采用自攻螺钉旋入非金属材料中，通过易变形的木材来传递接触压力，将影响连接的可靠性。而一旦提供接地连续性的螺钉松动后，当基本绝缘失效时，将不能提供必要的防触电保护。

12. 内部布线

主要表现在一是裸露的内部布线不是刚性的且未被固定；二是不能有效地防止布线与运动部件接触；三是产品的无护套内部布线未加以保护，直接与可能引起绝缘损坏的锐利棱缘或金属孔的毛刺接触如图 9 所示；四是内部布线端头在承受压力处用锡焊将其焊在一起，然后再连接到接线端子，这种结构可能会由于焊锡的冷流变而产生不良接触的危险，存在安全隐患。

图 9　内部布线与锐利棱缘接触

13. 稳定性

主要是产品在倾斜 15°角的平面上出现翻倒，没有足够的稳定性，而室内加热器翻倒后容易引起火灾。

14. 外部导线用接线端子

主要表现在产品的外部导线用接线端子未被可靠固定，使用中会出现松动造成内部布线因受到应力而松脱，将影响到使用的安全（如图 10 所示）。

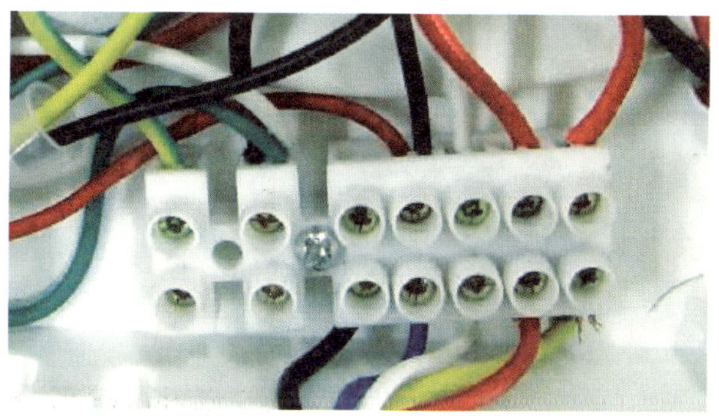

图 10　接线端子只用一颗螺钉固定

15. 标示

产品的标志和说明是指导消费者正确、安全地使用和维护保养电器产品所必须具备的设备资料，如果缺失这些必要的资料，会对室内加热器的使用、维护及保养带来安全上的隐患。例如：警告语“警告：禁止覆盖”的缺失，会导致使用者误使用，造成室内加热器的过热，轻者加热器烧毁，重者发生火灾，危及人身及财产安全。

上述问题均属于器具的安全性存在的问题与隐患，应引起高度重视和注意。

五、选购和使用提示

1. 选购提示

消费者在选购取暖器时，应注意以下几点：

（1）尽量选购知名企业生产的名牌产品，这些企业的产品质量较好，有可靠的维修服务保障。切莫因为贪图便宜而使用无证、劣质产品，有效维护自身合法权益和健康安全。

（2）检查产品铭牌与标识，产品的规格、型号和商标应与说明书一致，应有国家强制性认证标志（即 3C 标志）、生产企业名称、产品出厂检验合格证、执行标准代号等（见图 11、图 12）。

（3）检查外观装配质量，开关、旋钮应灵活可靠。最好现场通电试验一下产品的使用效果。

（4）选择功率适合房间面积的产品，由于家用电表容量一般在 3A～10A，最好选功率在 2000W 以下的室内加热器，以免功率过大发生断电或其他意外。

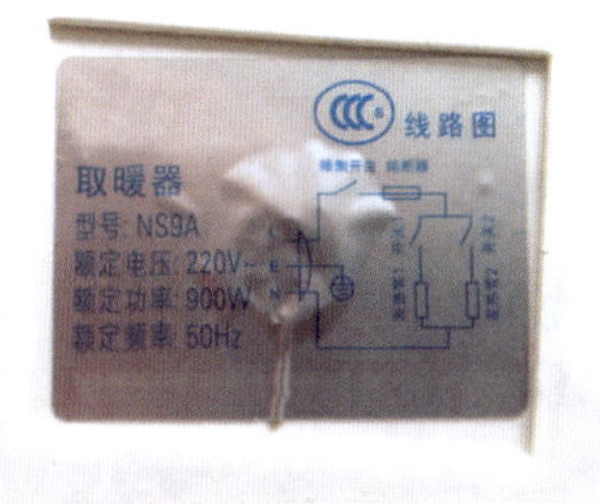

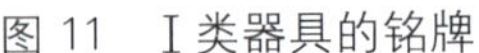
图 11　Ⅰ类器具的铭牌

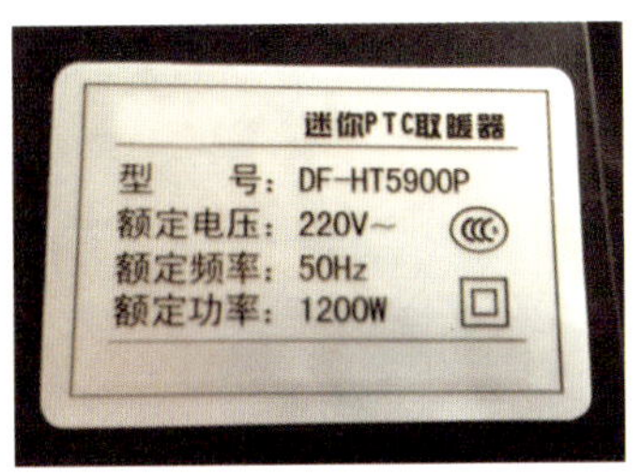

图 12　Ⅱ类器具的铭牌

（5）根据使用环境、房间面积和自己的实际需要来选择最合适的产品：

一般 $6m^2$～$12m^2$ 居室和 $4m^2$～$5m^2$ 浴室可选用 600W～1200W 的取暖器，$12m^2$～$15m^2$ 居室和 $5m^2$～$7m^2$ 浴室可选用 1200W～2000W 的取暖器；

如果需要直接对人体或局部空间进行定向加热，可选择辐射型取暖器；若需要加热整个室内空间，则可选择对流型取暖器，以自然对流或强制对流循环的热空气来温暖房间每一角落；

通常加热浴室，可考虑选择浴室专用取暖器（浴霸）或暖风机，因为浴霸一般安装在天花板上，暖风机一般为壁挂式，不占室内空间，而且加热迅速；由于浴室内湿度大，要求选用的取暖器有一定的防水功能，其防水等级至少应是防滴型（或 IPX2），在铭牌上应标有防滴符号（形似一滴水）或大于 IPX2 的防水等级。而在客厅、卧室中使用，可考虑选择辐射式取暖器或电热油汀。

2. 使用注意事项

电热取暖器虽属季节性使用的小家电产品，却直接关系到使用者的人身及财产安全。近几年新闻媒体报道的取暖器安全事故中（如电击和火灾等），多数均系使用不当所致。因此在使用取暖器时应特别要注意安全。

具体建议：

（1）使用之前仔细阅读产品的使用说明书，并按说明书的指示操作。

（2）一定要注意产品使用时的警示性标志。

（3）使用取暖器时应放置平稳，不能将取暖器倒置或倾斜使用。

（4）使用前应检查：

1）发热元件是否破损、断裂；电源线及插头是否损伤；

2）插座接地是否良好，要求插座一定要有接地端，并且接地良好；

3）插座与插头是否匹配，如果插座的承载能力过低，将会发生意外。

（5）禁止在易燃、易爆，受热易变形、变色、变质的物体附近使用，禁止在有严重粉尘的地方使用。

（6）严禁在取暖器的表面覆盖任何物品；严禁用物品堵住机上散热孔及用细的金属丝或其他异物插入机内任何孔隙，以免造成触电事故。

（7）取暖器应放在不易碰触的地方，如墙角或靠墙处，背面离墙20cm左右，并远离窗帘等可燃烧物。

（8）不要在浴缸、喷头或游泳池等接近水源的四周使用便携式取暖器，也不要让水和液体淋滴在取暖器上。

（9）严禁将取暖器对着电源插座或置于固定电源插座下使用。

（10）取暖器的电源插头应在不用或外出时拔出。

（11）禁止用插（拔）电源线插头的方法代替功率开关进行开机和关机。

（12）不要与其他大功率电器共用插座。

（13）若要停止使用取暖器，请先将功率开关按钮按至“0”位，然后拔下电源线插头，无人看管时必须关掉取暖器。

（14）在机器倾倒或因其他原因导致倾倒开关断开而不能正常工作的情况下，严禁采取其他措施顶住倾倒开关强行使用。

（15）取暖器不得与程序控制器、定时器或其他自动控制通断的装置一起使用，因为如果取暖器被覆盖或不正当安放，就会有火灾危险。

（16）要移动取暖器，请先关掉取暖器，然后拔下电源插头，手提机体背后提手部位。严禁直接拉着电源线移动机体。

（17）对流式取暖器的进气口和排气口严禁有杂物堵塞，并要在取暖器前留有足够大的空间，以利空气畅通加强对流效果。

（18）不要将取暖器辐射面直接对着婴幼儿或熟睡的小孩以及丧失生活自理能力者或病人使用。

（19）应特别关注产品的安全使用年限，不可超期使用取暖器。

3. 清洁保养取暖器时注意事项

在清洁保养取暖器时应注意：

（1）进行清洁保养前电源插头必须从电源插座中拔出。

（2）辐射型加热器，如红外石英管取暖器、红外卤素管取暖器和红外反射式取暖器（又称小太阳），通常都带有反射罩，使用一段时间后，容易聚积灰尘和污垢，会影响加热效果。如果出现这种情况，只要按照产品使用说明书的要求清除掉反射罩上的污垢，取暖器即可恢复正常工作。

（3）强制通风式取暖器（暖风机）的进气口的空气过滤网应定期清洗，以确保加热效果。

（4）切勿直接用水冲洗机身；可用含少许中性洗涤剂的软布轻擦，然后抹干。勿使用诸如汽油之类的溶剂。

（5）清洁保养后一定要等到充分干燥后才能通电使用或收藏。

（由国家红外及工业电热产品质量监督检验中心曾宇撰稿）

微 波 炉

一、产品简介

1. 定义和加热原理

微波炉以其方便快捷，无明火、无油烟污染，适用于多种烹调方式的特性，受到越来越多消费者的青睐，被称为食品烹制技术革命的标志性产品。

微波炉利用频率在 300MHz～30GHz 之间的一个或多个工业、科学和医疗（ISM）频段的电磁能量来加热腔体内食物和饮料。微波频段虽然很宽，但是为了避免使用较多的无线电频率干扰微波通讯，规定频率 2450MHz 用于家庭烹调器具，频率 915MHz 用于干燥、消毒工业和医疗行业等。

微波是波长很短，频率很高的无线电波，像太阳光一样沿着直线传播，遇到金属材料会反射，遇到玻璃、陶瓷、塑料等绝缘材料时能够穿透。

一般食物由极性水分子、各种极性蛋白质和盐离子等组成，正常情况下分子的排列是不规则的，食物不呈现极性。在外电场的作用下，极性分子带正电的一端趋向电场负极，带负电的一端趋向电场正极，沿电场方向形成某种程度的有序排列。当外加电场以相反的极性再次施加时，极性分子也随之以相反的方向有序排列。当外电场方向反复变动，则极性分子便会相应地随之反复“摆动”。摆动过程中，极性分子之间会发生类似摩擦生热的现象而产生热。微波炉是通过发射微波在密封腔体内来回反射和传导，引起食物内水分、脂肪、蛋白质等极性分子的高速振动，产生摩擦使食物内部产生高热量，将食物加热成熟。

2. 分类

目前市场上销售的微波炉种类繁多，大体可以按照产品的控制方式、产品的安装方式、是否带有转盘、是否带烘烤功能进行区分如表 1 所示。

表 1　微波炉的分类

区分方式	名　称	照　片
按产品控制方式区分	机械控制式微波炉	
	普通电子控制式微波炉	
	变频控制式微波炉	
按产品安装方式区分	便携式微波炉	
	嵌装式微波炉	

续表 1

区分方式	名　称	照　片
按产品是否带有转盘区分	带转盘微波炉	
	无转盘微波炉	
按产品功能区分	单微波功能微波炉	
	带烧烤功能微波炉	
	带蒸汽功能微波炉：蒸立方	
	带杀菌功能微波炉	
	带语音或视频功能的微波炉	

(1) 按产品控制方式区分。

1) 机械控制式微波炉：机械式火力选择开关和定时器调节档位和时间。操作简单，清楚明了，产品可靠性好。

2）普通电子控制式微波炉：电子程序精确控制加热时间和火力档位。具有多种菜单程序可供选择，更加智能和高端。

3）变频控制式微波炉：电子程序精确控制加热时间和火力档位，改变发射微波的磁控管的电源频率控制微波输出功率的大小，得到不同的、连续的功率输出。相对于传统的机械控制式和电子控制式微波炉，通过微波发射的通/断转换进行火力调节，得到恒定的、断续的功率输出，变频控制更能根据不同食物不同加热时间的特性调节输出功率。

（2）按产品结构形式及安装方式区分。

1）台式微波炉：摆放在台面上使用的微波炉。

2）嵌装式微波炉：安装在橱柜内使用的器具。

（3）按是否带有转盘区分。

1）带转盘微波炉：腔体内部带玻璃转盘，微波发射口在侧面，底部安装有转盘，加热过程食物转动，使其受热均匀。

2）无转盘微波炉：也称为平板微波炉。腔体内部不带玻璃转盘，只有陶瓷或类似材料做成的微晶平板。微波发射口在器具底部，安装带有金属扇叶的搅拌电机，搅拌微波，均匀加热食物。

（4）按产品功能区分。

1）单微波功能微波炉：只有单一的微波加热功能，设有火力（功率）选择开关和时间调节开关，火力选择通常有高、中、低、解冻档位，附件中通常配有微波专用的饭盒。

2）带烧烤功能微波炉：在微波炉内腔顶部安装电热管（石英管或卤素管，卤素管又称光波管，因而这种微波炉又叫光波炉）。微波炉具有微波加热功能、单独烧烤功能以及微波和烧烤的组合功能。附件中通常配有微波专用的饭盒，烧烤架和烧烤盘。

3）带蒸汽功能微波炉：器具带有专门的接水盒和水泵，接水盒装上水，通过水泵抽到发热管上，加热管把水加热成水蒸气，通过蒸汽通道进入腔体，利用蒸汽烹饪食物。既可以单独微波烹饪，也可以单独蒸汽烹饪，而选用微波和蒸汽的组合功能时，既能保留微波的高效，又能保持食物的水润，提高食物的口感。

4）带杀菌功能微波炉：器具将紫外线、微波、光波三重杀菌技术组合在一起。在光波炉上加装一个紫外灯，增加了紫外线杀菌功能。

5）带语音和/或视频功能的微波炉：器具的外门面装有视频播放器和数据输入端口，可播放规定格式的视频、语音输入的微波炉。可以边烹饪食物，边听音乐或看视频。

二、行业状况

1. 行业分布

我国是世界上最大的微波炉加工产业区、制造国和出口国，全球80%以上的微波炉都是在我国加工与制造的。微波炉生产企业主要分布在广东、安徽、山东、福建、上海、天津等省市。其中，广东地区集中了微波炉的大部分产能，也集中了比较知名的一些品牌，如美的、格兰仕等。

2. 行业发展状况

微波炉制造业经历了从欧美国家转移到日本、韩国再转移到中国市场的过程。20世纪90年代中后期，随着经济的转型以及国外市场的发展，微波炉生产厂家有很大的发展，全国微波炉生产厂家大约有30余家。近几年以来由于生产的集团化和产业化，微波炉逐渐发展、竞争、稳定成熟再加上市场淘汰，全国微波炉生产厂家已集中到10家左右。其中有：广东格兰仕、广东美的、青岛海尔等为代表的国有企业，另外还有一些合资品牌（如：惠而浦、LG、三洋等）。这些企业，发展迅速，产业规模大，从业人员多，开发能力强，产品质量也较好。

从总体的发展形势来看微波炉行业仍面临着严峻的竞争与挑战。第一，国内生产原料、人力成本不断上升，原有的价格优势被印度、越南等发展中国家竞争削弱；第二，国际市场对于中国微波炉大量的出口贸易感到紧张，经常会在装船验货和市场抽查等方面设置贸易壁垒；第三，我国微波炉企业主要以代加工生产为主，还没有建立强有力的品牌影响。

三、标准解读及关键指标分析

1. 标准的总体情况

为了能够有效的监督市场，推动行业的发展，我国已经制定并发布实施了多项国家标准，介绍如下。

（1）安全标准：GB 4706.21—2008《家用和类似用途电器的安全　微波

炉，包括组合型微波炉的特殊要求》。

该标准要与 GB 4706.1—2005《家用和类似用途电器　安全　第 1 部分：通用要求》配合使用，涉及额定电压不超过 250V 的家用微波炉的安全要求。主要规定了微波炉的标志说明、对触及带电部件的防护、输入功率和电流、发热、耐潮、泄漏电流和耐压、耐久性、机械危险、电器元件、电源线和内部导线、接地措施、非金属材料耐燃耐热、微波辐射等安全指标。是目前我国微波炉安全质量监管的主要依据。

配合产品安全标准还有：

1）GB 4706.14—2008《家用和类似用途电器的安全　烤架、面包片烘烤器及类似用途便携式烹饪器具的特殊要求》。该标准涉及额定电压不超过 250V 带烧烤功能的便携式微波炉（包括质量小于 18kg 的台式微波炉）并要与 GB 4706.1—2005、GB 4706.21—2008 配合使用。主要规定了便携式微波炉在烧烤功能时，需要考虑的标志说明、输入功率和电流、发热、耐潮、泄漏电流和耐压、电器元件、电源线和内部导线、非金属材料耐燃耐热等安全指标。是目前我国带烧烤功能微波炉安全质量监管的重要依据之一。

2）GB 4706.22—2008《家用和类似用途电器的安全　驻立式电灶、灶台、烤箱及类似用途器具的特殊要求》。该标准涉及带烧烤功能的驻立式微波炉（包括嵌入式微波炉和质量大于或等于 18kg 的台式微波炉）并要与 GB 4706.1—2005、GB 4706.21—2008 配合使用。主要规定了驻立式微波炉在烧烤功能时，需要考虑的标志说明、输入功率和电流、发热、耐潮、泄漏电流和耐压、电器元件等安全指标。是我国带烧烤功能微波炉安全质量监管的重要依据之一。

（2）能效标准：GB 24849—2010《家用和类似用途微波炉能效限定值及能效等级》。

该标准涉及额定电压 220V 的家用微波炉的能效要求。主要规定了微波炉均匀性、能效等级、烧烤能耗、待机和关机能耗这四项能效指标。是目前我国微波炉能效标签、节能评价、家电下乡的主要技术依据。

（3）性能测试方法标准：GB/T 18800—2008《家用微波炉　性能试验方法》。

该标准涉及家用微波炉的基本性能特性，并描述测量这些特性的标准方法。主要规定了微波炉输出功率的确定以及微波效率、加热均匀性、加热性能、烹调性能、解冻性能的评价。是目前我国微波炉性能评估的主要依据。

2. 关键指标的分析

（1）安全指标：

微波炉产品的安全要求是产品质量保证的基础，主要涉及机械安全、防触电、接地措施、辐射、标志和使用说明等方面。

1）防触电：微波炉人手不能直接碰到带电部件。也不能触碰到仅仅用清漆、普通纸、棉花、密封剂来防护的带电部件。微波炉的防护罩盖和绝缘系统，需要满足漏电和电击的要求。

2）接地措施：微波炉的接地端子的夹紧装置应充分牢固，以防止意外松动。通常采用防松垫片或带冠型锁定装置的螺钉和螺母作为防松措施。用来提供接地连续性的金属部件，应具有足够的耐腐蚀能力，以避免金属接触引起腐蚀导致接地不牢固。电源线从夹紧装置滑出时，L、N 线都必须先于接地线绷紧。

3）辐射：微波炉不应放出有害射线，微波泄漏量不应过量。微波炉的炉门边缘和门封处的微波泄漏是重点关注区域。标准规定距微波炉外表面 50mm 或以上任一点，微波泄漏应不超过 $50W/m^2$。

目前我国微波炉企业的出厂要求比较严格，在生产线上组装阶段和成品检验均测量微波泄漏，发现异常可以及时返工或返修。在市场上的大部分微波炉的微波泄漏量都控制在 $10W/m^2$ 以内，远远低于标准规定限值。

4）锐边和毛刺：微波炉不应有会对用户正常使用或清洁保养造成伤害的锐利的边角。可触及的外壳边缘不应该有锐利的毛刺。用户不能触及到自攻螺钉或其他紧固件暴露在外的尖端。

5）稳定性：微波炉摆放在与水平面倾斜 10°的台面时，不能翻倒；底部带有水平铰链门的便携式微波炉，打开的门承受 3.5kg 的重物时，微波炉不能翻倒；底部带有水平铰链门的驻立式微波炉，打开的门承受 7kg 的重物时，微波炉不能翻倒。

6）标志和使用说明：微波炉铭牌、说明书及其他可见标识都应该是简体中文，标识应清晰易读并持久耐用。

器具标志应含有（通常在铭牌上标志）：额定电压、电源性质的符号或额定频率、额定输入功率、制造商的名称或商标、器具型号、ISM 波段内工作的标称频率等主要信息（如图 1 所示）。

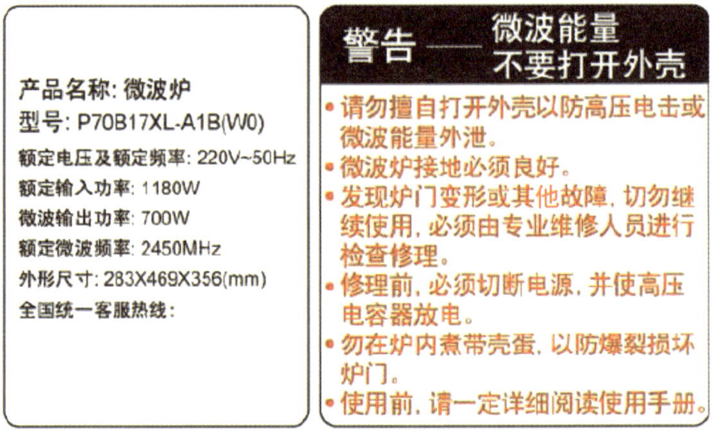

产品名称：微波炉
型号：P70B17XL-A1B(W0)
额定电压及额定频率：220V~50Hz
额定输入功率：1180W
微波输出功率：700W
额定微波频率：2450MHz
外形尺寸：283X469X356(mm)
全国统一客服热线：
警告——微波能量
不要打开外壳
• 请勿擅自打开外壳以防高压电击或微波能量外泄。
• 微波炉接地必须良好。
• 发现炉门变形或其他故障，切勿继续使用，必须由专业维修人员进行检查修理。
• 修理前，必须切断电源，并使高压电容器放电。
• 勿在炉内煮带壳蛋，以防爆裂损坏炉门。
• 使用前，请一定详细阅读使用手册。

图 1　合格铭牌标志示例

（2）能效和性能指标：

自 2011 年 3 月 1 日起，所有微波炉产品除必须贴上 3C 认证标签外，还需要贴上中国能效标识，方可在市场上进行销售。根据《微波炉能效标识实施规则》的规定，中国能效标识需要包括：生产者名称、产品规格型号、能效等级、效率值、待机功耗、关机功耗、烧烤能耗、能效标准编号（如图 2 所示）。不具有待机模式、关机模式和烧烤功能的微波炉无需标注待机功耗、关机功耗和烧烤能耗。

中国能效标识
CHINA ENERGY LABEL
生产者名称 名称
规格型号 AAA-000
耗能低
中 等
耗能高
1
2
3
4
5
2
效率值（%） 00
待机功耗（W） 0.0
关机功耗（W） 0.0
烧烤能耗（W·h） 0.0
依据国家标准：GB 24849-2010

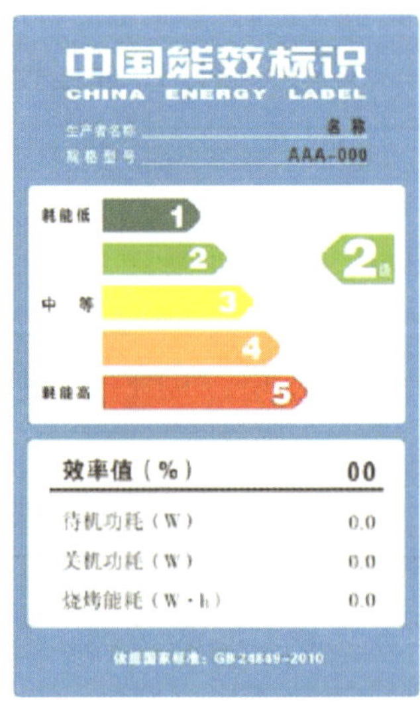

图 2　中国能效标识

1）能效等级：微波炉能效等级分为 5 级，其中 1 级能效最高见表 2。2010 年 12 月 1 日开始，微波炉能效限定值为能效等级的 5 级，也就是至少为 5 级能效等级的微波炉，才能够在市场上销售。而到 2012 年 12 月 1 日后，所有在市场上销售的微波炉的能效等级至少为 4 级。能效等级主要是评价微波炉工作时发热效率的高低。能效等级高的微波炉，效率也高，能量的损耗小，烹饪食物更快捷，更省电。

表 2 微波炉能效等级

微波炉能效等级	效率值/%
1	62
2	60
3	58
4	56
5	54

2）待机功耗和关机功耗：按照标准规定 2011 年 7 月 1 日后带有时钟显示屏的微波炉，在插上插头但是还未工作的这段时间内，微波炉的功率不能大于 1W。不带时钟显示屏的微波炉（如：机械控制式微波炉）在插上插头但还未工作的这段时间内，微波炉的功率不能大于 0.5W。待机功耗越低的微波炉，越省电越节能。

3）烧烤能耗：按照标准规定带烧烤功能的微波炉，在使用烧烤功能时，腔体中心的温度每上升 1℃，消耗的能量不能大于 1.4 W·h。烧烤能耗越低的微波炉，越省电越节能。

4）加热均匀性：按照标准规定带有转盘的微波炉加热均匀性应不小于 70%，不带转盘的微波炉加热均匀性不小于 60%。均匀性越高的微波炉，食物受热越均匀，不会出现有地方烧焦，有地方又没熟的情况。烹饪出的食物美味可口。

四、常见的主要问题

为了加强微波炉产品的质量监管，近些年国家质检总局数次组织开展微波炉产品国家监督抽查工作。抽查中发现以下主要问题。

1. 产品存在锐边、毛刺和尖端

微波炉生产企业没有严格按工艺生产，也没有严格按照检验规程核查，产品中就会经常出现锐边和毛刺这些不合格的情况。由于微波炉都采用金属外壳，而且外壳四周存在较多的通风口。这些通风口的边缘一旦工艺处理不好，就很容易刮伤人手（如图 3）。另外产品中的金属螺钉较多，有些自攻螺钉选用的长度不合理，造成尖端外露，在使用微波炉的过程中，很容易被尖端刺伤。

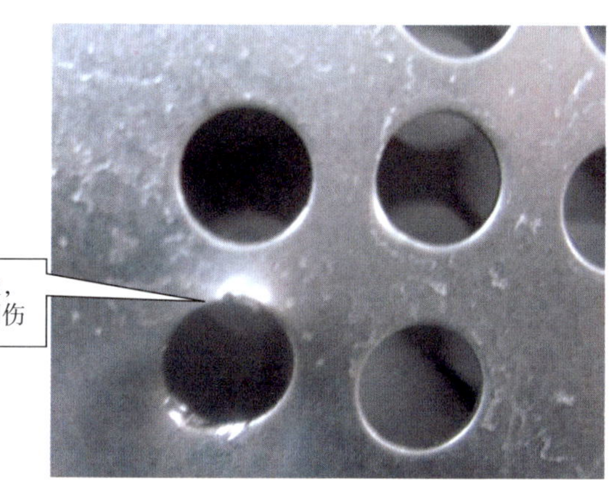

图 3　锐边、毛刺

究其原因分析主要是两方面：一方面是厂家为了节约成本，选用的金属板材厚度较薄，焊接和组装时，比较容易变形弯曲；另一方面是厂家的工艺控制流程不严格，没有及时发现和处理类似的不合格产品。消费者在购买微波炉的时候，查看产品外壳是否平整，留意外壳四周的边角，轻轻用手去触摸一下，判断到底是否有锐边和毛刺。

2. 电源线接地端子无防松措施

在检查结构的时候，仅仅从端子外面很难看出是否存在防松措施的，需要拧开接地端子，看看里面是否存在防松垫片。电源线接地端子如果没有防松措施，那么在拆装端子的过程中，螺钉就很容易出现滑牙的现象，导致接地端子无法拧紧，最后接地端子松脱。这样的话器具电击防护措施中就少了接地防护。如果其他的绝缘失效，金属外壳就有可能带电。一旦这样的情况出现，那么产品就有很大的安全隐患，消费者应该停止使用，并送到维修部给专业人员检查。常见的接地端子防松措施如图 4 所示。

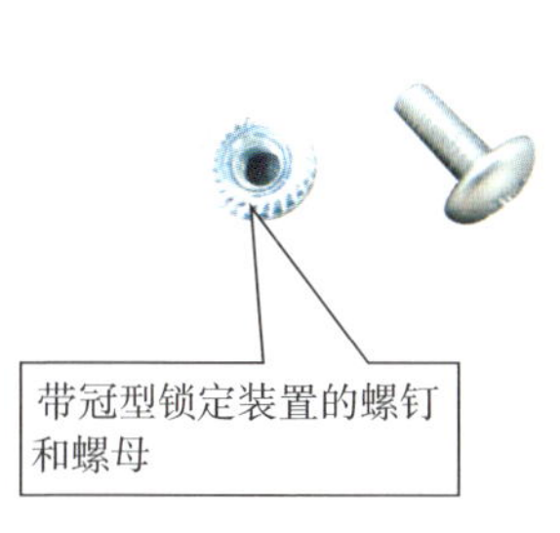

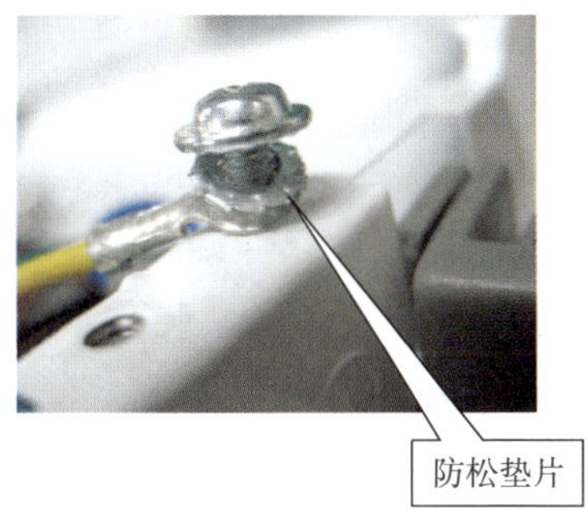

图4 防松措施

3. 防触电问题

微波炉腔体顶部的石英管没有任何防护罩，直接裸露在外，并且用41号探棒可以触及到石英管，那么按照相关标准要求，需要对其进行0.5J能量的冲击试验的。冲击试验后玻璃管碎裂，里面带电的发热丝将会裸露在外，人手直接触及裸露的发热丝如图5所示。此时就相当于人手直接触及到了带电部件，影响生命安全。

消费者在选购带烧烤功能的微波炉时，要记得看看腔体内部的发热管是否有防护网罩，选择带有防护网罩的微波炉才是安全可靠的。

图5 裸露的发热管

五、选购和使用提示

近年来使用微波炉引发的安全事故，使得很多消费者开始质疑微波炉的安全。网络上流传很广的使用微波炉会造成爆炸和着火的现象是怎么来的呢?

首先模拟使用微波炉烹饪带壳的鸡蛋会爆炸的现象（如图 6 所示）。

图 6　微波炉烹饪带壳的鸡蛋

再模拟用微波炉加热锡箔纸包装的食物会着火的现象（如图 7 所示）。

图 7　微波炉打火

从以上两个案例来分析：带壳的鸡蛋是密闭的，微波炉加热后，造成壳内液体状的蛋清和蛋黄持续沸腾，压力过大发生爆炸；桶装方便面的上盖是锡箔纸包装的，撕开锡箔纸后，导致锡箔纸直接触碰内腔表面，由于锡箔纸和金属腔体的摩擦，造成微波能量聚焦在摩擦点上，形成打火现象，导致锡箔纸着火。

使用微波炉真的很危险吗？事实并不是这样的，几乎所有的安全事故，是微波炉使用方法不当造成的。消费者使用微波炉的时候要仔细阅读使用说明书，里面的安全警告性内容有明确提及微波炉不能用于加热带壳的鸡蛋，也不能用于加热用塑料或纸包装的食物。如果消费者严格按照操作说明来使用微波炉，是完全可以安全使用的。

1. 选购注意事项

（1）看标志和使用说明。

1）产品上是否有3C认证的标志。只有带3C认证标志的产品才是获得过国家强制性认证检测的，才能够在市场上销售。

2）产品上是否有制造商名称、型号、规格的标识。有助于消费者了解产品，既方便上企业官方网站查询，又方便以后维修保养。同时也可以作为消费者维护合法权益的重要证据之一。

3）产品上是否有能效的标识。能效标识是区分微波炉质量好坏的重要标志之一。消费者可以根据能效标识的参数选择效率高，耗能低的节能微波炉。

4）看说明书和保修卡是否配套齐全，如果配有烹调菜谱更好。消费者可以了解产品的使用方法。同时也作为消费者维修保养的重要证据之一。

（2）检查外观、腔体和门封。

1）检查外观是否有明显的刮痕和不平整现象，是否色泽均匀，光泽好。控制面板上的图案、刻度、字迹应清晰，边界分明。打开炉门看看内腔的颜色。白色喷涂的比较好看，但是沾油烟，不耐脏，清洗不方便；黑色喷涂的一般为不沾油涂层比较耐脏、清洗方便；不锈钢内腔防锈、防油烟是最佳选择。

2）用手触摸器具，检查外壳四周是否存在锐边、毛刺和尖端。

3）微波炉的门封应关合严紧，开合自如，避免微波的泄露。

（3）检查附件。

1）检查玻璃盘是否有裂痕，玻璃盘转动是否顺畅。微波专用饭盒、烤架和烤盘（带烧烤的微波炉才有）等附件是否齐全。

2）开箱后有无防尘包装的塑料袋，包装是否平整。

2. 使用注意事项

（1）使用前的检查。

1）认真阅读使用说明书，并且要根据您所选购的微波炉使用电压、输入功率来检查您家的电度表和保险丝的容量是否满足要求，再按照说明书上的注意事项和所规定的操作程序操作。

2）检查微波炉的插头、导线和插座是否完好无损。

3）微波炉的放置是否符合说明书中规定的要求。

（2）使用中的注意事项。

1）炉门应“轻开轻关”，避免用重物敲击炉门，炉门的损伤和变形将可能引起微波泄漏。在烹饪时闻到食品的香味，这是正常的情况，因为在微波炉设计时，防止微波泄漏不完全靠密封，而主要是靠炉门结构上的抗流装置来实现的。

2）微波炉工作时，人员应尽量离开；家长应特别提醒儿童，不要将眼睛紧靠微波炉门观察窗5cm之内去观看微波炉工作。因为眼睛对微波最敏感，以免受到不必要的伤害。

3）微波炉烹饪用器皿不能用金属和搪瓷制品，因为金属对微波有反射作用。它不仅导致食物加热不熟，还会使微波与金属接触产生火花，发生危险，严重时还会损坏磁控管。微波炉在没有放入食品之前，请不要启动微波炉，以免空载运行时损坏磁控管。

4）烹饪时，应掌握好时间，不要一次将烹饪时间设得太长，以免引起食品过热、热焦或起火。万一起火请勿打开炉门，只要拔掉电源插头，火就会自动熄灭。

5）带盖的密封容器放入炉内加热时，请拧开盖子。否则，容器内的空气会因加热后体积膨胀而产生爆裂，严重时可能产生爆炸。带硬质外壳的食品，如生鸡蛋等也不要放入微波炉内加热。当加热用塑料袋密封的食品时，请剪去一角作为出气孔。

6）从微波炉内取出加热食品时，小心烫手。虽然微波对容器不会加热，但加热的食品的热会传递到容器上去。

7）奶瓶和婴儿食品罐应经过搅拌或摇动，喂食前应检查瓶内食物的温度，避免烫伤。

（由国家日用电器质量监督检验中心黄智成、陈灿坤撰稿）

电磁灶

一、产品介绍

1. 产品简介

电磁灶（或称为电磁炉，如图 1 所示）无需明火或传导式加热，而是锅底自身发热，热效率高，完全区别于传统有明火或电热传导的厨具。

电磁灶是利用电磁感应加热原理制成的烹饪器具，利用电流通过线圈产生磁场（在灶体表面），当磁场内磁力线通过铁质锅的底部时，磁力线被切割，从而产生无数小涡流，使铁质锅自身的铁分子高速旋转并产生碰撞摩擦生热而直接加热于锅内的食物（如图 2 所示）。

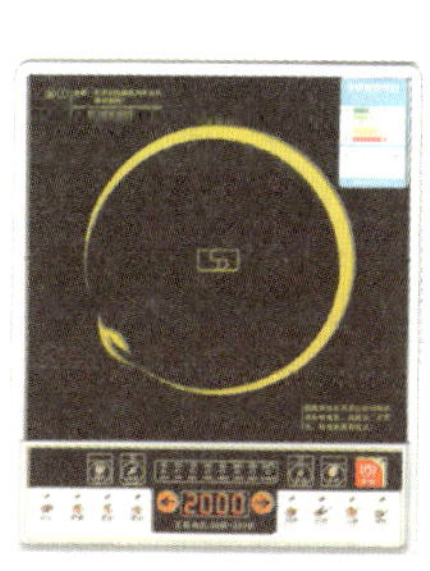

图 1　电磁灶

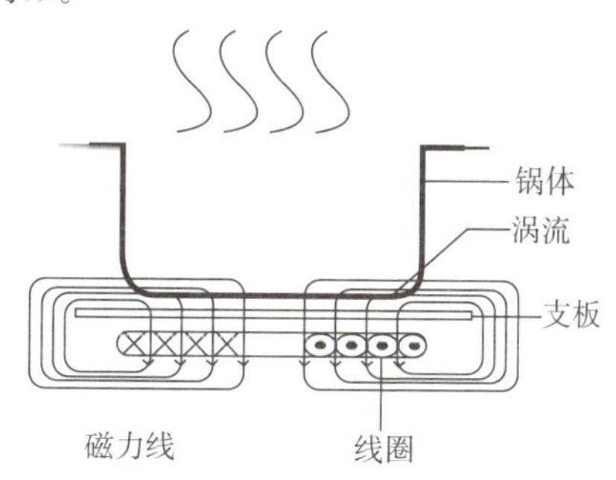

图 2　电磁加热原理

电磁灶配上合适的铁质锅具可以用来煎、炒、炖、炸、煲汤、熬粥、打火锅等，甚至配上烤盘还可以烧烤，配上合适的水壶可以烧开水，用途十分广泛。

电磁灶具有以下几个主要特点：

1）功能多。电磁灶可以用来蒸、煮、炖、涮、炒、烧开水等。

2）卫生清洁。由于其采用涡流加热金属锅，没有燃料残渍和废气污染，锅具、灶具表面非常清洁，使用后用水一冲一擦即可。

3）多重安全保护。电磁灶不会像燃气灶那样会泄漏煤气，也不产生明火。它本身设有多重安全防护措施，包括小物件不加热、超时断电、干烧报警、过流、过压、欠压保护、使用不当自动停机等。甚至汤汁外溢，电磁灶也不存在像煤气灶熄火跑气的危险，尤其是电磁灶面板自身不发热，因此它的安全性明显优于其他炉具。

4）方便。电磁灶质量轻，方便携带，只要有电源的场合插上电就能使用。电磁灶设有多段火力选择，完全可以根据需要自行选择。它具有的定时功能十分便利。

5）经济高效。电磁灶加热升温快速，并且减少了热量传递的中间环节，其热效率可达 80%～92%，而普通燃气灶的热效率只有 50%左右。目前电价相对又较低，计算起来，花费并不多。此外，电磁灶售价低廉，在市面上 200 元的电磁灶产品选择面已经很广。

根据国家质检总局、国家认监委 2001 年第 33 号公告《第一批实施强制性产品认证的产品目录》，我国对家用电磁灶产品实施 CCC（简称 3C）强制性产品认证制度，产品必须标明 3C 强制性认证标识方可出厂销售。商用电磁灶产品供应商可以选择进行自愿性认证。

此外，根据《家用电磁灶能源效率标识实施规则》和 GB 21456—2008《家用电磁灶能效限定值及能源效率等级》要求，必须在家用电磁灶机身上加贴能源效率标识方可出厂销售。电磁灶的能效等级分为 5 级，其中 1 级最节能，3 级能耗为中等，5 级则最为耗电。自 2012 年 9 月 1 日起，《家用电磁灶能源效率标识实施规则》依据 GB 21456 的现行有效版本的规定实施，标识中心不再受理能效等级为 4 级和 5 级的产品能效标识备案，同时电磁灶的能效限定值待机状态功率为 2W。

2. 产品分类

家用电磁灶根据灶头分类，可分为单头灶、双头灶、多头灶以及一电一气灶等。

（1）单头灶电磁灶最常见，功率一般为1200W～2200W，家庭使用量最多。

（2）双头灶，国内市面上有一平一凹及双平的形式，一般单头灶功率2100W，双头同时工作不超过3500W。

（3）多头灶，一般为两个电磁灶头外加一个或两个远红外炉头，价格相对比较高，目前国内使用量还不多，多用于开放式厨房。

（4）商用电磁灶，一般为三相380V供电，功率以3kW～35kW为主，其应用广泛，煎、炒、炸、煮、蒸、炖、焖、扒、煲等样样皆能。商用电磁灶基本处于市场培育期，市场使用量还非常少，但由于其节能、环保、使用场合广，所以这种大功率的商用电磁灶的发展前景很好。

一电一气炉是电磁灶和煤气灶结合的产物，一个炉头使用传统煤气，另一个炉头使用电磁灶，用户可根据情况随意选择使用，是近几年新兴的产品。

二、行业概况

据统计，美国、欧洲家庭电磁灶拥有量比较大。在日本，电磁灶被称为21世纪的三大电器之一，曾以每年超过50%的速度增长。而在台湾，电磁灶是微波炉销量的两倍。

电磁灶在国内市场也已经有近二十年，十年前进入高速成长期，目前已进入稳定发展期。在城市，电磁灶的市场保有量已经比较高，家庭普及率也达到了一定比例，但在农村地区，还有很大的发展空间。双头炉，多头炉，商用电磁灶近几年有很大的发展，特别是商用电磁炉，随着我国电力的发展，酒店餐饮厨房、学校饭堂、企事业单位的饭堂的改造，发展前景十分广阔。

据统计，电磁灶在国内的市场容量有4000万台左右，生产厂家超过百家，主要集中在珠江三角洲和长江三角洲区域，尤其以广东的顺德和中山地区为最多，既有年产上千万台的大型企业，也有年产两三百万台的中型企业，其余的生产规模相对较小。

三、标准解读及关键指标分析

1. 标准总体情况

目前，我国已经发布实施的电磁灶相关标准主要有以下方面。

（1）安全标准：

1）GB 4706.29—2008《家用和类似用途电器的安全　便携式电磁灶的特殊要求》。该标准主要规定了便携式电磁灶电气安全方面的要求，需要与GB 4706.1—2005《家用和类似用途电器的安全　第1部分：通用要求》配套使用。

2）GB 4706.14—2008《家用和类似用途电器的安全　烤架、面包片烘烤器及类似用途便携式烹饪器具的特殊要求》。该标准主要规定了烤架、面包片烘烤器及类似用途便携式烹饪器具，包括电磁灶头电气安全方面的要求，需要与GB 4706.1—2005配套使用。该标准针对电磁灶头的内容与GB 4706.29—2008基本上一致，制造商可根据需要选择使用其中一个标准进行3C认证。

3）GB 4706.22—2008《家用和类似用途电器的安全　驻立式电灶、灶台、烤箱及类似用途器具的特殊要求》。该标准主要规定了驻立式电磁灶电气安全方面的要求，需要与GB 4706.1—2005配套使用。

4）GB 4824—2004《工业、科学和医疗（ISM）射频设备　电磁骚扰特性限值和测量方法》。该标准规定了工业、科学和医疗（ISM）设备电磁骚扰特性的限值和测量方法。

（2）产品能效等级标准：

GB 21456—2008。该标准规定了家用电磁灶的能源效率限定值、节能评价值、能源效率等级的判定方法、试验方法及检验规则。电磁灶能效标准适用于单个加热单元的额定功率在700W～2800W之间的电磁灶，包括一个或多个加热单元的电磁灶，但不适用于商用电磁灶、工频电磁灶和凹面灶。目前，该标准正在进行修订工作。

2. 关键指标分析

（1）安全指标：

电磁灶的安全指标主要涉及防电击保护，能量危险和着火危险，机械危险，热危险和辐射危险防护等，具体有：

1）防电击保护：主要考核是否会接触在正常情况下带危险电压的零部件；带危险电压的零部件和可触及的导电零部件之间绝缘是否被击穿；Ⅱ类器具带电零部件到机身是否漏电；Ⅰ类器具的保护接地连接是否失效等，简单说来就是，消费者使用电磁灶是否会触电。

2）能量危险和着火危险：主要考核产品是否会导致相邻电极短路、打火或冒出熔融金属等，器具过载、元件失效、连接电阻变大或连接松动都可能导致着火危险，应保证设备内着火点产生的火焰不会蔓延到火源附近以外，也不会对设备的周围造成损害。

3）机械危险：电磁灶应具有稳定和坚固的机械结构，譬如使用者不小心锅脱手跌落，电磁灶面板也不至于砸坏；器具上应没有锐利的棱缘和尖角；器具上运动的危险零部件应配备适当的保护装置或联锁装置等。

4）热危险：在正常使用中不会接触到产品中高温零部件，比如过热的金属板，应该有保护措施防止触及，防止消费者烫伤危险等。

5）辐射危险：电磁灶的工作原理决定了不可避免的产生一定的电磁波辐射，过量的电磁辐射会危害人体的健康。但也不必过分担心，据研究，一般距离电磁灶 50cm 的距离，其电磁辐射就很小了。建议消费者不要近距离长时间使用电磁灶，另外使用时尽量不要戴金属物品，如金属框眼镜、项链等。

（2）性能指标（含能源效率指标）：

1）能源效率等级是表示电磁灶产品能源效率高低差别的一种分级方法，依据电磁灶的热效率和待机状态功率的大小确定，1 级表示能源效率最高。

2）电磁灶的热效率是表示电磁灶产品将电能转换成锅具内水的热量的能力。该指标越高越好。

3）待机状态功率是指产品连接到供电电源且处于等待状态，不产生加热磁场，使用者可使用“直接”或“间接”的信号，将产品转换到“工作/加热”状态。该指标越小越省电。

4）能源效率限定值是指电磁灶在额定工况和规定条件下，热效率的最小允许值和最大待机状态功率。这是允许电磁灶进入市场的最低准入门槛。

5）节能评价值是指电磁灶在额定工况和规定条件下，达到节能产品所允许的最小热效率和最大待机状态功率。有节能标志的产品是好的、节能的产品。

四、常见的主要问题

近几年来国家质量监督检验检疫总局组织开展了多次电磁灶产品的监督抽查工作，包括电磁灶产品的电气安全和能源效率标识，结果表明，电磁灶产品的合格率比较高，但小部分产品在电气安全和能源效率标识方面主要存在以下问题，消费者在选购和使用时予以重视。

1. 标志和说明

器具缺少型号和必要参数如额定电压、频率、额定功率等标识；工作台面上缺少加热部位的位置标记或图案，缺少为避免意外烫伤危险的警告语等；说明书缺少相关警告语或缺少维修保养说明等；相关标志和说明不使用简体中文；相关标志容易卷边或损坏，不满足清晰易懂并持久耐用要求；产品存在以上问题，不能指导消费者正确安全使用器具。

2. 对触及带电部件的防护

器具的外壳不能起到很好的防护作用，IEC 61032 的 B 型试验探棒（模拟人的手指）可穿过器具的栅格和开口处触及带电部件；IEC 61032 的 13 型试验探棒（模拟小孩使用细的金属棒）可穿过器具Ⅱ类结构各开口触及带电部件；这些问题极容易造成消费者在使用中触电。

3. 非正常工作

器具上异常保护线路设计不合理，产品出现故障时，不能及时切断电源，致使温度过高导致外壳损坏，甚至发生触电危险或火灾。

4. 机械强度

器具外壳散热栅格材料质量不可靠或设计不合理，经受 0.5J 能量冲击测试后损坏，IEC 61032 的 B 型试验探棒（模拟人的手指）穿过损坏处可进入器具内部，对消费者存在触电安全隐患（如图 3 所示）；器具面板经过跌落测试后破裂，并且不能承受标准中第 16.3 条的电气强度试验，存在明显触电安全隐患（如图 4 所示）。

图 3　栅格损坏后可触及带电部件

图4　跌落测试后面板破裂

5. 结构

器具接入电源后，仅触摸开关键一次，器具即进入加热工作，容易造成误操作而引起危险。

6. 能源效率等级

器具实际的热效率（能源效率），存在夸大虚标的现象，为消费者提供了误导。主要原因是：企业在获得认证后，批量生产的产品在品质上与认证样机有较大的差距；实际生产时，盲目降低生产成本，使用质量低劣的廉价零部件，比如使用普通玻璃替代原微晶玻璃以降低成本，不能达到设计或获证时的安全和性能要求。

五、选购和使用提示

安全是消费者选购的第一要素，因此消费者一定要查看产品是否有3C认可标志，再查看是否有能源效率等级标识，如果产品贴有节能和免检标识，那更可靠，除此之外，也要考虑以下几个要素。

1. 功率

市场上的电磁灶功率一般在800W～2200W，并分成若干档。功率越大，加热越快，售价越高。选购时可根据用餐人数以及使用情况确定。一般来说，三人家庭可选1300W左右电磁灶。

2. 炉面外观

在市场上出售的电磁灶的炉面，大多是采用耐热晶化陶瓷制成的。在购买时，要注意炉面的平整度。如炉面有凸凹或某一侧倾斜，会影响热效率的正常产生。品质过硬的电磁灶都是采用优质的材质，其特征是：乳白色，不透明，触摸面板上的印花图案手感凹凸明显。此外，还要注意电磁灶炉面、侧面、底部等处不可有碰伤或擦伤，装饰图案应清晰，各部位紧固螺丝不可松动。

3. 自动检测功能

自动检测功能是电磁灶的自动保护功能，对电磁灶来说，该功能的作用相当重要。购买时，可用以下方法检测：电磁灶正在工作时移走锅具，或在炉面上放置铁汤勺等小物件，观察是否有报警或自动切断电源。

4. 检查保护功能

具有保护功能的电磁灶应具有多种保护装置，包括小物件检测、过热自动停机保护、过压或欠压自动停机保护、空烧自动停止加热保护、2h 断电保护、2min 自动停机保护以及声光报警显示等。选购时，应按《使用说明书》有关检测方法，通电试机看其保护功能是否工作正常。

5. 风扇

由于电磁灶工作时会产生很大热量，内置风扇起通风作用，其通风效果好坏对电磁灶工作非常关键，好的电磁灶一般采用直流冷却风扇，散热性好、噪声小，有助于延长使用寿命。在电磁灶不工作时，可将其翻过来并晃动观察，风扇的扇叶与轴、轴与轴承间应无间隙、不松动；通电后，电动机应无明显噪声或摩擦声，扇叶的转动应平稳。

6. 检测电气性能

检测电气性能用配套的锅具加入 0.5kg 凉水，接通电源，按下“加热”按键，在常温下加热 4～5min 将其烧开，说明电磁灶加热基本正常。当水烧开之后，仔细听应只听到风扇电机轻微转动声，不应有异常噪声或震动声。最后拔下电源插头，用手触摸电源插头为常温或稍有微温的，说明电磁炉电气性能良好。

7. 售后服务

在选购电磁灶时，除应了解产品品质外，售后服务也是相当重要的，专业性的电磁灶品牌在当地应设立独立的客户服务中心，并提供书面的售后承诺。因此建议消费者到正规卖场购买专业品牌的电磁灶产品。

（由国家日用电器质量监督检验中心李政勇、李秉成撰稿）

家用太阳能热水系统

一、产品简介

家用太阳能热水系统（也称“家用太阳能热水器”）是利用太阳能加热洗浴、炊事等生活用水的装置，是目前应用最为成熟的可再生能源产品，根据集热类型主要分为真空管型、平板型和闷晒型。

家用太阳能热水系统是一种经济惠民、节能减排的绿色能源产品，是解决我国广大居民生活和工农业生产用热水的有效途径，具有广泛的发展空间和巨大的生产潜力。太阳能热利用是太阳能利用的重要形式。在我国大部分地区，使用家用太阳能热水器加热生活热水可以节约常规能源 60%以上，对于节约家庭用电、天然气等常规能源，提高城乡居民生活品质，缓解国家能源紧张都具有重要意义。

二、行业概况

我国是世界上最大的太阳能热水器的生产和应用国家，年产量和总保有量均为世界之最。目前国内拥有 3000 多家太阳能热水器企业，主要分布在山东、江苏、浙江、北京、河北、河南、安徽、云南等省市。

在二、三线城市及乡村建筑物的屋顶，太阳能热水器林立，随着社会低碳生活的推进，越来越多的生活、生产热水来自于太阳能。根据行业协会统计，2009 年全国太阳能热水器总保有量约 1.5 亿 m^2。预计 2020 年，太阳能热水器保有量将达到 3 亿 m^2。

太阳能行业初期准入门槛低，小作坊式的生产商泛滥，真正拥有自主研发能力和规模化生产能力的企业为数不多。很多小作坊企业生产工艺落后、质量管理混乱、产品性能不过关，偷工减料及粗制滥造现象严重，导致流入市场的产品出现爆裂、漏水等诸多问题。2009 年，太阳能热水器列入家电下乡补贴目录，对太阳能产业无论是生产环节，还是销售、服务环节，提出了规范化的要求，使太阳能热水器行业有了突飞猛进的发展。在 2012 年国家强制标准 GB 26969—2011《家用太阳能热水系统能效限定值及能效等级》的实施，对太阳能热水器的热性能作出了强制性要求。

三、标准解读及关键指标分析

1. 标准总体情况

我国现行的国家标准中，涉及家用太阳能热水系统产品质量的主要有以下标准。

（1）GB 26969—2011《家用太阳能热水系统能效限定值及能效等级》是目前我国首个关于家用太阳能热水系统的强制性标准，依据《能源效率标识管理办法》（国家发展改革委和国家质检总局第 17 号令）制定。标准规定了家用太阳能热水系统的能效限定值、能效等级、节能评价值、试验方法和检验规则，适用于贮热水箱容积在 0.6m^3 以下的太阳能热水系统。

（2）GB/T 19141—2011《家用太阳能热水系统技术条件》和 GB/T 18708—2002《家用太阳热水系统热性能试验方法》是推荐性标准，规定了家用太阳能热水系统的术语和定义、符号与单位、产品分类与标记、设计与安装要求、技术要求、试验方法、检验规则、文件编制、包装、运输、贮存，适用于贮热水箱容水量不大于 0.6m^3 的家用太阳能热水系统。

（3）GB/T 25966—2010《带电辅助能源的家用太阳能热水系统技术条件》和 GB/T 25967—2010《带辅助能源的家用太阳能热水系统试验方法》是推荐性标准，规定了带电辅助能源的家用太阳能热水系统的术语和定义、产品分类与标记、技术要求、试验方法、检验规则、标志、包装、运输以及贮存，适用于贮水箱容积在 0.6m^3 以下带电辅助能源的家用太阳能热水系统。

（4）GB/T 25969—2010《家用太阳能热水系统主要部件选材通用技术条件》是推荐性标准，规定了家用太阳能热水系统主要部件的选材原则、技术要求、检验方法、检验规则，适用于贮热水箱容积不大于 0.6m³ 的家用太阳能热水系统的主要部件。

（5）GB/T 26970—2011《家用分体双回路太阳能热水系统　技术条件》和 GB/T 26971—2011《家用分体双回路太阳能热水系统　试验方法》是推荐性标准，规定了家用分体双回路太阳能热水系统的术语和定义、系统分类与产品标记、技术要求、文件编制、检验规则以及标志、包装、运输、贮存，适用于贮水箱容积在 0.6m³ 以下的家用分体双回路太阳能热水系统。

（6）HJ/T 363—2007《环境标志产品技术要求　家用太阳能热水系统》是国家环保总局颁布的环境标志产品技术标准，分别从热性能、健康安全和光污染等三方面对产品提出了技术要求及检验方法。本标准的颁布实施是国家积极推进能源结构调整，大力发展太阳能等可再生能源与建筑一体化的科研、开发和建设，实现节能减排总体目标的具体举措。

目前有关家用太阳能热水系统的标准几乎都是推荐性标准，这些对企业仅有“参考价值”，企业可以参照，并不强制执行。大型成规模的企业已经有了成熟的产品和市场，在产品质量和安装上有保证，但是小作坊式工厂为了节省成本以便在零售价上有低价优势而取得市场，并不一定会去执行各项推荐性标准。

2. 关键指标分析

（1）能效等级：家用太阳能热水系统能效标识分为 1、2 和 3 共三个等级，其中 1 级能效最高，3 级最低。

（2）热性能：热性能中“日有用得热量”是表示家用太阳能热水系统吸收、转换太阳光能的能力的参数，在相同轮廓采光面积和相同水箱容量的情况下，“日有用得热量”高，家用太阳能热水系统能够提供的热水就越多；“平均热损因数”则表示家用太阳能热水系统损失热量的参数，在相同环境温度和起始温度的情况下，“平均热损因数”越低，家用太阳能热水系统损失的热量就越少。

（3）耐压：耐压是指家用太阳能热水系统应能满足使用时的水压要求，各部件和连接件无明显变形和渗漏现象。

（4）支架强度和刚度：家用太阳能热水系统的支架应具有足够的强度、刚度满足抗风、抗冰雹等外力作用，同时材质应具备耐腐蚀能力。

（5）外观：家用太阳能热水系统采用的集热器应无破损；贮热水箱外表面应平整，无划痕和污垢；标称轮廓采光面积与实际轮廓采光面积的偏差在3.0%以内；在明显位置设有清晰的、不易消除的标志。

（6）贮热水箱：家用太阳能热水系统贮热水箱内胆材料厚度与标志所示厚度的偏差应符合标准要求；容水量标称值与测量值应符合标准要求；在适当位置设有排污口和溢流口，进出水口应有清晰的标志。

四、常见的主要问题

自2004年～2012年，国家质检总局对家用太阳能热水系统产品累计进行了七次监督抽查工作，其中2010年～2012年的三次抽查工作主要针对家电下乡中标企业进行。抽查中发现的主要问题如下。

1. 热性能

家用太阳能热水器产品中关键的部件全玻璃真空太阳集热管的质量较差，吸收太阳能并转换为热量的能力下降，导致系统水温上升幅度较小，导致产品的日有用得热量不合格。

家用太阳能热水器产品设计不合理，贮热水箱容水量容量比较小，轮廓采光面积比较大，导致贮水结束温度高，但是系统得到的可用热量比较少，造成日有用得热量不合格。

保温效果差，水箱散热快，导致热量损失较多，导致该项目不合格。

2. 贮热水箱

部分企业对于家用太阳能热水器的容水量的概念理解错误造成，标称容水量应为用户实际可以使用的水量，家用太阳能热水器在实际使用过程中，用户可以真正使用的水仅为贮热水箱在进出水口和溢流口之间的水量。而部分企业标称的容水量是通过计算水箱内桶容积和所有真空管存水量的理论总容量得出。

紧凑式家用太阳能热水器真空管插入水箱的长度、水箱进出水口及溢流口的安装位置也会影响水箱的实际容水量，企业应根据批量安排必要的检验，确保贮热水箱容水量符合标准要求。

消费者在购买家用太阳能热水器时多以容水量大小为购买的主要依据，这同时也是市场零售商定价的主要依据，水箱越大，价格也就越高。因此，国家标准规定，水槽供水式出口敞开式和开口式贮热水箱标称显示值与测量值的偏差应在±5%以内。

另外，部分产品贮热水箱上未设置排污口、溢流口或设置位置不当，不利于对贮热水箱的清洁和维护，可能造成对水质的污染，并影响贮热水箱的工作寿命，损害消费者权益。

3. 外观

生产企业的技术人员对产品标准（GB/T 19141）的掌握和熟悉程度不够，轮廓采光面积的计算方法不正确。

产品生产一致性不好，支架加工精度不够，保温层发泡效果不稳定，保温厚度发生变化，都会造成外观不合格。

产品安装是保证家用太阳能热水系统产品质量的重要环节，产品安装质量也会造成外观不合格。

五、选购和使用提示

1. 选购提示

家用太阳能热水系统应在明显位置设置清晰的标志，标志内容至少应包括以下项目：

（1）制造厂家；

（2）产品名称；

（3）商标；

（4）产品型号；

（5）轮廓采光面积；

（6）贮热水箱容水量；

（7）工作压力；

（8）制造日期或生产批号；

（9）水箱内胆材料的材质及标称厚度。

产品标志是消费者保护自身合法权益的重要证据之一。其中的轮廓采光面积和贮热水箱容水量是消费者选购产品的主要依据；水箱内胆的材质和厚度虽然无法直观看到，但也是考量产品质量的重要参数。

2. 安装提示

家用太阳能热水系统安装之前，检查贮热水箱外表面有无划痕、破损等现象；安装后轻轻摇动热水器支架，检查各连接处是否牢固，如有条件采用可靠措施与建筑本体等进一步加固。

3. 使用中需注意的问题

（1）由于家用太阳能热水系统一般安装在屋顶，热水器主机应处于避雷装置的有效保护范围内。

（2）上水时间应选择在无光照情况下，防止对热水器造成损坏。

（3）在冬季低于0℃的地区使用，必须对室外管道进行保温处理，防止管道冻结。

（4）使用时应先试水温，待水温合适后再正常使用，以免发生烫伤事故。

（5）通过溢流口观察热水器是否满水，同时定期检查排气口是否堵塞，否则可能因排气不畅损坏水箱。

（6）如长时间不使用时，应将热水器集热器部分遮挡住，等再次使用时再将其除去。

4. 日常维护中的注意事项

（1）维护工作应选择在早晚气温较低，光照较弱时进行，防止发生烫伤事故。

（2）由于太阳能热水器一般安装在屋顶，在维护过程中一定要做好安全保护工作，防止高空坠落。

（3）维护工作开始前，确保系统断水，断电，保证维护工作安全进行。

（4）对真空管进行清洗时，注意不要碰坏真空管底部的尖端部位。

（5）在入冬时应检查管路的保温情况和防冻措施，还应检查电伴热带是否工作正常，以保证冬季用水管路的畅通。

（由国家太阳能热水器质量监督检验中心（北京）路宾、张磊撰稿）

电动工具

一、产品简介

1. 产品定义

电动工具是以电动机或电磁铁为动力，通过传动机构驱动工作头的一种机械化工具。其中手持式电动工具是指由电动机或电磁铁驱动的、用来做机械功的机械，它被设计成由电动机或电磁铁与机械部分组装成一体、便于携带到工作场所，并能用手握持或悬挂操作的工具；可移式电动工具是指在固定位置用的工具，可装或不装夹紧装置、螺栓或类似的固定装置，它设计有使工具易于移动的组件，诸如配有手柄、轮子和类似简单的装置以便于单人搬运。作业时，需加工的材料或工件是置于工具上或工具是被安放或装置在工件上的如图 1、图 2 所示。

图 1　手持式电动工具

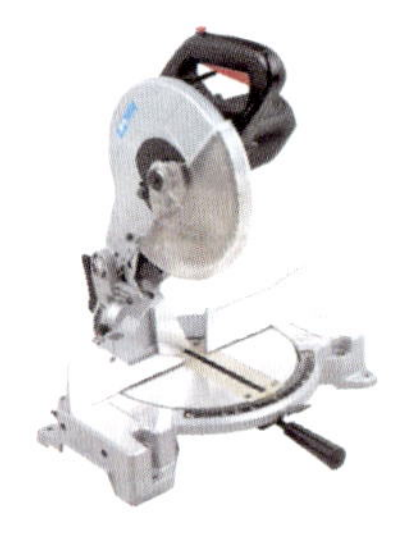

图 2　可移式电动工具

2. 产品用途

电动工具广泛应用于建筑、机械、机电、冶金设备安装、桥梁架设、住宅装修、农牧业生产、医疗、卫生等各方面，是一种量大面广的机械化工具。机械工业中使用的电动工具用于钻孔、攻丝、锯割、剪切、磨光、抛光以及螺钉、螺栓和螺母的紧固等。建筑装修业中使用的电动工具用于钻孔、敷设电线、埋设管道、地板铺设、家居的制造和安装等。

3. 产品分类

电动工具按照使用方式分为手持式电动工具、可移式电动工具和园林工具；电动工具按照用途主要分为金属切削电动工具、研磨电动工具、装配电动工具和铁道用电动工具。常见的电动工具有电钻、电动砂轮机、电动扳手和电动螺丝刀、电锤和冲击电钻、混凝土振动器、电刨等。另外，从电力来源区分电动工具，分为有绳电动工具和（充电）无绳电动工具两类；电动工具按照触电的保护方式还可分为Ⅰ类电动工具、Ⅱ类电动工具和Ⅲ类电动工具。

4. 产品特点

手持式有结构轻巧、携带方便、功能多样、操作简单等特点。它比手动工具可提高劳动生产率几倍甚至几十倍，比传统的风动工具效率高、费用低、振动和噪声小，易于自动控制。电动工具主要有六部分组成，外壳：支承和保护；电机；传动机构；工作头；开关及内部线路和手柄。

5. 我国的市场准入

2001 年 12 月，国家质检总局发布了《强制性产品认证管理规定》。强制性产品认证简称 CCC 认证或 3C 认证，是一种法定的强制性安全认证制度。电动工具中包括电钻在内的 16 个品种列入国家《实施强制性产品认证的产品目录》，需要进行 3C 认证。认证按照 CNCA-01C-014：2011《电气电子产品类强制性认证实施规则》（电动工具）进行。凡企业持有合格证书，产品上有合格标志的电动工具产品才允许生产和销售。电动工具产品的认证有效期为 5 年。

二、行业概况

1. 国外产品情况

我国不仅是电动工具的消费大国，也是电动工具的生产大国，国际知名品牌的电动工具制造商，均在我国国内建有工厂。包括这些国外的制造商在内，我国的电动工具年生产能力已经达到 2.5 亿台，国内的电动工具销售量为 4000 万台，其中国外制造商和进口的电动工具的市场份额约占 45%。国外的制造商由于具有精密的工夹具和机械手，因此在电机生产和产品装配的流程基本实现自动化，大大提高了产品质量的稳定性。由于电动工具的使用环境大多较为恶劣，噪声大、粉尘多，不少企业的工具实用性试验（即模拟实际环境下的使用状况）实现了自动化，大大减轻了试验人员的劳动强度。国外产品的发展趋向于两极化，即专业工具和 DIY 产品。专业工具的设计和生产将更为高端，随着市场要求的提高和扩大，品种覆盖将更加齐全；DIY 产品则趋向于采用电池供电，设计更为实用，考虑普通家庭用户的实际需求。

2. 国内产品情况

据统计，我国电动工具行业的各种电动工具（包括手持式电动工具、可移式电动工具和园林电动工具）产量大约在 2.4 亿台，其中国内市场营销数量：约 4152.03 万台；外贸出口数量约为：19915.37 万台。电动工具生产密集区域集中在浙江金华地区，以永康为代表，还有集中在江苏南通地区，以启东为代表。除少数重点骨干企业外，大多数为小型企业，生产方式还比较传统，工艺装备、检测手段相对较落后，技术力量较薄弱。甚至不少企业仍采用普通机床加工，电机生产和产品装配大多以手工和半自动化为主，不仅生产效率低，产品的一致性较差。

行业中存在这样一种趋势，重点骨干企业普遍认识到创自主品牌的重要与紧迫。这种品牌意识的增强，已见诸行动。一些有条件的外向型企业，也在“贴牌”生产的同时，开始创自主品牌，并在东南亚市场、中东市场、澳洲和南美市场推出自主品牌。

三、标准解读及关键指标分析

1. 标准总体情况

（1）目前，手持式电动工具安全检测标准共计 22 项，具体如下：

——GB 3883.1—2005《手持式电动工具的安全　第一部分：通用要求》；

——GB 3883.2—2005《手持式电动工具的安全　第二部分：螺丝刀和冲击扳手的专用要求》；

——GB 3883.3—2007《手持式电动工具的安全 第二部分：砂轮机、抛光机和盘式砂光机的专用要求》；

——GB 3883.4—2005《手持式电动工具的安全 第二部分：非盘式砂光机和抛光机的专用要求》；

——GB 3883.5—2007《手持式电动工具的安全 第二部分：圆锯的专用要求》；

——GB 3883.6—2007《手持式电动工具的安全 第二部分：电钻和冲击电钻的专用要求》；

——GB 3883.7—2005《手持式电动工具的安全 第二部分：锤类工具的专用要求》；

——GB 3883.8—2005《手持式电动工具的安全 第二部分：电剪刀和电冲剪的专用要求》；

——GB 3883.9—2005《手持式电动工具的安全 第二部分：攻丝机的专用要求》；

——GB 3883.10—2007《手持式电动工具的安全 第二部分：电刨的专用要求》；

——GB 3883.11—2005《手持式电动工具的安全 第二部分：往复锯（曲线锯、刀锯）的专用要求》；

——GB 3883.12—2007《手持式电动工具的安全 第二部分：混凝土振动器的专用要求》；

——GB 3883.13—1992《手持式电动工具的安全 第二部分：不易燃液体电喷枪的专用要求》；

——GB 3883.14—2007《手持式电动工具的安全 第二部分：链锯的专用要求》；

——GB 3883.15—2007《手持式电动工具的安全 第二部分：修枝剪的专用要求》；

——GB 3883.16—2008《手持式电动工具的安全 第二部分：钉钉机的专用要求》；

——GB 3883.17—2005《手持式电动工具的安全 第二部分：木铣和修边机的专用要求》；

——GB 3883.18—2009《手持式电动工具的安全 第二部分：石材切割机

的专用要求》；

——GB 3883.19—2005《手持式电动工具的安全　第二部分：管道疏通机的专用要求》；

——GB 3883.20—2007《手持式电动工具的安全　第二部分：捆扎机的专用要求》；

——GB 3883.21—2007《手持式电动工具的安全　第二部分：带锯的专用要求》；

——GB 3883.22—2008《手持式电动工具的安全　第二部分：开槽机的专用要求》；

（2）可移式电动工具安全检测标准共计 12 项，具体如下：

——GB 13960.1—2008《可移式电动工具的安全　第一部分：通用要求》；

——GB 13960.2—2008《可移式电动工具的安全　第二部分：圆锯的专用要求》；

——GB 13960.3—1996《可移式电动工具的安全　第二部分：摇臂锯的专用要求》；

——GB 13960.4—1996《可移式电动工具的安全　第二部分：平刨和厚度刨的专用要求》；

——GB 13960.5—2008《可移式电动工具的安全　第二部分：台式砂轮机的专用要求》；

——GB 13960.6—1996《可移式电动工具的安全　第二部分：带锯的专用要求》；

——GB 13960.7—1997《可移式电动工具的安全　第二部分：带水源金刚石钻的专用要求》；

——GB 13960.8—1997《可移式电动工具的安全　第二部分：带水源金刚石锯的专用要求》；

——GB 13960.9—1997《可移式电动工具的安全　第二部分：斜切割机的专用要求》；

——GB 13960.10—2009《可移式电动工具的安全　第二部分：单轴立式木铣的专用要求》；

——GB 13960.11—2000《可移式电动工具的安全　第二部分：型材切割

机的专用要求》；

——GB 13960.13—2005《可移式电动工具的安全　第二部分：斜切割台式组合锯的专用要求》。

（3）产品安全认证中还覆盖两项电磁兼容的标准，具体如下：

——GB 4343.1—2009《家用电器、电动工具和类似器具的电磁兼容要求　第1部分：发射》

——GB 17625.1—2003《电磁兼容　限值　谐波电流发射限值（设备每相输入电流≤16A）》。

2. 关键指标

（1）电气性能：

1）温升：绝缘等级为E级电动工具，其定转子绕组的温升限值为90K；

2）至易触及金属零件的泄漏电流：0.75mA（Ⅰ类工具）；0.25 mA（Ⅱ类工具）；0.5 mA（Ⅲ类工具）；

3）电气强度：1250V/1min（基本绝缘）；2500V/1min（附加绝缘）；3750V/1min（加强绝缘）。

（2）安全结构：

1）机械强度：0.5J（电刷盖）；1.0J（其他部分）；

2）电源软线的弯曲：20000次；

3）接地电阻：不超过0.1Ω。

（3）非金属材料：

1）球压试验：75℃（外部零件）；125℃（将带电零件保持在位的零件）；

2）灼热丝试验：550℃；

3）耐电痕化：175V（严酷工作条件）；250V（严酷工作条件）。

四、常见的主要问题

根据国家质检总局和认监委下达的电动工具监督抽查检验结果，耐久性、机械强度、结构和爬电距离、电气间隙和绝缘穿通距离试验项目发现的问题较多，详见以下分析。

1. 耐久性试验

耐久性试验是工具在频繁起动的长时间空载运行的状态下，检查工具是否存在因生产工艺、元器件、材料等缺陷而发生系统性故障。此外，还考核工具在水平、朝上、朝下三个不同的位置长时间运行时，电刷碳粉在工具内部是否会不正常的集聚在某个特定的部位上。

耐久性不合格实例：主要表现为在 48h 空载断续运行后的电气强度试验中，基本绝缘被击穿。

经分析，出现上述不符合主要有以下原因：

（1）由于生产企业采用了耐磨性较差的电刷，产品在耐久性试验后，电刷的碳粉堆积在电机绕组和铁芯的结合处而导致基本绝缘高压击穿；

（2）电机的风路设计不合理，也未在定转子绕组上涂覆包封漆或进行包扎，工具在运行过程中，电刷的碳粉始终堆积在定转子绕组某一部位，造成该处的绝缘短路而击穿（如图 3、图 4 所示）。

图 3　转子耐压击穿

图 4　定子耐压击穿

2. 机械强度

对于电动工具产品，要求其外壳应有一定的机械强度，使得在正常使用包括粗率操作时，能够达到保护使用者安全、维持产品功能的目的，经过规定的试验后，不能产生以下危险：

（1）防触电保护方面的危险，例如可以触及到带电零件。

（2）电气间隙、爬电距离的减少以及固定绝缘的损坏。

机械强度不合格实例分析：

表现为用定扭矩螺丝刀对外螺纹刷盖松紧 10 次后或者用 0.5J 的弹簧冲击器对电刷盖实施三次冲击后，电刷盒盖和管式刷握损坏断裂（如图 5 所示）。

图5　损坏断裂

上述不合格造成的原因主要是由于生产企业为了降低生产成本，采用了不合格的电刷盒盖，这些电刷盒盖的原料里掺和了较多的塑料回料，使得其机械性能大大降低，该项不合格可能会导致带电零件外露，给使用者造成触电危险。

3. 结构

结构检查项目相对其他项目来说，是比较繁琐和复杂的一个检验项目。其标准条款是标准的制定者根据知识和实践经验的积累，总结了一些规律性的技术要求对产品加以限制，并作了较为具体的规定。

结构不合格实例分析：

(1) 外部可触及的螺纹型刷盖，在承受 0.5J 的冲击试验和扭矩试验后，刷盖碎裂。

(2) 电源开关和辅助手柄的设置，使操作者松开对工具的握持时才能切断电源（如图6所示）。

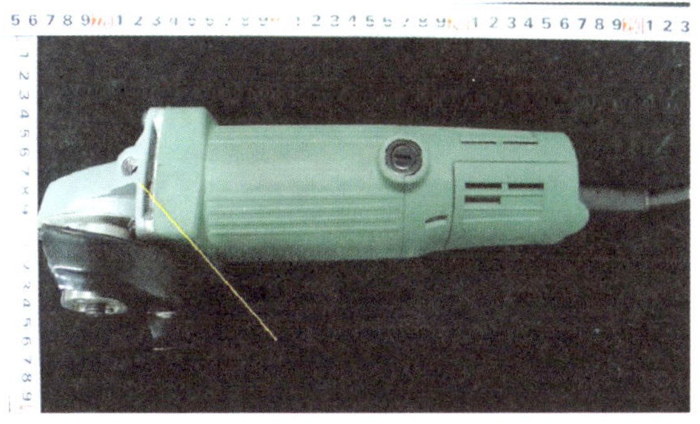

图6　开关后置，但有辅助手柄安装孔

（3）机壳开关处的装配间隙与带电体形成直通道（如图 7 所示）。

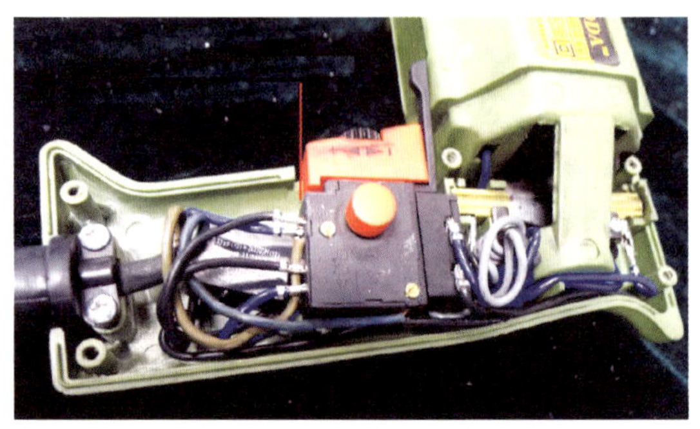

图 7　机壳开关处的装配间隙与带电体直通道

（4）内部布线松动脱落到可触及的风口的爬电距离和电气间隙小于 4mm（如图 8 所示）。

图 8　内部布线松动脱落到可触及的风口

（5）电容直接接在开关前端，工具切断电源 1s 后，插头插销间电压超过 34V（如图 9 所示）。

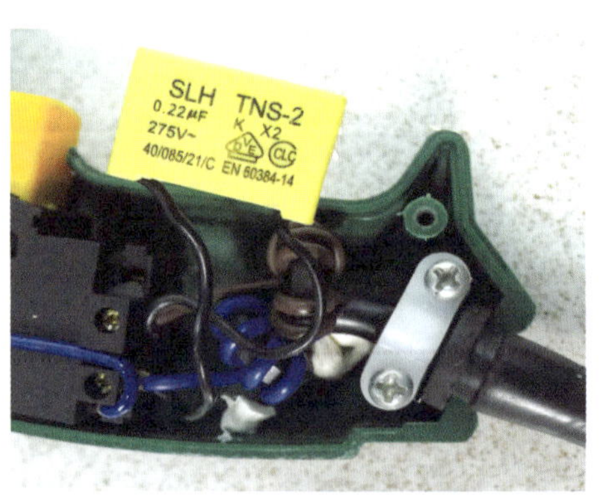

图 9　残余电压超标

造成该项不合格的原因主要有以下几点：

（1）生产企业产品设计不合理，未对工具中易脱落的零部件如导线、螺钉等进行有效地隔离或固定；

（2）产品设计人员对安全标准中有关结构条款的要求不熟悉或不理解。在对工具的外壳设计时，未充分考虑易脱落零部件脱落的位置，没有在该位置设置必要的止口或挡板；

（3）机壳模具的设计和元器件的选取不匹配，未充分考虑机壳在开关处的装配间隙与带电体形成直通道；

（4）装配工未能严格按照工艺文件的要求进行装配，将抑制电容接在电源开关的进线端，导致电源插头的残余电压超出标准规定值。

4. 爬电距离、电气间隙和绝缘穿通距离

爬电距离是指两个导电零件之间，或导电零件与机壳外表面之间，沿绝缘材料表面测得的最短路径。电气间隙是指两个导电零件之间，或一个导电零件与机壳外表面之间测得的最短空间距离。绝缘穿通距离是指用附加绝缘或加强绝缘隔离的两金属零件之间的最小直线距离。爬电距离、电气间隙和绝缘穿通距离是保证工具满足其防触电保护等级最基本的条件之一。其合格与否直接影响使用者的人身安全。

爬电距离、电气间隙和绝缘穿通距离不合格实例分析如下。

（1）换向器（带电零件）与后轴承（可触及零件）之间的电气间隙小于标准规定的 8mm（如图 10 所示）。

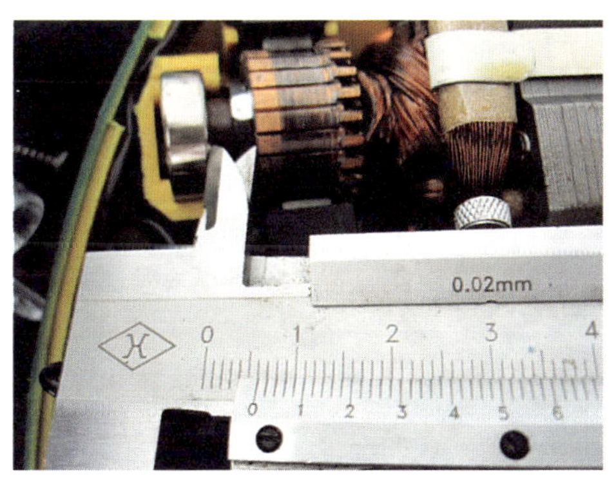

图 10　转子后轴承爬电距离、电气间隙未达标

电机定子绕组与铁芯之间爬电距离和电气间隙小于标准规定的 2mm（如

图 11 所示）。

图 11　定子爬电距离、电气间隙未达标

（2）转子绕组到输出轴的之间的爬电距离和电气间隙小于标准规定的 6mm（如图 12 所示）。

图 12　转子绕组端部爬电距离、电气间隙未达标

（3）转子绕组端部到输出轴之间的绝缘穿通距离小于标准规定的 2.0mm（如图 13 所示）。

图 13　转子绝缘穿通距离未达标

（4）内部布线到机壳外表面爬电距离、电气间隙小于标准规定的 4.0mm（如图 14 所示）。

图 14 内部布线爬电距离、电气间隙未达标

（5）不可拆线插头的带电体到边缘的距离小于标准规定的 6.5mm（如图 15 所示）。

图 15 不可拆线插头的带电体到边缘的距离未达标

经分析，造成该项目不合格主要有以下原因：

（1）产品设计不合理，在工具内部的裸露的带电零件或仅有基本绝缘的带电零件与可触及金属零件之间的路径上，未设置必要的隔离措施，例如设置挡板或止口；

（2）产品的设计者未能充分理解安全标准中有关条款的要求；例如对附加绝缘和加强绝缘的绝缘穿通距离的规定要求不熟悉，在设计转子的轴绝缘时，转子铁心冲片内孔与轴的尺寸的配合不符合标准要求；

（3）生产企业未能按照标准要求编写工艺文件或者尽管制订了工艺文件，但在实际生产过程中由于种种原因不能得到很好的贯彻执行；

（4）生产厂家未对供应商提供的电源线、不可拆线插头等外购件进行有效的质量控制，也未定期对产品进行检测。

五、选购和使用提示

1. 选购常识

（1）根据需要区别家庭用还是专业用，大多数电动工具是针对专业人员设计，在选购时应区别专业与一般家庭用的工具。无论哪一种用途，都应查阅该工具的 3C 证书是否有效。

（2）工具的外包装应图案清晰，没有破损，塑料盒坚固，开启塑料盒的搭扣应牢固耐用。

（3）工具的外观应色泽均匀，塑料件表面无明显影丝和凹痕、不应有划痕或磕碰痕迹，铝铸件涂料光滑美观无缺损，整机表面应无油污和污渍。

（4）工具的说明书和一般安全说明应随工具和包装提供，安全说明书应给出电动工具通用安全警告和专用工具安全警告，上应有制造商和生产厂的详细地址和联系方式。铭牌或合格证上应有产品可追溯的批量编号。

（5）用手握持工具，接通电源，频繁操动开关，工具频繁起动，观察工具开关的通断功能是否可靠。同时观察现场的电视机、日光灯是否有异常现象。以便确认工具是否装有有效的无线电干扰抑制器。

（6）工具通电运行 1min，运行时用手握持，手应无明显感觉到任何不正常的颤动，观察换向火花，一般从工具的进风口处往里看，在换向器表面应无明显的弧光。运行时，应无不正常的噪声。

2. 安全操作规程

（1）电动工具使用前仔细阅读使用说明，不要滥用电动工具，要根据用途选用适当设计的电动工具（注：目前滥用电动工具现象较为严重，如在角磨和石材切割机上安装锯齿片进行切割操作），应检查下列各项：

1）外壳、手柄无裂缝、无破损；

2）保护接地线或接零线连接正确、牢固；

3）电缆或软线完好；

4）插头完好；

5）开关动作正常、灵活、无缺损；

6）电气保护装置完好；

7）机械防护装置完好；

8）转动部分灵活。

（2）电动工具的绝缘电阻应定期用500V的兆欧表进行测量，如带电部件与外壳之间绝缘电阻值达不到2MΩ时，必须进行维修处理。

（3）建议连接电动机械及工具的电气回路应单独设开关或插座，如果在潮湿环境下操作电动工具是不可避免的并装设漏电电流动作保护器，金属外壳应接地；严禁一闸接多台设备。

（4）电动工具的操作开关应置于操作人员伸手可及的部位。当休息、下班或工作中突然停电时，应切断电源侧开关。

（5）使用电动工具时，必须戴绝缘手套或站在绝缘垫上；移动工具时，不得提着电线或工具的转动部分。

（由国家电动工具质量监督检验中心顾菁撰稿）

充电器

一、产品简介

充电器是指用于将交流电网电压转换为直流低电压并将电能充入可充电电池或带有可充电电池的产品的外部电源。

充电器既包括直接为电池充电的充电器，例如电池 AA/AAA 镍氢电池充电器如图 1 的 a)，手机电池充电器、万能充如图 1 的 b)，旅行充电器如图 1 的 c) 等，也包括为内置了可充电电池的产品充电的充电器，如搭配手机、数码相机、平板电脑、电动剃须刀等使用的充电器。

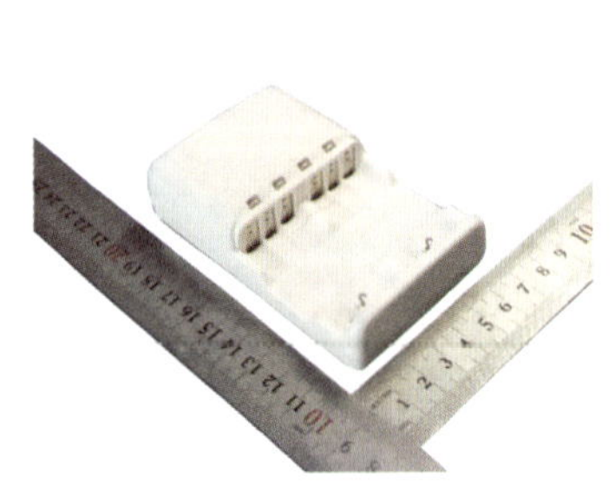

a) AA/AAA 镍氢电池充电器

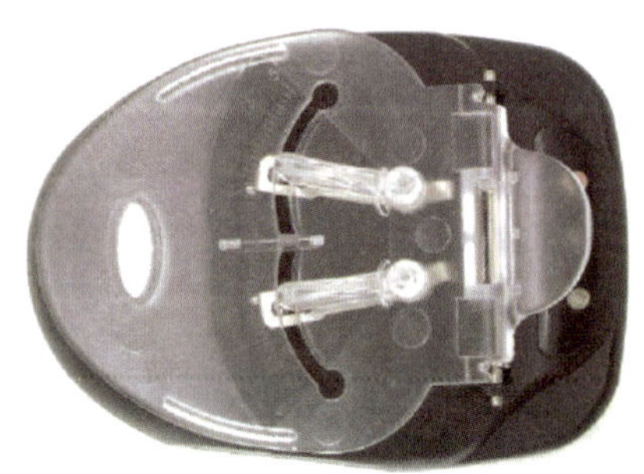

b) 万能充

图 1 各种类型的充电器产品实例

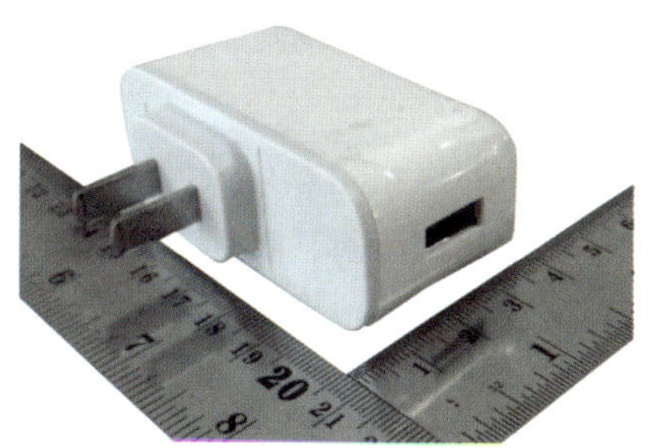

c） 旅行充电器

续图 1

目前我国对音视频设备用和信息技术设备用充电器实施强制性产品认证管理制度，这些产品必须标明 CCC 强制性认证标识方可出厂销售。信息技术设备及音视频设备用充电器自 2003 年 8 月 1 日起，已列入国家强制性认证目录范围内。其他类别产品用充电器以及直接为电池充电的充电器未纳入 CCC 认证。

二、行业概况

当今世界，中国是充电器产品制造大国，中国充电器厂商主要分布在东部沿海地区，包括广东、福建、江苏、天津等省市。充电器产品应用的广泛性和多样性，导致了充电器产业布局的分散性，当中也涌现出很多优秀的行业龙头企业，这些企业生产管理规范，产品质量稳定，有比较强的技术力量和开发能力，有些产品已进入国际市场。除了本土企业，中国日益扩大的充电器市场也吸引了大批外国的公司和产品进入国内。另一方面，充电器技术门槛较低，投资相对较少，大量中小型企业也进入了该行业。

近年来，随着手机、数码相机等便携式电子产品市场的不断扩大，国内充电器行业无论是在技术水平上还是规模上都得到了快速发展，设计逐步完善，产量不断提高，但其产品质量仍存在较大的提升空间。主要表现在以下几个方面。

（1）由于市场竞争激烈，原材料价格上涨，部分生产厂商为了更多地降低成本，不惜牺牲产品质量，使用劣质或不符合强制性国家标准要求的元器件、配件。

（2）充电器属于便携式电子产品，因此一些企业追随市场需求、客户需求，只重视产品的外观，为了将产品做得更轻薄小巧，而忽视了产品安全性能。

（3）部分厂家对产品质量的检测能力有限，从而对自己产品的质量状况并不十分了解，极少数厂家质量意识淡薄、管理混乱，无法执行相应的质量体系制度，没有按照认证要求进行质量管理，直接导致不合格的产品流入市场。

三、标准解读及关键指标分析

1. 标准总体情况

充电器适用的安全标准主要包括以下几个，这些标准的制定与完善对提高充电器质量、促进行业发展起到了重要的作用。

（1）GB 4943.1—2011《信息技术设备　安全　第1部分：通用要求》。该标准适用于电网电源供电的或电池供电的、额定电压不超过600V的信息技术设备，包括电气事物设备和与之相关的设备，例如：计算机、平板电脑、打印机和复印机等。标准规定的一系列要求是为了减小相关人员在按制造厂商所规定的方法进行安装、操作和维修时遭受着火、电击、机械伤害、辐射和化学等危险。

（2）GB 8898—2011《音频、视频及类似电子设备　安全要求》。该标准适用预定用来分别接收、产生、录制或重放音频、视频和有关信息的电子设备，也适用于被设计成专门与上述设备组合使用的设备。例如：电视机、音响、机顶盒等。标准仅涉及上述设备的安全，是为了减小相关人员在按制造厂商所规定的方法进行安装、操作和维修时遭受着火、电击、机械伤害、辐射和化学等危险。

（3）GB 4706.1—2005《家用和类似用途电器的安全　第1部分：通用要求》和GB 4706.18—2005《家用和类似用途电器的安全　电池充电器的特殊要求》。该两个标准共同构成了对输出为安全特低电压且额定电压不超过250V的家用及类似用途电池充电器的安全要求，以减小相关人员在按制造厂商所规定的方法进行安装、操作和维修时遭受着火、电击、机械伤害和化学等危险。

2. 关键指标分析

不同类别充电器适用不同的安全标准，但其关键的安全指标和考核的项目都是相似的，仅采用试验方法和考核参数略有不同。对于充电器产品，需重点考核的关键安全指标如下。

（1）标记和使用说明。

由于充电器产品规格多样，使用非常普及，因此产品上必需标明充分的信息，以保证消费者能够选择与终端产品相匹配的产品，并能够正确安全的使用，避免因为错误的操作而引起不必要的危险或器具损坏。

充电器应标注的信息包括：充电器的产品名称、型号、输入参数（包括输入电压、输入电流或输入功率、输入频率）、输出参数（包括输出电压、电流）、厂商信息，Ⅱ类设备（使用单相两极不接地插座的充电器）需标注Ⅱ类设备符号“回”，电路板上需标注无熔断器标识，铭牌上的关键信息使用简体中文标识，且应具有足够的耐久性，不易发生字迹模糊、卷边脱落等现象，如图 2 所示。

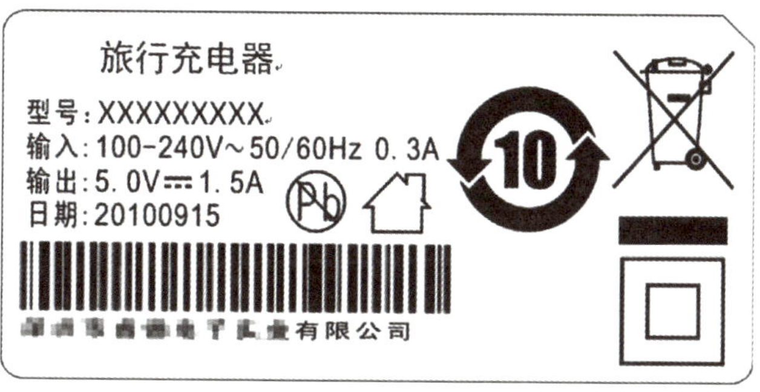

图 2　合格的产品铭牌示例

（2）插销型式和尺寸。

直插式充电器或带电源线的充电器的电源插头的插销型式和尺寸应符合标准要求，符合标准要求的型式实例和尺寸要求见表 1。

表 1　10A 以下电源插头的型式及尺寸要求

单相两极不带接地插头型式和尺寸要求

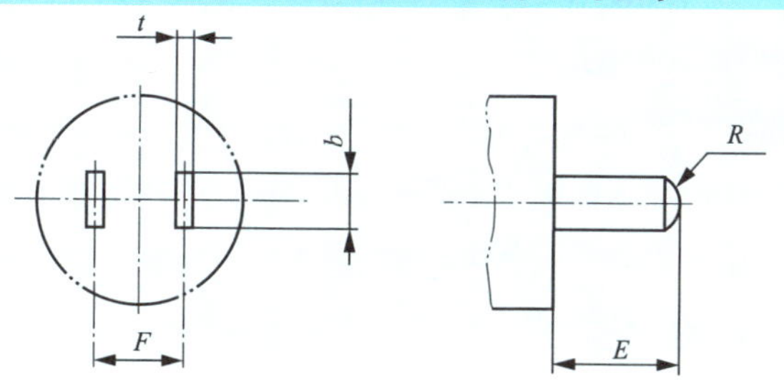

续表 1

单相两极不带接地插头型式和尺寸要求	
位置	要求值（单位：mm）
插销宽度 b	6.4 +0/−0.22
插销厚度 t	1.5 +0/−0.10
插销长度 E	16 ±0.35
插销间距 F	12.7 ±0.135
插销顶部倒圆 R	6.0 ±1
插销与边沿距	≥6.5

单相两极带接地插头型式和尺寸要求

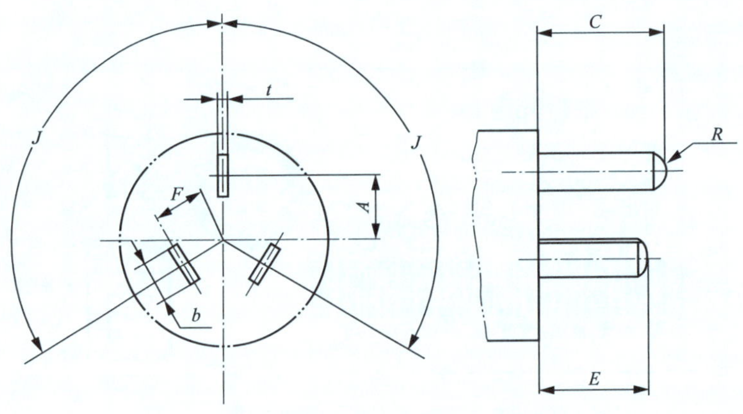

	要求值（单位：mm）
插销宽度 b	6.4 +0/−0.22
插销厚度 t	1.5 +0/−0.10
L、N 插销长度 E	16 ±0.35
接地插销长度 C	21±0.42
插销顶部倒圆 R	6.0 ±1
L、N 插销距中心点距离 F	7.9 ±0.11
接地插销距中心点距离 A	10.3 ±0.14
插脚间角度 J	120°±30′
插销与边沿距	≥6.5

（3）布线、连接和供电。

对于充电器内部导体的端接应使得导体和端接装置在正常使用时不能发生位移而使爬电距离和电气间隙低于标准要求。可以使用锡焊、熔焊、压接等方法连接导体，但对于锡焊端接，导线应定位或固紧，而不能单靠锡焊来保证导线固定在位。

（4）抗电强度。

国家强制性标准规定，对不使用接地保护的产品，一次电路与机身之间、一次电路与二次电路之间应能承受3000V交流电压60s无击穿；对于使用接地保护的产品，接地部分与一次电路之间应能承受1500V交流电压60s无击穿，以防止当电网电源中存在瞬态高电压时对使用者直接造成电击危险。

（5）电气间隙、爬电距离和绝缘穿透距离。

充电器通过插销与电网电源连接，充电器内部与插销直接连接的电路称为一次电路，不与一次电路直接连接，而是由位于设备内的变压器、变换器或等效的隔离装置供电的电路称为二次电路。充电器的二次电路应做适当的设计和保护，使得在正常工作和单一故障条件下电压均不会超过安全值，以保护使用者。

电气间隙，是采用足够尺寸的空气间隙来保证绝缘不会击穿；爬电距离，是指沿着固体绝缘材料的表面应有足够的尺寸，以防止产生闪络或击穿；固体绝缘，是指使用固体材料，例如满足标准要求的绝缘线、绝缘胶带、外壳等固体材料实现绝缘，以达到防止使用者触电的目的。

标准要求，一次电路与二次电路之间，以及一次电路与用户可以触及的零部件之间，应当通过满足尺寸的电气间隙、爬电距离或固体绝缘来实现绝缘。

（6）温升。

充电器在正常工作条件下，外壳温度不应过高，以防止使用者发生烫伤危险，内部关键元器件温度也不应过高，以防止损坏绝缘导致电击危险。

（7）耐异常热。

充电器在使用期间自身会发热，因此标准要求支撑危险带电零部件的热塑性材料应能承受一定的温度而不会发生软化，以防止所支撑的危险带电零部件发生位移，造成使用人员触电或着火危险。GB 8898—2011中采用维卡试验考察绝缘材料的耐热性能，GB 4943.1—2011、GB 4706.1—2005与GB 4706.18—2005中则采用球压试验考察绝缘材料的耐热性能。

（8）防火。

充电器的外壳应使用满足标准要求的防火防护外壳，以使设备内发生的着火或火焰的蔓延减少到最低限度，防止发生火灾。

四、常见的主要问题

质检部门高度重视充电器产品的质量安全，自 2002 年～2012 年，国家质检总局七次开展充电器产品国家监督抽查工作，抽查产品包括信息技术类设备用充电器、音视频产品用充电器和移动电话电池充电器。抽查发现，充电器产品主要存在以下问题。

（1）标记和使用说明

部分充电器关键信息未标注或标注错误，主要表现为无制造厂商名称或商标或识别标记、无额定电流或功耗、无Ⅱ类设备符号“回”、或无熔断器的标识等，部分产品的铭牌上的关键信息未使用简体中文标识，还有一部分标签耐久性差，容易发生字迹模糊、卷边脱落等现象。

产生不合格现象的原因主要是：企业对现行国家强制性标准不熟悉，理解不充分，掌握不够；部分企业特别是一些 OEM、ODM 生产厂商以客户的要求为主，而忽视国家强制性标准要求；企业为节约成本，使用劣质的标签纸。

（2）插销型式和尺寸

部分直插式充电器插销型式或尺寸与我国国家标准要求不一致，有可能与插座不匹配，造成插拔困难；部分不符合标准要求的插头虽然能够正常使用，但可能在使用中发生接触不良，引起发热甚至起火；部分产品插销到外壳边沿的尺寸过小，可能会导致消费者发生触电危险。

图 3　不合格示例：该充电器使用了美国标准插头型式

产生不合格现象的原因主要是：企业设计产品时未严格按照对应国家标准执行，或由于生产工艺问题导致外壳模具尺寸偏差，插销固定的位置错误等问题（如图 3 所示）。

（3）布线和连接。

历次国抽均有检出导线仅用焊锡固定的充电器，此类充电器可能会发生内部导线松脱，使得电气间隙和爬电距离低于国家标准要求，导致消费者发生触电危险（如图 4 所示）。

图 4 不合格示例：连接插销与电路板的内部导线仅用焊锡搭焊在插销

产生不合格现象的原因主要是：部分生产企业对标准不了解从而导致安全设计不合理；部分企业对该项目没有足够的重视，在生产线上没有严格按生产工艺要求生产。

（4）抗电强度

国家强制性标准规定，对不使用接地保护的产品，一次电路与机身之间、一次电路与二次电路之间应能承受 3000V 交流电压 60s，无击穿；对于使用接地保护的产品，接地部分与一次电路之间应能承受 1500V 交流电压 60s，无击穿。若该项目不合格，则当电网电源中存在瞬态高电压时，则可能对使用者直接造成电击危险，引起人身伤害甚至生命危险。

产生不合格现象的原因主要是：企业不熟悉国家强制性标准的具体内容，或为了节约成本采用劣质元器件，例如使用了劣质的变压器（如图 5 所示）。

图 5 不合格示例：抗电强度试验时初次级之间被击穿

（5）爬电距离、电气间隙和绝缘穿透距离。

充电器内初级电路与次级电路之间的距离过近，当其在内外部瞬态过电压作用下绝缘可能被击穿而造成使用者触电（如图 6、图 7 所示）。

产生不合格现象的原因主要是：第一，部分企业追求产品轻薄小巧，为压缩电路板和变压器的尺寸，而牺牲了危险电压与可触及件之间必需的电气间隙和爬电距离；第二，企业生产过程工艺控制不严，导致部分关键防护措施缺失，如漏装绝缘垫片等；第三，部分外购的关键安全元器件未严格管控质量，例如，外购变压器的供应商未严格按规格书进行生产，而整机厂对来料没有进行细致验收，导致充电器成品不合格。

图 6　不合格示例：初次级之间电气间隙不满足标准要求

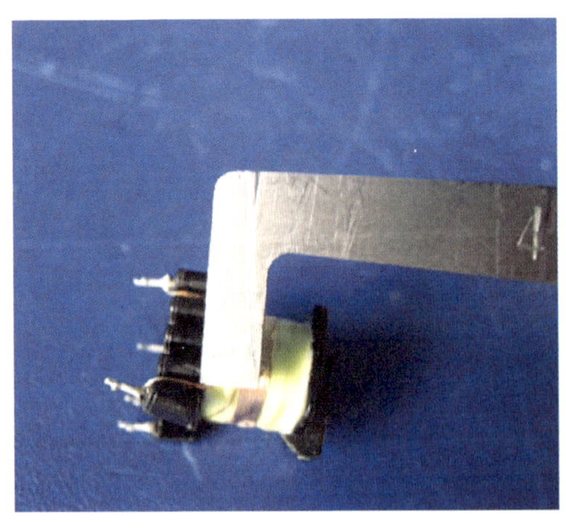

图 7　不合格示例：变压器初次级之间电气间隙、爬电距离不满足标准要求

（6）温升。

充电器在正常工作条件下，如果外壳温度过高可能导致使用者发生烫伤危险，而内部关键元器件温度过高则可能损坏绝缘导致电击危险。

产生不合格现象的原因主要是：企业为降低成本，未根据负载合理选取规格适当的元器件，或散热方案设计不合理，导致产品在使用过程中温度过高。

（7）绝缘材料的耐热。

标准要求支撑危险带电零部件的热塑性材料应能耐异常热，否则可能在产品异常发热的情况下软化，导致所支撑的危险带电零部件之间的爬电距离和电气间隙减少甚至发生短路，造成使用人员触电或着火危险（如图8所示）。

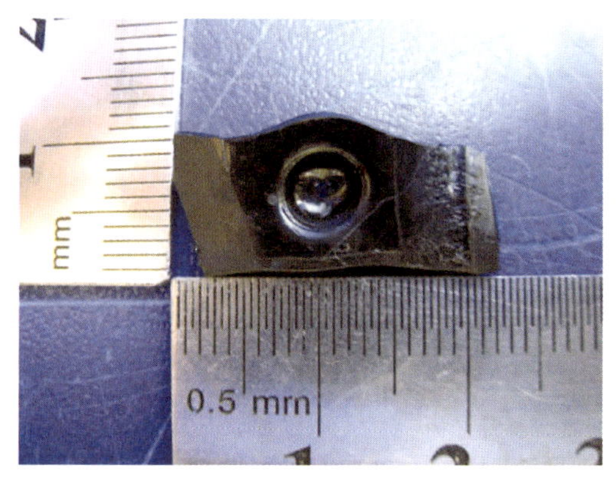

图8　不合格示例：球压试验不合格

导致上述不合格原因有：由于耐异常热性能好的塑性材料成本较高，在利益的驱使下，生产企业偷工减料，用耐异常热性能差的塑性材料支撑危险电压件，从而给消费者留下安全隐患。

经分析，导致充电器质量良莠不齐、合格率不高的主要原因有以下几个方面：

（1）由于市场竞争激烈，生产厂商为了更多地降低成本，不惜牺牲产品质量，使用劣质或不符合强制性国家标准要求的元器件、配件。

（2）厂家对强制性国家标准不熟悉或者不理解，在产品设计上存在缺陷。

（3）充电器属于便携式电子产品，因此一些企业为了更有效的使产品做得更轻薄小巧，而牺牲了产品安全性能。

（4）厂家一味追随市场需求、客户需求，只重视产品的功能和性能，而忽视产品必需满足的国家相关要求。

（5）厂家对产品质量的检测能力有限，从而对自己产品的质量状况并不十分了解，直接导致不合格的产品流入市场。

（6）极少数厂家质量意识淡薄、管理混乱，无法执行相应的质量体系制度，没有按照认证要求进行质量管理。

这几方面原因直接导致了一些规模小，生产技术、质量管理和检测手段都存在问题的生产厂家生产出劣质充电器并将其大量流入市场，以低价吸引消费者。这些厂家生产的充电器，各项指标无法得到保证，不合格产品充斥充电器市场，以次充好，鱼目混珠，使消费者难分真假优劣。

五、选购和使用提示

目前，市场上充电器琳琅满目，受充电器自身结构特点的限制，广大消费者在选购充电器时很难辨别其质量好坏，但可以注意以下几点：

（1）对属于“CCC”认证范围内的充电器产品，应选择已获“CCC”认证的产品。信息技术设备及音视频设备整机用充电器自 2003 年 8 月 1 日起，已列入国家强制性认证目录范围，故购买前应确认产品上带有“CCC”标识，如有可能尽量在相关网站查询其证书的真伪及有效性。

（2）检查充电器的标识。合格的产品需包含额定输入电压或额定电压范围、电源性质的符号、额定频率或额定频率范围、额定输入电流、制造厂商名称或商标、产品型号，部分产品还需包含Ⅱ类符号、安全说明等信息，标识字迹应清晰，不易擦除。消费者不应购买全外文标识的充电器产品。

（3）选择与整机匹配的充电器。选购充电器前需了解电池或整机的基本信息，选购的充电器输出必须与整机的额定参数匹配。

（4）检查充电器的触点、插头与接口。充电器的触点、插头与接口应光洁无锈蚀，插头符合国家标准要求。另外，接口与整机的吻合度也很重要，切忌选择接口过松或者接口过紧的充电器，接口松动会让整机接收到的电流不稳定，还有可能形成较大的瞬间电流，对整机造成损伤；而接口过紧则不易插拔甚至损坏接口。

（由深圳计量质量检测研究院刘峰、黄开胜撰稿）

电动车动力电池

一、产品简介

电动车动力电池主要是指用于家庭及类似场所的电动交通工具上，作为其动力来源的各类蓄电池。按蓄电池的材料分类主要有：铅酸蓄电池、锂离子蓄电池等。按应用场合分类主要有：家庭用电动车动力电池（如电动自行车、电动三轮车）、特殊场合用电动车动力电池（如高尔夫球车、场内电动车等）（见图 1～图 4）。目前，人们日常接触、使用的电动交通工具，几乎都是电动自行车，因此，通常大家把电动自行车用动力电池简称为电动车电池，这也就是一般意义上的电动车动力电池。

图 1　电动自行车（铅酸蓄电池）

图 2　电动自行车（锂离子蓄电池）

图 3　高尔夫球车　　　　　　　图 4　旅游观光车

电动车动力电池目前主要有铅酸蓄电池（如图 5 所示）、锂离子蓄电池（如图 6 所示）两大类。在我国，铅酸蓄电池属于生产许可证管理产品，必须获得相关部门的批准后方可生产，产品上须标注“生产许可”和“QS”标志。铅酸蓄电池是传统的电动车动力能源，在电动车上的应用已有 20 多年，产品技术已相当成熟，应用率占 98%以上。用于电动自行车上的铅酸蓄电池一般由若干只电压为 12V 的电池单体组成，组成的电池组电压主要有 36V、48V 两种，容量不超过 20Ah。

而锂离子蓄电池在电动车上的应用还不到 10 年，且锂离子蓄电池作为新能源产品，技术上尚未完善，安全性能还有待提高，目前的应用范围较小。用于电动自行车上的锂离子电池单体正极材料主要为锰酸锂、磷酸铁锂、三元材料三种，外壳主要采用钢壳或铝包形式，形状主要有方形软包、方形硬壳、圆柱形三种。用于电动自行车上的成组锂离子蓄电池电压主要有 24V、36V、48V 三种，容量不超过 20Ah。

图 5　电动自行车用铅酸蓄电池

图 6　电动自行车用锂离子蓄电池

二、行业概况

我国铅酸蓄电池生产主要集中在浙江、江苏、河北、广东、湖北、山东地区，这些地区的铅酸蓄电池产量约占全国的90%以上。2011年以前，全国获得铅酸蓄电池生产许可证的企业约1200余家，经过2011年以来的环保整治，正常生产企业约300家。

经过多年的发展，我国基本形成了江苏、浙江两个地区为主的铅酸类电动车动力电池的生产基地。目前，仅浙江长兴的天能、超威两大企业就占据了该类电池全国产量的70%以上。

我国锂离子蓄电池产量占全球的30%以上，并呈现出逐年增加的趋势。2011年，我国锂离子电池产量约30亿只 。国内锂电类电动车动力电池产业主要分布在珠三角、长三角和环渤海地区，此外河南、福建、哈尔滨也有少许分布。电动自行车用锂离子电池主要生产厂家有苏州星恒、比克、天津力神、ATL新能源、比亚迪、哈尔滨光宇等。

近年来，我国的电动车动力电池产业得到了很大的发展，产品种类不断增加，质量不断提高。与国外电池行业的发展相比，国内更是创造性的形成了电动自行车用铅酸蓄电池这个新电池类型，较好的适应了广大人民群众的出行、消费的需求，但同时我国的电动车动力电池行业仍有待进一步提高、发展。

电池行业产业集中度低。在我国，电动车动力电池的生产企业曾达到上千家，虽然经过了行业内部的洗牌，特别是环保整治等阶段，生产企业仍有几百家之多。与国外高度集中的电池行业比较，我国的电池企业数量多、规模小，仍处于分散状态，无法达到国外电池企业的规模集中度，产业集中度亟待提高。

关键技术装备受制于人，关键材料依赖进口。在电动车动力电池方面，中国企业涉及的电池核心技术知识产权的专利数量相当少，关键技术人部分被日本、美国所垄断，如锂离子蓄电池隔膜基本为进口，生产动力电池隔膜的技术和装备都被列入对我国限制出口的清单。国内的锂电类电动车动力电池生产企业的生产很大程度上受制于国外关键材料的生产企业，电池技术大范围突破创新的基础薄弱。

随着国外电池巨头纷纷进入，行业竞争日益激烈。国家对新能源产业的鼓励和政策倾斜，电动车动力电池作为电动车的重要部件，日渐受到大家的关注，国外电池企业纷纷在国内设立生产基地，将触角深入到这一产业，如松下、三星、NEC 等著名电池企业已开展锂电类电动车动力电池的生产和研发。这些企业往往拥有比国内企业更优的技术团队，掌握着电池关键技术，它们的进入将会使得行业竞争更加激烈。

三、标准解读及关键指标分析

1. 标准总体情况

作为电动车的动力来源，电动车动力电池首先需要满足消费者对产品的使用性能要求，同时，对于锂电类电动车动力电池，由于锂离子蓄电池的安全性能尚未完全攻克，则应将保护使用者的安全、不受伤害作为主要原则和依据。国内涉及电动车动力电池质量和安全的主要标准如下：

——GB/T 22199—2008《电动助力车用密封铅酸蓄电池》；

——GB/T 7403.1—2008《牵引用铅酸蓄电池　第 1 部分：技术条件》；

——GB/T 18332.1—2009《电动道路车辆用铅酸蓄电池》；

——QB/T 2947.1—2008《电动自行车用蓄电池及充电器　第 1 部分：密封铅酸蓄电池及充电器 》；

——QB/T 2947.3—2008《电动自行车用蓄电池及充电器　第 3 部分：锂离子蓄电池及充电器》；

——QB/T 2502—2000《锂离子蓄电池总规范》；

——GB/Z 18333.1—2001《电动道路车辆用锂离子蓄电池》。

（1）GB/T 22199—2008 是推荐性国家标准，规定了 2h 率容量、大电流放电特性、充电接受能力、过放电、－15℃低温容量、开闭阀压力、安全性、耐振动、防爆能力等 16 个质量和安全指标，主要考核电动助力车（包括电动自行车）用铅酸蓄电池在容量、低温等性能上的质量状况，是目前我国开展电动车动力电池质量安全监督管理的主要依据之一。

（2）GB/T 18332.1—2009 是推荐性国家标准，规定了 3h 率容量、高倍率放电、快速充电能力、峰值功率、低温容量、开闭阀压力、安全性、防爆能力等十几个质量和安全指标，是电动三轮车、高尔夫球车、旅游观光车等电动车用铅酸蓄电池质量监督管理的主要依据。

（3）QB/T 2947.3—2008 是推荐性行业标准，规定了常温容量、低温容量、短路、过充电、过放电、高低温冲击、130℃高温、浸水等 20 个项目，该标准重点对电动自行车用锂离子蓄电池的安全性能提出了相关要求。

（4）QB/T 2947.1—2008 、GB/T 7403.1—2008、QB/T 2502—2000 和 GB /Z 18333.1—2001 四个标准都是我国电动车用铅酸类、锂离子蓄电池类动力电池的质量标准，也是政府开展各类质量监管的重要依据。

2. 关键指标分析

（1）性能指标。电动车动力电池产品的性能指标涉及产品的使用效果、外观标识等方面，主要性能指标有容量、循环耐久能力、标志等。

1）容量。指电池在一定环境下，以一定的负载电流所能放出的电量。通俗的讲，就是电池在充满电的情况下能跑多远。容量的大小，直接关系到电动车行驶距离的远近。容量通常还有低温容量、高温容量等指标。

2）循环耐久能力。该指标是考核电池产品在模拟的实际使用状态下，所能达到的使用寿命。循环耐久次数越多，一定程度上反映出电池产品的使用周期越长，消费者更换电动车动力电池的频率越低。

3）标志。指电动车动力电池本体上印制的标识，或是跟随产品的说明书、合格证等。一般包括产品名称、型号规格、许可证标识和编号、必要的环保标志说明等，这些信息是消费者选择产品的重要参考依据如图 7、图 8 所示。

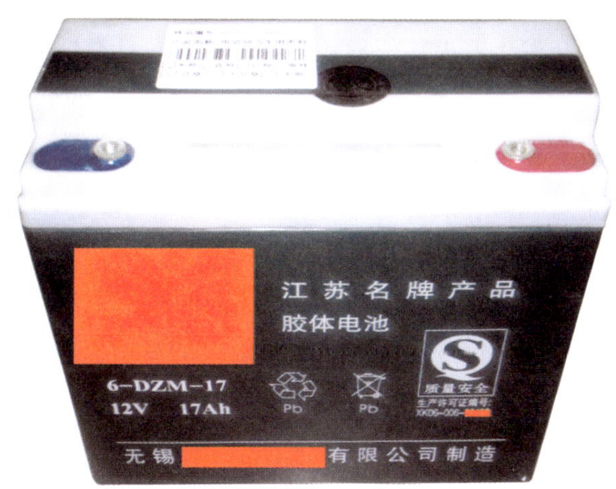

图 7 电动助力车用铅酸蓄电池标志

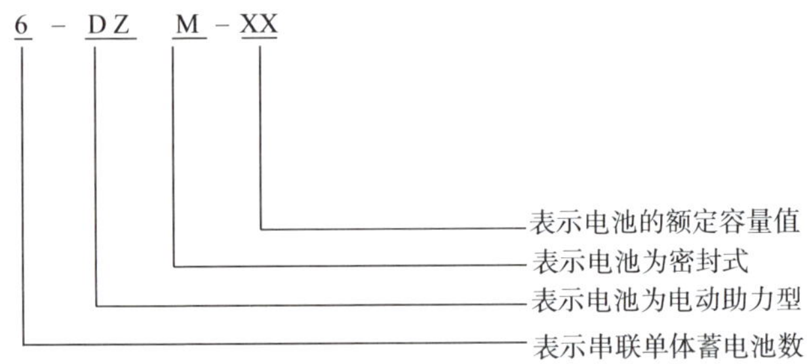

图 8 GB/T 22199—2008 标准中规定产品规格型号含义

(2) 安全指标。电动车动力电池产品的安全指标主要有安全性、短路、过充电、过放电、130℃高温、浸水等项目。

1) 安全性。主要考核充满电的电动车用铅酸蓄电池，继续长时间、大电流充电情况下的安全性能。日常生活中，消费者经常在夜间对电动车进行充电，一旦充电器损坏等异常情况的出现，会出现电池被充鼓胀、漏液等情况，因此而造成的电动自行车燃烧事例屡见不鲜。GB/T 22199—2008 要求电池在安全性项目试验过程中，不应出现漏液及其他异常情况。

2) 短路、过充电、过放电。大家知道，锂在自然界是活泼的元素，锂离子蓄电池的能量密度高，电池在短路、过充电、过放电情况下，热量在瞬间释放，易导致安全事故发生；且锂离子电池采用有机电解质，其多数为碳氢化合物，若出现泄漏，会发生着火甚至导致燃烧爆炸。在日常生活中，我们也会听到锂离子电池爆炸的事例，因此考核电池在这些指标上的安全可靠性很有必要，企业一般通过增加电池保护电路板来实现对动力锂离子蓄电池短路、过充电、过放电等异常情况的保护。QB/T 2947.3—2008 规定了在短路、过充电、过放电情况下，应不泄漏、不起火、不爆炸。

3) 130℃高温。锂离子蓄电池在经受较短时间、较高温度的热冲击时，电池负极表面会发生分解，高度嵌锂的负极材料就会与电解液发生放热反应，此时电池进入危险期，如果电池散热速率较慢，就容易导致电池内部温度进一步升高，隔膜熔化，电池内部发生短路，温度急剧升高，引发正极材料参与反应，最后发生爆炸等危险事故。QB/T 2947.3—2008 规定了电池在短时间上升至 130℃高温并放置 1h，应不泄漏、不冒烟、不着火或不爆炸。

4) 浸水。该项目是模拟动力锂离子蓄电池在实际使用中遇到雨淋、水淹等情况下的安全可靠性。锂在自然界是活泼的元素，遇水反应剧烈。该项目在考核锂离子蓄电池本身安全性能的同时，也考核了电池组外壳的防水性能及保护电路的保护功能。QB/T 2947.3—2008 规定了电池表面完全浸没于水中并保持 24h，应不泄漏、不冒烟、不着火或不爆炸。

四、常见的主要问题

自 2006 年～2012 年，国家质检总局共开展了五次电动车动力电池（铅酸蓄电池）产品的国家监督抽查工作，抽查标准为 GB/T 22199—2008《电动助力车用密封铅酸蓄电池》，抽查中发现的主要问题有：

1. 容量

容量是电池的关键性能，最能反映出电池的实际使用效果。容量又分 2h 率容量和－15℃低温容量，2h 率容量的大小，直接关系到电动车正常行驶距离的远近；低温容量则反映出电池在低温情况下（如北方的冬天）的使用效果。

出现不合格的原因如下：一方面是一些企业对质量的控制尚未到位，产品质量没有严格的控制方法，对员工及生产流程也缺乏有效的管理；或是一些企业为了片面追求高利润而降低成本；或是为了低价竞争而偷工减料，另一方面则存在生产厂家或销售商为了增加利润，故意夸大或虚标电池容量（如图 9 所示），以小容量电池卖大容量电池价格。后者为误导或故意欺骗消费者行为，扰乱了电池市场的秩序。

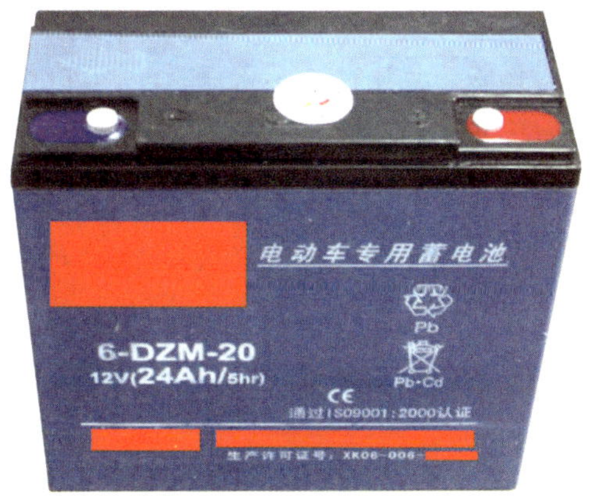

图 9　容量虚标的产品

2. 充电接受能力

充电接受能力是指蓄电池在一定的条件下，能够充入电量的能力。表面上看它体现了电池的充电效能高低，实际上它与电池的板栅合金成分、铅膏成分、添加剂、电解液乃至电池结构和装配质量都有着很大的关系。从某种意义上讲，充电接受能力也影响着电池的容量和循环寿命。

3. 过放电

过放电是指电池在放电过程中，达到电池放电的终止电压值，还继续放电，此时电解液浓度非常稀薄，化学反应产生的硫酸铅的浓度会越来越大，将会结晶形成较大颗粒，即形成硫酸盐化。这些结晶体导电性差、体积大，会堵塞极板的微孔，时间长了便阻止了电能和化学能的可逆转换，或者出现电极栅板变形，活性物质脱落，单格电池短路等现象。进而可导致经过放电试验的电池，再充电的恢复能力很差，蓄电池受到严重损害，甚至无法修复。

在电动车的日常使用中，消费者经常会在电动车因电力不足停止行驶后，放置一段时间继续行驶，而不是及时充电，使得电池处于过放电状态，这样的使用习惯对电池的损坏是很大的，会影响到电池的使用寿命。

五、选购和使用提示

1. 产品标志是否齐全

包括制造厂名、产品型号或规格、制造日期、商标、生产许可证标识和编号；对于铅酸蓄电池，检查产品本体是否有醒目生产许可证标识和编号，尽量选择生产日期与购买日期相近的产品。

电池容量越大，电池放电时间越长，不要购买无容量标示的电池，如电池本体有多个容量标示，可向相关部门咨询确认，谨防容量虚标而受到欺骗。

查看电池本体与外包装标志是否一致。

单独购买电池时，一定要索取正规发票，以便发生纠纷时维护自身的合法权益。

2. 尽量选择使用无镉电池

目前，国内相当部分电动车动力电池（铅酸蓄电池）为含镉电池，国家已经提出了至 2013 年底淘汰含镉电池的要求，因此，消费者最好选购和使用有

“无镉”标志的无镉电池（如图10所示），防止含镉有害物质对身体的伤害（如图11所示）；建议将废旧电池交到定点回收站，不要随便丢弃，以免对环境造成污染。

图10　有“无镉”标志电池

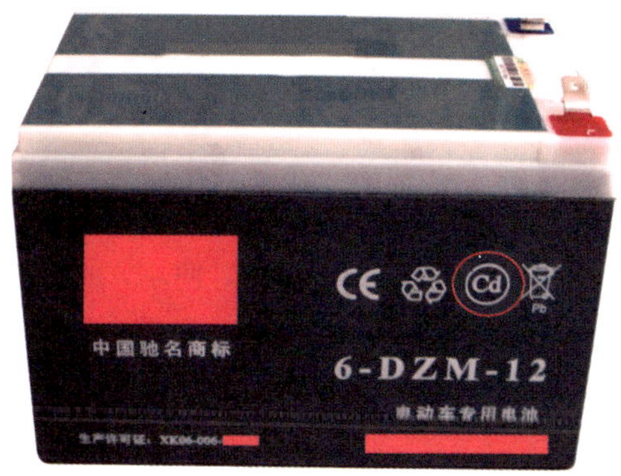

图11　有“含镉”标志电池

3. 电池的外观

查看是否有变形、裂纹、划痕及漏液痕迹。电池接线端子上应干净，无锈蚀，标志应清晰。

4. 养成良好的使用习惯

使用时，在电动车起步及顶风上坡时，最好采用人力助车起动，电动车在启动、上坡及大风中逆风骑行时，应使用脚踏助力，以减轻电池负荷，延长其寿命；而在下坡时，则可将电动车转把放开。当电量不足时，应以较低的速度骑行，不要在电池欠压状态下继续行驶。

电动车超载将引起蓄电池长时间大电流放电，从而损坏蓄电池，这是电池寿命缩短的主要原因之一。

5. 掌握正确的充电方法

电池使用环境温度宜在 0～ 40℃之间，充电宜在室温下进行，特别是寒冷季节。要注意充电器的充电状态及正常的充电时间，防止蓄电池欠充电或过充电，发现充电异常时，要及时咨询专业人士，以免损害电池。每次使用后及时充电，长期搁置不用，要定期对电池充电。

6. 使用与电池配套的充电器

使用与电动车动力电池配套的电池充电器非常重要，合适的充电器能根据电池特性自动调节充电，有利于延长电池的使用寿命。

对于电动车动力锂离子蓄电池，必须使用厂家指定的配套充电器；电池组更换时，充电器必须同时更换。

7. 定期维护更换电池

电池使用较长时间后，如发现电池电量偏低，特别是电池充电时发热严重（温热无虑），应请专业维修人员查看，必要时更换电池，换电池时，应该一组同时更换。

型号、新旧不一致的电池不可串联或同时使用，不同生产厂家电池也不可混用。

8. 关注相关部门发布的产品质量检测信息

消费者可经常关注产品质量相关监管部门发布的产品质量监测信息，通过各种信息来源了解电池选购、使用和保养知识。

9. 合理回收利用

铅和铅的氧化物会对环境造成污染，危及人体神经系统、消化系统、造血系统、肾脏等的健康；锂离子蓄电池中含有六氟磷酸锂等有毒物质，会对环境和生态系统造成污染，钴、锰、铜等重金属通过积累作用也会由生物链危害人类自身。因此，废弃的铅酸、锂离子类电动车动力电池不能随意堆放、丢弃或拆解，应交由生产企业或专门的回收机构进行回收。

（由国家电动自行车产品质量监督检验中心许丰撰稿）

锂离子电池

锂离子电池是目前应用最广泛的可充电电池，它较其他可充电电池（如氢镍电池、铅酸电池等）具有单体工作电压高、体积小、重量轻、能量密度高、循环使用寿命长，可在较短时间内快速充电以及允许放电温度范围宽等优点。此外，锂离子电池还有自放电电流小，无记忆效应和无环境污染等优点。因而在各领域得到了广泛应用。

一、产品简介

锂离子电池是由锂电池发展而来的。锂电池的正极材料是二氧化锰或亚硫酰氯，负极是锂，电池组装完成后不需充电即可使用。锂电池虽然也可以充电，但循环性能不好，在充放电循环过程中，容易形成锂结晶（或金属锂），易造成电池内部短路而爆炸，所以一般情况下这种电池是禁止充电的。

锂离子电池有别于锂电池，锂离子电池是以炭材料为负极，以含锂的化合物作正极的离子电池，在充放电过程中，没有金属锂存在，只有锂离子，故称为锂离子电池。当对电池进行充电时，加在电池两极的电势迫使正极的化合物释出锂离子，生成的锂离子经过电解质运动到负极，到达负极的锂离子就嵌入到呈片层结构的碳中。嵌入的锂离子越多，充电容量越高。同样，当对电池进行放电时，锂离子则从片层结构的碳中析出，又运动回正极，重新和正极的化合物结合。锂离子的移动产生了电流。回到正极的锂离子越多，放电容量越高。

根据锂离子电池所用电解质材料不同，可以分为液态锂离子电池和聚合物锂离子电池两大类。

液态锂离子电池是采用锂离子嵌入碳作负极，钴酸锂、镍酸锂或锰酸锂等氧化物作正极，聚乙烯、聚丙烯膜作隔离层，锂盐溶于有机溶剂作电解质的锂二次电池。锂钴等氧化物、碳黑等材料与粘接剂混合制浆，涂覆在集流体铝箔上，经烘干、辊压制成正极；石墨等负极材料涂覆在铜箔上，采用与正极相同的方法制成负极片；正、负极片之间插入微孔聚丙烯等薄膜作隔离层，卷绕成柱形或矩形（也有部分矩形电池内部正、负极、隔膜是叠片结构形式），装入壳体，经焊接引电极、焊盖，再注入电解质溶液，封口。锂离子电池有圆柱形、方形、扣式等多种形状（如图 1 所示）。圆柱形电池的外壳一般为钢壳或镀镍铁壳；而方形电池的外壳多用铝壳或铝塑软包装，当然也有少量用钢、铁壳的。

图 1　圆柱形和方形电芯

聚合物锂离子电池所用的正负极材料与液态锂离子电池都是相同的，工作原理也基本一致。它们的主要区别在于电解质的不同，液态锂离子电池使用的是液体电解质，而聚合物锂离子电池则以固体聚合物电解质来代替，这种聚合物可以是“干态”的，也可以是“胶态”的，目前大部分采用聚合物胶体电解质。结构上与液态锂离子电池相同分为卷绕式、叠片式两种不同结构。外壳一般采用铝塑软包装（如图 2 所示）。

我们通常使用的锂离子电池，从严格意义上来说应该称锂离子电池组（俗

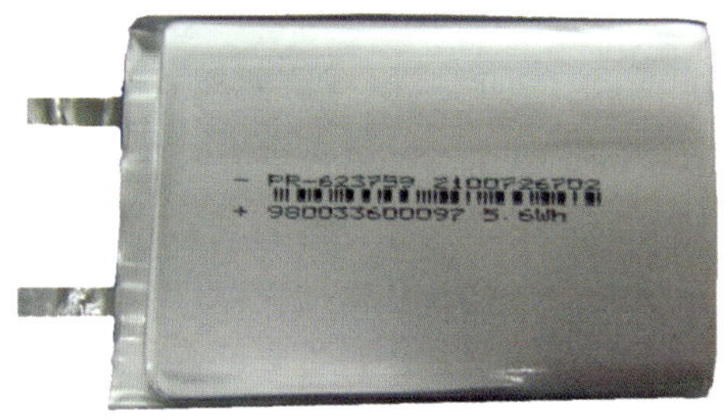

图 2 铝塑软包装方形电芯

称电池包）（如图 3 所示）。它由电芯、保护电路、输出电极和外壳组装而成。其中核心部分是电芯，也就是学术上说的锂离子电池。它在不当使用时存在爆炸、起火的危险性，因此不能直接商用，要与严格的安全保护电路组成完整的产品。

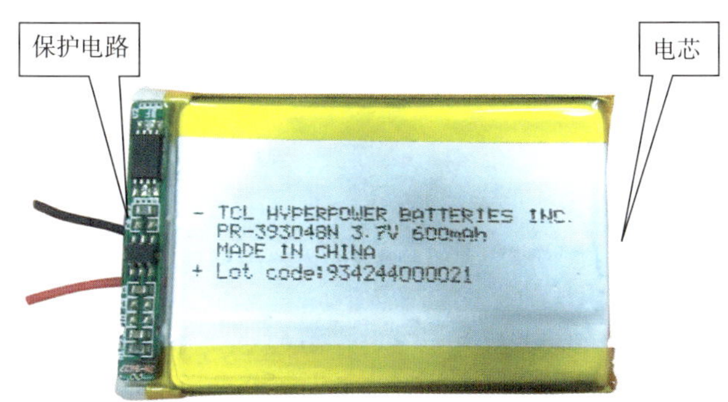

图 3 保护电路与电芯的组成

由于锂离子电池的化学特性，在正常使用过程中，其内部进行电能与化学能相互转化的化学正反应，但在某些条件下，如对其过充电、过放电或过电流工作时，将会导致电池内部发生化学副反应，该副反应加剧后，会严重影响电池的性能与使用寿命，并可能产生大量的热量与气体，使电池内部压力迅速增大后爆炸起火导致安全问题。因此，锂离子电池使用时都需要一个保护电路，用于对电池的充、放电状态进行有效监测，并在某些条件下切断充、放电回路以防止损害电池。通常情况下，有保护电路的保护作用，锂离子电池的使用安全性能是较高的。

锂离子电池的应用范围非常广泛，其主要应用有以下几个领域：

（1）便携式电子产品。如：便携式办公产品（笔记本电脑如图 4 所示、掌上电脑等），移动通信产品（手机如图 5 所示、无绳电话、电子导航器、对讲机等），便携式音/视频产品（便携式电视、便携式 DVD 播放器、蓝牙耳机、MP3/MP4 播放器、照相机、摄像机、录音笔等），其他便携式产品（游戏机、电子书、移动电源如图 6 所示、数码相框等）。

（2）通信系统、电力系统用的蓄能电池。

（3）在车辆、船舶、飞机上等特定场合安装使用的动力电池。

（4）医疗、采矿、海底作业等特殊领域使用的电池或电池组。

（5）其他领域。

图 4　笔记本电脑用电池

图 5　手机电池

图 6　移动电源

二、行业概况

我国锂离子电池产业化始于20世纪90年代后期，走过了一条从引进学习到自主研发的产业化道路。进入2001年以后，随着锂离子电池企业的迅速崛起，中国的锂电产业开始进入快速成长阶段。目前，中国是世界最大的锂离子电池生产制造基地，第二大锂离子电池生产国和出口国。我国锂离子电池的生产厂家主要集中在广东、山东、江苏、浙江、天津等地，其中广东约占据了总生产量的三分之一以上。

锂离子电池的发展方向是产品的高性能，尤其是高的能量密度；低成本及产品的安全性。由于电子、信息及通讯等设备均朝无线化、便携化方向发展，对于产品的各个组件也应往“轻、薄、短、小”的目标迈进。因此对于体积小、重量轻、能量密度高的二次电池需求相当迫切。另外，轻型电动车与电动汽车等应用领域的发展，为锂电池注入了高速成长的动力，锂离子电池发展前景广阔，同时也给锂离子电池相关材料产业带来广阔的发展空间。

三、标准解读及关键指标分析

1. 产品标准

有关锂离子电池的标准很多，不同国家有不同要求。即使在同一个国家，因产品使用场合的不同也有不同的要求。

我国现行的主要标准主要有：

——GB/T 18287—2000《蜂窝电话用锂离子电池总规范》；

——MT/T 1051—2007《矿灯用锂离子蓄电池》；

——MH/T 1020—2009《锂电池航空运输规范》。

此外，还有目前正在审批中的国家标准《便携式电子产品用锂离子电池和电池组的安全要求》。

国际上通行的主要标准有：

——IEC 61960：2003《含碱性或其他非酸性电解质的蓄电池和电池组便携式产品使用的二次锂离子蓄电池和蓄电池组》；

——IEC 62133：2003《便携设备用密封二次电池和电池组包括碱性和其他非酸性电解液电池安全要求》；

——UL 1642《锂离子电池安全标准》；

——UL 2054《家用和商用电池安全标准》；

——UN 38.3 锂电池：联合国《关于危险品运输的建议书 试验和标准手册》中第 3 部分 38.3 条款。

注：在 IATA（国际航空运输协会）的 51 版本 DGR 规则中，规定了锂电池航空运输的前提条件是必须要符合 UN 38.3 的测试要求。

2. 主要性能指标

（1）主要电气性能要求。在 GB/T 18287 中规定锂离子电池主要电气性能要求有：

1）0.2C_5A 放电性能：电池按规定完全充电后搁置 0.5h，在 20℃±5℃条件下，以 0.2C_5A 电流放电至终止电压（2.75V 或 3.0V）的放电时间应大于 5h（注：C_5 中 C 代表电池容量，下角标 5 代表 h 率，C_5 组合表示 5h 率放电容量；0.2C_5A 表示电流大小。通常手机电池标志上标明的容量是指 5h 率放电容量。如一个容量 1000mAh 的电池，用 200mA 电流放电至终止电压，放电时间应大于 5h)。这是电池的重要性能指标，达不到要求等同商品缺斤少两。

2）1C_5A 放电性能：电池按规定完全充电后搁置 0.5h，在 20℃±5℃条件下，以 1C_5A 电流放电至终止电压的放电时间应大于 51min。这是考核电池大电流工作的性能指标。

3）高温放电性能：按规定完全充电后的电池，在 55℃±5℃条件下搁置 2h 后，以 1C_5A 电流放电至终止电压的放电时间应大于 51min。这是考核电池的高温工作性能指标。

4）低温性能：按规定完全充电后的电池，在−20℃±2℃温度条件下搁置 16h 后，以 0.2C_5A 电流放电至终止电压的放电时间应大于 3h。低温放电时间越长，说明电池在低温条件下工作性能越好。

5）荷电保持能力：按规定完全充电后，在 20℃±5℃条件下，将电池开路搁置 28d，再以 0.2C_5A 电流放电至终止电压的放电时间应大于 4.25h。与 0.2C_5A 放电性能的放电时间越接近，说明产品的自放电越小。

6）循环寿命：在 23℃±2℃的条件下，进行 1C_5A 电流的充、放电循环，直至连续两次放电时间小于 36min 止。要求循环次数不低于 300 次。目前产品水平已超过 500 次，好的已达 1000 次以上。

在 MT/T 1051 标准规定的电气性能要求与 GB/T 18287 基本一致。在 IEC 61960 中规定锂离子电池主要电气性能要求有额定容量、−20℃放电性能、高倍率放电性能、荷电保持能力和恢复能力、长期贮存后容量恢复能力、循环寿命、抗静电放电等。

（2）主要安全性能要求：

在 GB/T 18287 中规定锂离子电池经振动、碰撞、自由跌落等试验后性能应完好，不得泄漏电解液、不起火、不爆炸；在过充电保护（电池组）、过放电保护（电池组）、短路保护（电池组）、重物冲击、热冲击、过充电（电芯）、短路（电芯）等项目的检验中，不起火、不爆炸。

在 MT/T 1051 中规定除上述检验外，增加了挤压试验、强制放电试验、针刺试验。

在 IEC 62133 中规定锂离子电池主要安全性能检验项目有连续低倍率电流定电压充电、运输过程中的振动、电池外壳材料高温应力试验、温度循环、外部短路、自由跌落、机械冲击、异常高温（电芯）、挤压（电芯）、低气压（电芯）、过充电（电芯）、强制放电（电芯）、高倍率电流充电（电芯）等。

UL 1642 锂离子电池安全标准主要针对锂离子电芯的安全要求，它与 IEC 62133 的主要差别在于增加了重物冲击和燃烧抛射试验项目，另外温度循环试验条件略有不同。

而 UL 2054 家用和商用电池安全标准主要针对商品电池（即电池包）的安全要求，其技术条款基本兼容 UL 1642 和 IEC 62133。但在检验时有少许差异，如短路、非正常充电、滥充电等项目检验时要对保护电路进行单一故障条件下的检验。其次对电池包中的其他元器件及外壳材料都提出了要求。

在 UN 38.3 中对锂电池的安全性能提出了低气压、温度循环、机械振动、机械冲击、外部短路、重物冲击、过充电、强制放电等 8 个检验项目，其技术内容与 IEC 62133 和 UL 1642 对应项目相似，不同在于个别检验条件和检验样品数量及样品状态有些差异。

在上述各项检验中，产品不得出现爆炸或起火。

目前我国还没有对锂离子电池产品实施 CCC 强制性产品认证制度。但有由中国质量认证中心负责开展的根据 GB/T 18287 和 IEC 62133 标准为依据的 CQC 标志产品自愿认证工作，及行业产品认可业务（如民航、煤矿等部门的鉴定检验认可等）。

四、常见的主要问题

目前，在锂离子电池产品中使用最普遍最广泛的就是移动电话（俗称手机）用锂离子电池。据统计，截至 2012 年上半年我国手机社会保有量已超过 11.3 亿部，平均更新周期为 15 个月；加上其他便携式电子产品利用锂离子电池产品作为电源，估计锂离子电池产品的社会保有量超过 30 亿块。

质量管理部门非常重视手机用锂离子电池的质量安全，自 1999 年～2012 年，国家质量监督检验检疫总局先后 10 次组织开展手机用锂离子电池产品国家监督抽查工作。抽查中发现的主要产品质量问题有：

1. 电池容量

电池容量不足是历次抽查中都会出现的问题。标准规定电池的实际容量应达到产品标称容量要求，达不到要求与市场上商品的缺斤少两无异。更有个别生产厂商虚标产品容量，夸大产品性能。如某工厂制造的手机电池，在一个近 8cm×5cm×0.7cm 体积的电池上仅标注了 16800mAh 的容量（如图 7 所示），依据目前生产技术水平，锂离子电池根本做不到这么高的能量密度。

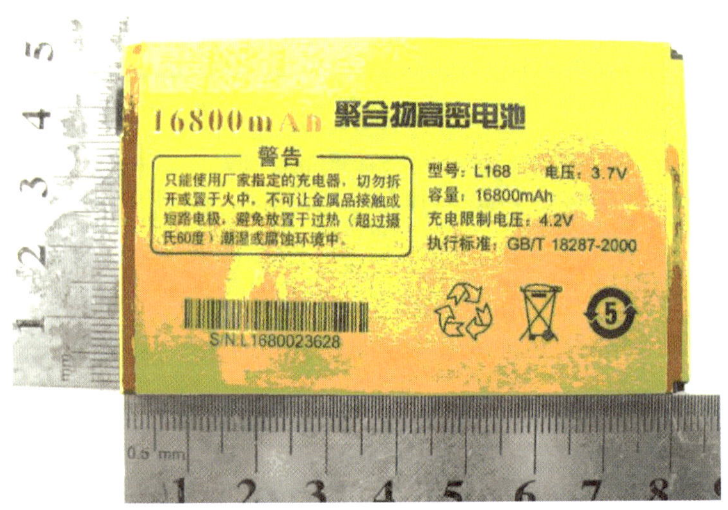

图 7 虚标容量的手机电池

2. 低温放电性能

部分电池在低温环境下放电容量会严重下降。我国地域辽阔，北方地区冬季寒冷，低温性能不好的电池放电时间会缩短，影响用电器具的正常使用。

3. 保护电路

部分电池产品内部保护电路不完善，过充电或外部短路时不能有效起保护作用，在检验时出现产品冒烟、起火或爆炸。在市场抽查中，还发现有的手机电池内部没有保护电路，直接从电芯引线至电池输出端点。这样的产品在使用时极易发生爆炸起火，给消费者造成人身伤害和财产损失。

4. 外观标志

部分产品标志不标注电池容量或高标容量，制造商信息和生产日期标注不明确（如中国制造，用条形码）等。外观标志是消费者认识与了解电池信息的最直接途径，只有充分并正确地掌握电池的信息，才能正确使用，避免人为造成电池甚至手机的损坏。依据 GB/T 18287 标准规定，每个电池应有下列中文标志：产品名称、型号、标称电压、额定容量、充电限制电压、执行标准编号、正负极性、制造日期或批号、制造厂名、商标和警示说明，其中允许将执行标准编号、厂址、邮编和联系电话标识在包装或使用说明书中。

5. 电芯安全

电芯是电池组成的核心部分，是电池质量的关键。部分电芯因所用材料的性能差，设计和生产工艺落后，导致产品经受不了标准要求的检验，在过充电、短路、热冲击等项目检验时发生爆炸起火。

五、选购和使用提示

1. 选购注意事项

（1）应选购与用电器具匹配的电池。电池的外表应整洁、无划痕及污迹，外壳无鼓胀；充、放电及通信端口的金属件不应有锈蚀或电镀层剥落等现象。

（2）电池标识中应有明确的容量、电压、充电限制条件等电池性能指标信息及制造商信息，应有使用警示说明。

（3）电池装入到用电器具中的电池槽时，松紧应适度，无阻塞；开机并稍微用力摇动，设备不应有接触不良而关机的现象。

（4）选择信誉良好的品牌电池，其质量及售后服务都有一定的保障。

2. 使用和保养

（1）锂离子电池在大电流条件下充放电工作会影响其使用寿命。建议以 0.2 倍（不要大于 1 倍）电池额定容量数值的电流充电为佳，充电时间一般不要超过 8h（若用 1 倍率电流充电，不要超过 1.5h）。

（2）充电器选购最好选用用电器具原配型号的充电器，若选用其他有安全质量认证的充电器，一定要注意充电器的输出特性是否与被充电电池相配。目前大部分数码产品（不含笔记本电脑）用的电池内部只有一个单体电芯（或多个单体并联），选用充电器的开路电压不应超过 5V，输出最大电流不要超过 1A。

（3）合格的商品电池内部都有过充电、过放电及短路保护功能，外部短路时会自动关闭输出，使用时只需短暂充电便可激活。虽然电池内部有保护电路，但为了安全，在使用时应避免过充电，携带或存放时应避免与其他金属件短路。

（4）长时间不使用的电池，可将电池充电至 80%额定容量，存放于温度不超过 30℃的干燥环境处。

（5）切勿将电池存放在高温环境中或扔于火中。处理废旧电池时，请勿随意丢弃，应投放到废旧电池收集箱内，待废旧电池处理机构处理。

（由信息产业部通用电子产品质量监督检验中心叶耀良撰稿）

自镇流荧光灯

一、产品简介

普通照明用自镇流荧光灯，俗称节能灯，是指含有灯头、镇流器和灯管，并使之为一体的荧光灯（结构示意图如图 1 所示）。这种产品的发光效率高，是普通白炽灯泡的 5 倍以上；寿命长，按标准要求平均寿命应能达到 6000h 以上；此外由于该产品还具有体积小、显色性好、造型美观、使用方便等特点，可在许多场合取代白炽灯，从而节省大量电能。

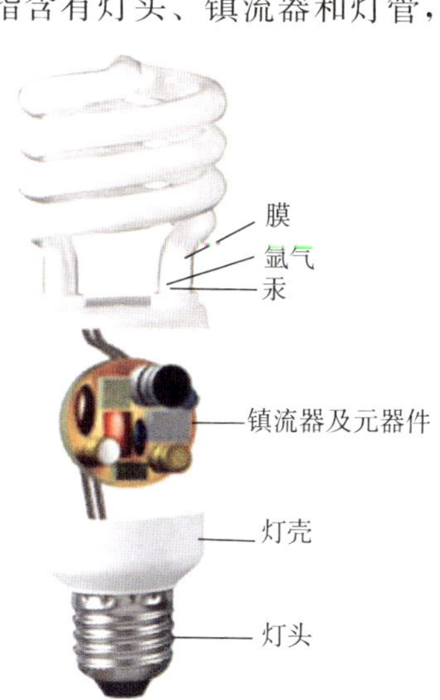

图 1　自镇流荧光灯结构示意图

自镇流荧光灯种类繁多，型式多样，已发展成为系列产品。

按外形主要分为：H 系列，有单 H、双 H、平面双 H、3H、UH；U 系列，有单 U、双 U、平面双 U、3U；系列，有单、双、平面双、3；2D、螺旋形、球形、环形等（如图 2 所示）。

按照色温（如图 3 所示）主要分为：F6500（日光色，RR）、F5000（中性白色，RZ）、F4000（冷白色，RL）、F3500（白色，RB）、F3000（暖白色，RN）、F2700（白炽灯色，RD）标准颜色；其中色温不同，给人带来的感觉也不同。

自镇流荧光灯的功率范围十分广泛，小到3W、5W，大到60W。

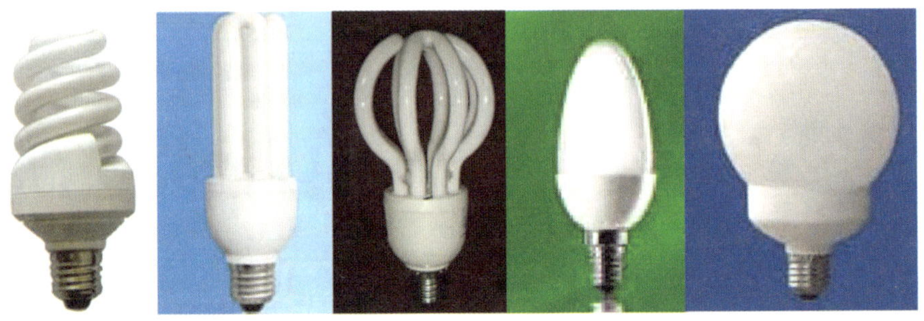

图2　自镇流荧光灯类型示例

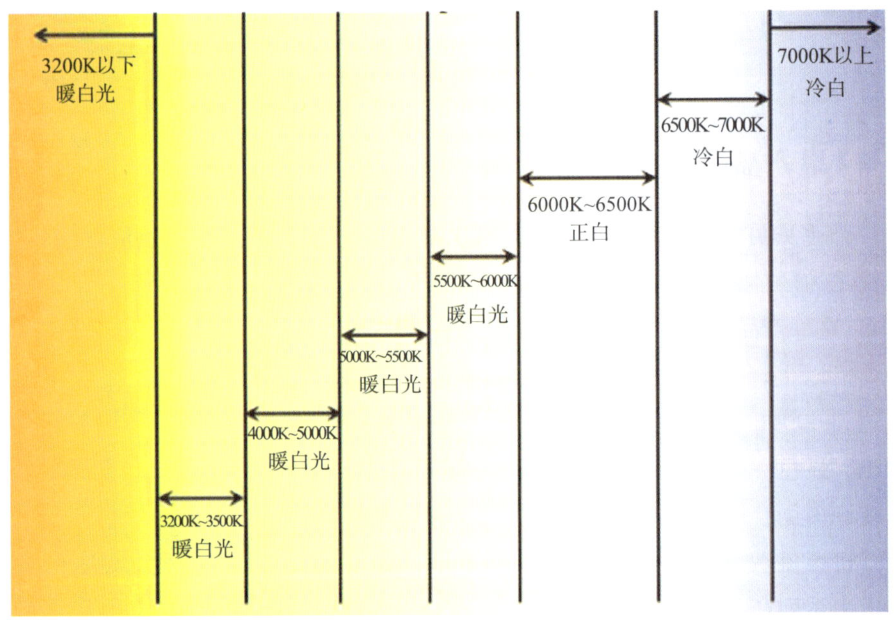

图3　不同色温示意图

二、行业概况

我国自镇流荧光灯生产企业主要集中在浙江、广东、福建、上海等地，这些地方的自镇流荧光灯产量占我国总产量的90%以上，其中广东和浙江是我国主要的自镇流荧光灯生产基地，集中了70%左右的小企业；此外北京、江西、安徽和成都等地也有零星企业分布。过去10年是自镇流荧光灯大力发展的时期，2011年，我国自镇流荧光灯产量达到43.8亿只，比1996年翻了5.45番，占全球总产量的85%以上，成为全球自镇流荧光灯第一生产大国；同时，2011年我国自镇流荧光灯出口量28.2亿只，占我国自镇流荧光灯总产量的64%，出口地几乎覆盖了世界上所有的国家和地区。我国照明产品的质量现状不仅决定了中国消费产品的水平，也在一定程度上影响着全球消费产品的水平。

截至2011年底，我国约有自镇流荧光灯生产企业500余家，企业数量众多，水平参差不齐。随着近年来国家绿色照明工程的不断深化，特别是在国家监督抽查及财政补贴推广高效照明政策的有效带动下，照明行业结构不断优化，照明行业集中度不断提高，产品质量整体水平逐步提升，部分企业产品质量达到国际先进水平。

三、标准解读及关键指标分析

1. 标准发布实施情况

标准总体情况为规范自镇流荧光灯行业市场、保证产品质量、促进自镇流荧光灯产品技术的不断进步和光源产业的持续发展，我国针对自镇流荧光灯产品制定了相应的安全、性能等标准。我国自镇流荧光灯安全标准等同采用国际IEC标准，性能标准则根据我国的实际情况结合国际先进标准状况自行制定，并根据产品本身的发展状况及市场需求不断追加新的控制项目。目前国内涉及自镇流荧光灯的标准如下：

——GB 16844—2008《普通照明用自镇流灯的安全要求》；

——GB 17625.1—2003《电磁兼容　限值　谐波电流发射限值（设备每相输入电流≤16A)》；

——GB 17743—2007《电气照明和类似设备的无线电骚扰特性的限值和测量方法》；

——GB 19044—2003《普通照明用自镇流荧光灯能效限定值及能效等级》；

——GB/T 17263—2002《普通照明用自镇流荧光灯　性能要求》；

——CEL—005《自镇流荧光灯能源效率标识实施规则》。

2. 关键指标分析

(1) 安全指标。GB 16844—2008是强制性标准，规定了产品的标志、防触电保护、互换性、防火与防燃、耐热、机械强度等几项安全性指标。

GB 17625.1—2003 是强制性标准，规定了产品谐波电流限值的要求。

1）标志：告知用户按照产品设计条件使用，例如使用的电压和频率符合产品设计要求；用户在使用产品时的线路电流能够承载电流；调光设备中不要使用不能调光的产品。该项目标准要求如下：

a）灯上强制标记：** V，** Hz，** W，商标（或制造商，销售商名称）（如图 4 所示）；

b）补充标记：灯电流，被替换灯的重量，燃点位置（如有限制），是否可用于调光电路的说明或符号（如图 5 所示）；

c）灯上的标记必须具有一定的牢固度；

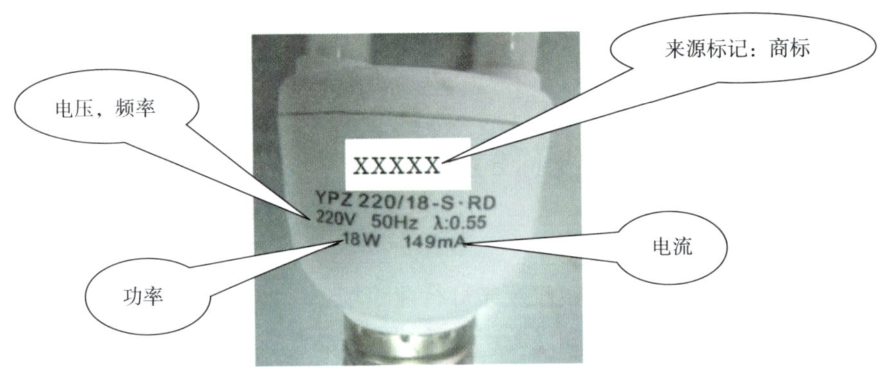

图 4　自镇流荧光灯标志

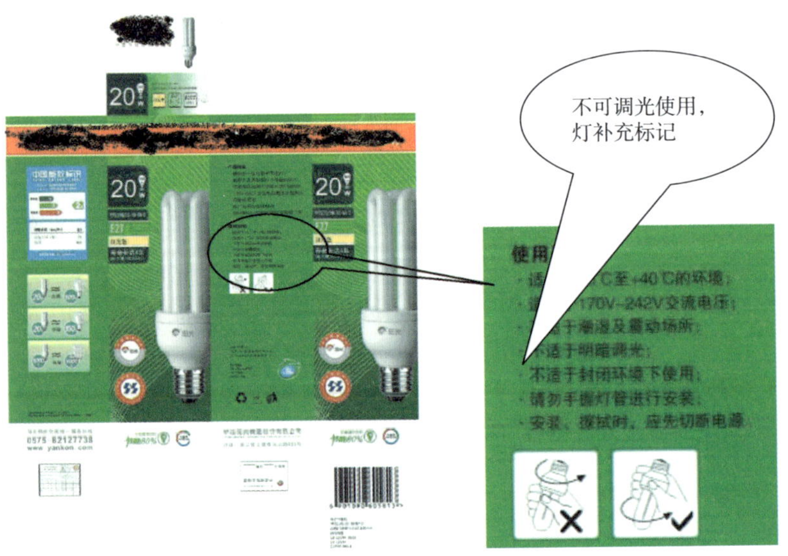

图 5　自镇流荧光灯包装

2）互换性：互换性是产品的灯头与灯座是否能良好配合的指标。互换性不合格会造成灯安装和拆卸时的困难，使灯不能可靠地固定在灯座中，产生不安全隐患。

3）防触电保护：考核产品在安装或拆卸时，是否安全可靠，是否会带来意外触电的危险。

4）机械强度（扭力）：考核灯的绝缘外壳与灯头连接的牢固程度。如果机械强度不合格，在安装或拆卸灯时，因为灯头与塑料件的松动，造成灯头内部短路或导致触电，引发不安全隐患。

5）耐热性、防火与防燃：考核安全防护能力。当灯出现异常时，是否具有抗热的防软化、防变形能力和阻燃能力，是产品的一个重要的安全指标。

6）谐波电流限值：该项目通过测试自镇流荧光灯中电子镇流器产生的谐波电流含量的多少来判断自镇流荧光灯的使用会不会给其他用电设备造成影响。该项目要求在正常供电电网条件下，灯燃点时不应对电网产生干扰。此项不合格，将会降低电网带负载能力，给供电电网带来不安全隐患。谐波项目不合格的主要原因是电子镇流器设计人员技术能力不足，无法设计出符合国家要求的产品；或者是企业为了降低成本而有意减少镇流器的零部件导致产品不合格。

(2）性能指标。GB/T 17263—2002，标准包括的检测项目：灯功率、光通量/光效、启动特性、功率因数、稳定时间、显色特征、光通维持率、寿命。性能指标涉及产品的使用效果。

1）功率：是指在额定电源和额定频率下灯实际消耗的功率。我国国家标准中对功率的要求不同于现行的国际标准，不仅对功率的上限有要求，还特别规定了功率的下限，国家标准对灯功率指标的要求是实际消耗功率与标称的功率数值偏差应在15%以内。

2）光效：光源所发出的光通量与其消耗的功率之比称为光效，是衡量一个光源节能效果的重要参数，但由于光源的功率不同、管型不同、颜色不同等特点，其光效也不尽相同。

3）功率因数：我国国家标准没有对这个指标进行定量化的要求，只是指出产品实测值不可比宣称值低超过0.05。我们知道，功率因数越大越好。很多客户在订购产品时甚至要求产品的功率因数要达到0.95以上。由于功率因数的高低主要取决于自镇流荧光灯内部电子镇流器的设计而镇流器的设计又直接关系到谐波、寿命、功率等参数，所以功率因数与其他参数的相互关系也一直是人们关心的问题。

4）显色性：包括显色指数和色品容差（SDCM）两个参数，它代表光源发出的光的光谱特性。显色指数是指人造光源与自然光相比，当照射物体时，对物体真实颜色的还原能力。显色性好的光源发出的光照到物体上可以使物体显示出其自身的颜色，让人看起来很舒服。相反，如果物体被显色性不好的光源发出的光照射，则其自身颜色会被掩盖而显示出其他颜色，给人不舒服的感觉。

5）光通维持率：光通维持率的含义是光源在进行完初始（燃点 100h）光通量测试后继续燃点一段时间，然后再对其光通量进行测试，并用第二次测试的结果比上初始光通量，比值即为光通维持率。我国国家标准将 2000h 作为一个特征时间点来考察当荧光灯点燃 2000h 后，输出的光通量为多少，这个指标可以从某个程度代表光源的寿命。由于自镇流荧光灯的寿命问题直接关系到产品是否真正意义上的节能和用户的买灯成本投入，所以我国国家标准对这个项目有明确的要求：自镇流荧光灯产品 2000h 光通维持率不能低于初始值的 80%。

6）寿命：灯从燃点至“烧毁”或灯的光通维持率下降至标准所规定的值时的累计时间。根据标准中的要求，自镇流荧光灯的平均寿命不得低于 6000h。

（3）能效指标。GB 19044—2003，标准包括的检测项目：能效限定值，节能评价值。自镇流荧光灯的能效等级分为 3 级。

1）能效限定值：这是一个强制性指标，能效限定值表示自镇流荧光灯产品的光效必须要达到这个指标的要求才可以通过测试并在市场上销售。这个指标的要求与自镇流荧光灯性能标准中对于光效的要求相同。所以如果一批产品不能通过“初始光效/光通量”项目，则也不能通过“能效限定值”项目。能效限定值位于能效等级的第三级，比节能评价值低一个级别。

2）节能评价值：考核自镇流荧光灯能源消耗等级的指标，节能评价值也是对节能产品光效提出的一个要求，只是这个要求要比能效限定值严格。如果产品的能效能够达到节能评价值的要求，则产品可通过中国节能认证。如产品达到该级别的要求且通过工厂体系的审核其产品可加贴国家认可的“节能标记”。该项目属于非强制要求。

四、常见的主要问题

为促进自镇流荧光灯产品质量的提高，国家自1998年起针对自镇流荧光灯连续开展11次国家监督抽查，对自镇流荧光灯的生产和销售过程进行监督和控制。抽查中发现以下主要问题。

1. 防触电保护

主要表现为自镇流荧光灯的灯头尺寸不符合标准要求，灯头电触点的焊锡高度不满足标准要求。不符合标准规定的灯头尺寸易引发触电等安全事故。

2. 骚扰电压超过标准规定

骚扰电压属于无线电骚扰的一种，其危害影响很大频段区域范围内的用电器具，目前，电磁骚扰的大量存在已形成了环境污染。当自镇流荧光灯的骚扰电压超过限值，将影响周围广播电视接收和仪表仪器设备的正常工作，导致无法正常收听收看和仪器控制失灵。

3. 灯功率和初始光效/光通量

灯功率和初始光效/光通量的大小直接反映了自镇流荧光灯的节能效果和产品的使用效果，是体现自镇流荧光灯使用价值的重要指标。灯功率偏低是普遍现象。

4. 颜色特征（显色指数和色容差）

颜色特征质量指标反映了灯管的光色性能好坏，随着荧光粉价格的不断上扬，部分企业使用劣质三基色荧光粉、荧光粉或混合粉以次充好以达到降低成本的目的导致使用场合光色的一致性差，影响了使用效果。

5. 光通维持率

依据国家标准要求，2000h灯的光通维持率应大于80%。不合格主要表现为早期灯就寿终正寝或者在寿命燃点过程中光衰大，即光通维持率低。其主要原因是：

（1）劣质的电子镇流器配以低质量的灯管，电子镇流器元器件未经筛选使用；

（2）电子镇流器输出电流波峰比过大，导致灯管电极工作温度过高，电极材料蒸发或电子镇流器输出电流过小，导致灯管电极工作温度太低，电极电弧放电中辉光成分增加，灯管电极材料溅射；

（3）灯管中杂质气体的存在或灯管漏气；

（4）使用卤磷酸钙荧光粉或回收利用三基色稀土荧光粉以次充好；

（5）三基色稀土荧光粉质量低劣；

（6）灯管内壁未采用涂敷工艺，灯在工作时玻璃中钠的析出，在灯管的内表面形成钠汞齐层，阻碍了正常的光输出，以致光通维持率下降。

（7）元器件装配失当，影响电子元器件的性能；

6. 能效等级和能效限定值

部分生产企业为了降低成本，用低光电转换效率、高光衰减的卤磷酸钙荧光粉（俗称卤粉）大量掺入到三基色荧光粉（俗称三基色粉）内，甚至于完全用卤磷酸钙荧光粉来制造自镇流荧光灯管，造成自镇流荧光灯管电光转换效率大幅度下降，使自镇流荧光灯能效等级低下，自镇流荧光灯不节能。

7. 能效标识

2004 年 8 月，国家发改委、国家质检总局联合发布《能源效率标识管理办法》，强制规定 2008 年 6 月 1 日起生产、销售的每一个自镇流荧光灯必须具有能源效率标识。部分企业没有按要求在产品最小包装上附上能效标识或能效标识中所明示能效信息与实际产品质量不符。

五、选购和使用提示

1. 选购建议

自镇流荧光灯产品种类繁多，具有不同的功率（瓦数）及多样的色温（颜色），在选购产品时，需要根据产品使用的场所要求及个人喜好进行产品的选择。除此之外，鉴于当前市场上产品质量参差不齐，建议在选购自镇流荧光灯时，从以下几方面进行考虑：

（1）进正规商店，买正规品牌，要正规发票。

（2）选择有权威认证标记的产品。

1）安全认证——为CCC标记，有该标记的产品说明该产品是经中国质量认证中心认可，符合中国质量认证中心规定的安全要求，是对自镇流荧光灯安全指标的验证；

2）节能认证——为 标记，有该标记的产品说明该产品经中国质量认证中心认可，符合中国质量认证中心规定的节能要求，是对自镇流荧光灯性能指标和国家能效限定值的验证。

3）能效标识——强制规定 2008 年 6 月 1 日起生产、销售的每一个自镇流荧光灯必须具有能源效率标识。能源效率标识是附在产品最小包装上的一种信息标签（如图 6 所示），用于表示产品的能源效率等级指标，以引导用户和消费者选择高效节能产品。其中 1 级最高。

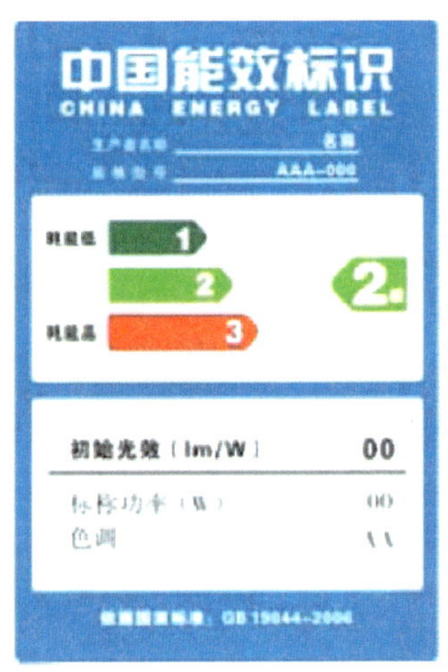

图 6　自镇流荧光灯能效标识图

（3）选购前要“三看”。即：一看报纸公布的自镇流荧光灯监督抽查报告，从中挑选合格品牌；二看自镇流荧光灯的检验报告，尤其应查阅检验报告中 2000h 光通维持率是否合格；三看产品标识是否齐全，正规产品一般都有注册商标、厂名、厂址、联系电话。

（4）一拧二看三烧。“拧”是指一手握金属灯头，一手握塑料壳体，同时用力拧，如果松动脱落，则一定是不合格产品；“看”是指看金属灯头与塑料壳体的配合应紧密，铆接点一般应不少于 8 点，自镇流荧光灯旋入灯座后，手指应不能触及带电体；“烧”是指大批量采购的单位用户，可取一个灯将其塑壳拆开后，对塑壳的边缘用打火机烧 30s，然后移去，塑壳在 30s 内能自熄，其防火性能一般能符合要求。

（5）不买市场价格过低的产品。

（6）选择自镇流荧光灯的型号。

1）功率的选择一相同的照明效果，选择自镇流荧光灯的功率只需白炽灯的六分之一。因此，如果想获得与60W白炽灯相同的照明效果，选择10W的自镇流荧光灯即可。

2）发光颜色的选择一主要根据使用环境和个人喜好。在卧室、餐厅等比较温馨的场所可购买标有RN、RD字母或暖黄色等字样的自镇流荧光灯，并且发光颜色淡黄色的自镇流荧光灯其光效、显色指数都高于发光颜色为白色的自镇流荧光灯。有的消费者认为发光颜色越白甚至发“蓝”的灯越亮，是一种误区。

（7）注意灯的互换性。互换性是产品的灯头与灯座是否能良好配合的指标。互换性不好会造成灯安装和拆卸时的困难，使灯不能可靠地固定在灯座中，产生不安全隐患。另外，消费者在购买灯具时，尽量选购品牌之间通用性较强的自镇流荧光灯产品，以备日后更换新灯时购买方便。

（8）仔细阅读说明书。仔细阅读产品说明书和包装上的文字，它不仅可以指导正确使用自镇流荧光灯，还可以了解更多的有关产品的其他一些性能，如功率因数、光效等，有利于消费者了解产品质量情况。应该说：价格低的产品肯定是劣质产品，但价格到位的产品还需按上述要求判别后才能购买。

2. 使用建议

自镇流荧光灯与传统白炽灯（钨丝灯）发光原理不同，因此使用方式也有所差别。为了更好、更加安全地使用该产品，延长使用时间，以下几方面需要注意（见表1）。

表1 自镇流荧光灯有效使用方式建议

	安装时	手握镇流器灯壳部位（白色塑料壳部位），不要握住玻璃灯管。

表 1（续）

	开关	不要频繁进行开关，如果一次开关时间长于 15min，将更加保护产品，延长产品使用时间。
	调光	不要把不可调光的产品装到调光开关上；需要调光时，使用标示可调光的产品。
	设计一散热	自镇流荧光灯对温度比较敏感，所以安装时最好安装在开放的灯具中，以免温度过高影响自镇流荧光灯的使用时间。

（由国家电光源质量监督检验中心（北京）李艳杰、李新平撰稿）

固定式通用灯具

一、产品简介

固定式通用灯具一般设计成与电源永久连接，或用插头或类似器件连接，不能轻易地从一处移到另一处，此类灯具只能借助于工具才能拆卸。常见的固定式通用灯具包括悬吊式的灯具（例如：吊装灯具）、表面安装式灯具（例如：吸顶灯具和壁装灯具）和地面安装式灯具（例如：庭院用低柱灯具）等（如图1所示）。灯具中常用光源有双端荧光灯、单端荧光灯、自镇流荧光灯、金属卤化物灯、高压汞灯、高压钠灯、白炽灯、卤钨灯以及发光二极管（LED）光源。

图1　典型的固定式通用灯具

二、行业概况

我国灯具生产企业约3000家，主要分布在广东、浙江、江苏和上海，在福建、北京、安徽和成都等地也有零星分布。基本已形成了从基础原材料、应用产品到系列配套产品完整的产业链，初步形成了珠江三角洲、长江三角洲、北方地区、福建江西地区四大照明产业聚集区域，并呈现出北方研发机构集中、研发力量强，南方产业化能力强、应用发展快的产业格局。目前生产和销售占国内市场份额的50%左右的广东是国内最大的照明电器生产基地，浙江省次之。

近年来，随着强制性产品认证（CCC认证）和自愿性产品认证制度的实施，以及政府和社会对灯具产品质量的日益重视，灯具产品的质量有所提高，但随着能源紧缺显现、市场竞争激烈以及LED等新灯具新产品的出现，产品质量风险也相应提高。

在灯具安全方面，一些LED灯具生产厂不具有灯具行业的专业背景，不了解GB 7000系列标准也适用于LED灯具的安全特性评价，以为LED灯具没有标准，所以很多LED灯具没有经过安全标准规定的型式认可试验，灯具在产品安全特性方面存在隐患。

在灯具的性能方面，LED灯具的高效节能长寿等优点是LED用于照明的主要出发点，但当LED用于灯具以后，其高效节能长寿的特点会呈现怎么样的情况，目前行业还处于研究和实验阶段，相应的LED灯具性能国家标准也尚未实施，行业内普遍存在片面追求高效能，忽视LED灯具性能的现象。

随着标准的实施和不断完善、技术能力的逐渐提升、以及各类技术活动和宣传的开展，社会对LED及其灯具特性的了解正在不断深入和理智，相信随着LED及其应用水平的提高，安全和高性能的LED灯具会得到推广，劣质低能的产品会被淘汰。

三、标准解读及关键指标分析

1. 标准总体情况

目前用于固定式通用灯具质量安全的标准主要有：

（1）GB 7000.201—2008《灯具　第2-1部分：特殊要求　固定式通用灯具》。该标准是GB 7000系列灯具国家标准之一，属于强制性标准。该标准规定了电源电压不超过1000V的以电光源作为光源的固定式通用灯具的安全要求。主要技术内容等同国际标准IEC 60598-2-1：1987《灯具第2-1部分：特殊要求　固定式通用灯具》及其修订件。

（2）GB 7000.1—2007《灯具　第1部分：一般要求与试验》。该标准是灯具安全的基础标准，也是强制性标准，被 GB 7000 系列的其他标准引用。该标准规定了灯具设计与制造的一般要求与试验，包括机械、电气和热的要求，主要技术内容等同国际标准 IEC 60598-1：2003《灯具 第 1 部分：一般要求与试验》。

（3）GB 17743—2007《电气照明和类似设备的无线电骚扰特性的限值和测量方法》。该标准是强制性标准，规定了电气照明和类似设备无线电骚扰特性的具体测量方法和限值。主要技术内容等同国际标准 CISPR 15：2005《电气照明和类似设备的无线电骚扰特性的限值和测量方法》。

（4）GB 17625.1—2012《电磁兼容 限制 谐波电流发射限值（设备每相输入电流≤16A）》。该标准是强制性标准，规定了电器产品谐波电流的具体测量方法和限值。该标准等同采用国际标准 IEC61000-3-2：2009。

2. 关键指标分析

固定式通用灯具应满足标准规定的要求，关键指标如下：

（1）走线槽。走线槽是灯具结构中导线经过的通道。如果走线槽有锐角或毛刺，安装过程中内部导线绝缘层就可能被刺破，存在短路、触电等安全隐患。GB 7000.1—2007 标准规定灯具结构中的走线槽应光滑，不能存在磨损接线绝缘层的锐边、毛口、毛刺等类似现象。诸如金属定位螺钉之类的零件不能凸伸到走线槽内，以免损坏导线的绝缘层。

（2）外部接线截面积。为提供电气强度和足够的机械强度，GB 7000.1—2007 规定，普通灯具（没有专门防尘和/或防水措施的灯具）的外部接线截面积应不小于 0.75mm^2，非普通灯具（有专门防尘和/或防水措施的灯具）的外部接线截面积应不小于 1.0mm^2。

（3）内部接线截面积。足够的内部接线截面积是保证灯具有足够的载流能力、并避免在正常和异常电路条件下过热的重要条件。按照 GB 7000.1—2007 的规定，一般情况下，灯具内部接线截面积应不小于 0.5mm^2。

（4）电源连接方式。灯具需要与电源连接才能正常工作。GB 7000.1—2007 规定，固定式灯具应通过接线端子、与插座配合的插头、连接引线、不可拆卸的软缆或软线、器具插座或与电源导轨连接的接合器中任一种方式完成与电源的连接。

（5）灯具的耐久性。耐久性试验主要是考察灯具结构的合理性和采用的部件及材料的耐用性。GB 7000.1—2007 规定，耐久性试验后灯具不得存在不安全现象，灯具的所有部件应能正常工作，灯具上的标记应清晰可见。

（6）绝缘材料的耐火。灯具中使用的绝缘材料应该耐火。GB 7000.1—2007规定，固定载流部件或安全特低电压部件在其位的绝缘材料部件（如接线端子座和灯座等）以及提供防触电保护的绝缘材料（如绝缘外壳）应耐燃烧、防引燃。

（7）绝缘材料的耐热。灯具中使用的绝缘材料应该耐热。GB 7000.1—2007规定，固定载流部件或安全特低电压部件就位的绝缘材料（如接线端子座和灯座等）应能承受耐热试验。

（8）防触电保护。防触电是灯具产品安全性的重要指标，防触电不合格将直接危害使用者在安装和使用过程中的人身安全。GB 7000.1—2007 规定，灯具应制造成当灯具按正常使用安装和接线后以及为更换光源或可替换的启动器而必须打开灯具时，即使不是徒手操作，其带电部件是不可触及的。基本绝缘部件不能用在没有防意外接触措施的灯具的外表面上。

（9）骚扰电压。为了保证灯具工作时不影响其他设备的正常运行，需要对不同频率范围内的照明设备无线电骚扰电压进行考核。GB 17743—2007 规定，灯具电源端子的骚扰电压应低于限值。

（10）谐波电流。谐波电流含量过高会浪费电能或造成用电设备的误动作，甚至损坏设备、危害生产安全。GB 17625.1—2012 规定，谐波电流不应超过限值。

四、常见的主要问题

近年来固定式通用灯具产品质量国家监督抽查发现的主要问题如下：

1. 灯具的外部接线和内部接线截面积

抽查发现，一些灯具的外部接线和内部接线截面积没有达到标准规定。主要原因是灯具制造商为了降低成本，偷工减料，使用了导体截面积较小的导线。

2. 防触电保护

抽查发现，灯具中存在的防触电保护不合格的现象包括拧入光源的过程中带电灯头可触及、灯具中的基本绝缘外露。主要原因灯具使用了单触点的螺口灯座，以及灯具的绝缘结构设计不合理。

3. 灯具耐久性试验

抽查发现，一些荧光灯灯具使用的灯的控制装置（也称镇流器）无异常保护功能，导致异常条件下控制装置立即损坏，灯具不能继续使用。一些白炽灯灯具在耐久性试验后，灯具的塑料部件（如外壳、灯座）出现烧焦、变形等现象。主要原因是灯具选用了劣质的镇流器，或灯具结构中的热设计不合理。

4. 灯具绝缘材料耐热耐火

抽查发现，一些灯具使用的接线端子座、灯座等的绝缘材料不耐热和（或）耐火，不能承受相关的耐热和（或）耐火试验。主要原因是这些部件使用的材料不具有足够的耐热、阻燃特性。

5. 谐波电流

抽查发现，一些灯具的谐波电流超过了标准规定的限值。主要原因是灯具使用的电子镇流器不合格，导致的灯具谐波电流超标。

6. 骚扰电压

抽查发现，一些灯具的电源端子骚扰电压超过了标准规定的限值。主要原因是灯具使用的电子镇流器不合格，或灯具线路设计及布局不合理。

五、选购和使用提示

1. 选购提示

对选购固定式通用灯具的建议如下：

（1）进正规商店，买正规商品，要正规发票，不买价格过于便宜的产品，选购有“三包”承诺、有3C认证标志的灯具。

（2）选购时应三看。一看产品标识是否齐全，正规产品的标识往往比较规范，至少应标识如下内容：商标和厂名、产品型号规格、额定电压、额定频率、额定功率。二看灯具电源线是否有3C安全认证标志，外部导线截面积应$\geqslant 0.75\ mm^2$。三看灯具带电体是否外露，光源装入灯座后，手指应不能触及带电的金属灯头。

2. 使用提示

（1）买回灯具后，先不要忙着安装，应仔细看灯具的标记并阅读安装使用说明书，按照说明书的规定安装灯具，不要漏接保护接地导线，并按说明书中的使用规定使用灯具。

（2）按标志提供的光源参数更换老化的灯管，发现灯管两端发红，灯管跳不亮时，应及时更换灯管，防止发生镇流器烧坏等引起的不安全。

（3）在清洁维护时先仔细阅读制造商随灯具提供的维护说明，当有提示需要专业人员维护时，不应擅自实施维护。用户维护灯具时应注意，不要改变灯具的结构，也不要随便更换灯具的部件，在清洁维护结束后，应按原样将灯具装好，不要漏装、错装灯具零部件。

（由国家灯具质量监督检验中心施晓红撰稿）

可移式通用灯具

一、产品简介

可移式通用灯具是通过插头连接电源后能够从一处移到另一处的灯具，常用于读书、写字、绘图和电脑操作区域的作业照明，目的是为作业区域提供明显高于周围环境的照明。常见的可移式通用灯具包括台灯、落地灯和弹簧夹灯等（如图1所示），是民用灯具中普遍使用的一种照明产品。

图1　典型可移动式通用灯具的照片

可移式通用灯具的主要特点是灯具的工作位置是桌面、地面或者是其他杆装装置，根据使用需要灯具可以在通电状态下方便地移动。正因为这些特点，在使用过程中人很容易触及灯具的外表面，灯具容易受外力而倾倒，灯具电源线容易受到外力的损伤，所以除了一般的安全要求以外，可移式灯具还应具有足够的平稳性、并设有导线应力消除装置、人容易触及的灯具外表面不应过热。

二、行业概况

我国灯具生产企业约3000家，主要分布在广东、浙江、江苏和上海，在福建、北京、安徽和成都等地也有零星分布。基本已形成了从基础原材料、应用产品到系列配套产品完整的产业链，初步形成了珠江三角洲、长江三角洲、北方地区、福建江西地区四大照明产业聚集区域，并呈现出北方研发机构集中、研发力量强，南方产业化能力强、应用发展快的产业格局。目前生产和销售占国内市场份额的50%左右的广东是国内最大的照明电器生产基地，浙江省次之。

近年来，随着强制性产品认证（CCC认证）和自愿性产品认证制度的实施，以及政府和社会对灯具产品质量的日益重视，灯具产品的质量有所提高，但随着能源紧缺显现、市场竞争激烈以及LED等新灯具新产品的出现，产品质量风险也相应提高。

在灯具安全方面，一些LED灯具生产厂不具有灯具行业的专业背景，不了解GB 7000系列标准也适用于LED灯具的安全特性评价，以为LED灯具没有标准，所以很多LED灯具没有经过安全标准规定的型式认可试验，灯具在产品安全特性方面存在隐患。

在灯具的性能方面，LED灯具的高效节能长寿等优点是LED用于照明的主要出发点，但当LED用于灯具以后，其高效节能长寿的特点会呈现怎么样的情况，目前行业还处于研究和实验阶段，相应的LED灯具性能国家标准也尚未实施，行业内普遍存在片面追求高效能，忽视LED灯具性能的现象。

随着标准的实施和不断完善、技术能力的逐渐提升、以及各类技术活动和宣传的开展，社会对LED及其灯具特性的了解正在不断深入和理智，相信随着LED及其应用水平的提高，安全和高性能的LED灯具会得到推广，劣质低能的产品会被淘汰。

三、标准解读及关键指标分析

1. 标准总体情况

目前用于可移式通用灯具质量安全的主要标准如下。

（1）GB 7000.204—2008《灯具　第 2-4 部分：特殊要求　可移式通用灯具》。该标准是 GB 7000 系列灯具国家标准之一，属于强制性标准。该标准规定了电源电压不超过 250V 的以电光源作为光源的可移式通用灯具的安全要求。主要技术内容等同国际标准 IEC 60598-2-4：1997《灯具　第 2-4 部分：特殊要求　可移式通用灯具》。

（2）GB 7000.1—2007《灯具　第 1 部分：一般要求与试验》。该标准是灯具安全的基础标准，也是强制性标准，被 GB 7000 系列的其他标准引用。该标准规定了灯具设计与制造的一般要求与试验，包括机械、电气和热的要求，主要技术内容等同国际标准 IEC 60598-1：2003《灯具　第 1 部分：一般要求与试验》。

（3）GB 17743—2007《电气照明和类似设备的无线电骚扰特性的限值和测量方法》。该标准是强制性标准，规定了电气照明和类似设备无线电骚扰特性的具体测量方法和限值。主要技术内容等同国际标准 CISPR 15：2005《电气照明和类似设备的无线电骚扰特性的限值和测量方法》。

（4）GB 17625.1—2012《电磁兼容　限值　谐波电流发射限值（设备每相输入电流≤16A）》。该标准是强制性标准，规定了电器产品谐波电流的具体测量方法和限值。该标准等同采用国际标准 IEC 61000-3-2：2009。

2. 关键指标分析

可移式通用灯具应满足标准规定的要求。关键指标如下。

（1）走线槽。走线槽是灯具结构中导线经过的通道。如果走线槽有锐角或毛刺，安装过程中内部导线绝缘层就可能被刺破，存在短路、触电等安全隐患。GB 7000.1—2007 标准规定灯具结构中的走线槽应光滑，不能存在磨损接线绝缘层的锐边、毛口、毛刺等类似现象。诸如金属定位螺钉之类的零件不能凸伸到走线槽内，以免损坏导线的绝缘层。

（2）灯具的平稳性。常识告诉我们，头重脚轻容易翻倒。灯具翻倒可能导致防触电保护失效，也可能导致安装面温度升高使桌面或地板烧焦起火等而意外伤及周围人和环境，造成人身安全或财产损失。GB 7000.204—2008 规定可移式通用灯具应有足够的平稳性。

（3）弹簧夹紧灯具的夹紧力。弹簧夹持安装的灯具应有足够的夹紧力，以避免在自重或外力的拉扯下因夹紧不可靠、灯具滑落而导致的意外伤害。GB 7000.1—2007规定，弹簧夹持安装的灯具对安装平面或管材应有足够的夹紧力，如设计的弹簧夹持灯具仅适于夹持在平面上，不适合安装在管形材料表面，该灯具应有不适于安装在管材上的警告。

（4）外部接线截面积。为提供电气强度和足够的机械强度，GB 7000.1—2007 规定，普通灯具（没有专门防尘和（或）防水措施的灯具）的外部接线截面积应不小于 0.75mm²，非普通灯具（有专门防尘和（或）防水措施的灯具）的外部接线截面积应不小于 1.0mm²。

对于质量小于 1kg、额定电流不超过 2.5A、软线长度不大于 2m 的可移式通用灯具，GB 7000.204—2008 规定，灯具使用的软缆的导体截面积应不小于 0.5mm²。

（5）内部接线截面积。足够的内部接线截面积是保证灯具有足够的载流能力、并避免在正常和异常电路条件下过热的重要条件。按照 GB 7000.1—2007 规定，一般情况下，灯具内部接线截面积应不小于 0.5mm²。

（6）软线固定架。软线固定架是防止接线端子上的导线受力脱落的一种机械防护措施。可移式灯具在使用过程中经常移来移去，软线有可能受外力作用，导致固定在接线端子上的导体松动或脱落而使灯具变得不安全。GB 7000.1—2007 规定，灯具的不可拆卸软缆或软线应配有能有效消除应力的软线固定架。

（7）灯具的耐久性。耐久性试验主要是考察灯具结构的合理性和采用的部件及材料的耐用性。GB 7000.1—2007 规定，耐久性试验后灯具不得存在不安全现象，灯具的所有部件应能正常工作，灯具上的标记应清晰可见。

（8）绝缘材料的耐火。灯具中使用的绝缘材料应该耐火。GB 7000.1—2007 规定，固定载流部件或安全特低电压部件在其位的绝缘材料部件（如接线端子座和灯座等）以及提供防触电保护的绝缘材料（如绝缘外壳）应耐燃烧、防引燃。

（9）绝缘材料的耐热。灯具中使用的绝缘材料应该耐热。GB 7000.1—2007 规定，固定载流部件或安全特低电压部件就位的绝缘材料（如接线端子座和灯座等）应能承受耐热试验。

（10）防触电保护。防触电是灯具产品安全性的重要指标，防触电不合格将直接危害使用者在安装和使用过程中的人身安全。GB 7000.1—2007 规定，灯具应制造成当灯具按正常使用安装和接线后以及为更换光源或可替换的启动器而必须打开灯具时，即使不是徒手操作，其带电部件是不可触及的。基本绝缘部件不能用在没有防意外接触措施的灯具的外表面上。

（11）骚扰电压。为了保证灯具工作时不影响其他设备的正常运行，需要对不同频率范围内的照明设备无线电骚扰电压进行考核。GB 17743—2007 规定，灯具电源端子的骚扰电压应低于限值。

（12）谐波电流。谐波电流含量过高会浪费电能或造成用电设备的误动作，甚至损坏设备、危害生产安全。GB 17625.1—2012 规定，谐波电流不应超过限值。

四、常见的主要问题

近年来针对可移式通用灯具产品安全和电磁兼容质量进行的国家监督抽查发现的主要问题如下。

1. 夹持力

抽查发现，部分弹簧夹持式灯具不能承受标准规定的夹持力试验，在试验过程中灯具掉落或移动。主要原因是灯具夹持结构设计不合理，夹持接触面积不够，或使用的弹簧不能提供夹持所需的夹持力。

2. 灯具的外部接线和内部接线截面积

抽查发现，一些灯具的外部接线和内部接线截面积没有达到标准规定。主要原因是灯具制造商为了降低成本，偷工减料，使用了导体截面积较小的导线。

3. 骚扰电压

抽查发现，一些灯具的电源端子骚扰电压超过了标准规定的限值。主要原因是灯具使用的电子镇流器不合格，或灯具线路设计及布局不合理。

4. 绝缘材料耐热和耐火

抽查发现，一些灯具使用的接线端子座、灯座等的绝缘材料不耐热和

（或）耐火，不能承受相关的耐热和（或）耐火试验。主要原因是这些部件使用的材料不具有足够的耐热、阻燃特性。

5. 耐久性

抽查发现，一些荧光灯灯具使用的灯的控制装置（也称镇流器）无异常保护功能，导致异常条件下控制装置立即损坏，灯具不能继续使用。一些白炽灯灯具在耐久性试验后，灯具的塑料部件（如外壳、灯座）出现烧焦、变形等现象。主要原因是灯具选用了劣质的镇流器，或灯具结构中的热设计不合理。

6. 软线固定架或软线固定架

抽查发现，一些可移式灯具没有软线固定架或软线固定架无效，在试验后导体发生的位移超过标准规定。主要原因是灯具中使用的一些无效的软线固定架，或为了降低成本省略了软线固定架。

7. 防触电保护

抽查发现，灯具中存在的防触电保护不合格的现象包括拧入光源的过程中带电灯头可触及、灯具中的基本绝缘外露。主要原因灯具使用了单触点的螺口灯座，以及灯具的绝缘结构设计不合理。

五、选购和使用提示

1. 选购提示

对选购可移式通用灯具的建议如下：

（1）进正规商店，买正规商品，要正规发票，不买价格过于便宜的产品，选购有“三包”承诺、有CCC认证标志的灯具。

（2）选购时首先应考虑灯具的安全质量，然后考虑性能、外观方面的因素。

（3）选购时应三看。一看产品标志是否齐全，正规产品的标志往往比较规范，至少应标志如下内容：商标和厂名、产品型号规格、额定电压、额定频率、额定功率。二看灯具电源线是否有CCC安全认证标志，台灯等室内用灯具的外部接线截面积应$\geqslant 0.75\ mm^2$。三看灯具带电体是否外露，光源装入灯座后，手指应不会触及带电的金属灯头。

（4）为儿童选择台灯时，应尽量避免购买光源发热量高的金属外壳台灯，如白炽灯或卤钨灯的金属外壳台灯。同时，购买时还应注意灯具的平稳性，可将灯具倾斜 6°左右看其是否翻倒来判断灯具是否足够平稳。

（5）购买读写台灯时还应注意：灯罩上部和侧面要有一定透光，使灯具有相当数量的上射和侧射光线照明四周的环境，图 2、图 3 分别给出台灯侧面不透光和台灯侧面透光的例子；灯具高度最好可调。

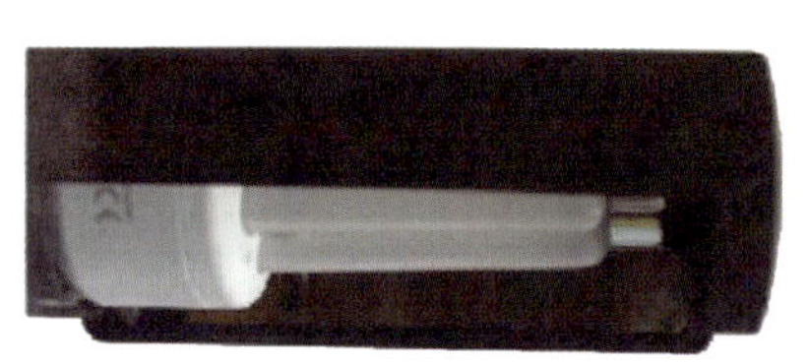

图 2　台灯侧面不透光

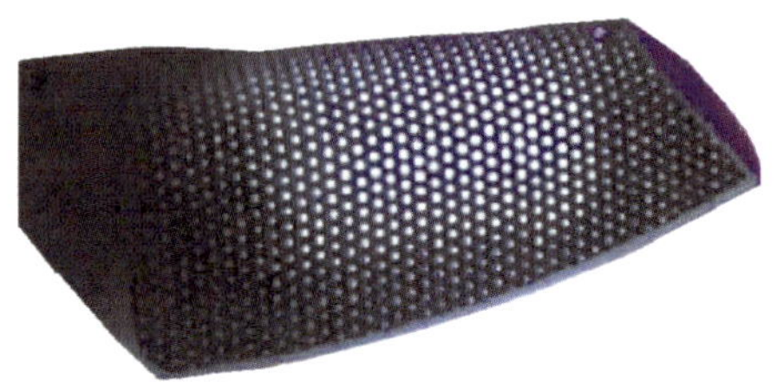

图 3　台灯侧面透光

2. 使用提示

（1）买回灯具后，先不要忙着安装，应仔细看灯具的标记并阅读安装使用说明书，按照说明书的规定安装灯具，不要漏接保护接地导线，并按说明书中的使用规定使用灯具。

（2）按标志提供的光源参数更换老化的灯管，发现灯管两端发红，灯管跳不亮时，应及时更换灯管，防止发生镇流器烧坏等引起的不安全。

（3）在清洁维护时先仔细阅读制造商随灯具提供的维护说明，当有提示需要专业人员维护时，不应擅自实施维护。用户维护灯具时应注意，不要改变灯具的结构，也不要随便更换灯具的部件，在清洁维护结束后，应按原样将灯具装好，不要漏装、错装灯具零部件。

（由国家灯具质量监督检验中心施晓红撰稿）

燃气灶具

一、产品简介

燃气灶具是含有燃气燃烧器的烹调器具的总称，包括家用燃气灶具和商用燃气灶具，其主要产品见表 1。

表 1　燃气灶具主要产品

总　称	序　号	名　称	定义及特点	图　片
家用燃气灶具	1	家用燃气灶	家用燃气灶是用支架支撑烹调器皿，用火直接加热烹调器皿的燃气燃烧器具	
	2	便携式丁烷气灶	便携式丁烷气灶又称卡式炉，适合郊游或野外炊事，也适用于家庭或餐厅火锅	

续表 1

总称	序号	名称	定义及特点	图片
家用燃气灶具	3	集成灶	由家用燃气灶和排风装置作为主要组成部分，并可与消毒柜等其他功能部位组合的一体化灶具	
商用燃气灶具	1	中餐燃气炒菜灶	简称中餐灶，是根据中国菜肴的烹饪习惯和方式设计的，具有火力集中、热负荷大等特点，可以满足爆炒煎熘等多种工艺要求，适合宾馆、餐厅、食堂等地方使用	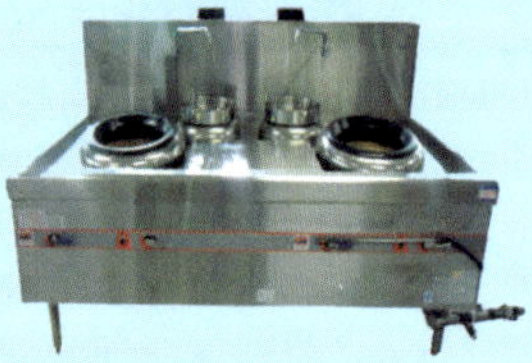
	2	炊用燃气大锅灶	简称大灶或蒸锅灶，是我国中餐厨房必不可少的燃气用具之一，适用于宾馆、食堂等场所，进行蒸煮炒炸等烹饪操作	
	3	燃气蒸箱	一种箱式或柜式大型燃气炊事用具，其特点是将灶、锅和盛放被加热食品的抽屉等组装在一个箱内，用于蒸制米饭、面点等各种主食和鸡鸭鱼肉等副食，适用于工厂、学校食堂、宾馆、饭店等场所	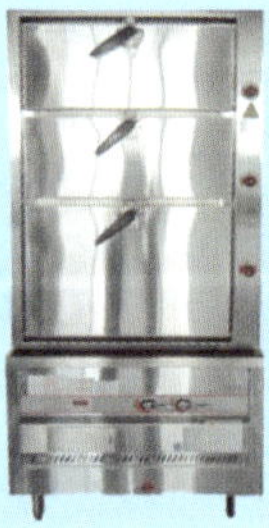

燃气灶具按照使用气源的不同，分为天然气灶具、液化石油气灶具、人工燃气灶具和沼气灶具。按照灶眼数不同可分为单眼灶、双眼灶和多眼灶。按照燃烧器类型的不同，可分为普通型灶和红外线灶（如图 1 和图 2 所示）。

图 1　普通型灶的燃烧器

图 2　红外线灶的燃烧器

燃气灶具中最普遍的为家用燃气灶，是我国城镇居民厨房必备的日用消费品之一。目前市场上以天然气和液化石油气双眼灶居多，面板材质主要为不锈钢和钢化玻璃，结构分为台式和嵌入式（如图 3 和图 4 所示）。

图 3　台式家用燃气灶

图 4　嵌入式家用燃气灶

二、行业状况

20 世纪 80 年代，随着我国燃气事业的快速发展，燃气灶具也进入了快速发展的时期，先后经历了国外进口、消化吸收、自主设计研发到产品出口海外等过程，技术日渐成熟。

我国燃气灶具产品实施工业产品生产许可证管理制度，截至 2012 年，取得生产许可证的家用燃气灶具生产企业约为 550 家，商用燃气灶具生产企业 500 余家。广东、浙江、上海等地燃气灶具生产企业最多。

总体来说，我国燃气灶具产品质量良莠不齐。大中型企业生产工艺水平、检验技术能力和管理水平较高，产品的科技水平和质量水平均有所保障，有些产品的质量已达到世界先进水平。而部分小型企业为简单组装型企业，生产管理没有严格的约束，产品质量和技术水平较低，甚至有些企业是无证的家庭作坊式生产企业，假冒伪劣、偷工减料等现象时有发生，严重制约了燃气灶具行业的持续发展和产业升级。

三、标准解读及关键指标分析

1. 标准总体情况

目前我国已经发布实施的燃气灶具标准共有七项，见表2。

表2 我国燃气灶具标准

序 号	标准编号	标 准 名 称	标 准 类 型
1	GB 16410—2007	家用燃气灶具	国家强制性标准
2	GB 16691—2008	便携式丁烷气灶及气瓶	国家强制性标准
3	GB/T 3606—2001	家用沼气灶	国家推荐性标准
4	CJ/T 386—2012	集成灶	行业标准
5	CJ/T 28—2013	中餐燃气炒菜灶	行业标准
6	CJ/T 392—2012	炊用燃气大锅灶	行业标准
7	CJ/T 187—2013	燃气蒸箱	行业标准

燃气灶具主要标准解析如下：

（1）GB 16410—2007标准是家用燃气灶具覆盖性、基础性的标准，以GB 16410—1996标准为框架，吸收欧盟、日本等国外先进标准中的内容，并结合灶具的特点，将GB/T 16411《家用燃气用具的通用试验方法》中的内容具体化。

（2）GB 16691—2008标准修改采用日本标准JIS S 2147—1998《便携式液化石油气灶》和JIS S 2148—1998《便携灶用气瓶》。标准中规定了便携式丁烷气灶及便携灶用丁烷气瓶的要求、试验方法、检验规则、标志、包装、运输、贮存等。

（3）CJ/T 386—2012标准是2012年新颁布的标准，借鉴和引用GB 16410—2007部分条款的同时，着重对集成灶产品的安全性能、可操作性能和特殊性能进行了规定。

（4）CJ/T 28—2013 标准于 2013 年 4 月 27 日发布，2013 年 10 月 1 日开始实施，代替 CJ/T 28—2003。该标准规定了以城镇燃气为燃料的中餐燃气炒菜灶的术语和定义，分类和型号，结构和材料，要求，试验方法，检验规则，标识、警示和使用说明书以及包装、运输和贮存。该标准适用于每个燃烧器额定热负荷不大于 60kW 的中餐燃气炒菜灶。

2. 关键指标解析

燃气灶具产品的检验项目分为安全性能指标和使用性能指标。安全性能指标是指产品直接涉及人身和财产安全的指标，使用性能指标是指反映产品使用效果的技术性能指标。燃气灶具关键指标解析见表 3。

表 3　燃气灶具关键指标解析

指标特性	序　号	指 标 名 称	标准要求及解析
安全性能指标	1	铭牌标示适用燃气种类	标准中规定每台灶具应在适当位置安装铭牌。消费者应重点关注使用燃气类别代号或适用地区，以及额定燃气供气压力。天然气的额定供气压力为 2000Pa，液化石油气的额定供气压力为 2800Pa，人工燃气的额定供气压力为 1000Pa，沼气的额定供气压力为 800Pa 或 1600Pa
	2	气密性	气密性是考量灶具内部阀门和燃气管路密封性的指标。燃气灶具应设有两道独立的阀门，一般为手动控制的旋塞阀和熄火保护装置控制的电磁阀。 标准中规定旋塞阀漏气量≤0.07 L/h；电磁阀漏气量≤0.55 L/h；从燃气入口到燃烧器火孔无燃气泄漏现象

续表 3

指标特性	序号	指标名称	标准要求及解析
安全性能指标	3	干烟气中一氧化碳浓度	燃气燃烧会产生一定浓度的一氧化碳有毒气体，人体吸入过量的一氧化碳，会危害身体健康，甚至引起中毒伤亡事故。 家用燃气灶具相关标准中除便携式丁烷气灶外，均规定一氧化碳含量≤0.05%，便携式丁烷气灶的一氧化碳限定值为0.08%。 商用燃气灶具一氧化碳限定值为0.10%，高于家用燃气灶具
	4	操作时手必须接触的部位温升	用户在使用燃气灶具时，直接触及的部位为旋钮，其温度过高，会引起用户烫伤。燃气灶具相关标准中对旋钮温升进行了限定，并依材质不同，对金属旋钮和非金属旋钮分别进行了规定
	5	燃气导管	燃气灶具相关标准中对燃气导管的结构、尺寸和安装等进行了严格的规定。 其中灶具的软管连接接头不合格是历次监督抽查发现的主要问题之一，也是引发燃气软管脱落事故的主要原因之一，是需要重点考量的项目。 GB 16410—2007 标准中规定灶具的软管连接接头应使用标准中图5所示的两种结构（φ9.5mm 或 φ13mm）。软管和软管接头的连接应使用安全紧固措施 单位为毫米 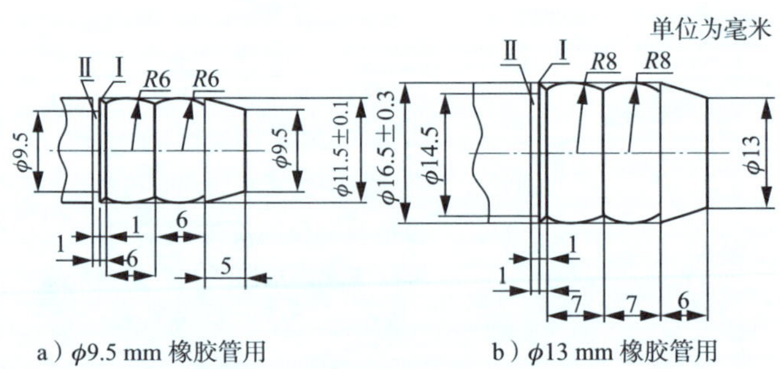 a）φ9.5 mm 橡胶管用　　b）φ13 mm 橡胶管用 注：Ⅰ处应为锐角；Ⅱ处为槽状，槽部涂红色。 **图5　软管接头的形状及尺寸**

续表 3

指标特性	序　号	指 标 名 称	标准要求及解析
安全性能指标	6	熄火保护装置	熄火保护装置保证灶具在正常燃烧过程中燃气管路的畅通，一旦意外熄火（如溢出的汤水、突然刮起的风等导致火焰熄灭），便会自动将燃气通路切断，防止燃气意外泄漏，避免失火、爆炸、中毒等安全事故的发生。 大多数燃气灶具标准，特别是近年来新修订的标准，均规定燃气灶具应装有熄火保护装置，并对开、闭阀时间进行了规定
	7	钢化玻璃面板	燃气灶具的面板材质多数为不锈钢和钢化玻璃，近年来钢化玻璃面板爆裂事故时有发生。 标准中规定需对钢化玻璃面板进行耐热冲击和耐重力冲击试验
使用性能指标	1	热负荷	热负荷是反映燃烧器具燃气消耗量的重要指标，也是消费者选购燃气灶具火力时需要关注的指标。热负荷相关测试项目包括热负荷偏差、热负荷百分比和主火实测折算热负荷。 大多数燃气灶具标准规定热负荷偏差应在±10%以内，热负荷百分比≥85%
	2	热效率	燃气灶具的热效率是指有效利用热量占燃气总放热量的百分比。不同燃气灶具标准中热效率限定值和试验方法略有不同。燃气灶具能效标准也在制定中

四、常见的主要问题

2007 年家用燃气灶具新标准实施以来，国家质检总局对该产品进行了三次抽查，其中 2010 年为全国联动抽查，其余为国家季度监督抽查。抽查发现，家用燃气灶具产品主要存在以下问题。

1. 灶具的软管连接接头

燃气灶具与燃气管道或钢瓶之间，是通过燃气软管连接的。目前使用橡胶软管居多，近几年推广使用金属软管。

历次监督抽查发现，部分灶具产品的软管连接接头尺寸不符合标准要求。连接接头过细，增加软管脱落的可能性；连接接头过粗，软管容易撕裂。企业在采购或制造灶具的软管连接接头时应严格按照标准要求进行选择和设计，以保障供气安全为目的，而不应依据原材料情况任意变更尺寸。近几年开始推广使用金属软管与灶具连接，接头为硬管管螺纹连接方式，标准中规定管螺纹应符合 GB/T 7306.1、GB/T 7306.2 和 GB/T 7307 的规定。

经调查，燃气软管脱落引发事故占户内燃气安全事故的比例最高。造成软管脱落的主要原因包括：软管使用时间过长或质量不合格，自身出现老化龟裂或硬化断裂；接头部位松动，卡箍安装不紧，管路不密封；距离炉头太近，软管被高温烧熔；软管被老鼠咬破；装修或做卫生时搬动灶具，不小心导致软管拉脱或松动。消费者应避免上述情况的发生，杜绝燃气泄漏引发的安全事故。

2. 气密性

历次监督抽查发现部分产品的气密性不合格。燃气灶具内部阀门和管路漏气较燃气软管脱落，更不易被用户察觉，因此应将安全隐患杜绝在产品流入市场之前。一方面企业应予以重视，采购质量可靠的熄火保护装置、旋塞阀等零部件，装配过程中严格控制密封垫安装等步骤；另一方面质检部门严格按照标准检验把关，相关部门加强监督管理力度，合力保证产品质量安全。

3. 干烟气中一氧化碳浓度

历次监督抽查中发现，部分产品的一氧化碳浓度超标，主要是产品设计不合理，喷嘴等零部件装配不到位造成的。

烟气中一氧化碳浓度也与供给的空气量有关。由于燃气灶具普遍带有调风装置，可自行调节空气量大小。很多用户并不了解风门的调节方法，小型企业的售后服务不完善，造成燃气灶具不能在最佳状态下工作。消费者可以选择售后服务较好的产品，或者依照说明书介绍的方法适当调节风门，可减少一氧化碳超标情况的发生。

4. 热负荷

热负荷是反映燃烧器具燃气消耗量的重要指标，在供气压力一定时，喷嘴尺寸是决定燃气灶热负荷的主要因素。抽查中发现部分产品的热负荷偏差不合格，且全部为负偏差，有些企业的产品主火实测折算热负荷达不到3.5kW，不能满足我国居民猛火烹调的要求，这样的产品流入市场，严重影响了消费者的使用需求。

燃气灶具的铭牌上会明确标注出额定热负荷，消费者在选择燃气灶具时，可以根据自身的烹饪习惯来选择。目前市面上常见的家用燃气灶具的热负荷在3500 W～4500 W，基本能够满足日常的烹饪需求。

5. 热效率

燃气灶具的热效率能够充分反映产品设计的好坏和性能的高低，在提倡节能的今天，尤为重要。分析历次抽查中热效率不合格的原因，主要包括锅支架过高，高温烟气与锅底热交换不充分，炉头体积大吸热量多等。一次空气量的多少也会影响热效率的高低，因此调节最佳风门开度，同样可以得到相对较高的热效率，达到节能的目的。

五、选购和使用提示

1. 选购常识

（1）消费者在选购家用燃气灶时，首先应注意包装箱上的标识，识别家用燃气灶的使用气源、供气压力等，也可以从家用燃气灶的型号中辨别它所适用的燃气种类。例如：型号为JZT-A的家用燃气灶，J代表家用，Z代表燃气灶，T代表天然气，A为企业自编号。如果第三位字母是R则代表人工燃气，Y代表液化石油气。

（2）家用燃气灶分为台式和嵌入式，嵌入式灶具样式多，美观新颖，多为高档产品，但安装要求高于台式灶具。家用燃气灶有单眼、双眼和多眼等几种形式，消费者可以根据使用功能的不同，选择不同灶眼数和不同热负荷的产品，满足蒸、煮、煲、炒等用途。

（3）目前市场上的灶具产品面板材料主要有不锈钢、钢板喷涂、钢化玻璃和陶瓷等，消费者可以根据自身的喜爱选择相应材料的产品。不锈钢面板结实耐用，不易损坏。钢板喷涂面板表面光滑不易粘油污，清洗省力。钢化玻璃面板最大的优点是易清洗，使用多年后表面依然可以保持光滑，强度和耐热性能不如不锈钢及钢板喷涂面板好。陶瓷面板普遍比较厚重，色调丰富，强度和耐高温性能不如其他材料好。

（4）消费者在选购时应检查灶具是否装有熄火保护装置，目前熄火保护装置有热电式和离子感应式两种。

2. 安全使用注意事项

从节约能源和安全性角度出发，消费者使用燃气灶具时应做好以下几点：

（1）燃气软管安全使用年限为两年，应定期更换。在日常使用过程中还应随时检查燃气软管的连接是否稳固，燃气软管是否有老化和漏气现象，发现问题应及时向有关部门反映，找专业人员进行更换。

（2）燃气灶具在经过长时间的使用后表面会有油污和异物，不仅影响美观，也会导致产品热效率降低、燃烧效果不好和烟气中一氧化碳超标等问题，因此需要定期清理火盖、喷嘴等易堵塞的地方，使灶具保持最佳的燃烧工况，延长灶具的使用寿命。

（3）消费者在对燃烧器进行清理后千万注意要保证正确的装配状态，装配错误会严重影响燃气灶具工作状态，甚至导致危险的发生。此外，在清理过程中，注意不要损伤燃气管路，引发燃气泄漏事故。

（4）用户当发现灶具不能正常点火或者火焰出现不清晰等现象时，可以根据说明书的提示，适当的调节位于产品底部的风门，这样一方面能够改善灶具的使用状态，另一方面能够有效地保证燃气充分燃烧，产生较少的一氧化碳有害气体。

（5）锅的选用对灶具的节能有一定影响，有的用户习惯将锅的外表面擦拭干净，显出金属光泽，这样就使得锅的外表面反射热量，降低了热效率。

（6）加强商用燃气灶具的使用管理对于节能减排非常重要，应避免因操作不当而产生的能源浪费现象。在使用过程中，可根据被加热物的多少，随时调节所用灶眼燃气阀的开度；使用完毕后，关闭炒菜灶上的所有燃气阀及燃气管道上的燃气总阀，减少空烧时间。

（由国家燃气用具产品质量监督检验中心（天津）陈津蕊撰稿）

燃气热水器

一、产品简介

燃气热水器是以燃气作为燃料，通过燃烧加热方法将热量传递到流经热交换器的冷水中以达到制备热水目的一种燃气用具，可以满足人们的洗涤、供暖等需求，是居民常备的日用消费品之一。燃气热水器产品主要包括家用燃气快速热水器、燃气采暖热水炉和燃气容积式热水器。在我国，即热型的燃气快速热水器最为普遍，以烟道式和强排式为主。近年来，随着居民生活水平的提高和居住条件的改善，燃气采暖热水炉也得到了很好的发展。

燃气热水器的设计主要因使用气源和给排气方式的不同而存在差异，消费者在选购时应留意这两点。按照使用气源不同，燃气热水器可分为天然气热水器、液化石油气热水器和人工煤气热水器，产品铭牌和外包装箱上均标有使用燃气种类，并注明额定供气压力，天然气为 2000Pa，液化石油气为 2800Pa，人工煤气为 1000Pa。目前，市面上天然气热水器和液化石油气热水器为主导产品，铭牌示例如图 1 和图 2 所示。

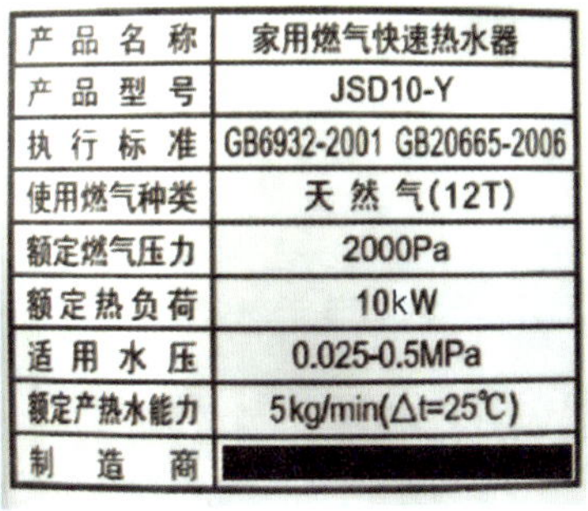

产品名称	家用燃气快速热水器
产品型号	JSD10-Y
执行标准	GB6932-2001 GB20665-2006
使用燃气种类	天然气(12T)
额定燃气压力	2000Pa
额定热负荷	10kW
适用水压	0.025-0.5MPa
额定产热水能力	5kg/min(Δt=25℃)
制造商	

图 1　天然气热水器铭牌

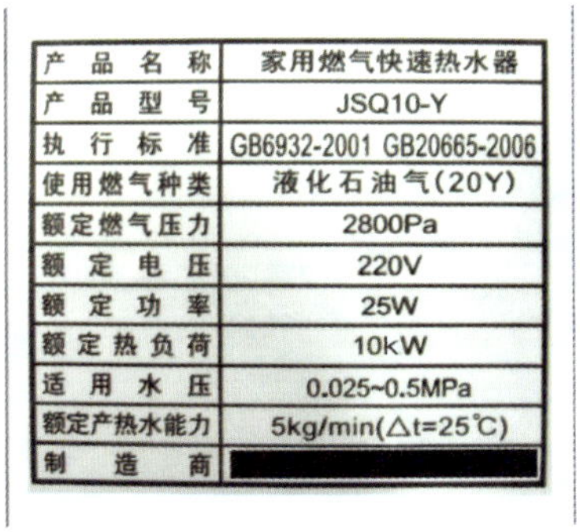

产品名称	家用燃气快速热水器
产品型号	JSQ10-Y
执行标准	GB6932-2001 GB20665-2006
使用燃气种类	液化石油气(20Y)
额定燃气压力	2800Pa
额定电压	220V
额定功率	25W
额定热负荷	10kW
适用水压	0.025~0.5MPa
额定产热水能力	5kg/min(Δt=25℃)
制造商	

图 2　液化石油气热水器铭牌

按照给排气方式，燃气热水器可分为自然排气式（烟道式）（如图 3 所示）、强制排气式（强排式）、自然给排气式（平衡式）和强制给排气式（强制平衡式）。自然排气式燃气热水器多为中低端产品，在我国村镇销售情况较好，其燃烧时所需空气取自室内，用排气管在自然抽力作用下将烟气排至室外。

图 3　自然排气式燃气热水器

强制排气式燃气热水器所占市场份额最大，属于中高端产品，其内设风机，燃烧时所需空气取自室内，用排气管在风机作用下强制将烟气排至室外。强排式燃气热水器有两种典型结构，抽风式和鼓风式（如图 4、图 5 所示），鼓风式燃气热水器产品内部结构复杂，材料要求严格，售价相对较高。

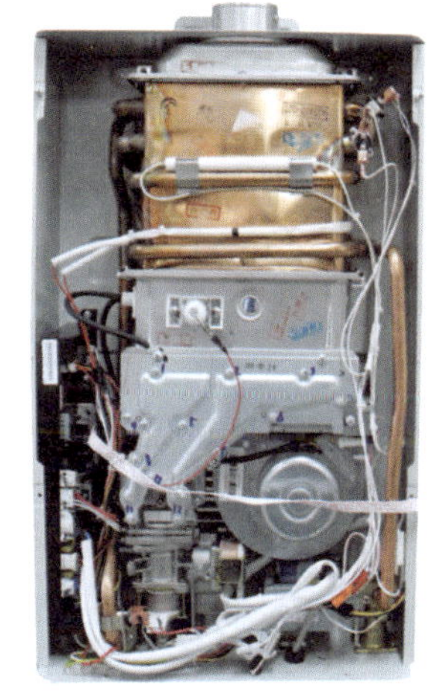

图 4　抽风式强排热水器　　图 5　鼓风式强排热水器

高端燃气热水器还包括自然给排气式和强制给排气式，两者均将给排气管接至室外，前者利用自然抽力进行给排气，后者利用风机强制进行给排气。目前，市面上自然给排气式燃气热水器较少，高端产品特别是燃气采暖热水炉产品多为强制给排气式（如图 6 和图 7 所示）。

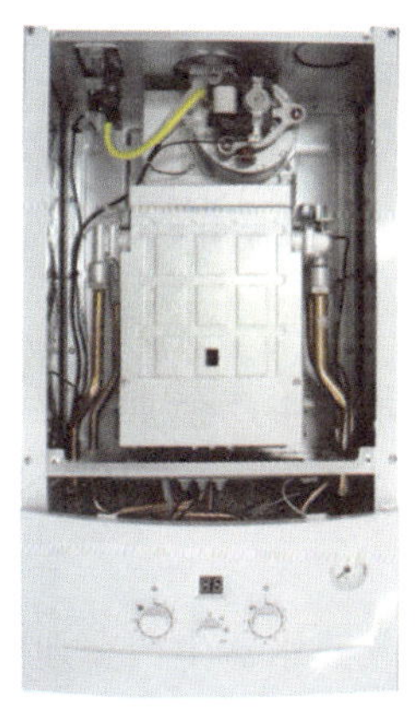

图 6　强制给排气式燃气快速热水器　　图 7　强制给排气式燃气采暖热水炉

此外，按照安装位置不同，燃气热水器可以分为室内型和室外型；按照用途不同，可分为供热水型、单采暖型和两用型；按照采暖系统结构形式，可分为封闭式和敞开式，前者采暖系统未设置永久性通往大气的孔，后者设有永久性通往大气的孔，消费者可根据自身需求选择适合的燃气热水器。

燃气快速热水器和燃气采暖热水炉已被纳入国家能效监管体系，企业生产上述两种产品时，必须在产品外壳上贴“中国能效标识”标签。能效等级分为3级，其中1级能效最高，3级最低，图8为2级能效标识标签。

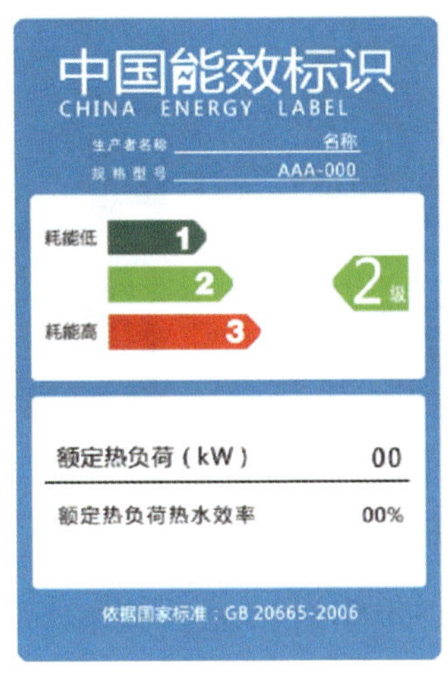

图8 燃气热水器能效标识

二、行业状况

目前，我国燃气热水器产品实施工业产品生产许可证管理制度，截至2012年，取得生产许可证的企业约为370家，其中燃气快速热水器生产企业280余家，燃气采暖热水炉生产企业80多家，燃气容积式热水器生产企业不足10家。

燃气热水器生产企业主要分布在东南沿海以及江河沿岸等经济发达、交通便利的地区，其中广东拥有企业数量最多，该省产量和产值占到全国的80%以上。

全国燃气热水器生产企业中，大中型企业约占10%，小型企业数量众多，约占90%。近年来，全国燃气热水器产量总体呈现增长趋势，但受金融危机影响，增长速度逐渐变缓。

我国燃气热水器生产企业大多采取采购关键零部件后组装成整机的模式。大中型企业产品质量有所保证，也产生了一批具有自主知识产权的新产品、新技术。而部分小型企业为了追求短期利润，选择劣质原材料和零配件，对产品性能影响很大，出现的质量问题较多，售后服务不够完善。

在国外，燃气热水器被普遍应用，日本等亚洲国家的用户多选择燃气快速热水器，北美市场容积式热水器更受青睐。近年来，燃气热水器的热点集中在安全、节能、舒适三个方面，产品正向多功能、高效率、大容量、安全环保的方向发展。

三、标准解读及关键指标分析

1. 标准总体情况

目前我国已经发布实施的燃气热水器相关产品标准共有六项，见表 1。

表 1 我国燃气热水器实施标准

序号	标准编号	标准名称	标准类型
1	GB 6932—2001	家用燃气快速热水器	国家强制性标准
2	GB 20665—2006	家用燃气快速热水器和燃气采暖热水炉能效限定值及能效等级	国家强制性标准
3	GB 25034—2010	燃气采暖热水炉	国家强制性标准
4	GB 18111—2000	燃气容积式热水器	国家强制性标准
5	CJ/T 336—2010	冷凝式家用燃气快速热水器	行业标准
6	CJ/T 395—2012	冷凝式燃气暖浴两用炉	行业标准

燃气热水器主要标准解析如下：

（1）GB 6932—2001 标准是参照日本的燃气热水器标准 JIS S 2109《家用燃气热水器》和 JIS S 2093－1996《家用燃气燃烧器具试验方法》制定的，侧重于热水性能。新的燃气热水器国标修订工作正在进行中，产品标准会逐渐向欧美标准靠拢，安全和环保将成重点。

（2）GB 20665—2006 是我国第一项燃气用具能效标准，燃气热水器所有产品热效率必须达到能效限定值 3 级（≥84%），达到 2 级（≥88%）和 1 级（≥96%）节能评价值的产品属于节能产品。该标准执行 6 年以来，对燃气热水器市场的规范，产品技术水平的提高起到了重要作用。目前燃气热水器以 2 级能效产品为主，1 级能效为冷凝式燃气热水器，3 级产品呈逐渐淘汰的趋势。

（3）GB 25034—2010 标准于 2010 年发布，参照 EN 483：1999《燃气中

央采暖炉　额定热输入小于等于 70kW 的 C 型炉》和 EN 625：1996《燃气中央采暖炉　额定热输入小于等于 70kW 两用炉的生活热水技术要求》两部欧洲标准，侧重于采暖性能。

2. 关键指标解析

燃气热水器产品的检验项目分为安全性能指标和使用性能指标。产品的安全性能指标不合格，会直接危及用户的人身和财产安全；使用性能指标不合格，产品不在最佳状态下工作，会影响用户使用的舒适性，节能效果差。燃气热水器关键指标解析见表 2。

表 2　燃气热水器关键指标解析

指标特性	序　号	指标名称	标准要求及解析
安全性能指标	1	铭牌标示适用燃气种类和安全注意事项	标准中规定每台燃气热水器均应在适当的位置设置规范的铭牌和安全注意事项。铭牌上应正确标明适用燃气种类或代号。安全注意事项的内容包括：不得使用规定外其他燃气的警示；通风换气的注意事项；直接使用交流电源的热水器应有接地要求。 产品标注信息不明确，误用会带来意外危险。消费者在选购和使用时，应注意机身的这些标注
	2	燃气系统气密性	漏气会引起火灾、爆炸和人员中毒等危险，因此燃气系统气密性是非常重要的指标之一。 标准中规定通过燃气主通路的第一道阀门的漏气量应小于 0.07 L/h；通过其他阀门的漏气量应小于 0.55 L/h；燃气进气口至燃烧器火孔应无漏气现象
	3	一氧化碳含量	烟气中一氧化碳含量反映燃气的完全燃烧程度，一氧化碳过高会危害人体健康，甚至引起中毒伤亡事故。 燃气热水器相关标准中对不同结构、不同试验条件下的一氧化碳含量做出了严格的规定。例如 GB 6932—2001 中规定烟道式和强排式一氧化碳含量应小于等于 0.06%；自然给排气式和强制给排气式一氧化碳含量应小于等于 0.10%

续表 2

指标特性	序号	指标名称	标准要求及解析
安全性能指标	4	烟道堵塞安全装置	烟道堵塞安全装置是强制排气式燃气热水器的安全保护装置之一。 标准中规定应在 5min 以内关闭通往燃烧器的燃气通路，且不能再自动开启；在关闭之前应无熄火、回火、影响使用的火焰溢出及妨碍使用的离焰现象
	5	风压过大安全装置	风压过大安全装置是强制排气式燃气热水器的安全保护装置之一。 标准中规定风压在 80Pa 以前安全装置不能动作。在产生熄火、回火、影响使用的火焰溢出及妨碍使用的离焰现象之前，关闭通往燃烧器的燃气通路
	6	防过热安全装置	防过热安全装置可有效降低烫伤安全隐患。 标准中规定安全装置动作温度应不大于 110℃，动作后，关闭通往燃烧器的燃气通路。对于供热水型，安全装置动作后，燃气通路不应自动开启
使用性能指标	1	热水产率	燃气热水器的产热水能力，是指基准燃气在额定供气压力，0.1 MPa 水压下，温升折算到 25 ℃时每分钟流出的热水量。其反映产品的实际产热水能力与产品标称值的符合程度，是燃气热水器的重要使用性能指标。 标准中规定热水产率不小于额定产热水能力的 90%

续表 2

指标特性	序　号	指标名称	标准要求及解析
使用性能指标	2	热效率	燃气热水器的热效率是指有效利用热占燃气总放热量的百分比，是燃烧过程和传热过程的综合效率，也是燃气热水器能效等级的划分依据。 GB 20665—2006 中作了如下规定：

最低热效率值/%

类型		热负荷	能效等级 1	能效等级 2	能效等级 3
热水器		额定热负荷	96	88	84
热水器		≤50%额定热负荷	94	84	—
采暖炉（单采暖）		额定热负荷	94	88	84
采暖炉（单采暖）		≤50%额定热负荷	92	84	—
采暖炉（两用型）	供暖	额定热负荷	94	88	84
采暖炉（两用型）	供暖	≤50%额定热负荷	92	84	—
采暖炉（两用型）	热水	额定热负荷	96	88	84
采暖炉（两用型）	热水	≤50%额定热负荷	94	84	—

四、常见的主要问题

2005 年～2012 年，国家质检总局对家用燃气快速热水器产品开展了六次国家监督抽查，涉及上海、江苏、浙江、湖南、广东、重庆、四川、山东共八个省市。抽查发现，家用燃气快速热水器产品主要存在以下问题。

1. 铭牌标志

铭牌标示适用燃气种类和安全注意事项属于安全性指标。若铭牌、包装箱或机身信息错误，误导消费者正确使用，会造成燃烧不稳定、一氧化碳严重超标等一系列问题，给消费者的人身安全带来伤害。图 9 为铭牌标志错误的示例，可看出误用气源后，热水器燃烧状态恶化。

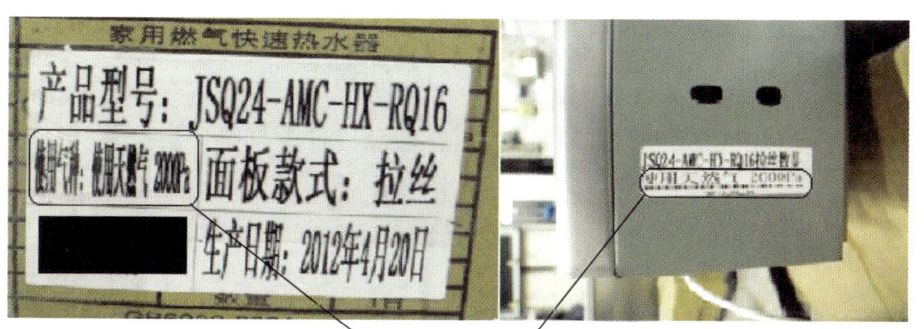

该产品为天然气热水器，外包装箱和机身上标注了正确的适用燃气种类

家用燃气快速热水器（强排式）	
执行标准及名称	GB6932-2001（家用燃气快速热水器）
型　　号	JSQ24-
使用燃气种类	液化石油气（20Y）
额定燃气压力	2800Pa
适 用 水 压	0.025-0.8MPa
额定产热水能力	△t=25K时 12L/min
额定热负荷	24Kw
出 厂 编 号	
生产许可证号	

铭牌上错将天然气写为液化石油气

该产品错用液化石油气后，燃烧状态恶化

图 9　铭牌信息错误示例

2. 气密性

气密性是最重要的安全性指标之一。气密性不合格的产品将导致中毒、火灾或燃气爆炸等重大伤亡事故。造成气密性不合格的主要原因包括阀门密封垫片漏装、导气管铸造沙眼等，多发生在小型企业的产品上，生产企业应建立多道气密性检查工序，确保合格产品流入市场。

3. 烟气中一氧化碳含量

燃气热水器在运行过程中会产生烟气，烟气中一氧化碳含量是涉及人身健康和环保方面的指标。烟气中一氧化碳含量超标，一方面是企业在做产品设计定型阶段没有严格按照规定进行测试，另一方面是部分产品选用配件材料质量低劣，加工水平低，结构极其不稳定，经过运输过程的振动和短期使用后很容易出现变形或损坏而影响产品安全性能。

4. 烟道堵塞安全装置和风压过大安全装置

这两种安全装置是强制排气式热水器必须具备的安全保护措施，在热水器出现排烟不畅的情况下能有效关闭机器，可以提醒用户进行检查和注意安全使用。产品出现不合格是由于企业技术人员在产品设计定型阶段缺乏对标准的准确理解和掌握，而且没有严格按照国家标准规定对产品进行质量检测。

5. 热水产率

该项指标反映出产品的实际产热水能力是否与产品标称值相符合，是家用燃气快速热水器产品规格划分的重要指标，是消费者选购产品的重要参考依据。产品的“热水产率”不合格相当于“以小充大”，有些小型企业采取偷工减料和以小充大等方式降低产品成本，谋求更高的经济利润，与正规企业的产品形成不正当竞争。

6. 热效率

热效率是涉及节能方面的指标，GB 20665—2006 对产品热效率进行了等级划分。热效率低的主要原因是高温烟气的热量不能被充分吸收，排烟热损失较高，多数是产品热交换器的结构和材料存在问题。产品的热交换器结构主要是铜管外焊接翅片，翅片数量的多少决定换热面积，直接影响热效率的高低，有些厂家偷工减料，减少翅片数量，是造成热效率低的主要原因。此外，部分厂家的强制排气式产品是由自然排气式产品上简单加装风机，降低了容积热强度，烟气的过剩空气系数较高，结构设计不合理，造成热效率偏低。

五、选购和使用提示

1. 选购提示

（1）在选购燃气热水器前，消费者应了解自家使用的气源种类，根据所用气源选择相应的燃气热水器。因为误用气源会造成一氧化碳超标，燃烧不稳定等问题，存在很大的安全隐患。

（2）关注能效标识，选择较高能效等级的燃气热水器。

（3）烟道式热水器在刮风较少的地区和低层住宅比较适用。通常由两节干电池供电，燃烧产生的废气通过排烟管依靠自然抽力排放到室外，该种热水器抗风能力差，容易受到室外风力的影响导致排烟不畅。

（4）强制排气式热水器需要连接220V电源插座，燃烧产生的废气通过排烟管依靠热水器内部风机产生的抽力排放到室外，抗风能力较强，所以热水器的使用相对安全一些，但是在用户家里停电的情况下不能使用。

（5）消费者应根据实际用水情况选择燃气热水器。目前，市面上常见的燃气快速热水器额定产水量有8 L/min、10L/min、12 L/min等。通常7L/min为淋浴最佳流量，考虑到冬天冷水温度较低，若一人使用，可选择8 L/min的燃气热水器。若多处多人使用，可选择10L以上的燃气热水器。

（6）近年来，燃气采暖热水炉产品成为北方采暖系统重要的组成部分，通常根据房屋结构和采暖面积来选择合适的供热功率，消费者可以利用以下公式来估算产品的供热功率：供热功率＝房子的建筑面积×65％×150W，从而选择合适的产品。由于整个冬季都要使用燃气采暖热水炉，这就需要注意燃气采暖热水炉的能效标识，选择节能效果好的产品，有利于节省燃气。此外，应选择售后服务好的产品。

2. 安全使用注意事项

（1）消费者在使用燃气热水器前一定要仔细阅读说明书和产品外壳上张贴的安全注意事项，这对用户正确使用燃气热水器有重要的指导作用。特别是产品适用燃气种类的警示，不同气源的燃气快速热水器结构有别，误用气源会造成热水器不能正常使用或者出现一氧化碳超标等情况，导致人身伤害和财产损失。

（2）部分种类的产品在使用过程中应按照要求安装烟道，并注意通风换气，保证燃气热水器使用过程中的氧气供给，不要过长时间使用，特别是冬季要保持开窗通风，谨防一氧化碳中毒事件的发生。

（3）使用液化石油气热水器产品的用户，一定要注意选购出口压力稳定、材质不易生锈的减压阀，很多一氧化碳中毒事故都是由质量很差、价格很便宜的减压阀造成的。

（4）消费者在使用燃气热水器产品的过程中，要定期更换燃气连接软管，并时常检查燃气连接管路是否有漏气现象，对于变形的连接软管和接头等必须及时联系专业人员进行更换，尽量避免各种不安全问题的出现。

（5）在冬季北方较寒冷地区，燃气热水器容易被冻坏，所以在较长时间不使用热水器时，应将热水器内的余水排放干净，或者选用具有防冻功能的燃气热水器产品。

（6）严禁私自或非专业人员拆动燃气热水器产品内部部件，在发现问题时，一定及时联系专业维修人员进行检查维护。

（7）对于燃气采暖热水炉产品，除了上述注意事项外，还应注意以下几点：水压表指针不能低于红色警戒线，低于警戒线很容易干烧，对机器造成损害；系统补水后一定要关闭补水开关，长期出差的用户应将供水总阀关闭；燃气采暖热水炉在工作时，热水出水管、烟管温度较高，严禁触摸，以免烫伤；白天上班家中无人时不宜关闭燃气采暖热水炉，将温度档位调低即可，这样最省气；暖气片内的水不宜经常更换，建议使用一年后将其中的脏水放掉，重新注入新水，间隔几年后再进行更换。

（由国家燃气用具产品质量监督检验中心（天津）陈津蕊撰稿）

后 记

《质量发展纲要（2011—2020年）》指出，要以增强全社会质量意识为抓手，实施质量素质提升工程，通过质量知识普及教育、职业教育和专业人才培养等措施，提升全民质量素养，推动建设质量强国。为贯彻落实《质量发展纲要（2011—2020年）》，大力普及产品质量安全知识，增强全民质量意识，促进提升质量安全水平，国家质检总局产品质量监督司组织编撰了本套丛书。

本书结合近年来产品质量国家监督抽查工作实际，针对社会关注热点，紧贴老百姓日常生活需要，重点选择日用消费品、建筑和装饰装修材料等产品作为编写对象，既有宏观的行业概况介绍，也有微观的产品简介；既有较为专业的标准解读及关键指标分析，也有通俗易懂的选购和使用提示。该书的可读性、针对性和实用性强，既是广大消费者了解和掌握产品质量安全知识的实用读本，也可作为质量监督工作者的专业教材。

本书的编撰得到国家质检总局领导的高度重视和关心支持，国家质检总局局长支树平担任本书编委会主任，并为本书作序。多家国家质检中心选派技术专家参与文稿撰写和书稿评审工作，充分展示了专家团队精湛的专业知识和严谨的工作态度。国家质检总局产品质量安全风险监测中心和中国质检出版社具体承担了本书的编撰组织任务，付出了艰辛劳动。在此一并表示衷心的感谢！

希望本书的出版，有助于消费者了解和掌握产品质量安全知识，增强质量安全意识，提高质量安全鉴别能力，防范质量安全于未然，维护质量安全利益；有助于社会公众提高质量素养，发挥社会监督作用，建立和完善产品质量安全社会监督机制；有助于营造政府重视质量、企业追求质量、社会崇尚质量、人人关心质量的良好氛围。

由于时间仓促，书中难免有疏漏之处，恳请广大读者批评指正。

本书编委会
2013年9月